DU C

DANS

LES LANGUES ROMANES

OUVRAGES DU MÊME AUTEUR.

Loi des finales en espagnol, in-8°. Nogent-le-Rotrou, 1872.

SOUS PRESSE :

Essai sur le patois normand du Bessin.

POUR PARAÎTRE PROCHAINEMENT :

Gœthe et Herder et la période d'orage.
Du rhotacisme dans les langues germaniques.
La littérature allemande en France avant la Révolution.

BIBLIOTHÈQUE
DE L'ÉCOLE
DES HAUTES ÉTUDES

PUBLIÉE SOUS LES AUSPICES

DU MINISTÈRE DE L'INSTRUCTION PUBLIQUE

SCIENCES PHILOLOGIQUES ET HISTORIQUES

SEIZIÈME FASCICULE

DU C DANS LES LANGUES ROMANES, PAR CH. JORET, ANCIEN ÉLÈVE DE L'ÉCOLE DES HAUTES ÉTUDES, PROFESSEUR AGRÉGÉ AU LYCÉE CHARLEMAGNE.

PARIS
LIBRAIRIE A. FRANCK
F. VIEWEG, PROPRIÉTAIRE
RUE RICHELIEU, 67
1874

DU C

DANS

LES LANGUES ROMANES

PAR

CHARLES JORET,

ANCIEN ÉLÈVE DE L'ÉCOLE DES HAUTES ÉTUDES, PROFESSEUR AGRÉGÉ
AU LYCÉE CHARLEMAGNE.

PARIS
LIBRAIRIE A. FRANCK
F. VIEWEG, PROPRIÉTAIRE
67, RUE RICHELIEU
1874

A MESSIEURS

ÉMILE LITTRÉ,

MEMBRE DE L'INSTITUT,

ET

GASTON PARIS,

PROFESSEUR AU COLLÉGE DE FRANCE.

PRÉFACE

On sait généralement aujourd'hui que l'italien et le roumain, l'espagnol et le portugais, le provençal et le français, qui constituent ce qu'avec quelques dialectes moins importants on désigne ordinairement sous le nom de langues romanes, sont sortis, non de l'idiome classique des anciens Romains, mais du latin vulgaire, transporté par la conquête dans les provinces situées entre les Balkans et le Danube et dans les divers pays qui composaient l'empire d'Occident. Ce parler populaire toutefois fut longtemps tenu en échec par la langue littéraire; les choses changèrent au ve siècle. L'invasion des barbares, la destruction de l'empire d'Occident qui en fut la suite, la suppression de toute centralisation politique et littéraire, en arrêtant subitement la civilisation latine, portèrent à la langue savante un coup mortel, et le parler vulgaire qui avait toujours subsisté, mais dédaigné et comme asservi, à côté d'elle, s'affranchit définitivement des entraves qu'elle lui imposait, et, recouvrant son indépendance native, finit par devenir prédominant. Cette première révolution fut suivie d'une autre encore plus importante.

Au milieu de la division de l'empire, dans la confusion de toutes choses où vivait le monde romain, la langue ne pouvait échapper à ce double travail de décomposition et de recomposition dont les sociétés modernes devaient sortir ; elle se transforma à la fois et se reconstitua sur d'autres bases. C'est ainsi que les formes complexes, que le latin vulgaire possédait en commun avec la langue savante, finirent par s'oblitérer, que ses terminaisons encore nombreuses se perdirent en partie ou se simplifièrent, et que l'idiome synthétique des anciennes peuplades du Latium, dépouillé peu à peu de ses flexions, prit le caractère analytique propre aux langues modernes de l'Europe occidentale. Mais en même temps qu'il se simplifiait et, à certains égards, qu'il s'appauvrissait ainsi, le *roman* créait de nouvelles formes et se reconstituait à nouveau. Désormais et pour longtemps, libre de toute règle et de toute contrainte, abandonné à l'action inconsciente de populations sans culture et ramené par là en quelque sorte à l'état de nature, il obéit à ce travail incessant de transformation auquel est soumis, surtout dans ces conditions qui semblent en augmenter la force végétative, tout langage humain.

Il était impossible qu'au milieu de cette œuvre de décomposition et de lente reconstitution les voyelles et les consonnes conservassent toujours leur valeur primordiale, aussi ont-elles été souvent modifiées; mais les changements qu'elles ont subis ont varié suivant les idiomes auxquels elles appartiennent. Comment, en effet, tant de races différentes, habitant sous des latitudes et dans des climats si divers, auraient-elles altéré de la même manière les sons qu'elles trouvaient dans le latin? Cependant, quelque grands et variés que soient les changements que ces sons ont éprouvés, on peut tenter de remonter à leur origine et d'en retrouver les lois qui ne sont autres que les lois générales du langage. L'étude de ces transformations est la base de la grammaire comparée des langues sœurs sorties du latin vulgaire; elle constitue dans son ensemble la phonétique romane. Mais quelque avantage qu'il y ait à étudier simultanément les différents sons dont elle s'occupe, on peut aussi considérer isolément, pour en faire l'historique, l'un quelconque d'entre eux; c'est ce que je me propose d'essayer pour la gutturale *c*. Il m'a semblé, en effet, qu'il ne serait peut-être pas sans intérêt, — afin de montrer, par l'étude complète d'un son particulier, de quelles ressources variées, de quelle force de transformation est doué le langage, — de rechercher quelles modifications cette lettre, qui en a incontestablement le plus éprouvé, avait subies dans le passage du latin au roman, et jusqu'au moment de la constitution définitive des idiomes néo-latins.

Je n'ai pas besoin de faire remarquer quelles difficultés offre cette étude : suis-je parvenu à en résoudre quelques-unes et à éclaircir plusieurs des points obscurs que présente la théorie des gutturales? Ce n'est pas à moi de répondre à cette question, et je reconnais par avance que, si j'y ai réussi, le mérite en revient en partie à ceux qui se sont occupés avant moi de ce sujet. J'ai cité, avec tout le soin possible, les ouvrages où j'ai puisé quelques renseignements dans le cours de mes recherches ; mais c'est un devoir pour moi de mentionner d'une manière toute spéciale la *Grammaire comparée des langues romanes* de Fr. Diez, ce livre qui est et restera longtemps le point de départ de la connaissance des idiomes issus du latin. Je dois aussi de précieuses indications à M. Paul Meyer, professeur à l'École des chartes, et surtout à M. Gaston Paris, professeur au Collége de France, qui m'a même suggéré l'idée de cette étude. D'utiles corrections m'ont également été indiquées par MM. A. Darmesteter et L. Havet, mes anciens condisciples à l'École des hautes études. Qu'ils veuillent bien recevoir ici l'expression de ma reconnaissance.

Paris, 15 mars 1873.

ABRÉVIATIONS.

mod.	moderne.	v.	vieux.
s.	savant.		

IDIOMES INDO-EUROPÉENS.

got.	gothique.	scr.	sanscrit.
gr.	grec.	sl.	slavon.
l. (lat.)	latin.	z.	zend.

LANGUES GERMANIQUES.

all.	allemand.	fr.	frison
a. b. a.	ancien bas-allemand.	a. fr.	ancien frison.
a. h. a.	ancien haut-allemand.	néerl. (n.)	néerlandais.
m. h. a.	moyen haut-allemand.	m. néerl.	moyen néerlandais.
ang.	anglais.	nor.	norois ou islandais.
a. ang.	ancien anglais.	sax. (s).	saxon.
dan.	danois.	a. sax.	ancien ou vieux saxon.

LANGUES ROMANES.

cat.	catalan.	lad.	ladin.
esp.	espagnol.	pg.	portugais.
fr.	français.	pr.	provençal.
it.	italien.	roum.	roumain.

DIALECTES ITALIENS.

gên.	génois.	s. gall.	sarde gallurien.
mant.	mantouan.	s. log.	sarde logoudorien.
mil.	milanais.	s. Sass.	sarde de Sassari.
pad.	padouan.	sic.	sicilien.
piém.	piémontais.	tosc.	toscan.
rom.	romagnol.	vén.	vénitien.
s. camp.	sarde campidanien.		

DIALECTES LADINS.

roum.	roumanche.	tir.	Tyrol	(dial. du).
E.	Engaddine.	Ag.	Agordo	(dial. d').
B. E.	Basse Engaddine.	Com.	Comelico	(dial. de).
H. E.	Haute Engaddine.	Gad.	Gadera	id.
Ob.	Oberland.	Gard.	Gardena	id.
fr.	Frioul (dial. du).	N. b.	Nonsberg	id.
ist.	Istrie (dial. d')	Oltr.	Oltrechiusa	(dial. d').
Pir.	Pirano (dial. de).			

DIALECTES PROVENÇAUX.

auv.	auvergnat	lim.	limousin.
daup.	dauphinois.	sav.	savoyard.
gasc. (g.)	gascon.	s. rom.	suisse romand.

DIALECTES FRANÇAIS.

bourg.	bourguignon.	norm.	normand.
fr.-c.	franc-comtois.	pic.	picard.
H.M.	Haut-Maine (dial. du)	poit.	poitevin.
J.	Jura id.	rouc.	rouchi.
lor.	lorrain.	w(al.)	wallon.

LISTE

DES PRINCIPAUX AUTEURS CITÉS DANS CET OUVRAGE.

Abhandlungen der Berliner Akademie der Wiszenschaften.
Academy (The), a record of literature, Learning, Science and Art.
A. N. *Actes normands,* v. Léop. Delisle.
Adam, drame anglo-normand du XIIe siècle, p. p. Luzarche, in-8, Tours, 1854.
Adam de la Halle. V. *Théâtre français.*
Adenes li Rois, v. *Berte aux grans piés* et *Cléomadès.*
Aleb. Alebrant, cité par Littré.
Al. *Alexandre (El libre de),* p. p. Janer in-8. Madrid, 1861. V. *Poetas castellanos.*
Alix. *Alixandre (Li Romans d'),* pub. p. H. Michelant. Stuttgard, 1846.
Al. *Alexis (La vie de saint), texte du XIe siècte,* v. Gaston Paris.
Altfranzœsische Lieder, berechtigt und erlæutert von Ed. Mætzner. Berlin, 1853.
Altfranzœsische Lieder und Leiche v. W. Wackernagel.
Amador de los Rios : *Historia critica de la literatura española,* 4 vol. in-8. Madrid, 1861.
Anciens poètes de la France (les) p. sous la direction de M. F. Guessard.
Andeer, P. J. *Ueber Ursprung und Geschichte der Rhætoromanischen Sprache.* In-12. Coire, 1862.
A. N. Anthonii Nebrissensis *Diccionarium.* in-4. 1574.
Ap. *Apollonio (El Libre de)* p. p. Janer, in-8. Madrid, 1861. V. *Poetas castellanos.*
Appendix Probi. V. *Grammatici latini.*
H. Arc. *Archiv. fur das Studium der neueren Sprachen und Literaturen.* p. p. L. Herrig.
Arcipreste de Hita (*Poesias del*). V. *Poetas castellanos.*
Ascoli, G. I. *Archivio glottologico italiano.* I. *Saggi ladini,* in-8. Roma, 1873:
    id. *Lezioni di fonologia comparata,* in-8. Firenze, 1870.
    id. *Studji critici,* in-8. Milano, 1861.
Barlaam et Josaphat. Franzœsisches Gedicht des XIIIten Jahrhunderts, von Gui de Cambrai p. p. Herm. Zotenberg und Paul Meyer, in-8. Stuttgard, 1864.
B. Chr. Bartsch, k. *Chrestomathie de l'ancien français,* in-4. Leipz. 1866.
    id. *Chrestomathie provençale,* 2e édit. in-4. Elberf. 1868.
    id. *Grundriss zur Geschichte der provenzalische Literatur,* in-8. Elberf. 1872.
Bataille d'Aleschans, v. *Chansons de geste du XIIe et XIIIe siècle.*
Baudry, F. *Grammaire comparée des langues classiques,* in-8. Paris, 1868.
Beauchet-Filleau : *Essai sur le patois poitevin,* etc., in-8. Melle, 1864.

Berceo : *Del sacrificio de la Missa*. V. *Poetas castellanos*. v. XV.
B. M. id. *Milagros de nuestra señora* id.
B. SD. id. *San Domingo de Silos* id.
B. SM. id. *San Millan* (*Vida de*) id.
Bernard, Aug. *Geoffroy, Tory, peintre et graveur*, in-8. Paris, 1863.
Berte aus grans pies (*Li romans de*), p. p. Paulin Paris, in-8, 1836.
Bestiaire v. Philippe de Thaon.
Biondelli : *Saggio dei dialetti gallico-italiani*, in 8. Milano, 1853.
Bibliothèque de l'Ecole des chartes.
Bibliothèque de l'École des Hautes-Etudes.
Blanc, Dr L. G. : *Grammatik der italienischen Sprache*. In-8, 1844.
Blancandin et l'Orgueilleuse d'amour, p. p. Michelant. In-8, Paris, 1872.
Bodel (Jehan) : *Li jus Saint Nicholas*, v. *Théâtre français au Moyen-Age*.
id. *La Chanson des Saxons*, v. *Saxons*.
B. *Boece*, p. p. P. Meyer, in-8, Nogent-le-Rotrou, 1872.
Boehmer, Ed. *Romanische Studien*, in-4. Halle, 1871, 1872.
Bopp. Fr. *Vergleichende Grammatik der indergermanischen Sprachen*, in-8, Berlin, 1833.
Bouillii (Car.) Samarobrini *liber de differentia vulgarium linguarum et gallici sermonis varietate*. Par. Ex off. Rob. Stephani, 1533, in-4.
Brachet : *Dictionnaire étymologique de la langue française*, in-12, 1868.
Brambach, Wilh : *Die Neugestaltung der lateinischen Orthographie*, in-8. Leipz. 1848.
Brandan (*Voyage de Saint*). V. Larue, *Trouvères*.
Bréquigny et Laporte du Theil : *Diplomata*, in-fol. Paris, 1791.
Bridel (le doyen) : *Glossaire des mots du patois de la Suisse romande recueillis et annotés* par L. Favrat, in-8, Lausanne, 1866.
Brücke : *Grundzüge der Physiologie und Systematik der Sprachlaute*, in-8. Wien, 1856.
Brunetto Latino : *Li Livres dou tresor* p. p. Chabaille, Paris 1863.
Brut (*Roman de*) p. p. Le Roux de Lincy. 2 vol. in-8, Rouen 1836. V. Wace.
Burguy : *Grammaire de la langue d'oïl et de ses dialectes au XIIIe siècle*, 3 vol. in-8, 2e édit., 1870.
Cancioneiro d'el rei D. Diniz, p. p. Lopes de Moura, in-8, Paris, 1847.
Canti antichi portoghesi tratti dal codice vaticano 4803 con traduzione e note a cura di Ernesto Monaci, in-18. Imola, 1873.
Carisch, O. *Grammatische Lehrmethode der rhæto-romanischen Sprache*, in-18, Coire 1849.
id. *Wœrterbuch der rhæto-romanischen Sprache*, in-18, Coire 1852.
C. A. *Cartulaire de l'abbaye de Saint Silvain d'Auchy en Artois*, p. p. de Bétencourt, in-4, 1788.
Chansons de gestes des XIe et XIIe siècles, publiées pour la première fois par W. J. A Jonckbloet, 2 vol. In-8, La Haye, 1854.
Charlemagne, an anglo-norman poem of the XIIe century, p. p. Fr. Michel, Oxf. 1848.
Charpentier, N. *La parfaite méthode pour entendre, écrire et parler la langue espagnole*, in-18, Paris, 1546.
Charles (*Recueil de*) *en langue vulgaire*. V. Natalis de Wailly.
Cherubini, Fr. *Vocabolario mantouan-italienese*, in-8, Milano, 1827.
Choix, v. Raynouard.
Chronique des ducs de Normandie p. p. Fr. Michel, 3 v. in-8, Paris, 1836-1844.

Chroniques anglo-normandes, p. p. Fr. Michel; 3 v. in-8, Paris, 1840.
Coucy (*Chansons du Châtelain de*) p. p. Fr. Michel, Paris, 1830.
Cihac (A. de) : *Dictionnaire d'étymologie daco-romane,* in-8, Frankf. 1870.
Clari (Robers de) : *Li estoirés de chiaus qui conquisent Constantinoble,* in-4.
Cleomades p. Adenes le roi, v. Bartsch, *Chrestomathie.*
Colleccão de livros ineditos de historia portuguesa, in-4, Lisboa.
Compoz (Li) Philippe de Thaün, h. gg. v. Ed. Mall. in-12, Strassb., 1873.
Corblet : *Glossaire étymologique et comparatif du patois picard ancien et moderne,* in-8, Paris 1851.
Corssen: *Ueber Aussprache, Vocalismus und Betonung der lateinischen Sprache,* 2e édit., Leipz. 1868-1870.
Crestiens de Troie : *Li conte del Graal.*
id. *Guillaume d'Angleterre,* V. *Chroniques normandes.*
id. *Li romans dou chevalier au Lyon* p. p. Holland, in-8, Hanover, 1862.
Cov. Covarrubias Orozco (Don Seb. de) : *Tesoro de la lengua castellana,* in-fol., Madr. 1610.
Cuesta (Juan de la) : *Libro y tratado para enseñar leer y escrivir,* in-4, En Alcala de Henares, 1580.
Curtius (Georg), *Grundzüge der griechischen Etymologie,* in-8, 2e édit. Leipzig, 1869.
Deschamps (Eustache), *Poésies morales et historiques* p. p. A. Crapelet, in-8, Paris, 1832.
Delius, J. *Der Sardinische Dialekt des XIIIten Jahrhunderts,* in-4, Bonn, 1868.
Delisle (Léopold de) : *Actes normands de la chambre des comptes de Rouen,* in-8, Rouen, 1870.
id. *Etudes sur la condition de la classe agricole et de l'agriculture en Normandie,* in-8, Evreux, 1851.
id. *Histoire du château et des sires de Beaumont-le-Vicomte,* in-8, Valognes, 1861.
Dialogues de Grégoire. V. Edelest. Duméril, *Essai philosophique.*
Diccionario etymologico v. Monlau.
Dictionnaire d'étymologie daco-romane, v. De Cihac.
Dictionnaire étymologique de la langue française, v. Brachet.
Dictionnaire étymologique de la langue wallonne par Ch. Grandgagnage, in-8, Liége, 1850.
Dictionnaire de la langue française, v. Littré.
Dictionnaire français-rouchi p. Hécart, in-8, Valenciennes, 1834.
Dictionnaire franco-normand ou recueil de mots patois en dialecte de Guernesey p. p. Métivier, in-8, London, 1870.
Dictionnaire du patois normand par Edelestand et Alfred Duméril, in-12, Caen, 1849.
Dictionnaire du patois du pays de Bray par l'abbé Decorde, in-8, Neufchâtel, 1852.
Dictionnaire rouchi-français p. p. G. Hécart, in-8, Valenciennes, 1834.
Didot F. *Observations sur l'orthographe française,* in-8, Paris, 2e édit., 1868.
Diez, Fr. *Altromanische Sprachdenkmale,* in-8, Bonn, 1846.
id. *Etymologisches Wœrterbuch der romanischen Sprachen,* 2 v. in-8, 3e édit., Bonn, 1869-1870.
id. *Grammatik der romanischen Sprachen,* 3 v. in-8, 3e édit., Bonn, 1870, 1871, 1872.

Diez, Fr. *Das Leben der Troubadours,* in-8, Zwickau, 1827.
id. *Ueber die altportugiesische Hof-und Kunstpoesie,* in-12, Bonn, 1864.
id. *Zwei altromanische Gedichte berechtigt und erlæutert,* in-8, Bonn, 1852.
Dinaux, Art. *Trouvères, jongleurs et ménestrels du Nord de la France et du Midi de la Belgique,* 3 vol. in-8, Paris, 1837-1843.
id. *Trouvères brabançons, namurois, hennuyers,* etc., in-8, Paris, Brux. 1863.
Discursos leidos en las receptiones publicas que ha celebrado desde 1847 *la real academia española,* in-8, Madrid, Imp. nacional, 1861.
Documents inédits sur l'histoire de France, in-8, v.
Doergangk, H. *Institutiones in linguam Hispanicam,* authore Doergangk, apud Ubios Colon: Agripp: linguarum Hispanicæ, Italicæ et Gallicæ professore, in-12, Col. 1614.
Ducange, *Glossarium mediæ et infimæ latinitatis.* 7 v. in-4. Paris, 1840-47.
Duméril (Edélestand) : *Essai philosophique sur la formation de la langue française,* in-8.
id. *Dictionnaire du patois normand,* in-8, Caen, 1849.
Egger, E. *Mémoires d'histoire ancienne et de philologie,* in-8, Paris, 1863.
Ellis, Al. *On early English pronunciation,* 2 vol. in-8, London.
Ensayo de una bibliotheca española de libros raros y curiosos, p. D. Bart. José Gallardo. 2 vol. in-4, Madrid 1863.
Eneas (*Essai sur le roman d'*) p. A. Pey, in-8, Paris, 1856.
Eracles l'Empereor par Gautier d'Arras, h. gg.. v. F. Massmann, in-8, Quedl. 1842.
España sagrada. Teatro geographico-historico de la iglesia de España. in-8, Madrid, 1754.
Etudes sur la condition de la classe agricole, etc. V. Léop. Delisle.
Eulalie (*Cantilène de Sainte*). V. F. Diez *Altrom. Sprachd.*
Fabliaux et contes des poètes français p. p. Méon, Paris, 1808.
Fallot : *Recherches sur les formes grammaticales de la langue française et de ses dialectes au XIII*[e] *siècle,* in-8, Paris, 1839.
Fauriel (C.), *Histoire de la croisade contre les hérétiques albigeois, écrite en vers provençaux,* in-8, Paris, 1847.
Favre, L. *Glossaire du Poitou, de la Saintonge et de l'Aunis,* in-8, Niort, 1867.
Flamenca (*Le roman de*) p. p. Paul Meyer, in-8, Paris, 1865.
Floire et Blanceflors, poèmes du XIIIe siècle publ. par Edélestand Duméril, in-18, Paris, 1856.
Foros de Beja F. B., *Foros de Garda* F. G., *Foros de Gravão* F. Gr., *Foros de San Martinho de Mouros* F. S M., *Foros de Santarem* F. S., *Foros de Torres novas* P. T., V. *Collecção.*
Foucaud : *Poésies en patois limousin,* p. p. E. Ruben, in-8, Paris, 1867.
Fragment de Valenciennes. V. *La Chanson de Roland,* par Génin.
Froissart (Jeh.). *Les chroniques de Sire Jehan Froissart* p. p. Buchon, in-8, Paris, 1832.
Génin, F. : *La Chanson de Roland,* in-8, Paris, 1850.
Gibers de Montreuil : *Roman de la Violette ou de Gérard de Nevers* p. p. Fr. Michel, in-8, Paris, 1834.
Girartz de Rossilho, nach der Pariser Handschrift h. gg., v. C. Hoffmann, Berlin, 1855.
Glossaire du patois normand par Louis Du Bois, p. p. J. Travers, in-8, Caen, 1856.

Glossaire du Poitou, de la Saintonge, etc. V. Favre.

Glossaire du patois poitevin, par l'abbé Lalanne. V. *Mém. de la Société des Antiq. de l'Ouest*, XXXII, 2e partie, 1867.

Glossaire du Centre de la France par le comte Jaubert, 2e édit., in-4, Paris, 1864.

Glossaire étymologique et comparatif du patois picard. V. Corblet.

Glossaires romans (Anciens), corrigés et expliqués par Fr. Diez, tr. par A. Bauer, in-8, Paris, 1870. (*Bibliothèque de l'Ecole des Hautes-Etudes*, 5e fascicule.)

Gœttinger (Gelehrte Anzeigen).

Grammaires provençales de Hugues Faidit et de Raimond Vidal de Besaudun, 2e édit., revue p. F. Guessard, in-8, Paris, 1858.

Grammatici latini, ed. Keil (K), 6 vol. in-8. Lips. 1857-68.

Grammatici veteres ed. Putsch (P.), 1 vol. in-8.

Grammaticorum latinorum veterum (Corpus) ed. Lindemann, 3 vol. in-8, 1831.

Grégoire le Grand (Vie du pape) p. p. Luzarche, in-18, Tours 186 .

Grimm, J. *Deutsche Grammatik*, 2 vol. in-8, Berlin, 2e édit., 1869, 1870.

id. *Geschichte der deutschen Sprache*, 2 vol. in-8, Leipzig, 2e éd. 1853.

G. O. *Guillaume d'Orange* p. p. W. J. A. Joncbloet, in-8, La Haye, 1854. V. *Chansons de geste.*

Guillaume de Poitiers. V. Bartsch, *Chrestomathie provençale.*

Helmholz, H. *Die Lehre von den Tonempfindungen*, in-8, Berlin, 1865.

Herman de Valenciennes, *Bible de Sapience.* V. Dinaux.

Histoire du château et des sires de Beaumont-le-Vicomte, v. Léop. Delisle.

Histoire littéraire de la France, T. XVIII, — XXIII.

Historiæ patriæ monumenta, T. X, *Codex diplomaticus Sardiniæ*, in-fol., Turin, 1861.

Huon de Bordeaux, chanson de Geste, p. p. MM. F. Guessard et C. Grandmaison, in-18, Paris, 1860.

Ignaurès (Le lai d') ou du prisonnier par Renaut, p. p. J. J. N. Monmerqué et Fr. Michel, in-8, Paris, 1832.

Institucion (Util y breve) para aprender los principios y fundamentos de la lengua Hespañola. Lovanii ex officina Bartholomei Gravii, anno 1551. V. *Ensayo de una bibliotheca.*

Institutiones v. Doergangk.

Introduction en la langue castillane par le moyen de la française par J. Saulnier, in-12, Paris, 1608.

Isagoge in linguam gallicam (Sylvius). P. Ex off. Rob. Stephani 1531, in-4.

Isidori Hispaliensis *Originum libri*, ed. Lindemann.

Jasmin : *Las papillotas*, 4 v. in-8.

Joinville (Jehan de), *Histoire de Saint Louis*, p. p. Natalis de Wailly.

J. R. Joan Rois, arcipreste de Hita (*Poesias de*), p. p. Janer. V. *Poetas castellanos.*

Koch : *Historische Grammatik der englischen Sprache*, 3 vol. in-8, 1863.

Kuhn's *Zeitschrift für vergleichende Sprache.*

Larue (abbé de la) : *Bardes et trouvères normands*, 3 vol. in-8, Caen, 1824.

Le Héricher, *Histoire et glossaire du normand, de l'anglais et de la langue française*, 3 v. in-8, Paris, 1862.

Le Roux de Lincy : *Recueil de chants historiques français*, 2 vol. in-12, Paris, 1861.

L. Ps. *Libri Psalmorum versio antiqua gallica*, p. p. F. Michel, in-8, Oxonii, 1860.

Littré, E. *Dictionnaire de la langue française*, 4 v. in-fol., Paris, 1872-1873.

id. *Histoire de la langue française*, 2 v. in-12, Paris, 5e éd. 1869.

Livre des Créatures (Le). V. Philippe de Thaon.

L. Mét. *Livre des Métiers*, p. p. C. B. Depping, Paris, 1837.

L. R. *Livres des Rois (Les)* p. p. Leroux de Lincy, in-8, Paris, 1841.

Leys d'amor (Las) p. p. Gatien-Arnoult. (*Monuments de la littérature romane* v. I.)

Lois de Guillaume le Conquérant p. p. B. Schmid. — *Die Gesetze der Angelsachsen*, in-8, 2e édit. 1868.

Longet : *Traité de physiologie*, 3 vol. in-8, Paris, 5e édit., 1858.

Mabillon : *De re diplomatica*, in-fol., Paris, 1708.

Marini (*Papiri diplomatici raccolti et illustrati dall' abate*) in-fol., 1803.

Mémoires de la Société des Antiquaires de Normandie.

Mémoires de la Société des Antiquaires de l'Ouest.

Méthode (La parfaite) pour entendre, escrire et parler la langue espagnole, in-12, Paris, 1546.

Meurier, Gabr. *Coloquios familiares muy convenientes*, etc., in-12, Anvers, 1568.

Meyer (Paul), *Poésies religieuses en langue d'oc*, in-8, Paris, 1861.

id. V. *Barlaam*, *Boece* et *Flamenca*.

Milà y Fontanals, *De los trobadores en España*, in-8, Barcelona, 1860.

Mireio, par Mistral, in-12, Paris.

Misterio de los reyes Magos (El), v. *Jahrbuch* XII.

Muller (Max) : *Nouvelles leçons sur la science du langage*, trad. p. G. Harris, 2 vol. in-8, Paris, 1867.

Müller (Ed.): *Etymologisches Wœrterbuch der englischen Sprache*, in-8, 1865.

Muratori, *Antiquitates Italiæ*, in-folio, 1703.

Muse normande (La) de Louis Petit de Rouen en patois normand 1653, p. p. Alp. Chassant, in-12, Rouen, 1853.

Muse normande (Inventaire général de la), divisée en XXVIII parties, p. David Ferrand de Rouen chez l'autheur, in-12, 1655.

Mussafia, Ad. *Darstellung der altmailandischen Mundart nach Bonvesins Schriften (Sitzungsberichte der Kaiserlichen Akademie der Wissenschaften zu Wien*, LIX, 1868).

id. *Darstellung der romagnolischen Mundart*, in-8, Wien, 1871.

Oberlin, *Essai sur le patois lorrain du ban de la Roche*, in-12. Strasb. 1775.

Oudin (César), *Grammaire espagnole mise et expliquée en français*, in-16, Paris, 1612, 1659.

Palsgrave (Jean) : *Lesclaircissement de la langue françoise*, p. p. L. Genin, in-4, Paris, 1844.

Paris (Gaston) : *La Vie de Saint Alexis*, in-8, Paris, 1872.

Paris (Paulin) : *Le Romancero français*. In-12, Paris, 1833.

P. *Passion*, v. Diez, *Zwei altromanische Gedichte.*

Pathelin (La farce de Maistre) p. p. Ed. Fournier. In-8, Paris, 1872.

Patois (Le) des Fourgs, arrondissement de Pontarlier, par J. Tissot, in-8, Paris, 1865.

Pirona, Jac. *Vocabolario friulano publicato per cura del dottore* Giul. And. Pirona, Ven. 1871.

PC. *Poema del Cid*. V. *Poetas castellanos*.
Pluquet, Fréd. *Contes populaires, préjugés, patois, proverbes, noms de lieux de l'arrondissement de Bayeux*, 2e édit., in-8, Rouen, 1834.
Poesias castellanas anteriores al siglo XV (*Coleccion de*) p. p. D. T. A. Sanchez, in-8, Paris, 1842.
Poésies religieuses en langue d'oc, v. P. Meyer.
Poetas castellanos anteriores al siglo XV, p. p. Janer, in-8, Madrid, 1861.
Pont, G. *Les origines du patois de la Tarentaise*, in-8, Paris, 1871.
Prâtiçâkhya du Rig-Véda, tr. p. Ad. Régnier, in-8, Paris, 1859.
Psautier d'Oxford. V. *Libri Psalmorum*.
Quicherat, J. *Traité de la formation française des anciens noms de lieu*, in-12, Paris, 1867.
Raumer (Rud. von): *Gesammte sprachewissenschaftlichte Schriften*. In-8, 1863.
Raynouard : *Choix des poésies originales des troubadours*, 5 vol. in-8, Paris, 1824.
id. *Lexique roman* ou *dictionnaire de la langue des Troubadours*, 6 vol. in-8, Paris, 1838.
Recueil de Chartes en langue vulgaire, v. Natalis de Wailly.
Renart (*Li Roman du*) p. p. Méon, 4 vol., Paris, 1826.
Rencesval : Edition critique du texte d'Oxford de la Chanson de Roland, p. Ed. Boehmer, in-12, Halle, 1872.
Revue des langues romanes, in-8, Montpellier, Paris, 1870-1873.
Revue critique d'histoire et de littérature, in-8, Paris, 1866-1873.
Rivista di filologia romanza, in-8, Roma, 1873.
Rochegude : *Dictionnaire occitanien*, in-8, 1808.
Rol. *Roland* (*La Chanson de*) p. p. Léon Gautier, 2 vol. in-8, Tours, 1871.
id. id. 3e édition, in-18, Tours 1872.
Romania, recueil trimestriel consacré à l'étude des langues et des littératures romanes, p. p. Paul Meyer et Gaston Paris, in-8, Paris 1872-73.
Romans (*Li*) *d'Alixandre*, v. *Alixandre*.
Romans (*Li*) *de Beaudouin de Sebourc*, 2 vol. in-8, Valenciennes, 1842.
B. *Roman de Brut* p. p. Le Roux de Lincy, 2 vol. in-8, Rouen, 1836.
Roman d'Eneas, v. *Eneas*.
Roman (*Le*) *du Mont Saint-Michel par Guillaume de Saint-Pair, poème anglo-normand* du XIIe siècle p. p. Fr. Michel, in-12, 1856.
Roman de la Rose p. p. Fr. Michel, Paris, 1864.
R. *Roman de Rou* p. p. F. Pluquet et Le Prévost, 2 v. in-4, Rouen, 1827.
R. Tr. *Roman de Troie* p. p. Joly, in-4, Caen, 1870.
Roman de la Violette, v. Gibers de Montreuil.
Rotuli (*Magni*) *scacarii Normanniæ sub regibus Angliæ*, ed. Stapleton, 2 vol. in-8, Lond. 1854.
Rutebeuf. *Œuvres complètes recueillies* p. Ach. Jubinal, 2 vol., Paris, 1839.
S. B. Saint Bernard (*Sermons de*). V. *Livres des Rois*.
S. L. *Saint Léger*, v. Diez. *Zwei altromanische Gedichte* et *Romania*, I, 273.
Sanchez. V. *Poesias*.
Saxons (*Chanson des*) par Jean Bodel p. p. Fr. Michel, 2 vol, in-12, Paris, 1830.
Schleicher, A. *Compendium der vergleichenden Grammatik der indogermanischen Sprachen*, 2e édit., in-8, Weimar, 1866.
id. *Deutsche Sprache*, in-8, Stuttgard, 2e édit. 1869.

Schneller, Chr. *Die romanischen Volksmundarten in Sudtirol.*, in-8, Gera, 1870.

Schuchart, *Vocalismus des Vulgarlateins*, 3 vol. in-8, Leipzig, 1866.

Serments de 842, v. Bartsch, *Chrestomathie.* Chevalet, *Origines* et Diez, *Altr. Sprachd.*

Sitzungsberichte der Kœn. K. Akademie der Wissenschaften zu Wien.

Sitzungsberichte der Kœnigl. bager. Akademie der Wissenschaften zu München, 1868.

Société des Bibliophiles françois.

Sotomayor : *Gramatica con reglas muy provechosas y necessarias para aprender la lengua francesa*, in-12, En Alcala de Henares, 1565.

Spano (Giovano) : *Ortografia sarda nazionale ossia gramatica della lingua logudorese paragonata all' italiana*, in-8, Cagliari, 1840.

Sylvius : *In linguam gallicam Isagoge.*

Tardif, J. : *Monuments historiques*, in-4, Paris, 1866.

Teulet : *Layettes du trésor des Chartes*, in-8, Paris, 1868.

Thaon (Philippe de), v. *Bestiaire, Comput* et *Livre des Créatures.*

Théâtre français au Moyen-Age p. p. MM. Monmerqué et Fr. Michel, in-8, Paris, 1839.

Thomas : *A treatise of creol grammar*, in-12, London, 1869.

Thomas Martyr (*La Vie de Saint*) p. p. Bekker. *Abhandl. der Berl. Akad.* 1838.

Tissot. V. *Le patois des Fourgs*, in-8, Paris, 1861.

Vilh. Villehardouin (Joff. de), *De la conqueste de Constantinople* p. p. Michaud et Poujoulat, in-8, Paris, 1836.

Vocabulaire français-valaque par Poyenar, F. Aaron et G. Hill, 2 v. in-8, Boucaresc, 1840.

Vocabulaire du Haut-Mainé par C. R. de M(ontesson), in-8, Le Mans, 2e éd., 1859.

Vocabolario dei dialetti della città e diocesi di Como di Pietro Monti, in-8, Milano, 1845.

Wace, V. *Roman de Brut* et *Roman de Rou.*

Wailly (Natalis de) : *Recueil de Chartes en langue vulgaire*, in-8, Paris, 1870.

id. *Observations grammaticales sur les chartes françaises d'Aire en Artois*, in-8, Paris, 1872.

Wentrup, *Beitræge zur Kenntniss der neapolitanischen Mundart*, in-4. Wittenhg, 1855.

id. *Beitræge zur Kenntniss der sicilischen Mundart.* V. Hs. Archiv, XXV.

Yepes, *Cronica de la orden de San Benito.*

Zeitschrift fur vergleichende Sprachwissenschaft V. Kuhn.

INTRODUCTION

Une double méthode se présente pour étudier les transformations du *c* latin; la méthode historique ou à posteriori qui consiste à en suivre, à l'aide de documents contemporains, les modifications diverses dans les différentes langues romanes ; la méthode phonétique qui en recherche à priori les changements possibles; on comprend d'ailleurs que ces deux méthodes ne puissent se séparer et qu'elles doivent nécessairement se compléter l'une l'autre. De ce qu'une modification est possible, il ne s'ensuit pas, en effet, qu'elle se soit produite, et nous verrons que chaque langue romane a traité le *c* latin d'une manière particulière; il faut donc que les renseignements historiques viennent ici au secours de la théorie; mais, d'un autre côté, il ne nous est pas permis, faute de documents, de suivre toujours depuis leur origine les transformations successives du *c;* si donc nous n'appelions à notre aide la phonétique, il nous serait difficile souvent d'expliquer celles que nous rencontrons et plus encore d'en déterminer l'ordre et la marche progressive. Aussi m'efforcerai-je toujours dans ce travail de faire marcher de front les renseignements historiques et l'explication physiologique des sons.

Mais avant d'aborder le sujet que je me suis proposé de traiter, une double question se présente : comment d'abord les sons, et en particulier les sons de consonnes, puisque c'est d'une consonne qu'il s'agit ici, peuvent-ils se transformer et se substituer les uns aux autres? j'y répondrai en faisant la théorie de l'alphabet indo-européen. Quel était — et c'est la seconde question à examiner — le rôle et la valeur du *c* au moment de la formation des langues romanes? cela m'amènera naturellement à faire l'histoire dés gutturales latines. Commençons par la théorie de l'alphabet.

I.

L'ALPHABET INDO-EUROPÉEN [1].

« La voix est un son que l'homme et certains animaux font entendre en chassant l'air de leurs poumons à travers la glotte [2]. » Mais il ne suffit pas que l'air soit chassé du poumon pour qu'il y ait *phonation;* il faut encore que les lèvres de la glotte soient suffisamment rapprochées pour lui imprimer les vibrations sans lesquelles il ne peut y avoir production du son; dans ce phénomène la glotte joue le rôle d'une anche, la bouche celui de résonnateur. Telles sont les conditions essentielles à la formation de la voix; mais pour qu'elle se change en parole, — laquelle n'est autre que la voix articulée, — quelque chose de plus est nécessaire; il faut que les harmoniques produites par la glotte soient modifiées, amplifiées ou étouffées d'une certaine manière par le résonnateur, c'est-à-dire par la bouche [3]; c'est, en effet, des diverses positions que peuvent occuper les unes par rapport aux autres les différentes parties qui la composent, langue, dents, lèvres, palais dur ou mou, voile du palais, des contractions ou des dilatations qu'elles éprouvent que dépend la nature des différents sons élémentaires, voyelles ou consonnes, qui constituent la parole humaine.

Voyelles. — Si, tandis que l'air est chassé du poumon, la glotte étant d'ailleurs rétrécie de manière à ce que les cordes vocales entrent en vibration, nous arrondissons les lèvres en les avançant et abaissons la langue et le larynx de manière à ce que la cavité buccale, servant de résonnateur, soit aussi allongée que possible, nous faisons entendre le son *u (ou);* si, au con-

1. Il ne s'agit pas naturellement ici de l'alphabet aryen ou indo-européen primitif, mais bien d'un alphabet renfermant toutes les lettres communes aux langues de la famille indo-européenne.

2. Longet, *Traité de physiologie,* II, 708. On trouve résumés dans ce livre la plupart des travaux et des découvertes de la science moderne sur la théorie de la voix; malheureusement l'auteur n'a point connu le mémoire de Brücke « Grundzüge der Physiologie und Systematik der Sprachlaute », aussi son ouvrage exact et précieux pour la partie anatomique est fort médiocre, au contraire, pour la partie phonétique.

3. Helmholz. *Die Lehre der Tonempf.*

4. Brücke, *Grundzüge,* p. 17 et suiv. Max Müller, *Nouv. leçons sur la science du langage.* Trad. I, 147.

traire, tout en relevant à la fois le larynx et ouvrant les lèvres, ce qui donne à la cavité buccale la moindre longueur possible, nous appliquons les deux bords de la langue contre le palais, de manière à ne laisser qu'un espace étroit en son milieu pour le passage de l'air, nous faisons entendre le son *i*. Relève-t-on le larynx, moins toutefois que pour prononcer *i*, et laisse-t-on à la langue sa position naturelle, tout en ouvrant légèrement les lèvres, le son que l'on fait entendre alors en chassant l'air du poumon au dehors est celui de *a*. A des positions intermédiaires des organes de la voix correspondent les sons *o*, *e* et toutes les autres variétés de voyelles ; mais ce qui précède suffit pour faire comprendre ce que j'aurai à en dire plus tard.

Aspiration. — Dans la production des voyelles la cavité buccale, par les différentes formes qu'elle affecte, joue un rôle prédominant ; ce sont, en effet, les modifications qu'y reçoivent les ondes sonores mises en vibration dans leur passage à travers la glotte qui en déterminent la nature et la formation ; mais il peut se faire que l'air soit chassé au dehors sans éprouver de résonnance à l'intérieur de la bouche ; dans ce cas encore il peut arriver de deux choses l'une, ou, la glotte étant toute grande ouverte, l'air est expulsé sans qu'on entende autre chose que le bruit de l'expiration, ou, les lèvres de la glotte étant suffisamment rapprochées, on entend ce son particulier qui caractérise l'*aspiration*, l'esprit rude des Grecs, l'*h* allemand ou anglais [1]. Il faut en distinguer l'aspiration plus faible, dont peut être accompagnée une voyelle initiale, et qu'on produit en ouvrant brusquement la glotte, sans que les cordes vocales entrent en vibration, c'est l'esprit doux des Grecs, l'*h* de l'alphabet roman et peut-être aussi celui de l'alphabet latin.

Consonnes. — Dans la production des voyelles, à plus forte raison dans celle du son *h*, pour lequel les organes vocaux restent dans leur position normale, le passage à l'air chassé du poumon peut être plus ou moins rétréci ; il n'est ni entravé d'une manière continue, ni fermé momentanément d'une manière complète ; mais au lieu de laisser ainsi s'échapper librement l'air chassé du poumon, nous pouvons l'arrêter à son passage, en lui faisant un instant obstacle soit à l'aide de la langue et du palais,

1. Brücke, id. 7. — Joh. Czermak. *Sitzungsb. der kais. Akad. der Wiss.* 1865. Contrairement à cette manière de voir, O. Wolf (*Sprache und Ohr* 40) fait de *h* une consonne accompagnée du son de la voyelle *a*; théorie qui me paraît complètement inadmissible.

soit à l'aide des lèvres ; ou bien encore nous pouvons rapprocher ces organes de manière non plus à former un obstacle complet à l'air expulsé du poumon, mais à le forcer à passer lentement à travers l'espace resserré qu'ils laissent entre eux, en produisant un frottement continu contre leurs parois ; dans l'un et l'autre cas, le son ainsi produit est un son de consonne, et l'on voit que ce qui constitue la différence entre les consonnes et les voyelles, c'est que dans la production de ces dernières il n'y a ni obstacle formé au passage de l'air, ni espace resserré qu'il doive traverser, tandis que pour la production des premières l'une de ces conditions est nécessaire.

Le double mode de formation que je viens d'assigner aux consonnes les divise d'abord en deux classes, les *explosives* et les *continues* ou *spirantes*[1]; il montre en même temps qu'elles diffèrent entre elles par la nature du son, non par la nature de l'organe qui concourt à leur formation, puisque ce sont les mêmes organes, seulement disposés d'une manière un peu différente, dont on se sert pour les produire. Une condition est d'ailleurs encore nécessaire à la production de chacune d'elles, c'est que le passage à l'air à travers les fosses nasales soit fermé par le voile du palais ; quand il reste ouvert, au lieu de l'explosive ou de la spirante ordinaire, on fait entendre la *résonnante* ou *nasale* correspondante. Il peut se faire aussi que, le passage étant fermé à l'air par le voile du palais, une partie de la cavité buccale soit disposée de manière à entrer en vibration au moment de son passage ; alors se produit le son *trémulant* de l'*r*. Telles sont les quatre grandes divisions entre lesquelles Brücke a réparti les consonnes ; à la seconde, il faut encore rattacher les variétés du son *l*, qui ne diffèrent des spirantes ordinaires qu'en ce que l'espace étroit que doit traverser l'air au lieu d'être formé au milieu de la cavité buccale, est formé de chaque côté, entre les bords de la langue et les molaires[2].

Les explosives et les spirantes peuvent d'ailleurs se diviser elles-mêmes en deux classes ; on peut, en effet, produire chacune d'elles en laissant la glotte à peu près grande ouverte, alors on a l'explosive ou la spirante qu'on pourrait appeler fondamentale ou élémentaire, ou bien on peut rétrécir la glotte au moment où l'air est aspiré, et, alors — fait constaté déjà par les auteurs des Prâtiçâkhyas[3] — en frottant contre les cordes vocales, il les

1. *Reibungsgeræusche* de Brücke. — 2. Brücke, id. 30.
3. « Ce sont là les natures des lettres : — l'expiration (est la nature)

fait résonner; dans ce cas, au lieu de faire entendre l'explosive ou spirante fondamentale, on fait entendre un son plus faible, dérivé du premier, la *sonore, moyenne* ou *douce* correspondante ; par opposition on appelle la première *sourde, tenue* ou *forte*[1]. Ces considérations générales étant établies, essayons de préciser la nature de chacune des diverses espèces de consonnes.

Gutturales[2]. — Si, après avoir appliqué la partie moyenne ou postérieure de la langue contre la partie postérieure du palais, et fermé à l'aide du voile du palais tout passage à travers les fosses nasales, nous chassons l'air du poumon en interrompant brusquement l'obstacle ainsi formé à sa libre sortie, nous faisons entendre le son sourd *k*.

Or le contact de la langue peut avoir lieu au-delà du palais dur, contre le palais mou et près le voile du palais, c'est ce qui arrive le plus souvent quand au son *k* nous joignons une des voyelles *a, o, u,* ou bien le contact a lieu en deçà du palais mou, contre le palais dur, c'est ce qui arrive ordinairement quand le son *k* doit être suivi d'une des voyelles *e, i;* dans le premier cas on fait entendre ce que Brücke appelle *k vélaire* ou *postérieur*, c'est le son du *c* français dans le mot *car* ou de *qu* dans *qualité;* je le désignerai par *k;* dans le second cas, l'on fait entendre ce que Brücke appelle *k palatal* ou *antérieur*, — le *k laminaire* de Bœhmer[3], — c'est à peu près le son de *qu* français dans *quel* et du *k* allemand dans *Kind*, prononcé surtout par un Allemand du Nord; ce devait être aussi, d'après la description des Prâtiçâkhyas, celui de *k* palatal de l'ancien sanscrit, qu'on prononce ordinairement *tch*. Je le désignerai par k_1[4].

des sourdes; — le son (celle) des autres. » Traduction d'Ad. Regnier, *Études védiques*, p. 6.

1. Brücke, id. 33, 45. — G. Gottfr. Weiss, *Allg. Stimmbildungslehre*, cité par O. Wolf, *Sprache und Ohr*, 13.

2. Il n'y a point — le *h* indo-européen et quelques autres lettres sémitiques exceptées, — à vrai dire, de gutturales, puisque le larynx ou *gosier* concourt également à la production de toutes les lettres, et ne concourt exclusivement à la production d'aucune d'elles; mais en attendant qu'on ait trouvé une dénomination universellement acceptée pour les sons *k* et *g*, je me servirai au besoin, pour les désigner, de l'ancien nom de gutturales.

3. Bœhmer, *Romanische Studien*, I, 298.

4. Ces deux sons sont d'ailleurs essentiellement primitifs et se rencontrent également, seulement plus ou moins purs, dans toutes les langues indo-européennes. Ainsi *ch* dans l'italien *chiaro* est un *k* palatal formé le plus en avant possible du palais mou, *qu* dans le français *qui* est un *k* palatal formé vers la limite du palais dur et mou; le *k* de

A chaque espèce de *k*, c'est-à-dire à la sourde vélaire et palatale, correspond une forme particulière du *g*, c'est-à-dire une sonore vélaire et palatale. On les obtient d'ailleurs en donnant aux organes de la voix la même position que pour la production des sons *k*, en rétrécissant seulement, au moment du passage de l'air, l'ouverture de la glotte de manière à faire résonner les cordes vocales. Le *g* vélaire est le son du *g* français dans le mot *garçon ;* je le désignerai par la lettre *g ;* le *g* palatal est le son du *gu* français dans *guirlande* ou du *g* allemand dans *gähnen*, prononcé surtout par un Allemand du Nord ; c'était aussi probablement celui du *ǵ* palatal sanscrit, qu'on prononce aujourd'hui *dj ;* je le désignerai par g_{1}. J'ajouterai que tout dérivé du *k* qu'il paraisse être et qu'il est en réalité, le *g* n'est pas dans le fait un son moins primitif, et que, comme lui, il se retrouve dans toutes les langues indo-européennes.

Dentales. — Quand au lieu de former le contact, nécessaire à la production des explosives avec la partie postérieure de la langue et la partie postérieure du palais, on applique la partie antérieure de la première contre le palais et les dents, le passage à la sortie de l'air à travers les fosses nasales étant d'ailleurs fermé, au lieu du son *k* on fait entendre le son *t*. Le contact peut avoir lieu d'ailleurs de diverses manières, et il en résulte naturellement autant d'espèces différentes de *t*. Si, par exemple, en même temps que les côtés de la langue s'appuient contre les molaires supérieures, la pointe vient s'appliquer contre les gencives, on produit le *t alvéolaire ;* c'est le *t* ordinaire des langues romanes et germaniques, tel qu'on l'entend dans le français *tant* et l'allemand *Taube*, le t^1 de Brücke ; je le désignerai par la lettre *t*. Au lieu d'aller s'appliquer contre les gencives, la pointe de la langue se relève-t-elle, au contraire, pour frapper en sa partie la plus élevée la voûte du palais, on a le *t cérébral* ou *cacuminal* du sanscrit, le t^2 de Brücke ; je le désignerai par *ṭ*. Tandis que la partie antérieure de la langue va s'écraser contre la partie antérieure du palais, la pointe peut encore s'abaisser vers les incisives inférieures, dans cette position se produit le *t dorsal* du tchèque, le t^3 de Brücke ; comme il ne se rencontre point dans les langues romanes, je ne lui donnerai aucune désignation particulière. Enfin, si la langue forme avec

l'allemand *wickeln* est intermédiaire à l'un et à l'autre. De même le *k* de l'allemand *stock* se forme à la limite antérieure du palais dur, le *k* de *cappa* à la limite postérieure.

les dents seules l'obstacle destiné à arrêter l'air chassé des poumons, on fait entendre le *t dental* proprement dit, souvent confondu avec le *t* alvéolaire et formé à sa place, c'est le t^4 de Brücke; je le désignerai simplement par *t*, comme le *t* alvéolaire.

A chacune des variétés du *t* correspond une espèce particulière de *d :* le *d alvéolaire*, *d;* le *d cérébral*, *ḍ*, du sanscrit; le *d dorsal;* enfin le *d dental* proprement dit, c'est le d^1, d^2, d^3, d^4 de Brücke[1].

Labiales. — L'obstacle destiné à arrêter l'air à sa sortie du poumon, au lieu d'être formé par la langue et le palais, peut l'être par les lèvres; si, alors, le voile du palais fermant toute communication entre le larynx et les fosses nasales, l'air est chassé à travers la glotte entr'ouverte, on produit, en ouvrant les lèvres, le son *p*. Fait-on vibrer, en rétrécissant l'ouverture de la glotte, les cordes vocales au moment de la production du son, on a, au lieu de la sourde *p*, la sonore correspondante *b*.[2]

Aspirées. — Quand, au lieu d'interrompre brusquement l'obstacle formé par la langue, les dents ou les lèvres et destiné à arrêter l'air au moment où celui-ci est chassé au dehors, on laisse l'haleine traverser librement et pendant quelque temps la glotte restée ouverte, avant que le son ait cessé d'être entendu, à la place d'une explosive ordinaire, on produit une aspirée[3]. L'aspirée est donc comme l'addition d'un *h* au son primordial de la lettre correspondante, et elle doit nécessairement se produire toutes les fois qu'on cherche à prolonger le son d'une tenue ou d'une sonore en faisant affluer l'air du poumon en plus grande quantité ou pendant un temps plus considérable; c'est donc le résultat ou d'une habitude prise ou d'une conformation organique particulière. Aussi rien de variable comme les aspirées des idiomes indo-européens. La langue aryenne primitive ne possédait que l'aspirée de *g, d, b : gh, dh, bh*, c'est-à-dire des trois sonores fondamentales; le sanscrit, — pour ne parler ni des palatales, ni des linguales, — avait, outre l'aspiration des sonores, les aspirées des trois muettes *k, t* et *p : kh, th* et *ph;* le grec n'avait que ces dernières comme l'ancien irlandais, tandis que le latin, comme le lithuanien, les avait toutes perdues[4].

Nous avons vu qu'à chaque ordre d'explosives correspondent

1. Brücke, id. 36.
2. Brücke, id. 32.
3. Brücke, id. 57.
4. Schleicher, *Compendium der vergleichenden Gram.*, 10, 14, 54, 79, 113, 133.

diverses espèces de sons continus, qui en dérivent plus ou moins directement ; ce sont eux maintenant qu'il nous faut étudier. Je commencerai par les spirantes.

Spirantes. — Elles sont, comme les explosives, de trois espèces : gutturales, dentales et labiales.

1° Quand, au lieu de former complètement l'obstacle comme pour produire le *k* vélaire, on laisse un passage étroit à l'air, de manière qu'il glisse au-dessus de la langue et vienne frapper le palais mou, on fait entendre le son du *ch* allemand après *a, o, u,* comme dans *ach, Loch,* ou du χ des Grecs modernes dans les mots où il est suivi de l'une de ces voyelles, par exemple dans χόρος; je le désignerai par χ. Si la langue a pris, sans former entièrement l'obstacle nécessaire à la production du *k* palatal, la position qu'elle occupe quand ce son se fait entendre, on a alors celui du *ch* allemand après ou avant *e, i,* comme dans *ich, Sichel,* ou du χ moderne dans les mots où il est suivi de l'une de ces voyelles, par exemple dans χείρ; je le désignerai par χ_1.

Quand on rétrécit la glotte en faisant vibrer les cordes vocales au moment où on produirait le son χ, au lieu de ce son on fait entendre celui du *g*, tel qu'on le prononce en bas-allemand, par exemple dans *lag (Lüge),* ou encore un son analogue à celui du γ des Grecs modernes suivi de α, ο, ω, comme dans γωνία ; je désignerai pour cela par γ cette spirante du *g* vélaire. Fait-on, au contraire, résonner les cordes vocales au moment où les organes de la voix sont disposés pour produire la spirante χ_1, on fait entendre le son *i* consonne ou *y*, tel qu'on les prononce dans l'allemand *Jahr*, l'anglais *yacht*, le français *yeux*; je désignerai par *y* cette spirante du *g* palatal[1].

2° Si on place la langue dans la position nécessaire pour former le son du *t*, mais sans fermer complètement le passage à l'air et en lui permettant, au contraire, de glisser entre la langue et le palais, de manière à venir frapper les dents, au lieu du son *t* on fait entendre celui de la spirante correspondante. Quand la langue est dans la position où se produit le *t* alvéolaire, c'est-à-dire quand la pointe est appliquée contre les gencives, on a un son approchant de notre *s* dur pour lequel il est souvent employé, peut-être l'*ś* sanscrit, rangé par les grammairiens dans la série des dentales ; quand, au contraire, elle se relève vers la partie la plus élevée du palais dans la position où se produit le *t* cacuminal, on a ce qui dut être le *ś* cérébral de l'ancien sanscrit,

1. Brücke, id. 47. Max Müller, id. I, 163.

prononcé aujourd'hui *ch* ou *sh*. La met-on dans la position où se forme le *t* dorsal, on a le *s (ç)* dur, du français et de l'allemand, comme dans *sage, leçon, liesz, dasz*. Enfin, quand la langue vient s'appuyer entre les dents, de manière à laisser un passage étroit à l'air chassé du poumon, on fait entendre le son θ du grec moderne ou le *th* dur des Anglais, spirante du *t* dental proprement dit, par exemple Θέος, *that*.

Si, au moment de produire ces quatre sons, on fait, en rétrécissant l'ouverture de la glotte, résonner les cordes vocales, on obtient les spirantes sonores correspondantes aux quatre espèces de *d*. La première est, comme la sourde correspondante, souvent employée à la place de la troisième ; la seconde, sur laquelle je reviendrai, paraît être le *ž* du zend ; la troisième est notre *s* doux, comme dans *rose*, ou notre *z*, comme dans *zèle*, ou encore l'*s* initial ou médial des Allemands, tel que *Sohn, lesen* ; la spirante sonore correspondante à la quatrième espèce de *d* est le *th* doux anglais, le δ des Grecs modernes, comme dans *other*, Δίος [1].

3° Quand on forme l'obstacle destiné à arrêter l'air non avec la langue et le palais, mais avec les lèvres, on produit alors une labiale, et si la fermeture n'a point lieu complètement, la spirante correspondante ; or, pour la produire, on peut ou rapprocher les incisives supérieures des lèvres inférieures, ou rapprocher simplement les deux lèvres l'une de l'autre ; dans les deux cas, on fait entendre la spirante de *p*, *f*, mais plus forte dans le premier cas, comme dans *Vater, façon*, plus douce dans le second, comme dans *sauf, vif*. Si, en voulant prononcer le premier *f*, — le f^2 de Brücke, — on fait résonner les cordes vocales, on fait entendre le son *v* — le w^2 de Brücke — des mots *va, voix* ; je le représenterai par *v* ; si on fait résonner la voix, au contraire, en essayant de prononcer la seconde espèce de *f* — le f^1 de Brücke — on produit le son *üi, üe* — le w^1 de Brücke — tel qu'on l'entend en allemand dans le mot *Quelle*, en français dans *écuelle*, en anglais dans *wind* ; je le représenterai par *w*.[2]

Liquides. — Les quatre espèces de spirantes correspondant aux quatre espèces de *t* ne sont pas les seules qu'on puisse dériver de ce son ; si on forme, comme pour produire cette lettre, un obstacle en avant de la bouche tout en ménageant de chaque côté des dernières molaires un passage à l'air, de manière que

1. Brücke, id. 30. Max Müller, id. I, 165, 167.
2. Brücke, id. 34.

l'onde sonore, se partageant au contact de la langue, s'écoule par cette double ouverture le long des parois intérieures de la mâchoire, nous faisons entendre les quatre sons de *l* sourd, correspondant aux quatre espèces de *t*; si on fait en même temps résonner les cordes vocales, on a les quatre espèces de *l* sonore, correspondant aux quatre variétés du *d*. Les quatre espèces de *l* sourd, que Brücke désigne par les lettres λ^1, λ^2, λ^3, λ^4, ont été signalées par J. Müller en allemand, par Purkine en polonais. Des quatre variétés de *l* sonores, la première est le *l* ordinaire, le *l alvéolaire (l)* des Romans, qu'on entend en français dans les mots *larçin*, *loge*; la seconde *(l)* est probablement le *lra* du dialecte du *Védas*, parfois aussi, à ce qu'il semble, le *l barré (ł)* des Polonais; la troisième variété est *l mouillé*, c'est-à-dire, d'après Chladni, le *l* suivi d'un *i* intermédiaire entre *i* ordinaire et *j*; ainsi dans *paglia*, *paille*, *llano*; je le désignerai par *ll*. Enfin la quatrième espèce de *l* ou *l dental* est celui qu'on produit quand on parle à voix basse; il ne diffère pas essentiellement de l'*l* alvéolaire, et est souvent confondu avec lui. C'est à lui ou au premier que se rapporte, d'après Brücke, le *l* de l'alphabet sanscrit[1].

Trémulantes. — Nous avons vu comment on produit les trémulantes ou les sons de *r*; il faut néanmoins préciser davantage le mode de production de chacun d'eux.

1° Si on place la langue dans la position où se produit la spirante vélaire, mais en formant en son milieu, à la place où s'applique la luette, un sillon profond, de manière à ce que cette dernière entre en vibration lors du passage de l'air, on produit le son de l'*r guttural* ou *uvulaire* sourd *(ṙ)*, et en faisant résonner les cordes vocales l'*r* sonore correspondant, l'*r uvulaire* du provençal[2].

2° Si on place la langue dans sa position habituelle en en relevant seulement l'extrémité et les bords antérieurs vers les alvéoles des dents supérieures, mais sans former un obstacle complet au passage de l'air, comme pour la production du *t*, ni d'espace étroit, comme quand on veut faire entendre la spirante *s*, l'air chassé du poumon, en frappant la partie ainsi relevée de la langue, lui imprime un mouvement vibratoire, et produit, alors, si les cordes vocales résonnent en même temps, le son de l'*r* ordinaire des langues romanes et germaniques, sans doute aussi l'*r* du sanscrit, quoique ce dernier fût rangé parmi les cérébrales, et que notre *r* commun soit véritablement alvéolaire[3].

1. Brücke, id. 40. — 2. Brücke, id. 49. — 3. Brücke, id. 42.

Il n'y a pas, à vrai dire, de *r labial* dans les langues indo-européennes; aussi, sans m'arrêter à le décrire, j'arrive aux résonnantes[1].

Résonnantes. — Nous avons vu que les organes qui servent à produire les résonnantes sont ceux-là mêmes qui forment les explosives; on comprend donc qu'à chaque espèce de ces dernières corresponde une espèce particulière de résonnante.

1° Forme-t-on, par exemple, l'obstacle nécessaire à la production de la vélaire *g* et de la palatale g_I, en abaissant, au moment de l'expiration, le voile du palais pour laisser un passage libre à l'air à travers les fosses nasales, on fait entendre dans le premier cas le son de *n* suivi de *g* et précédé de *a, o* ou *u*, comme en allemand dans *Schwang, Wange*, c'est l'*n* guttural ou vélaire *(ng* ou *ṅ)*; dans le second cas on produit l'*n* palatal *(*ng_I ou $\dot{n}_I$*)*, qu'on entend également devant *g*, mais après *e* ou *i*, comme dans *Engel, Klingel*[2].

2° Quand on forme l'obstacle au passage de l'air, comme pour la production des différentes espèces de *d*, on obtient les quatre espèces de *n* correspondantes : l'*n alvéolaire*, notre *n* ordinaire qu'on entend dans *nom*, probablement aussi l'*n* dental du sanscrit; l'*ṇ cérébral* de ce même idiome; l'*n mouillé*, c'est-à-dire, d'après Brücke, le son de *n* ordinaire suivi de *j*, comme dans *campagne, España*, je le désignerai par *ñ*; enfin l'*n dental* confondu parfois dans la prononciation avec l'*n* alvéolaire, et que je désigne par *n* comme ce dernier[3].

3° Quand on ferme les lèvres, comme pour produire le *b*, et qu'au lieu de laisser sortir l'air chassé du poumon par la bouche, on le force à traverser les fosses nasales, on fait entendre le son *m*, c'est-à-dire la résonnante des labiales[4].

1. Voir à ce sujet Brücke, id. 35.
2. Brücke, id. 50.
3. Brücke, id. 42.
4. Brücke, id. 35. — J'ai suivi dans ce qui précède presque exclusivement la classification de Brücke, la meilleure, sinon la seule qui permette de se rendre compte des transformations des consonnes. O. Wolf (*Spr. u. Ohr*) en a proposé une autre : il divise les consonnes simples — pour ne parler que de celles-là — en consonnes indépendantes de tout son de voyelle (*selbstœnende*) et en consonnes proprement dites, c'est-à-dire qui sont accompagnées d'un son de voyelle (*tonborgende*). Les premières comprennent 1° la série R (*r* et *χ*), 2° la série B (*b* et *p*), 3° la série K (*k* et *g*), 4° la série T (*t* et *d*), 5° la série F (*f* et *v*), 6° le son S, 7° la série G (g_I et χ_I). — Les consonnes proprement dites sont 1° H, 2° L, 3° M et 4° N. On voit quelles lacunes et quels inconvénients présente cette classification; on y cherche en vain k_I et le jot; la quadruple série des

Transformation des sons.— On voit par ce qui précède comment les spirantes, les trémulantes et les résonnantes dérivent des explosives, et l'on comprend facilement comment l'une quelconque de ces dernières peut en se modifiant se changer en la spirante correspondante, parfois même en la résonnante de même espèce; c'est là, avec l'affaiblissement des sourdes en sonores, un changement que dans toute modification importante d'une langue quelconque, les consonnes doivent presque fatalement éprouver; mais il en est d'autres qui peuvent encore se produire. La théorie même de la formation des différentes espèces de consonnes, explosives, spirantes, trémulantes et résonnantes gutturales, dentales ou labiales, montre que pour passer d'une espèce à l'autre, il suffit de déplacer l'obstacle destiné à arrêter l'air, ou bien l'espace étroit qu'il doit traverser, à sa sortie du poumon; on comprend dès lors que les diverses consonnes puissent d'autant plus facilement se substituer les unes aux autres que cet obstacle est formé par les mêmes organes et se fait vers le même point; c'est ce qui a lieu en particulier pour les gutturales palatales et pour les dentales, surtout les dentales dorsales et cacuminales; pour peu qu'on recule, en effet, l'obstacle formé dans la production des dentales, il a lieu à l'endroit où on le forme dans la production des palatales, et alors, au lieu de faire entendre un *t* ou un *d*, on fait entendre le son *k* ou *g*; réciproquement si on avance la langue, quand on veut former ce dernier son, au-delà de l'endroit où doit se faire l'obstacle destiné à arrêter l'air, au lieu d'un *k* ou d'un *g* on produit le son *t* ou *d*. Nous avons tous entendu prononcer *amiquié* pour *amitié*, *quien* pour *tien*, *gueu* pour *Dieu*. On trouve dans toutes les langues des exemples de confusion analogues[1]; elles en offrent même, comme nous verrons, de la substitution des labiales en gutturales, changement bien autrement surprenant en apparence.

Composition et décomposition des sons. — De même qu'il s'explique sans peine qu'un son puisse être formé à la place d'un autre, de même il peut arriver que deux sons de consonnes voisines

dentales est réduite à une, ainsi que celle de S; enfin des sons qui ont la plus grande affinité entre eux se trouvent séparés; c'est ce qui a lieu en particulier pour *g* et g_1, et pour toutes les spirantes par rapport aux explosives de même ordre.

1. « Dans les langues des îles Sandwich *k* et *t* se confondent tellement qu'il est impossible à un étranger de dire si ce qu'il entend est un son guttural ou un son dental. Le même mot est écrit souvent avec un *k* par les missionnaires protestants et avec un *t* par les missionnaires catholiques. » M. Müller, id. I, 211.

s'unissent et se confondent, et forment ce que Max-Müller a appelé d'une expression ingénieuse une consonne diphthongue. Si par exemple, tandis qu'on produit la spirante gutturale χ, on recourbe la partie antérieure de la langue de manière à ce qu'elle occupe la place correspondante à l'*s* alvéolaire, on fera entendre le son *s*χ, composé, comme on voit, du son χ et de la spirante dentale *s*, c'est celui du *sch*, tel qu'on le prononce dans certaines parties de l'Allemagne, en particulier en Westphalie; est-ce là aussi le son du *ch* français et du *sh* anglais? Brücke l'affirme[1], de même qu'il ne fait point de différence dans la prononciation du *sch* allemand, et qu'à quelque région qu'il appartienne, il le considère toujours comme égal à *s* + χ; mais ceci a été contesté, et Fr. von Raumer en particulier ne voit dans ce son que la spirante du *t* cérébral ou lingual, le ş́ (notation de Bopp), š (notation de Schleicher) de l'alphabet sanscrit et zend, par conséquent une lettre simple[2]. Je ne me prononcerai pas entre ces deux opinions qui pourraient bien être toutes deux vraies. Si on remarque que le plus souvent *sch* ou *sh* dans les langues germaniques, et souvent aussi *ch* dans les langues romanes, est le résultat de la transformation du groupe *sc*, on comprend qu'à l'origine ce son ait pu être composé, comme il l'est encore dans le dialecte westphalien; mais l'est-il toujours resté? et l'est-il encore quand il n'est, comme cela a lieu en particulier dans quelques patois provençaux, qu'une modification de l'*s* alvéolaire ou dorsale? Je ne le crois pas, et on peut admettre que ce son est alors simple. Quoi qu'il en soit, à l'occasion je lui donnerai le nom de chuintante, nom dont l'insignifiance a l'avantage de ne pas en préjuger la nature, et je le représenterai avec von Raumer et Schleicher, comme il l'est parfois d'ailleurs dans les langues slaves, où il apparaît fréquemment,—par ex. *nošti*, v. bulg. (lat. noctem),— par le signe š (le *sz* de l'alphabet polonais). La sonore correspondante à š est moins fréquente que ce son; on ne la retrouve ni dans le sanscrit ni dans les langues germaniques, qui possèdent celui-ci, mais elle existe dans les autres; c'est le *j* du français actuel; par ex, dans *joie*, le ž des langues slaves et du zend; par ex. dans le polonais *žona* (épouse), et le zend *žnu* (sansc. *ǵanu*, lat. *genu*). Brücke, considérant ce son comme composé, le représente par *zy*, c'est-à-dire par *z* et *y* sonores de *s*χ, je le désignerai par ž, comme

1. Brücke, id., p. 64.

2. Rud. v. Raumer, *Sæmmtl. sprachw. Schriften*, p. 22. — Dernièrement, au contraire, O. Wolf (*Spr. u. Ohr*, 32) a admis de nouveau que š était un son composé.

il l'est par les grammairiens tchèques, et lui donnerai, ainsi qu'à š, le nom de chuintante.

č et *ǧ*. — On peut disputer sur la nature de š (*ch*), et de ž (*j*), on ne peut pas ne pas admettre que *tch* et *dj* ne soient des sons composés, et l'on voit qu'ils sont formés, le premier de *t* et de š, le second des sonores correspondantes *d* et ž. Pour le produire, il faut donc former d'abord l'obstacle nécessaire à l'interruption du passage de l'air, comme pour former le *t* ou le *d* dorsal, puis donner à la langue, au moment même où cet obstacle est supprimé, la position qu'elle doit prendre pour la production de š ou de ž. Au reste ces sons sont très-communs : *tch* se rencontre dans presque toutes les langues indo-européennes ; c'est celui qu'on donne généralement en Europe au *k* palatal du sanscrit[1] ; c'est celui aussi du *ch* anglais ou espagnol ; par ex. dans *church*, *chaza*, du *c* italien suivi de *e* ou de *i*, comme dans *città*, enfin du č des langues slaves (*cz* pol.), par ex. *očese*, gén. sing. du slavon *oko* (oculus). C'est de ce signe č que je me servirai ordinairement pour représenter le son composé *tch*. Quant à *dj*, c'est-à-dire à la sonore correspondante à *tch*, on la rencontre, comme lui, dans la plupart des langues indo-européennes ; c'est le son qu'on donne actuellement au *ǵ* palatal sanscrit ; c'est aussi celui du *j* anglais ; par ex. dans *joy*, du *g* italien suivi de *e* ou de *i* comme dans *gemere*. Je la désignerai par *ǧ*.

Ts et *dz*. — Si après avoir formé l'obstacle comme pour transformer le *t* alvéolaire, on donne, au moment où cet obstacle est supprimé, à la langue la position qu'elle doit prendre pour la production de *s* dorsal, on fait entendre le son composé *ts*. Ce son est celui du *c* des langues slaves, par ex. dans *zlatica*, v. tch. (pièce d'or), du *z* allemand dans *Zeit* et du *z* dur italien, comme dans *razza* (race), etc. Si au moment où on donne aux organes de la voix la position nécessaire pour produire le son *ts* on fait vibrer les cordes vocales, on obtient la sonore correspondante *dz* ; c'est le son du ζ grec dans ζυγόν, du *z* italien dans *razza* (raie).

Les sons composés que nous venons d'étudier sont — la plupart du moins — d'origine relativement récente, et dans les langues où nous les rencontrons ils tiennent le plus souvent la place de sons primitivement simples ; c'est ainsi que le son composé *tch* du *c* de l'italien *città* représente le son simple du *c* palatal du latin *civitatem*, de même le son composé *dj* du *g* de l'italien *gemere* s'est substitué au son simple du *g* du latin *gemere*, le

1. Les Hindous lui donnent encore un son qui se rapproche de *kj*.

son composé *ts* du *z* de *cymbello* remplace le *c* simple et palatal de *cymbalum*. Ainsi un son simple peut, en se transformant, donner naissance à un son composé, mais le contraire, on le comprend facilement, peut également arriver, c'est-à-dire qu'un son composé peut, par une série de dégradations, se réduire à un son simple; mais dans ce cas le son simple dérivé est toujours d'un ordre différent du son simple primitif, d'où il est sorti par l'intermédiaire du son composé. Ainsi le son *ts* du *c* de l'ancien français, dégradation probable déjà du son *tch* du *c* latin, est, en se modifiant, devenu *s*, consonne simple de l'ordre des dentales, tandis que le *c* latin, d'où il est sorti, en passant par les sons composés *tch*, *ts* intermédiaires, était aussi une consonne simple, mais de l'ordre des gutturales. On voit d'ailleurs facilement comment la langue a pu passer d'un son composé à un son moins complexe ou simple, et l'on comprend aussi sans peine comment, en se modifiant dans un sens ou dans un autre, un même son composé a pu donner, tout comme une consonne primitive ordinaire, des sons simples différents. Ainsi *tch* a pu, soit perdre son *t*, et alors on a eu le son *ch* (*š*), soit modifier le son *š* qu'il renfermait en le changeant en *s*, et alors il a donné le son *ts*. Si ce dernier son perd aussi son *t*, sans modifier la nature de la spirante, il reste *s*; mais il peut se faire aussi que *ts*, en se simplifiant, ne perde pas seulement le *t*, mais encore qu'il transforme la spirante, et la change d'alvéolaire ou de dorsale *s* en dentale proprement dite θ; ce qui aura lieu si la pointe de la langue vient s'appuyer non plus contre le palais ou les gencives, mais contre les dents ou même entre les dents. La première transformation du *ts* a eu lieu dans le français, la seconde dans le castillan.

Dans cette étude je conserverai la division des consonnes en gutturales, dentales et labiales; toutefois je donnerai de préférence aux premières le nom de vélaires et de palatales ou laminaires dans lesquelles elles se subdivisent; je désignerai les secondes, c'est-à-dire les dentales, par le nom de la partie de la cavité buccale où se forme l'obstacle au passage de l'air ou l'espace rétréci, nécessaire à leur production. Je suivrai la classification habituelle pour les labiales; et, comme je l'ai dit, je donnerai le nom de chuintantes au son *š* et *ž*. Je n'en attribuerai point de particulier aux composées *tch, dj*, *ts, dz*. Le tableau suivant montre rapprochées et groupées les diverses consonnes indo-européennes, dont j'ai étudié le mode de formation et indique en même temps les signes dont je me servirai au besoin pour les représenter d'une manière abrégée. Les signes placés entre parenthèses sont ceux de Brücke.

Tableau synoptique des sons de consonnes et des voyelles fondamentales communes aux langues indo-européennes.

		EXPLOSIVES ou muettes		CONTINUES					
		Sourdes, tenues ou fortes.	Sonores, moyennes ou douces.	Aspirées.	Spirantes.	Liquides.	Trémulantes.	Résonnantes.	Voyelles.
GUTTURALES VRAIES.				ʻh ʼh					
GUTTURALES.	vélaires.....	$k\ (k^2)$	$g\ (g^2)$	$kh\ gh$	$\chi\ (\chi^2)\quad \gamma\ (y^2)$		$\dot{r}\ (\xi)$	$\dot{n} = ng(\pi^2)$	a
	palatales....	$k_I(k^1)$	$g_I(g^1)$	$k_Ih\ g_Ih$	$\chi_I(\chi^1)\quad y\ (y^1)$			$\underset{.}{n}_I = ng_I(\pi^1)$	i
COMPOSÉES.					$tch = \check{c}\quad dj = \check{g}$ $(sh = \check{s}\quad j = \check{z})$ $ts\quad dz$				
DENTALES.	alvéolaires..	$t\ (t^1)$	$d\ (d^1)$	$th\ dh$	$s\ (s^1)\quad z\ (z^1)$	$(\lambda^1)\quad l\ (l^1)$	$r\ (\psi)$	$n\ (n^1)$	
	cérébrales..	$\underset{.}{t}\ (t^2)$	$\underset{.}{d}\ (d^2)$	$th\ \underset{.}{d}h$	$?\check{s}\ (s^2)\quad ?\check{z}\ (z^2)$	$(\lambda^2)\quad ł\ (l^2)$		$\underset{.}{n}\ (n^2)$	
	dorsales.....	$\dot{t}\ (t^3)$	$\dot{d}\ (d^3)$	$\dot{t}h\ \dot{d}h$	$s\ (s^3)\quad z\ (z^3)$	$(\lambda^3)\quad lh\ (l^3)$		$\tilde{n}\ (n^3)$	
	propr^t dites.	$t\ (t^4)$	$d\ (d^4)$	$th\ dh$	$\theta\ (s^4)\quad \delta\ (z^4)$	$(\lambda^4)\quad l\ (l^4)$		$n\ (n^4)$	
LABIALES.		$p\ (p^2)$	$b\ (b^2)$	$ph\ bh$	$f\ (f^2)\quad v\ (w^1)$			m	u
		$p_I\ (p^1)$	$b_I(b^1)$		$f\ (f^1)\quad w\ (w^2)$				

II.

LES GUTTURALES LATINES.

L'ancien alphabet latin, sorti de l'alphabet dorien des Grecs de Cumes et de Sicile, comprenait trois gutturales : *c*, *k* et *q*, et une aspirée *h*[1]. A l'origine de la langue *k* représentait la gutturale sourde, vélaire ou palatale; *c*, la sonore correspondante; la valeur primitive de ces deux lettres ne présente donc pas de difficulté; elles étaient pour les anciens Romains ce que γ et κ étaient pour les Grecs. Quant à *q*, il représentait aussi la gutturale sourde, mais accompagnée, ce semble, du son *u* qu'elle a développé dans un certain nombre d'idiomes indo-européens.

La valeur des trois gutturales latines toutefois ne tarda pas à s'obscurcir et à se modifier; *c* et *k* finirent par se confondre et il arriva ce fait singulier que la langue n'eut plus, au troisième siècle avant notre ère, de signe pour représenter la sonore, et fut obligée d'en créer un nouveau, le *g*, tandis qu'elle possédait à la fois trois lettres pour représenter la sourde; aussi les gutturales furent-elles le plus souvent pour les anciens grammairiens une énigme qu'ils s'efforcèrent en vain d'expliquer. Voyons ce qu'elles étaient devenues, ainsi que l'aspirée, à l'époque de la destruction de l'empire.

1° H.

L'*h* latine représente le plus souvent l'aspirée gutturale primitive *gh* et a pour équivalent κ ou χ en grec, *g* en allemand; exemples :

Lat.	Grec	Allem.
Hiare	χαίνειν	*Gähnen*
Heri	χθές	*Gestern*.
Hordeum	κριθή	*Gerste*
Hortus	χόρτος	*Garten*, etc.[2].

Cette origine et la circonstance que *h* remplace dans certains dialectes italiens, par exemple dans l'ombrien, le *c* latin permet de supposer que cette lettre à l'origine avait, peut-être comme en gothique, un son analogue à l'aspirée gutturale *ch*; mais ce

1. Corssen, *Aussp.* I, 5.
2. Corssen, id. I, 97. — Fr. Baudry, *Gram. comp.* 128.

son, s'il exista jamais réellement dans le latin, ne tarda pas à disparaître et l'*h* ne fut plus dès lors à vrai dire une lettre, mais un simple signe d'aspiration. C'est comme telle seulement que la connaissent les grammairiens latins ; « *H* vero aspirationis nota, et nihil aliud litteræ, nisi figuram, » dit Priscien[1]. Telle est aussi l'opinion de Marius Victorinus[2], de Nigidius Figulus[3], de Terentianus Maurus[4], d'Isidore de Séville[5], etc. C'était déjà celle de Varron et de Macer, qui la voulaient même retrancher comme telle de l'alphabet latin : « Auctoritas tum Varronis quam Macri, teste Censorino, nec *k*, neque *q*, neque *h* in numero adhibet literarum[6]. » Diomède, il est vrai, semble encore reconnaître à l'*h* son double caractère : « H quoque interdum consonans, dit-il, interdum aspirationis creditur nota[7]. » Mais cette assertion isolée ne saurait infirmer le témoignage unanime de tous les autres grammairiens.

Ce rôle de simple aspirée auquel elle était descendue, probablement à l'époque des rois, l'*h* latine le conserva sans doute, bien qu'amoindri, longtemps encore : « profundo spiritu, anhelis faucibus, exploso ore, funditur, » dit au quatrième siècle Marius Victorinus, exprimant toutefois peut-être plutôt une règle consacrée par la théorie que par l'usage de son temps. L'aspiration, en effet, si prononcée aux premiers âges de la langue, finit par s'affaiblir au point que la conscience s'en perdit presque, et qu'on ne sut le plus souvent dans quels mots elle devait se trouver. Toujours justifiée par l'étymologie dans les inscriptions de la république, l'usage en devient incertain et sans règle fixe dès les premiers temps de l'empire. On trouve déjà dans les graphites de Pompei, *abeto*, *abuerit*, *Ermus*, *Ispanus*, *Iacintus*, *ymnus*, etc. Cette suppression de l'aspirée devait encore se généraliser au temps de l'empire. On voit par des exemples donnés par Quintilien[8] quel arbitraire régnait parfois dans l'emploi de

1. *Gramm. veteres*. Ed. Putsch. 544.

2. « *H* quoque inter litteras otiosam grammatici tradiderunt eamque aspirationis notam conjunctis vocalibus præfici. » Id. P. 2455.

3. « Nigidius Figulus... *H* non esse litteram, sed notam aspirationis tradidit. » Id. P. 2456.

4. « *H* litera est nota quod spiret anhelum. » Id. P. 2398.

5. « A plerisque aspiratio putatur (*H*) esse, non litera, quo proinde aspirationis nota dicitur. » Isid. Hisp. *Corp. Gramm. lat. vet.* Ed. Lind., III, 18.

6. *Gr. vet.* P. 544.

7. Id. P. 418.

8. *Inst. or.* I, 5 et 6.

l'aspiration, tant le sentiment en était devenu incertain. Aussi était-ce un défaut commun aux gens sans éducation, et parfois aussi aux gens prétentieux, de faire entendre une aspiration là où il ne devait pas y en avoir; on connaît l'épigramme célèbre de Catulle sur un contemporain :

> Chommoda dicebat, siquando commoda vellet
> Dicere, et hinsidias Arrius insidias[1].

« Rusticus fit sermo, si aspires perperam, » remarque un peu plus tard Aulu-Gelle[2]; ce qui prouve à la fois que les paysans de son temps faisaient encore entendre l'aspiration dans des mots que les gens cultivés n'aspiraient plus, et qu'ils l'employaient dans d'autres où elle n'avait point de raison étymologique. Faite d'abord par les ignorants, cette confusion cessa bientôt de leur être particulière, et tous les efforts des grammairiens pour y mettre un terme furent inutiles; ils rencontraient un obstacle insurmontable dans l'affaiblissement progressif de l'aspiration. Vers la fin de l'empire, elle cessa à peu près de se faire sentir, et l'*h* ne fut plus qu'un signe orthographique qu'on employait ou qu'on négligeait, on le voit par les anciens manuscrits, un peu au hasard[3]. Tel était l'état dans lequel les langues romanes reçurent l'*h* latine; aussi quand elle n'a pas été supprimée, comme cela a presque toujours lieu en italien, n'a-t-elle le plus souvent persisté que pour conserver en quelque sorte au mot sa physionomie originelle; et, chose remarquable, l'aspiration qui existe encore, et qui se faisait sentir surtout autrefois, dans quelques-unes de ces langues, en particulier dans le français et le roumain, n'est point dans le plus grand nombre de cas un héritage du latin, mais ou vient d'un autre idiome, ou bien encore est une création de la langue, soit de toute pièce, comme dans le français *haut* (l. *altus*), soit par la transformation d'un autre son, comme dans le français *hors* (l. *foris*), le roumain *hęd*, dérivé de *fœdus*[4].

2° Q.

La grammaire comparée a montré que la gutturale a développé

1. Q. Val. Catulli liber, LXXXIV. Ed. Rossbach.
2. *Noct. att.* XIII, 6, 3.
3. Corssen, id. I, 107.
4. On sait que cette transformation de *f* en *h* est un procédé habituel de la langue espagnole; ex. *hado* (*fatum*), *hierro* (*ferrum*), etc.. Mais l'*h* qui en résulte est muette, du moins dans l'état actuel de la langue.

après elle dans les langues indo-européennes tantôt un *i*, d'où est sorti le son *č*, comme dans le sanscrit, le zend et les idiomes slaves, tantôt un *u*, qu'on retrouve dans le latin *qu*, et dans le gothique *hv*; ex.: lat. *aqua*, got. *ahva*. Mais cette découverte, fondée sur l'étude comparée des langues indo-européennes, et qui rend raison de phénomènes phonétiques jusque-là inexpliqués, ne pouvait être pressentie par les grammairiens latins, qui n'avaient pour point de comparaison que le grec, et pour qui tout fait étranger à cet idiome était inexplicable; aussi le *q* resta-t-il toujours une énigme pour eux. Cette lettre avait la valeur de la gutturale sourde, mais cette gutturale était aussi représentée par *k*, et surtout par *c*; il y avait ainsi en latin trois signes différents pour figurer un même son. Embarrassés par cette ressemblance multiple, les anciens grammairiens, qui ne trouvaient point d'ailleurs le *q* dans l'alphabet grec, ou ne le reconnaissaient pas dans le *koppa*, remarquant aussi que cette lettre était d'ordinaire accompagnée de *u*, crurent qu'elle résultait de la fusion de *c*, *u*[1]. Cette circonstance fit penser qu'on pourrait s'en passer facilement, et plusieurs écrivains, à ce qu'il paraît, affectèrent de ne pas se servir de cette lettre que l'osque et l'ombrien avaient perdue. « Nigidius Figulus », rapporte Marius Victorinus[2], « in commentariis suis nec *k* posuit nec *q*, » ainsi qu'il faut lire probablement[3]; et plus loin : « Licinius Calvus *q* littera non est usus. » Dès les temps de la république, Varron aussi, la regardant sans doute comme superflue, voulait la bannir de l'alphabet latin[4]. Cette opinion fut celle de presque tous les grammairiens de l'empire. « *K* et *q* supervacuo numero litterarum inseri doctorum plerique contendunt, scilicet quod *c* litera harum officium possit implere, » dit Marius Victorinus[5]. Diomède[6], Charisius[7] et Velius Longus[8] sont du même avis, et

1. « Multi illam (Q) excluserunt, quoniam nihil aliud sit quam *c* et *u*, » dit Velius Longus, *Gr. vet.*, P. 2218; et ailleurs : « Nonnulli *quis* et *quæ* et *quia* per *q* et *i* et *s* scripserunt et per *qæ* et per *qia*, quoniam scilicet in *q* esset *c* et *u*. » Id. P. 2219.

2. Id. P. 2456.

3. Putsch donne : « Nig. Figulus nec *K* pro *Q*, » ce qui est évidemment une fausse leçon. Cf. Brambach, *Neugest. d. Ort.*, p. 280.

4. « Auctoritas tum Varronis quam Macri, teste Censorino, nec *K*, nec *Q*, neque *H* in numero adhibet literarum. » Id. P. 544.

5. Id. P. 2456.

6. Id. P. 418.

7. *Gram. lat.* K, I.

8. *Gram. vet.* P. 2218.

s'expriment presque dans les mêmes termes. Cependant d'autres grammairiens pensaient qu'il fallait au moins conserver *q* devant *u* : « Duras et illa (littera) syllabas facit, lit-on dans Quintilien[1], quæ ad conjungendas demum subjectas sibi vocales est utilis, alias supervacua, ut equos, hac et equum scribimus. » Ce fut même là l'orthographe qui tendit à prévaloir toutes les fois que l'*u* fut suivi d'une autre voyelle ; « *q* vero, remarque Sergius dans son traité *de littera,* quam antiqui, quotiens *u* sequebatur, præponebant, præsenti usu tunc cum post *u* aliqua ex vocalibus fuerit secuta, præponi debet, ut *quando, quendam, quia,* et juxta antiquos *equs;* alias enim per *c* non per *q* scribendum est, ut *cur, cum*[2]. » Pompeius[3], dans son commentaire sur Donat, Servius[4], Charisius[5], etc., tiennent le même langage. Cette règle devait mettre fin aux manières d'écrire telles que *pequnia, qura,* etc., en usage du temps de la république, mais elle ne fixa pas cependant d'une manière définitive l'emploi du *q*. L'étymologie à laquelle on eut recours ne fut pas non plus un sûr moyen de se fixer à cet égard ; les mots en *quus* offrent un exemple curieux de l'incertitude orthographique qui régnait parfois au sujet de *c* et de *q*, considérés comme signes de la gutturale tenue. A une époque où la règle donnée par Sergius et Pompeius, etc., n'était pas formulée, ou n'avait pas encore force de loi, on avait supprimé un des deux *u* de cette désinence, tout en conservant le *q*, et l'on écrivait ainsi *equs, coqus,* etc. Plus tard, quand on l'appliqua, on eut *ecus, cocus*, etc. Mais alors on avait à côté de *cocus*, écrit avec *c, coquere* écrit avec *q ;* des grammairiens n'hésitèrent pas à proposer, pour faire disparaître cette anomalie, d'écrire aussi *cocere* avec *c*, ce que permettait d'ailleurs la prononciation actuelle du *c*[6]. Néanmoins cette orthographe fut le plus souvent combattue : « *equs* non *ecus*,

1. XII, 10, 30.
2. *Gram. lat.* K. 277.
3. «Item antiqui nostri, quotiens *u* sequebatur, per *q* scribebant... nunquam possumus nos per *q* scribere, nisi post *q* sequatur *u*, et post *u* alia sequatur vocalis, ut puta *quia*,... si autem non sequatur alia vocalis, per *c* scribimus, ut si dicamus *cum*, per *c* scribimus. » Id. K. I, 110.
4. « Illi (majores) *q* præponebant, quotiens *u* sequebatur, ut *qum*; nos vero non possumus *q* præponere, nisi et *u* sequatur et post ipsam alia vocalis, ut *quoniam*. » Id. K. I, 423.
5. « Q litteram nusquam volunt poni alias, nisi ut duæ vocales sequantur, quarum prior sit *u*. » Id. K, I, 107.
6. Bramb., id. 230. « Coquo vel, ut alii, coco, » dit Priscien (*Gram. lat.* II, 504).

coqus non *cocus*, *coqueus* non *coceus*, dit l'Appendix Probi[1] (p. 197). Mais ces exemples, qu'il serait facile de multiplier, montrent quelles difficultés les grammairiens ne cessèrent de rencontrer dans l'emploi de *c* et de *q*. Elles devaient s'accroître avec la décadence de la langue; nous savons, en effet, par les témoignages contemporains à quelles étranges confusions donnait lieu parfois le choix de ces lettres : « vacua, non vaqua; vacui, non vaqui, » lit-on encore dans l'Appendix Probi[2].

Cependant, malgré cette incertitude orthographique, et bien qu'il ait dû faire place parfois à *c*, *q* a persisté, au milieu de la décadence du latin, et le valaque excepté, il est passé, comme gutturale, vélaire ou palatale, dans toutes les langues romanes, tantôt avec le son *coua*, comme dans l'it. *quale*, tantôt avec le simple son *k*, comme dans l'espagnol *quatorce*, le français *quatre*, tantôt aussi en se changeant en la sonore ou moyenne *g*, comme dans l'esp. *agua*, le provençal *aigua*, etc. Parfois aussi il s'est, devant *e* et *i*, changé en *č*; par exemple dans l'italien *cinque*, *cuocere*, valaque *cinčĭ*, *coace*; ou bien il s'est assibilé, par ex. dans l'espagnol *cinco*, français *cinq*. Mais dans la plupart de ces cas, ce n'est pas, à vrai dire, le *q*, mais le *c*, lequel l'avait remplacé dans le latin vulgaire, qui a subi ces modifications; chose remarquable, en effet, tandis que le *c* palatal s'est transformé en *č* dans celles de l'Est, ou s'est assibilé dans le double groupe occidental, que le *c* vélaire s'est changé parfois en *č* ou *š* dans les langues du Nord-Ouest, *q*, soit vélaire, soit palatal, maintenu sans doute par l'*u* qui l'accompagne, a, dans tous les idiomes romans — le valaque excepté — conservé le plus souvent le son guttural que perdait le *c*; c'est ainsi que, tandis que *carnem* a donné *chair* en français, *quare* y a donné *car*; que *qui* est resté *qui* en français et devenu *chi* en italien, tandis que *civitatem* a donné *čittà* en italien et *cité* en français, etc.

Il y a plus, non-seulement le *q* a conservé en général le son guttural des mots latins où il se trouvait, mais encore il est devenu une véritable lettre romane, dont chacune des langues qui l'ont adoptée s'est servi suivant son génie particulier, pour représenter au besoin le son guttural, quand le *c* n'aurait pu le représenter; c'est ainsi qu'il apparaît en français dans *marquis*, en espagnol dans *marquez*; c'est pour la même raison que cette dernière langue l'emploie à la place du *ch*, qui a un son chuintant,

1. *Gram. lat.*, IV, 197 K.
2. Id., id.

dans *quimia*, *quimera*, etc., et à la place du *c*, qui serait assibilé, dans la conjugaison, aux personnes où l'*a* étymologique se change en *e*, ainsi : *quepo, quepa, quepas*, etc., de *caber* (*capere*).

3° K.

A l'origine de la langue latine la gutturale sourde ou tenue était représentée par *k*, la moyenne ou sonore par *c*; mais la distinction entre ces deux sons fondamentaux ne tarda pas, à ce qu'il semble, par se perdre, et vers l'époque des Décemvirs *c* était employé indifféremment pour représenter les deux gutturales; c'est ce que prouvent les passages de la Loi des douze tables, cités par les anciens grammairiens, « ni cum eo pacit[1] », et « ni pacunt[2] », comparés avec le *pagunt* de la Rhétorique à Herennius : « Rem ubi pagunt, orato; ni pagunt[3]. » Le *k* devint donc par là inutile; il disparut aussi dans l'alphabet étrusque, tandis, il est vrai, qu'il se maintenait à l'exclusion du *c* dans l'ombrien; mais en latin, quoique presque hors d'usage, il se conserva néanmoins dans quelques mots, non-seulement au temps de la république, mais encore sous l'empire. On trouve dans les inscriptions de la première époque : *kalendæ, interkalares, kalumnia, kaussa, merkatus, indikandis, Kailius, Kalenus, Kastorus, Karni* et même *Keri* et *Dekembres*[4]. De la seconde époque on a *Volkani* (Ann. dei inscr. rom. 1857, p. 323), *kapitulari* (Orell. 6086), *karissimo, karissima* (Mommsen I. A. N.) *Kæsones* (C. I. Rhen.-Brambach). Mais on trouve en même temps avec *c* : *calendis, calendas* (Momms.), *calumniæ, mercatus, cælius, Calenus, Castoren*, etc.[5]. On le voit, il n'y avait rien de fixe dans l'emploi du *k*, et il ne manquait pas de gens qui regardaient cette lettre, avec encore plus de raison que le *q*, comme superflue. « *K* et *q* supervacuo numero litterarum inseri doctorum plerique contendunt, dit Maximus Victorinus[6], scilicet quod *c* litera harum officium possit implere. » Cette opinion, comme on le voit par le témoignage de Probus[7], avait de nombreux partisans.

1. Festus, v. *talionis*.
2. Scaurus, *De orthogr.* — *Gram. vet.* P. 2253.
3. *Rhet. ad Her.* II, 13, 20. — Cf. *Rhein. Mus.* XV, 464.
4. Mommsen, C. I. L., p. 601. — Ritschl, *de fict. litt. lat. ant.* et *Prisc. Lat. mon. epig.*, cités par Corssen, *Ausspr.* I, 8.
5. Corssen, id. I, 8.
6. *Gr. vet.* P. 2455.
7. « Nunc supervacuæ quibusdam *k* et *q* litteræ positæ esse videntur, -

D'autres, toutefois, tout en admettant l'inutilité, croyaient qu'on pouvait la garder comme signe abréviatif pour désigner certains mots commençant par une gutturale sourde : « *K* quidam supervacuam esse literam indicaverunt, dit Scaurus, quoniam vice illius fungi *c* satis posset, sed retenta est, ut quidam putant, quoniam notas quasdam significaret ut *Kaesonem*, ut *kaput* et *kalumnias* et *kalendas*[1]. » Dès les temps de la république, Varron, ce grammairien novateur, avait déjà voulu supprimer *k*, ainsi, nous l'avons vu, que *h* et *q*[2]. Ici la réforme qu'il proposait, était, ce semble, plus facile et plus fondée ; si l'affaiblissement de l'aspiration pouvait faire paraître *h* inutile, on pouvait dire qu'elle conservait du moins au mot son orthographe étymologique ; *q* s'employait avec *u*, il n'y avait pas, au contraire, de raison pour maintenir *k* ; c'était ce que faisaient valoir les partisans de sa suppression, et il n'en manqua pas après Varon. « *K* quidam penitus supervacua est, dit Priscien[3] ; nulla enim videtur ratio, cur *a* sequente hæc scribi debeat : *Carthago* enim et *caput*, sive per *c* sive per *k* scribantur, nullam faciunt nec in sono nec in potestate ejusdem consonantis differentiam. » Malgré ces raisons si irréfutables, quelques grammairiens continuèrent à préférer *k* à *c* devant *a*. « Præponitur *k*, dit Charisius, quotiens *a* sequitur, ut *kalendæ*[4]. » Donat n'est pas moins explicite : « Quotiens *u* sequitur, *k* litteram præponendam esse, non *c*[5]. » Toutefois cette distinction finit par être plutôt théorique qu'appliquée dans la pratique, et cessa bientôt d'être en usage, comme nous le voyons par le témoignage de Servius et de Cledonius. « *K* vero aliter nos utimur, aliter usi sunt majores nostri ; namque illi, quotiens *a* sequebatur, *k* præponebant in omni parte orationis, ut *kaput* et similia ; nos vero non usurpamus *k* litteram nisi in *kalendarum* nomine scribendo[6]. » « Apud veteres hæc erat orthographia, dit le second, ut quotiens *a* sequeretur, *k* esset præposita, ut *kaput*, *kalendæ*, sed usus noster mutavit præceptum et ejus vicem *c* implet[7]. »

quod dicunt *c* literam earumdem locum posse explere, ut puta Carthago pro Karthago. » *Gr. lat.* I, 50 K.

1. *Gram. vet.* P. 2252.
2. Voir plus haut, p. 18 et 20.
3. *Gr. lat.*, I, 14 K.
4. Id. I, 8 K.
5. Id. I, 368 K.
6. Id. *Commentarius in Donatum*, I, 422 K.
7. Id. *Ars grammatica*, I, 28 K.

Ainsi au IVe siècle de notre ère la lettre *k* pouvait être considérée comme hors d'usage ; disparut-elle complètement de l'alphabet latin ? cela n'est point probable, car, si elle a été rejetée par le valaque, l'italien, l'espagnol et le portugais, le provençal et l'ancien français surtout l'ont conservée en particulier pour représenter la gutturale tenue devant *e* et *i* ; mais peut-être aussi faut-il voir là un effet de l'influence des langues germaniques sur ces idiomes, ou plutôt l'emprunt fait à ces langues par les copistes d'un signe commode, qu'on finit d'ailleurs par négliger et remplacer par *q* [1].

4° G.

Quand vers le temps des Décemvirs le *c* servit à la fois à représenter la gutturale sourde et la sonore, la langue latine n'eut plus de signe particulier pour exprimer cette dernière ; il en fut ainsi pendant un siècle et demi. Mais cet emploi d'une même lettre comme signe de deux sons différents présentait plus d'un inconvénient, et vers l'époque où les Romains entrèrent en relation avec les Grecs, on résolut de distinguer de nouveau par l'écriture les deux gutturales, comme on les distinguait dans la prononciation ; et, conservant le *c* comme signe de la gutturale tenue ou sourde, on inventa le *g*, modification du *c*, pour représenter la gutturale sonore[2]. La nouvelle lettre paraît pour la première fois sur le sarcophage de L. Corn. Scipion Barbatus, peu après 290 av. J.-C., dans les mots *gnaivod*, *prognatus*, *subigit*[3] ; et dès lors elle prit place dans l'alphabet latin, où elle se conserva jusqu'à la chute de l'empire, pour passer de là dans les langues romanes.

Mais que l'ancienne gutturale sonore soit devenue pendant un temps le signe commun de la sonore et de la muette, c'est la preuve d'une tendance de la langue à affaiblir cette dernière et de la facilité avec laquelle les deux gutturales pouvaient être

1. « Item *que* vel *qui* consuevit olim scribi cum *k* secundum usum veterem, sed secundum modernos commutatur *k* in *q*, exceptis propriis nominibus et cognominibus. » Lond. Docum. *Altd. Blætter*, II, 193. Les copistes picards et anglo-normands, toutefois, continuèrent longtemps encore à se servir de *k*. V. plus loin liv. II, chap. 3, l'explication de cet emploi.

2. Cors., id., I, 77.

3. Ritschl, *Mon. epigr.*, XXXVII. — Cors., id., I, 10.

prises l'une pour l'autre. Dans beaucoup de mots latins aussi le *g* n'est pas étymologique, mais provient de l'affaiblissement de la tenue *c* = κ gr. ou du moins en tient lieu. Ceci devient évident quand on compare les mots :

gloria	*cluo*, κλύω
gobius	κωβίος
grabatus	κράβατος
Gnossus	Κνώσσος
gubernator	κυβερνήτης
Saguntum	Ζάκυνθος
triginta	τριακοντα
vigesimus	*vicesimus*

quadringenti, *quingenti*, etc., *centum* ἕκατον.

Ce penchant de la langue s'était manifesté de bonne heure dans la formation des mots; c'est ce que montrent clairement les noms de nombre ; il apparaît d'une manière non moins évidente dans les composés, ainsi : *negotium* (*nec-otium*), *neglego* (*nec-lego*), *singulus* (*sin-cu-lus*), *ningulus* pour *ninculus* (Festus, 177)[1].

Cependant cette tendance de la gutturale sourde à se changer en sonore, après s'être manifestée ainsi dans les premiers temps de la langue, s'arrête et reste, en quelque sorte, stationnaire pendant plusieurs siècles; elle devait reparaître dans toute sa force à l'époque de la décadence de la langue littéraire et de la prédominance du parler vulgaire, et nous en verrons l'action incessante surtout dans la formation des langues du double groupe occidental.

5° C.

Nous avons vu que *c* représentait originairement la gutturale sonore, tandis que *k* était le signe de la sourde, mais que, la différence entre les deux sons s'étant obscurcie, *k* devint presque hors d'usage, et *c* désigna à la fois les deux gutturales. Nous avons vu aussi qu'à l'époque de la première guerre punique, le besoin s'étant fait sentir de distinguer de nouveau les deux gutturales, on prit *c* pour signe de la sourde, et on inventa *g* pour représenter la sonore, rôle que conservèrent désormais ces deux lettres pendant toute la durée de la langue latine, abstraction

1. Cors., id. I, 78, 79, 80.

faite des modifications que purent recevoir les sons qu'elles représentaient. Mais de ce que la lettre *c* représentait d'abord la sonore, il en résulta qu'on conserva encore dans de vieilles inscriptions l'usage de cette lettre pour la figurer, alors que ce son avait déjà pour signe habituel *g* [1]. *C* continua même toujours de s'écrire pour *g* dans les abréviations ; ainsi *C* et *Cn* pour *Gaius* et *Gneus* [2] ; Marius Victorinus mentionne encore les formes archaïques *Cabino, lece, acna* [3]. Les restaurateurs de la colonne rostrale, au temps de Claude, suivirent encore l'ancienne orthographe dans les mots *lecione, macistratos, exfociont, pucnandod, cartacinienses* [4]. Toutefois, ce sont là des cas isolés, et, pendant cinq à six siècles, on distingua sans peine le rôle du *c* et du *g* dans l'orthographe latine. Mais quelle fut, à vrai dire, pendant cette période, c'est-à-dire depuis l'invention de la sonore *g* jusqu'à la division définitive de l'empire, la prononciation du *c*?

Ce son était, dans tous les cas, celui de la gutturale sourde *k* que *c* avait remplacé et qu'on employait quelquefois encore concurremment avec lui, c'est-à-dire celui de la gutturale sourde, palatale ou vélaire, suivant que la voyelle suivante était *e* ou *i*, ou bien encore *a*, *o* ou *u*. Les inscriptions des premiers temps de la république *Keri*, *Dekem(bres)* relevées par Mommsen et Ritschl, les transcriptions *Aecetiai* pour *Aequitiae* et *Cinti* pour *Quintius*, où *qu* ne peut représenter que le son de la gutturale sourde, en sont une preuve directe. Les transcriptions, faites plus tard en caractères grecs, de mots latins montrent aussi indirectement la persistance du son guttural dans tous les cas. Ainsi :

Κήνσον, Κέλσος, *Inscrip. græc.*, II, 3497, 3751.
Κεντυρία, *Bull. dell' Inst. Rom.*, 1867, p. 17.
Πίκεντες (Strab.-Polyb., III, 86).
Κιρκαίου (Strab.).
Κικέρων (Plut., *Cic. vita*).
Πατρικίους (Plut., *Rom. vita*).

De même les Romains rendaient le κ grec par *c*. Exemples : *Cecrops*, *Cilix*, *Cybele*, *Cimon*, *Cineas*, etc.

1. Cors., id. I, 8.
2. Quint, I, 7, 28. — Terent. Maurus, *Gr. vet.* 2402 P.
3. Id. 2459 P.
4. Ritschl *Priscæ lat. monum.* 82, 83. — Corssen, id. I, 8.

Ainsi il n'y a pas de difficulté pour l'époque de la République et pour les premiers temps de l'Empire; en fut-il encore de même dans les siècles suivants? On peut déjà conclure du silence des grammairiens des quatre premiers siècles de l'ère chrétienne que *c* conservait vraisemblablement encore à cette époque, dans tous les cas, sa valeur gutturale; aucun ne parle de modifications déterminées dans le son du *c* par la nature de la voyelle suivante, et cette circonstance aussi que la plupart d'entre eux considéraient les gutturales *k* et *q* comme superflues, attendu que *c* pouvait en tenir lieu, montre bien que cette dernière lettre ne pouvait avoir qu'un son guttural. Ce son, d'ailleurs, est le seul qu'ils lui attribuent dans tous les cas. Cette manière de voir est d'ailleurs pleinement confirmée par la substitution de *q* à *c* dans les mots *hujusque* pour *hujusce*, *Paquius* pour *pacius*, *Proquilia* pour *Procilia* [1], laquelle ne saurait s'expliquer que par la valeur identique de *c* et de *q*, et qu'autant dès lors que *c* avait encore conservé un son guttural devant *e* et *i*. On trouve même cette substitution dans une charte de Ravenne de 650, dans le mot *quaimento* pour *caemento* [2], ce qui reporterait beaucoup plus loin encore la persistance de la valeur gutturale de *c*.

Une autre preuve est fournie par les inscriptions du temps. On a trouvé dans les catacombes de Rome les transcriptions en caractères grecs suivantes :

πακε (pace),	*Roma subt.*, Aring., II, p. 121.	
περκεπτος (perceptus),	id.,	id.

et les archives de Ravenne du VIe et du VIIe siècle offrent de nombreux exemples du même genre; ainsi :

δεκει (decem),	Mar. *Pap. dipl.*,	CXIV, 96	(VIe siècle).
δωνατρικι (donatrici),	id.,	XCIII, 86	(id.).
Γενεκειανι (Geniciani),	id.,	CXXII, 78	(id.).
κιβιτατε (civitate),	id.,	XCII, 18	(id.).
κρουκες (cruces),	id.,	XCIII, 87	(id.).
φικετ (fecit),	id.,	id.	(id.).
φεικαερουμ (fecerunt),	id.,	CXXII, 81	(id.).
πακειφικος (pacificus),	id.,	id. 78	(id.).
Ρουστικειανα (Rusticiana),	id.,	id. 79	(id.).

1. Corssen, id. I, 47.
2. Maffei, cité par Diez *Gr.* I, 250.

ὑενδετριχαι (venditrice), id., id. id. (id.).
βιχεδωμενον (vicedomium), id., xcIII, 90 (id.).
ουνχειαριουμ (unciarium), id., cxxII, 78 (id.)[1].

Jamais, par contre, le *c* n'est rendu par ζ, τζ, σ ou σσ, devant *e* ou *i*, comme cela eut lieu plus tard ; donc, à l'époque lombarde, *c* avait encore, devant *e* ou *i*, le son guttural en Italie, ou du moins ce son n'avait point encore été universellement remplacé par le son *č* ou *ts* qui finit, comme nous le verrons, par s'y substituer. Cette conclusion trouve un nouvel appui dans cette circonstance que le sarde logoudorien a jusqu'à aujourd'hui conservé, dans un grand nombre de cas, à la gutturale palatale aussi bien qu'à la vélaire, sa valeur originelle ; ce qui semble bien indiquer qu'au moment de la séparation politique de la Sardaigne et de l'Italie, le *c* avait encore, devant toutes les voyelles, sa prononciation gutturale, et que, par suite, on disait alors dans la péninsule, comme aujourd'hui encore dans le territoire de Logudoro, *kera, fekit*, ce qui est l'orthographe même des archives de Ravenne.

Une troisième preuve, enfin, de la persistance du son guttural du *c* à cette époque nous est donnée par les emprunts faits alors par les langues étrangères au latin. Les rapports fréquents des Germains avec l'empire déterminèrent l'introduction dans l'ancien allemand de mots latins qui durent y être représentés par des sons équivalents ; or, on trouve dans le gothique les mots *akeit* (*acetum*), *faskja* (*fascia*), *karkara* (*carcer*)[2], nouvel haut allemand *kerker*, et dans la langue actuelle les mots *kaiser* (*Caesar*), *keller* (*cellarium*), *kerbel* (*cerefolium*), *kicher* (*cicer*), *kirsche* (*cerasus*), *kiste* (*cista*), dont l'introduction remonte à une époque très-reculée[3]. Or, ces mots montrent que le *c* latin suivi de *e* ou de *i* devait, au moment de leur admission dans l'ancien allemand, se prononcer *k ;* hypothèse confirmée par cette circonstance que dans les mots d'adoption plus récente le *c* latin, au contraire, est représenté par *z ;* par exemple *zeller* (*cella*), *zepter* (*sceptrum*). Les emprunts faits par l'anglo-saxon au latin, à la fin du VIe siècle de notre ère, nous amènent à la même conclusion ; les missionnaires romains de la Grande-Bretagne ont rendu, en effet, purement et simple-

1. Cf. Corssen. id. I, 48 et 49. — Diez id. I, 205.
2. Ulfilas, *Bibelubers. Mc.* 15, 36. — *Joh.* 11, 44. — *Mt.* 5, 25, etc.
3. Diez, *Gr.* I, 250. — Cors., id. I, 45 et 60.

ment la gutturale sourde de l'anglo-saxon par un *c* latin ; ainsi : *cêne* (*audax*), *cild* (*infans*), *cyning* (*rex*)[1] ; donc ils reconnaissaient à celui-ci la même valeur qu'à la première, c'est-à-dire le son de *k*.

Il ressort de ce qui précède qu'au ve siècle et probablement même au vi^e siècle de notre ère, le *c* palatal avait encore, comme le *c* vélaire, un son guttural, ou que du moins c'était encore à cette époque la prononciation généralement usitée[2].

6° CH.

L'alphabet latin ne renfermait pas de signe correspondant au χ pas plus qu'au φ et au θ ; quand l'introduction de mots grecs dans la langue rendit nécessaire d'exprimer ces sons, on les représenta par la muette correspondante suivie de *h*, c'est-à-dire par *ch*, *ph*, *th*. Ces signes, cependant, ne furent pas usités uniquement dans les mots grecs, on s'en servit aussi dans certains mots d'origine latine, et il semble que l'aspiration des consonnes inconnue jusque-là dans la langue s'y acclimata et s'y développa, et que l'usage en devint fréquent vers la fin du viie siècle de Rome ; c'est ce qu'il faut conclure du passage suivant de Cicéron : « Quin ego ipse, cum scirem ita majores locutos esse, ut nusquam, nisi in vocali, aspiratione uterentur, loquebar sic ut *pulcros*, *Cetegos*, *triumpos*, *Kartaginem* dicerem : aliquando, idque sero, convitio aurium cum extorta mihi veritas esset, usum loquendi populo concessi, scientiam mihi reservari. *Orcivios* tamem et *Matones*, *Otones*, *Caepiones*, *sepulcra*, *coronas*, *lacrimas* dicimus, quia per aurium judicium licet[3]. » Mais non-seulement l'aspiration, en particulier après *c*, fut dès lors d'un

1. Diez, id., I, 250.

2. Quelques inscriptions pourraient même faire reculer cette date, que j'ai choisie comme minimum. Il en est de même du témoignage d'Isidore de Séville. Chose remarquable, en effet, tandis que le grammairien espagnol mentionne l'assibilation de *ti* suivi d'une voyelle, il ne semble reconnaître au *c* qu'un son guttural, et ne parle point du moins d'un autre son propre à cette lettre : « *k*, dit-il, supervacuo dicitur, quia, exceptis kalendis, supervacua indicatur ; per *c* enim *universa* exprimimus. » *Orig. lib.* I, *Corp. Gram. lat. vet.* III, 19. — Edit. Fr. Lind.

3. *Orator*, 18, § 162.

usage ordinaire dans un certain nombre de mots, Quintilien nous apprend qu'après l'avoir si longtemps ignorée, on finit par en abuser : « Diu servatum, dit-il[1], ne consonantibus aspirerent, ut in *Graecis* et in *triumpis ;* erupit brevi tempore nimius usus ut *choronae*, *chenturiones*, *praechones* adhuc quibusdam inscriptionibus maneant. » L'épigramme de Catulle que j'ai citée plus haut est un autre exemple de l'étrange abus qu'on fit à une époque de l'aspiration ; toutefois, une réaction en sens contraire ne tarda pas à se produire ; Aulu-Gelle, nous avons vu, traitait de « rustique » l'emploi fautif qu'on en faisait ; avant lui déjà, Probus ne la regardait comme légitime que dans trois mots d'origine latine : « hoc tamen scire debemus, quod omnia nomina post *c* litteram habentia *h* peregrina sunt : *chorus*, *Anchemolus*, *charta*, *Charon*, *Chrysus*, *Chalybes*, exceptis tribus, quæ latina sunt *lurcho*, *pulcher*, *Orchus ;* sic enim in antiquioribus reperies, non *Orcus*[2]. » Trois siècles plus tard, le commentateur de Virgile, Servius, tenait le même langage, bien qu'il différât sur les mots dans lesquels il admettait l'aspiration : « Tria tantum (majores) habebant nomina, in quibus *c* litteram sequeretur aspiratio : *sepulchrum*, *Orchus*, *pulcher*, e quibus *pulcher* tantum hodiè recipit aspirationem[3]. » Ainsi, au ve siècle, excepté peut-être dans *pulcher*, l'aspiration du *c* avait fini, après bien des hésitations, par être regardée comme fautive ; avait-elle complètement disparu ; ne subsistait-elle point encore çà et là dans le langage populaire ? Il est difficile de le dire, bien que cela soit assez peu probable; mais en tout cas l'aspiration après une consonne est inconnue des langues romanes qui n'ont que des spirantes et point d'aspirées véritables. Quoi qu'il en soit, au reste, de la condamnation par les grammairiens de l'aspiration, ils furent impuissants à proscrire l'usage du *ch* dans l'orthographe latine ; employé d'abord pour représenter le χ dans les mots tirés du grec, il finit, après l'affaiblissement ou la disparition de l'aspiration, par être mis un peu au hasard, comme nous le montrent les inscriptions, à la place du *c ;* plus tard, quand le *c* palatal latin se modifia, tandis que le *ch* $= \chi$ gardait sa valeur primordiale, moins l'aspiration, on eut recours à ce signe pour représenter la gutturale palatale; c'est ce qu'ont fait en particulier

1. *Inst. orator.* I, 5 § 19-20.
2. *Gram. lat.* I, 10 *k*.
3. *In Georg.*, III, 224.

l'italien et le valaque, circonstance qui témoigne de l'antiquité et montre bien l'origine de cet emploi du *ch*[1].

1. Schuchardt a distingué trois époques dans l'emploi du *ch* : celle où il fut employé arbitrairement à la place de toute espèce de *c*; une seconde où on s'en serait servi pour représenter la gutturale vélaire, après l'assimilation du *c* palatal; enfin une troisième — celle-ci est exclusivement romane — où on ne l'aurait employé que devant *e* et *i*, pour représenter la gutturale palatale. Mais il cite lui-même des exemples, comme *chingxit* (a. 676), *vachis* (a. 722), où *ch* se trouve à la place du *c* qu'il suppose depuis longtemps assibilé, et on trouve à cette même époque *ch* employé devant *o*, par ex. dans *monacos* (Arch. mérov.); cette classification paraît donc peu sûre, du moins pour les deux premières époques; quant à la troisième, il aurait fallu montrer l'origine de cet emploi particulier du *ch*, la seule chose qui importait, et c'est ce que M. Schuchardt n'a point fait. Cf. *Vocal. des Vulgarl.* I, 73.

DU C ROMAN.

Nous avons vu qu'au ve siècle de notre ère, le *c* vélaire et le *c* palatal latin avaient conservé leur valeur gutturale originelle; mais cet état de choses ne tarda pas à changer, et bientôt commença, différente pour chacun d'eux, — du moins dans presque tous les cas, — une lente transformation qui se continua pendant des siècles. Le bouleversement politique et social, dont la destruction de l'empire fut l'occasion et la cause, eut son contre-coup dans le langage; le système phonétique du latin fut ébranlé et de nombreux changements s'y produisirent, d'autant plus grands que les idiomes où ils se firent avaient moins bien gardé les traditions de la langue mère. C'est ainsi, pour ne parler ici que du *c*, que par une série de modifications insensibles, cette lettre, qui avait jusque-là conservé fidèlement son caractère guttural primitif, se transforma, dans son passage du latin au roman, en presque toutes les explosives et les spirantes que nous offrent les langues indo-européennes.

Les deux *c* ont eu au reste, dans cette espèce de reconstruction de l'alphabet, à l'aide de la gutturale, en général, un rôle différent; le premier, le *c* vélaire, a donné naissance aux sons de même ordre que lui, c'est-à-dire à la sonore *g*, aux spirantes vélaires et palatales; il a été aussi parfois remplacé par les explosives et par les spirantes labiales, par *t*, par *h* et par les voyelles *i* — modification de la spirante palatale *y* — et *u* — affaiblissement de la spirante labiale *v*. — Enfin, nous le verrons encore se transformer plus ou moins complètement en la série *č*, *ǧ*, *ts*, *dz*, *š*, *ž*, *s* (*ç*), θ et ð. Ce sont les sons de cette série qui ont ordinairement remplacé le *c* palatal, et ce n'est qu'exceptionnellement qu'il a fait place aux spirantes gutturales, encore plus exceptionnellement aux labiales.

Tels sont les changements multiples qu'a subis le double *c* dans son passage du latin au roman. Ce n'est pas à dire toutefois que ces changements se soient également produits dans tous les idiomes néo-latins, et nous verrons que chacun des trois groupes dans lesquels on peut les diviser [1] a le plus souvent modifié le *c* d'une manière qui lui est propre ; c'est ainsi, par exemple, qu'on chercherait en vain dans les langues du groupe oriental le changement du *c* vélaire en la série *č*, *ǧ*, *ts*, *s*, θ, qu'on trouve dans celles du Nord-Ouest, que θ ou *s* représentent aujourd'hui, dans les langues du Sud-Ouest, le *c* palatal latin, auquel s'est, au contraire, substitué en général *č* dans celui de l'Est. Néanmoins, quand on embrasse dans son ensemble l'histoire des diverses langues romanes et qu'on les étudie dans chacun de leurs dialectes, on s'aperçoit qu'il est peu de modifications du *c* que l'une quelconque d'entre elles n'ait possédée à un moment donné de son développement phonétique ou en un point de son territoire ; ainsi, tandis que l'italien classique ne reconnaît que la transformation *č* et exceptionnellement *ǧ* du *c* palatal, on trouve dans les divers dialectes de la péninsule les formes *š*, *ž*, *ç* et *s* qu'il a perdues ou ignorées. Il ne suffira donc point pour faire l'histoire complète du *c* roman de l'étudier dans les six principales langues néo-latines ; mais — et c'est même là une condition indispensable, le plus souvent, pour renouer la série interrompue de ses transformations — il faudra encore en suivre les modifications successives dans les différents dialectes entre lesquels se partage chacun des idiomes romans.

Quant à la marche que je me propose de suivre dans ce travail, elle est indiquée par la nature même du sujet que j'ai à traiter ;

1. Je rappelle, une fois pour toutes, que ces groupes sont le groupe oriental qui comprend le valaque ou roumain et l'italien, le groupe du Sud-Ouest qui renferme l'espagnol et le portugais, enfin le groupe du Nord-Ouest où l'on trouve le provençal et le français. Les dialectes ladins du Nord de l'Italie et du Tyrol avec le roumanche, parlé dans le canton des Grisons, forment un quatrième groupe, le groupe central, dont M. G.-J. Ascoli vient de faire l'histoire dans le premier volume (*Saggi ladini*) de l'*Archivio glottologico*, recueil consacré à l'étude des divers idiomes modernes de l'Italie.

de même, en effet, que le *c* se dédouble en quelque sorte en *c* vélaire et en *c* palatal, de même ce travail se divisera d'abord en deux parties : l'étude des transformations générales du *c* vélaire latin, celle des modifications du *c* palatal ; ce sera l'objet du premier et du second livre. Dans un troisième, j'étudierai la transformation, propre aux idiomes du Nord-Ouest et à quelques dialectes ladins, du *c* vélaire en la série *č*, *š*, *ǧ*, *ts*, *dz*, θ (δ), *s*, et je rechercherai ensuite ce que les deux gutturales sont devenues en particulier dans le picard et le normand qui présentent des difficultés non encore toutes résolues. Enfin, dans un quatrième et dernier livre, je passerai en revue les divers changements du *c*, soit vélaire, soit palatal, dans les différents groupes de consonnes où il peut entrer. Mais avant d'en commencer l'étude, je place ici le tableau synoptique des transformations du *c* ; on en saisira mieux l'ensemble et la diversité.

		Sourdes, tenues ou fortes.	Sonores, moyennes ou douces.	Aspirées.	Spirantes		Résonnantes.	Voyelles.
					sourdes.	sonores.		
Gutturales	vélaires..	*c*	*g*	*h*	χ	γ	(*ṅ*)	*i*
	palatales.	c_I	g_I		χ_I	*y*		
Composées.		*č*	*ǧ*					
		ts	*dz*					
Dentales.		*t*			*s*(*ç*)	*z*		
					š	*ž*		
					θ	δ		
Labiales.		*p*	(*b*)		*f*	(*v*)		
						(*w*)	(*m*)	*u*

LIVRE PREMIER.

TRANSFORMATIONS DU C VÉLAIRE[1].

Tandis que le *c* palatal n'a persisté — le sarde logoudorien excepté — dans aucune langue romane, le *c* vélaire est, au moins dans certains cas, resté dans toutes; mais non moins souvent et, dans certains idiomes, plus souvent encore, il s'est modifié ou complètement transformé. Sa conservation et les transformations qu'il a subies ont d'ailleurs dépendu d'une double circonstance : de la place qu'il occupait dans le mot latin où il se trouvait, de l'idiome qui a emprunté ce mot à la langue mère. Tandis, en effet, qu'il persiste dans le plus grand nombre de cas au commencement des mots, dans tous les idiomes romans ; au milieu, s'il persiste encore souvent dans le groupe oriental, dans le groupe du Sud-Ouest il se change toujours en sonore, et dans le groupe du Nord-Ouest, en même temps qu'il éprouve la même modification, il s'atténue le plus souvent en *i* ou même disparaît complètement. On voit par là à quel point la place de la gutturale et l'idiome auquel appartient le mot qui la renferme peuvent influer sur sa transformation ou sa conservation définitive. Aussi dans l'étude des modifications du *c* vélaire, comme d'ailleurs dans celles du *c* palatal, je le considérerai successivement au commencement, au milieu et à la fin des mots, en même temps que je suivrai son histoire dans chacune des langues romanes où il apparaît. Comme le *c* vélaire persiste parfois, il y aura d'abord lieu d'examiner les cas où cette persistance a lieu ; ensuite, je passerai successivement en revue ses diverses transformations, d'abord son changement en *g*, puis son affaiblissement en *i*, sa suppression complète, enfin son remplacement par *t* et *s*[2].

1. Il ne s'agit ici, comme je l'ai dit, que des modifications *générales* du *c*. vélaire ; sa transformation en la série *c, g, tz, dz, s, d, δ,* devant faire l'objet du livre troisième.

2. Je n'examinerai le remplacement du *c* vélaire par les labiales *p, b,*

CHAPITRE Ier.

PERSISTANCE DU C VÉLAIRE. — SON CHANGEMENT EN G ET EN LA SPIRANTE X.

Nous avons vu [1] qu'à l'époque de la constitution définitive de la langue latine la gutturale sourde primitive avait été souvent remplacée par la sonore correspondante ; ce changement, qui avait frappé les grammairiens romains, et fait époque dans l'histoire des gutturales latines, apparaît de bonne heure devant les voyelles et les liquides, ainsi qu'avant et après *n ;* c'est ce que montrent les exemples suivants :

Devant *a* :	*gaunaceam* à côté de	*caunaceam* Ter. Scaur. *Gr. v.* P. 2252.
	promulgare	*promulcum* Fest. p. 224.
Devant *o* :	*negotium*	*nec-otium.*
Devant *u* :	*gurgulio* Prisc. V, 9, 11	*curculio* Plaute.
Devant *l* et *r* :	*neg-lego*	*nec-lego.*
	con-gruere	rac. *cru-*.
Avant et après *n* :	*Gnidius* Grut.	*Cnidus* Prisc. I, 61, 14.
	singulus	*sin-cu-lus* [1].

Cette transformation une fois faite, le *c* et le *g* conservèrent, pendant la période classique, chacun leur domaine propre ; mais dans les derniers temps de l'empire il y eut de nouveau tendance à substituer la gutturale sonore à la sourde [2] ; « *calathus* non *galatus*, » lit-on dans l'Appendix Probi [3], et un glossaire du temps avertit d'écrire « *Corax* per *c*, non per *g*, » « *clangor* per *c* non per *g* [4]. » Mais les efforts des grammairiens ne purent ni empêcher ni même retarder cette transformation devenue inévitable. Cependant l'affaiblissement de la gutturale ne dut pas encore bien se faire sentir avant le partage de l'empire, puisque le *c* a persisté presque toujours en roumain ; mais après ce grand événement il

f, *v*, *w*, *u*, ainsi que par *h* et *u* qu'à la fin du second livre, en même temps que la substitution de ces lettres au *c* palatal.

1. Voir plus haut, p. 25.
2. Corssen, id. I, 77 et 78.
3. *Gr. lat.*, I, 198 K.
4. Apud. Mai. *Cl. auct.* VI, 578.

n'agit, du moins en Occident, qu'avec plus d'énergie; les inscriptions et les chartes du VIe et surtout du VIIe siècle montrent sur tous les points de l'empire le *g* se substituant au *c*; dans la langue populaire, cette substitution s'y fit d'ailleurs à peu près dans les mêmes cas, et obéit aux mêmes lois que six siècles auparavant dans la langue littéraire. Ainsi on la voit se produire :

1° Tantôt au commencement des mots :

α. devant les voyelles; exemples : *galatus*, *gorax*, cités plus haut.

α. devant les liquides ; ainsi :

grassum	Arc. I, Grom. 214, 5.
Grassianus	*Bull. arch. Neap.* VII, 168, 27 (Nersæ).
Grisanti	Mar. *Pap. dipl.* CXLIII, a (v. 600 ap. J.-C.).

2° Plus souvent au milieu des mots,

β. entre les voyelles :

Dragontianus	*Inscr. nap.* 172 (Salerne).
segundæ	Mur. 2076, 10 (Laibach).
segundo	Pard. CCCXCIV, 22 (680 ap. J.-C.).
logationis	Flor. *Dig.* XXIV, III, 7.
matrigolarius	Mar. *Pap. dipl.* LXV, 5, 11 (v. 657 ap. J.-C.).
vigarius	id. id.
vindegare	id. id. CXXIX, 18 (691 ap. J.-C.).
vogatur	Pard. CCCCXLI, 4 (697 ap. J.-C.).

β devant les liquides :

sagramenta	Mar. *Pap. dipl.* XCV, 35 (Rav. 639 ap. J.-C.).
sagrata	Pard. CCCCXXIX, 8 (692 ap. J.-C.).
aeglesie	Mar. *Pap. dipl.* CX, 33 (Ravenne).
eglesie	*Nouv. traité de dipl.* II, 640 (690 ap. J.-C.), etc[1].

Ainsi au VIIe siècle de notre ère, *g* tendait à se substituer au *c* vélaire dans le latin populaire, et les vieux manuscrits nous montrent même, par de nombreux exemples, les copistes portant cette nouvelle orthographe dans les textes anciens. Si nous en exceptons le roumain, resté presque étranger, comme je l'ai dit, à ce changement, cet affaiblissement de la gutturale ne fit que se développer pendant la période de formation des langues romanes; ce n'était, d'ailleurs, qu'un cas particulier de la tendance générale, qui se manifesta alors, bien qu'inégalement sur les différents points du domaine roman et dans les différentes parties du mot, de substituer la sonore à la sourde. Il y a lieu, en effet, comme

1. Cf. Schuchardt. *Voc. des Vulgarl.*, I, 126.

je l'ai remarqué, de distinguer non-seulement entre les différents idiomes néo-latins, mais aussi suivant la place occupée par le *c* dans le mot latin. Tandis que l'affaiblissement du *c* vélaire en *g* se poursuivait, en effet, au milieu des mots, il s'arrêta, par contre, au commencement ; aussi — pour ne pas parler ici de son changement en chuintante dans quelques idiomes — le *c* y a-t-il persisté dans le plus grand nombre de cas ; pourtant si l'on excepte le roumain [1] où il persiste toujours, il s'est affaibli en *g* dans les mots suivants et leurs dérivés :

LAT.	ITAL.	ESP.	PORT.	PROV.	FRANÇ.
cammarum	*gambero*	*gámbaro*	—	—	—
camellam	—	*gamella*	*gamella*	—	*gamelle*
castigare	*gastigare*	*gastigar*	—	—	—
cattum	*gatto*	*gato*	*gato*	*gat*	—
{ caveam	*gabbia*	*gavia*	—	*gabia*	—
{ caveolam	—	*gáyola*	*gaiola*	—	—
cavillare	*gavillare*	—	—	—	—
conflare	*gonfiare*	—	—	—	*gonfler*
crassum	*grasso*	*graso*	—	*gras*	*gras*
craticulam	*graticola*	—	*grelha(s)*	—	*grille*
cribellum	*crivello*	*garbillo*	—	—	—
cretam	—	—	—	*greda*	—
quiritare	*gridare*	*gritar*	*gritar*	—	—
crocum	—	—	—	*gruec*	—
cubitum	*gómito*	—	—	—	—

Le français offrirait encore un certain nombre de mots comme *gale* (callum), *glaire* (claream), *glas* (classicum), *gourde* (cucurbitum), *gobelet* (* cupelletum), etc., qu'il n'a pas empruntés aux mêmes racines que les autres langues romanes ; il a aussi souvent, ainsi que certains dialectes provençaux et ladins, changé la gutturale vélaire en *ch*, par exemple dans *chair*, *chat*, *chose*, etc. Je reviendrai plus loin sur cette transformation, une des plus curieuses du *c* latin dans les langues romanes ; mais si on la laisse de côté, on voit par ce qui précède que le *c* vélaire initial a persisté le plus souvent en passant du latin dans ces idiomes [2] ; il ne s'est, en effet, changé en sonore que cinq fois

1. On trouve cependant dans cette langue *gras* (crassum), comme dans tous les autres idiomes romans, ce qui semble indiquer que le *c* de ce mot s'était déjà changé en *g* dans le latin vulgaire.

2. Je ne parle point naturellement ici des mots comme *galoscia, golfo, grotta*, etc., dont l'origine est grecque.

devant *a*, deux fois devant *o* (*u*), six fois devant *r*, et encore non pas dans tous ; partout ailleurs, pour ne pas parler des quelques mots propres au français cités plus haut, il est resté sans modification[1]. En cela, le *c* vélaire initial s'est comporté comme les deux autres sourdes *t* et *p*, dont la première a persisté dans tous les cas et dont la seconde ne s'est affaiblie en *b* ou *v* que dans un petit nombre de mots. Tout autre est la manière dont a été traité le *c* médial.

Tandis qu'au commencement des mots les sourdes ont généralement persisté, au milieu elles se sont, au contraire, le plus souvent modifiées, mais non toutefois de la même manière dans les différentes langues romanes ; ainsi, dans le groupe oriental, *t*, resté médial, a persisté toujours en roumain, le plus souvent en italien, mais dans le groupe du Sud-Ouest, il s'est régulièrement transformé en *d ;* dans le groupe du Nord-Ouest il s'est aussi, en provençal du moins, changé ordinairement en sonore, tout en persistant aussi dans quelques mots, ou même quoique rarement, il est vrai, en tombant ; en français, au contraire, c'est cette dernière transformation qui est de règle ; *t*, après s'être changé d'abord en *d*, a fini par être rejeté complètement. Le *p* médial a subi des modifications analogues à celles de *t ;* persistant le plus souvent dans les idiomes de l'Est, tout en se changeant aussi parfois, du moins en italien, en *b* ou *v*, il se transforme en sonore dans les langues du Sud-Ouest ; il en est de même en provençal, mais en français il s'est, évidemment après s'être changé en *b*, transformé définitivement en la spirante *v*. Le *c* vélaire médial offre réunies toutes les modifications des deux autres muettes *t* et *p :* persistance, transformation en sonore, affaiblissement en spirante, chute. Ainsi au milieu des mots, le *c* vélaire persiste toujours en roumain, excepté dans *agriš* (acris), *megris* (* macriceus rumex), *megurę* (macula, pris dans le sens de colline), *sgaibę* (* scabia), *sgurę* (scoria), *sigur* (securus), où il s'affaiblit en sonore[2] ; en italien il persiste souvent encore, quoique

1. Dans certains dialectes toutefois, en particulier dans le sarde logoudorien, la gutturale sonore est d'un emploi bien plus grand que dans les divers idiomes dont je viens de parler ; ainsi on trouve : *gasi* (quasi), *gollire* (colligere), *gortello* (cultellum), *gotale* (ital. cotale), *gruche* (crucem), etc. Cf. Delius, *Der sard. Dial.* p. 6. Les patois poitevin et normand et le ladin — du moins dans le groupe *cr* — en offrent aussi des exemples qui leur sont particuliers. V. plus loin liv. III, chap. III et liv. IV, chap. VI.

2. De Cihac. *Dict. d'étym. daco-romane.* Je conserve le mode de transcription de Diez, malgré tous ses défauts, comme le plus généralement connu, tout en avouant que celui de Cihac me paraît de beaucoup préférable.

non moins souvent il se change en *g;* cette dernière transformation est presque la seule que connaissent l'espagnol et le portugais; le provençal change également le *c* médial en *g,* tout en le transformant aussi en la spirante *y;* c'est cette modification qu'on rencontre le plus ordinairement en français, mais parfois aussi *c* s'y affaiblit simplement en sonore, ou bien même il peut tomber, ce qui a lieu aussi, mais beaucoup plus rarement, en provençal. Les exemples suivants permettent de se faire une idée comparative du rapport d'après lequel les diverses langues romanes ont conservé ou changé en sonore le *c* médial.

LAT.	ITAL.	ESP.	PORT.	PROV.	FRANÇ.
* acrum	*agro*	*agrio*	*agro*	*agre*	*aigre*
{ acum	*ago*	—	—	—	—
{ acuculam	*aguglia*	*aguja*	*agulha*	*agulh*	*aiguille*
acutum	*aguto* (acuto)	*agudo*	*agudo*	*agut*	*aigu*
alacrem(*um)	*allegro*	*alegre*	*alegre*	*alegre*	*alègre*
amicam	amica	*amiga*	*amiga*	*amiga*	—
* amaricare	—	*amorgar*	—	—	—
anticum	antico	*antiguo*	*antigo*	—	—
bracam	—	*braga*	*braga*	*braga*	—
cæcam	cieca	*ciega*	*cega*	*cega*	—
caricare	caricare	*cargar*	*carregar*	*cargar*	—
ciconiam	*cigogna*	*cigüena*	*cegonha*	—	*cigogne,* v. *céoine*
cicutam	cicuta	cicuta	*cegude*	—	*cigüe,* v. *ceüe*
delicatum	delicato	*delgado*	*delgado*	*delgat*	—
dico	dico	*digo*	*digo*	—	—
draconem	*dragone*	*dragon*	*dragão*	*drago*	*dragon*
ebriacum	briaco	*embriago*	*embriagado*	—	—
ficam	fica	*higa*	—	*figa*	*figue,* v. *fie*
ficarium	—	*Figuera*	—	*figueira*	*figuier,* v. *fier*
ficatum	*fégato*	*higado*	*figado*	—	—
focale	—	*fogar*	*fogal*	*fogal*	—
focum	fuoco	*fuego*	*fogo*	—	—
formicam	formica	*hormiga*	*formiga*	—	—
* jocare	giucare	*jugar*	*jogar*	*jogar*	—
lacum	*lago*	*lago*	*lago*	—	—
lacunam	*laguna*	*laguna*	*lagôa*	—	—
lactucam	*lattuga*	*lechuga*	—	—	—
locale	locale	*lugar*	*lugar*	*logal*	local sav.
locum	*luogo*	*luego*	*logo*	—	—
* macrum	*magro*	*magro*	*magro*	*magre*	*maigre*
miraculum	miraculo	*milagro*	*milagre*	miracle	miracle
mecum	meco	*migo*	*migo*	—	—
micam	*miga* v.	*miga*	—	*miga*	—
Michael	Michele	*Miguel*	*Miguel*	—	—

necare	*(an)negare*	*(a)negar*	*(a)negar*	—	—
* nucariam	—	*noguera*	*nogueira*	—	—
pacare	*pagare*	*pagar*	*pagar*	*pagar*	—
paucum	poco	poco	pouco	—	—
picam	pica	*pega*	*pega*	—	—
plicare	*piegare*	*plegar*	—	*plegar*	—
* precare	*pregare*	*pregar*	—	*pregar*	—
sacrum	*sagro* (sacro)	*sagro*	sacro	*sagre*	—
sacratum	*sagrato*	*sagrado*	*sagrado*	—	sacré sav.
sambucum	sambuco	—	*sabugo*	—	—
* saucum	—	sauco	—	—	—
secale	*segola*	—	—	*segle*	*seigle*
secare	*segare*	*segar*	*segar*	—	—
secretum	*segreto*	*segreto* Bc.	*segredo*	secret	*segrois* R. Tr.
seculum	secolo	*siglo, sieglo* P. C.	seculo	*segle*	siècle
secundum	secondo	*segundo*	*segundo*	*segun*	*segond* v.
securim	secure	*segur*	*segure*	—	—
securum	securo	*seguro*	*seguro*	*segur*	*segur* R. Tr.
* sequire	*seguire*	*seguir*	*seguir*	*segre, seguir*	—
soc(e)rum	—	*suegro*	*sogro*	*suegre*	—
spicam	*spiga*	*espiga*	*espiga*	—	—
stomacum	stomaco	*estomago*	*estomago*	—	estomac sav.
triticum	—	*trigo*	*trigo*	—	—
verecundiam	*vergogna*	*vergüenza*	*vergonha*	*vergonha*	*vergogne*
verrucam	verruca	*verruga*	*verruga*	—	—
vesicam	vesica	*vesiga*	*vesiga*	—	—

On voit par ce qui précède que l'italien, tout en conservant, comme je l'ai dit, assez souvent le *c* médial, le change toutefois plus souvent en *g* ; cette substitution est bien plus fréquente encore dans les dialectes, au moins dans ceux du Nord ; ceux du Sud, au contraire, ont conservé le *c* plus fidèlement que la langue littéraire. Ainsi on trouve avec un *g*, *amigo* mil. rom., *antigo* id., *antigu* s. l., *cariga* rom., *figa* id., *fogo* id., *formiga* id., *miga* id., *mandigare* s. l. (*manducare*), *pegore* rom., *segoro* id. etc., mots que le toscan écrit par un *c*[1]. Par contre, en napolitain et en sicilien, *aco* n., *fecato* n., *ficatu* s., *lattuca* n., *loco* n., *locu* s., *spica* n.,

1. Mussafia. *Darst. der romagn. Mund.* 51. — Biondelli. *Saggio dei dialetti* passim. — Mussf. *Darst. der altmail. Mund.* 14. — Spano, *Ort. sarda.* passim. Il faut remarquer toutefois que ces dialectes conservaient autrefois la sourde bien plus fréquemment qu'aujourd'hui ; ainsi dans le sarde logoudorien du XIVe siècle on trouve souvent écrits avec *c* des mots qui le sont aujourd'hui par un *g* ; ainsi *pacu* (paucum), *sacramentum, secretu,* etc.

secreto n. etc., mots qui prennent un *g* dans l'italien classique, ont conservé le *c* latin[1].

L'espagnol a donné décidément la préférence à la gutturale sonore; il n'y a peut-être de mots réellement populaires que *poco* et *sauco* qui aient conservé le *c* médial; les autres mots qui l'ont aujourd'hui, ou l'ont repris, comme *secreto*, écrit avec un *g* dans Berceo, ou bien sont de formation savante ou récente; c'est ce qui a lieu surtout pour les suffixes en *ico, icar, uco*, etc., comme dans *medico* (v. *miege*), *rustico, musica, implicar, indicar, caduco*, etc. Le portugais se comporte, à deux ou trois exceptions près, absolument comme l'espagnol; ainsi il a donné à *cicuta* la forme populaire *cegude*, mais il a pris pour *seculum* la forme savante *seculo;* il a aussi changé en *g* le *c* de *sambucum*, conservé par l'espagnol dans *sauco;* mais dans tous les autres mots le *c* médial y est traité comme dans cette langue, c'est-à-dire qu'il s'est partout changé en *g*, excepté dans les mots d'origine savante.

Dans les mots où il est resté médial[2], le *c* a aussi presque partout en provençal fait place au *g;* je ne connais que le mot *secret* où le *c* ait persisté; mais parfois aussi, comme nous verrons plus loin, il s'y est changé en *y (i)* ou même est tombé. La transformation du *c* en la spirante *y* ou sa chute est le cas le plus ordinaire en français; cependant devant *l* ou *r*[3] — après la tonique — et parfois devant *u* ou même *o* accentué, *c* s'est seulement affaibli en *g*. Quant aux formes où le *c* persiste, elles sont presque exclusivement d'origine savante ou moderne, ou bien ont été refaites sur le latin; tels sont *miracle, second, siècle*, etc.; parfois aussi l'idiome vulgaire y change, comme l'ancienne langue, *c* en *g;* c'est ainsi qu'on entend prononcer *segond, segret*, la seule prononciation d'ailleurs que le dictionnaire de l'Académie regardait encore comme régulière dans son édition de 1694. Je parlerai plus loin de l'affaiblissement du *c* en *y (i)* et de sa suppression, ainsi que de son changement en *ch (š)*, qui peut avoir lieu au milieu comme au commencement des mots. J'arrive au *c* final.

1. Wentrup. *Beitr. zur Kenntn. der neap. Mund.* 12. — Id. *Beitr. zur Kenntn. der sic. Mund.* (Herrigs, Archiv. XXV, 159).

2. La chute de la terminaison peut changer, en effet, le *c* médial latin en *c* final roman; dans ce cas, le provençal le conserve, et parfois aussi le français.

3. Voir plus loin le groupe *cl* et *cr*, livre IV, chap. V et VI.

Le *c* vélaire final est rare en latin ; parmi les mots où il apparaît, je ne connais que *adhuc, fac, hoc, illuc* et *tunc* qui aient passé dans les langues romanes. Je reviendrai plus loin sur le premier ; quant au second, *c* y est tombé dans l'italien *fà ;* il s'est changé, au contraire, en *i* dans le français *fai(s) ;* *e* étant égal à *a* + *i*, on peut dire que la même transformation a eu lieu dans l'espagnol et le roumain *fe*. Par contre, le *c* de *hoc* a persisté dans le provençal *oc*, employé adverbialement — bien qu'il tombe le plus souvent dans le démonstratif *o* et ses composés *aco* (ecc'hoc), *però* (per hoc), etc. — dans le vieux français *oec* (Al. 109, 2 L.), *hoc* (id. 3, 5 L.) et le composé *avec*, v. *avoc* (apud hoc), ainsi que dans l'italien *introcque* (inter hoc), avec addition de la syllabe *que*. Le vieux français *iloc* (Al. 66, 3), *iloec* (id. 67, 1), *iluec*, *illec* nous montre également le *c* final de *illuc* ou *illoc* persistant. Enfin si l'on fait venir *donc* de *tunc* on aura un nouvel exemple de la conservation du *c* final latin, qu'on retrouve aussi sous la forme *que*, peut-être pour *cque*, dans l'italien *dunque*.

Mais si, comme on le voit par ce qui précède, le *c* final latin ne pouvait passer dans les langues romanes que dans un très-petit nombre de cas, ce n'est pas à dire que la gutturale latine n'y apparaisse presque jamais à la fin des mots ; les terminaisons latines autres que *a* tombant régulièrement, en effet, en provençal et en français, ainsi que dans les dialectes ladins ou italiens du Nord, et le roumain perdant en général les voyelles finales autres que *a* = ę et *e*, le *c* médial latin devient ainsi final dans ces idiomes [1] ; dans ce cas, il persiste toujours en provençal et en roumain ; en français, au contraire, il tombe ou se change en *y (i)*, excepté quand il est appuyé ; quant aux dialectes italiens il s'y change en *g*, comme quand la terminaison persiste ; il en est de même souvent dans les dialectes ladins, mais parfois aussi *c* y persiste comme en provençal et en roumain, ou bien il tombe comme en français, c'est ce qui a lieu en particulier quand la voyelle qui précède est brève [2]. Voici quelques exemples qui permettront de se faire une idée de la manière dont le *c*

1. L'espagnol en général et le portugais perdent aussi *e* à la terminaison, mais dans ce cas le *c* se change en *z*, parfois aussi en *s* en portugais. Cf. *Rom.* I, 454. Il ne peut donc être question ici de la persistance de la gutturale, et d'ailleurs c'est à une palatale non à une vélaire que l'on a affaire.

2. Muss. *Darst. der rom. Mund.* 51. — Asc. *Archiv. glott.* I, pass. Cf. plus loin, livre III, chap. II et livre IV, chap. II.

médial latin devenu final a été traité dans ces différents idiomes :

LAT.	ROUM.	PROV.	FRANÇ.	DIAL. ITAL.	DIAL. LAD.
amicum	*amic*	*amic*	ami	*amigh*	*amig* r.
anticum	—	*antic*	—	*antigh*	*antig* fr.
arcum	*arc*	*arc*	*arc*	—	*arc* r.
cæcum	—	*cec*	—	—	—
casticum	—	*castic*	chasti v.	—	*ćastig* fr.
cinque[1]	—	*cinc*	*cinc* v.	—	—
*coco	*coc*	—	cui(s)	*cog*	—
dico	*zic*	*dic*	di(s)	*degg*	*gig* r.
duco	*duc*	*duc*	dui(s)	—	duj
ficum	—	*fic*	—	*fig*	*fig* fr.
focum	*foc*	*foc*	feu	*fog*	*fuoc* tir.
inimicum	—	*enemic*	ennemi	—	*anamig* r.
iniquum	—	*enic*	—	—	—
jocum	*joc*	*jòc, juec*	jeu	—	—
lacum	*lac*	*lac*	*lac*, v. lai[2]	—	*lac* r.
locum	*loc*	*loc*	*leu*, v. lieu	—	*leuc* r.
mendicum	—	*mendic*	—	—	—
paucum	*poc*	*pauc*	*poc* S. B., poi v., peu	—	*puoc* tir.
sambucum	—	—	—	—	*suvig* r.
*saucum	*soc*	*sauc*	seu v.-n.	—	—
spicum	*spic*	*espic*	épi	—	*spig* fr.
sulcum	—	—	—	—	*sulc* r.
vicum	—	—	—	—	*vig* r.

A cette liste il faudrait ajouter en provençal les noms propres de lieux formés à l'aide du suffixe *iacum*, lesquels se terminent en *ac* et quelquefois *ec*; ainsi :

Aureliacum	*Aurilhac*
Calviacum	*Calviac*
Floriacum	*Florac*

1. Ici nous n'avons pas à proprement parler une vélaire, comme le prouve la forme roumaine *cinci* qui suppose une palatale; mais le provençal et le français ont traité *q(ue)* comme vélaire, et cela suffit pour expliquer que ce mot figure dans cette liste.

2. Il est douteux que *lac* soit vraiment d'origine populaire, ce qui n'a rien d'extraordinaire si on songe qu'il n'y a pas un seul lac véritable au nord de la Loire; l'ancienne forme *lai* montre d'ailleurs une tentative de la langue pour donner à ce mot une forme plus régulière; c'est ainsi que *poc* est devenu *poi*, puis définitivement *peu*.

Ruffiacum	*Ruffec*
Sabiniacum	*Savignac*, etc.[1].

En français, *c* n'étant pas appuyé s'y change en *y* *(i)* ou tombe, comme nous verrons plus loin.

II°.

Au lieu d'affaiblir le *c* vélaire en *g*, plusieurs dialectes l'ont transformé en la spirante χ ; ce son est fréquent en espagnol, où il est représenté devant *u* ou *o* par la *j* et devant *e* ou *i* par la *g*, parfois aussi par la *x*, mais, comme nous le verrons, il ne paraît pas y être le résultat de la transformation directe des gutturales explosives : au contraire, dans les dialectes italiens où il se présente il me paraît impossible de ne pas voir dans le son χ une modifiation directe du *c* latin, puisqu'on n'y trouve pas d'intermédiaire entre *k* et χ. Cette modification n'en est que plus curieuse ; à quelle époque s'est-elle produite? Il est difficile de le dire ; mais on n'y saurait voir du moins, comme l'a fait Fernow, cité par Diez[2], un reste ou comme un écho des idiomes primitifs de l'Italie, dans lesquels il n'a supposé sans doute l'existence de sons analogues à ceux qui existent maintenant dans le toscan et quelques autres dialectes, que par suite de la confusion de l'aspirée *kh* et de la spirante χ. Quoi qu'il en soit, cette spirante χ s'est substituée au *c* vélaire latin dans le toscan, devant *a*, *o*, *u*, où on lui donne, au commencement comme au milieu des mots, un son analogue à celui du *ch* allemand ou de la *j* espagnole ; ainsi *casa, cosa, locanda, securo* se prononcent *chasa, chosa, lochanda, sechuro*. Le même fait se produit, d'après Spano[3], dans le dialecte de plusieurs districts de la Sardaigne pour les syllabes *sca*, *rca ;* ainsi *machu* pour *marcu* (ital. macchio), *pacha* pour *pasca* (ital. pasqua), etc.

CHAPITRE II.

CHANGEMENT DU C VÉLAIRE EN Y (I).

Nous avons vu comment on peut passer du *k* vélaire à sa spirante χ et du *g* vélaire à la spirante correspondante γ ; et nous

1. Quich. *Form. franç. des anc. noms de lieu,* p. 25 et suiv.
2. *Gram.* I, 254.
3. *Ort. sarda* p. 28. Cf. *Jahrb.* X, 401.

savons d'un autre côté que le *c* s'affaiblit souvent en *g*; mais du moment que le *c* vélaire peut se changer une première fois en *g*, on comprend qu'il s'affaiblisse encore par une nouvelle dégradation de son en γ; de même on s'explique que le k_{I} palatal, après s'être changé en g_{I}, puisse encore s'affaiblir en *y*; ou encore que le *k* vélaire se change d'abord en k_{I} palatal, puis en g_{I} et enfin en *y*; ou bien qu'après avoir descendu la série *k*, *g*, γ, il subisse un dernier affaiblissement et de γ se change en *y*. Ces modifications, dont la théorie démontre la possibilité, apparaissent toutes en réalité dans les langues indo-européennes. Les idiomes germaniques, en particulier l'anglo-saxon, nous montrent les deux *g* se changeant en *y (i)*, c'est-à-dire subissant le premier les transformations successives *g*, γ, *y* ou plutôt *g*, g_{I}, *y*, le second s'affaiblissant simplement en *y*[1]. Ces changements peuvent d'ailleurs avoir lieu au commencement, au milieu ou à la fin des mots; ainsi on a 1° pour *g* initial :

α. — *g* vélaire :

V.-SAX. OU NOR.	ANGL.-SAX.	ANGL.	DAN. OU SUÉD.
garu v.s.	gearo	*yare*	
garn n.	gearn	*yarn*	
gîna n.	gânian	*yawn*	
β. — g_{I} palatal.			
gulr n.	geolu	*yellow*	
	gestran	*yester*	
	gist	*yest, yeast*	
2° pour le *g* médial :			
auga n., ôga v.s.	eage	*eye*	*öie* d.
fagr n., fagar v.s.	fæger	*fair*	*feir* d.
magad v.s.	mægd	*maid*	
nagli n., nagal v.s.	nægel	*nail*	

1. Au milieu des mots et devant une consonne l'*y* est remplacé par *i*; ce n'est là qu'un nouvel affaiblissement et le changement de la demi-voyelle *y* ou de *j* consonne en *i* voyelle, changement qui s'explique sans la moindre difficulté. « Nous avions pour point de départ dans nos recherches, dit Vaïsse (*Encyclopédie moderne* au mot *parole*), ce fait que la disposition extérieure des organes de la parole pouvait donner lieu indifféremment à l'émission d'une consonne ou à celle d'une voyelle; que, par exemple, les lèvres (?) et la langue se trouvaient dans une position identiquement la même pour prononcer notre *i* voyelle et l'*y* consonne des Anglais, qui n'est autre que le *j* des Allemands, etc. »

3° Enfin pour *g* final :

dagr n., dag v.s.	dæg	*day*	
cæg v.s.	cæg	*key*	
liggian v.s.	licgan	*lay*	
mega n.	mâgan	*may*	*mä* s.
weg v.s.	væg	*way*	*vei* d.

Le frison donnerait lieu à des observations analogues.

Cette transformation de la gutturale sonore en *y* (*i*), si commune, comme nous le voyons, dans les langues germaniques, ne l'est pas moins dans les idiomes romans; toutefois, elle n'a lieu en général au commencement et à la fin des mots que pour le *g* palatal; le *g* vélaire, au contraire, y persiste ou — à la fin des mots du moins — se transforme parfois en *u* en provençal, et même en français quand il n'est pas appuyé. Le provençal change d'ailleurs *g* final, quand il persiste, en *c*, en vertu d'une loi propre à cet idiome. Ainsi :

LAT.	ROUM.	PROV.	FRANÇ.
largum	*larg*	*larc*	—
longum	—	*lonc*	*long*
plango	*plung*	*planc*	[1]— etc.

Au milieu des mots, au contraire, le *g* vélaire se transforme régulièrement en *y* (*i*) dans les idiomes du Nord-Ouest, ainsi que dans les dialectes romans du Tyrol et quelques dialectes ladins du Nord de l'Italie, parfois aussi en portugais dans le groupe *gr*, il est vrai. Ainsi :

LAT.	DIAL. LAD. ET ITAL.	PORT.	PROV.	FRANÇ.
fragam	*fraja*	—	—	—
fragrare	—	*cheirar*	*flairar*	*flairer*
ligare	*lejà* fr., *lejé* tir.	—	—	*leier* v.
negare	*nejà* fr.	—	—	*neier* v.
paganum	—	—	*payan*	*païen*
plagam	*plaja* nap.	—	*playa*	*plaie*, etc.

Nous avons là un procédé de transformation analogue à ce qui se passe dans les langues germaniques ; mais tandis que dans celles-ci le *g* seul à peu près peut se changer en *y*, dans les idiomes romans le *c*, après s'être affaibli en *g*, peut à son tour se transformer en cette demi-voyelle.

1. *Plango* donne *plain(s)* en français, mot où il semble bien que le *g* se soit changé en *i*, lequel a été ensuite préposé à *n*. V. plus loin pour le changement de *g* en *u*, livre II, chap. IX.

Cette transformation toutefois n'a pas lieu également dans tous ; inconnue presque complètement à ceux du groupe oriental et du Sud-Ouest, qui se sont arrêtés au changement de *c* en *g*, elle n'appartient en propre qu'aux idiomes du Nord-Ouest, en particulier au français, dont elle est, avec la suppression de la gutturale, le procédé de dérivation le plus ordinaire, tandis qu'en provençal on rencontre presque toujours concurremment une forme avec *g* et une autre avec *y* ou *i*. Les dialectes ladins du Tyrol, du canton des Grisons et de l'Italie connaissent aussi cette modification de la gutturale, dont on rencontre même quelques cas au Sud de la Péninsule. Le changement de *c* en *y* (*i*) ne se produit point d'ailleurs au commencement des mots, mais il est fréquent au milieu ; en voici quelques exemples :

LAT.	DIAL. LAD. ET ITAL.	PROV.		FRANÇ.
amicam	—	amiga	*amia*	*amie*
bracam	*braja* tir.	braga	*braya*	*braie*
carrucam	*charuja* tir.	—	—	—
dicam	—	diga	*dia*	*die*
(ex)sucare	*sujà* fr.	—	—	*essuyer*
ficam	—	figa	*fia*	*fie* v.
focarium	—	fogal	—	*foyer*
jocare	*zujè* tir.	jogar	—	—
micam	—	miga	*miya* B., *mia*	*mie*
necare	—	negar	*neyar*	*noyer*
pacare	*pajà* fr., *pajè* tir.	payar	*payar*	*payer*
plicare	*plejà* fr.	plegar	*pleyar*	*pleier* (S.E.), *plier*
*precare[1]	*prejâ* fr. *prejè* lomb.	pregar	*prejar*	*preier* (S.E.), *prier*
*spicare	—	espigar	*espiar*	*epier*
secare	*sejà* fr.	—	—	*seier* V., *scier*
securum	sigur fr., *sijur* tir.	segur	—	*segur* V.
verrucam	*baruja* tir.	verruga	—	—
vesicam	*vašija* roum.	vesiga	—	*vessie*, etc.[2].

1. En sicilien *preco* donne aussi, avec *j* = *y*, *preju*.

2. Schneller. *Die roman. Mund, von Tirol.* — Ascoli. *Archiv. glott.* I, pass.

Il faut ajouter à cette liste les mots où se trouvent les groupes *ct* ou *cs*, lesquels changent ordinairement *c* en *i* en portugais, en provençal et en français ; ainsi :

lat. factum	port. *feito*	prov. *fait*	franç. *fait*
sex (secs)	*seis*	*seis*	*sis* v., etc.[1].

Après *o* et *a* la gutturale persiste, en s'affaiblissant en sonore, en provençal, ainsi *fogal* et non *foyal*, *jogar* et non *joyar*, *verruga* non *verruya* ; en français, elle peut se résoudre en *y* (*i*), indifféremment dans tous les cas ; il en est de même dans les dialectes ladins.

L'*i* provenant de la transformation du *c* médial a disparu en provençal, en ladin et surtout en français dans un grand nombre de mots, où il était précédé d'un *i* étymologique, et il semble dès lors que le *c* y soit tombé purement et simplement ; mais l'ancienne langue permet souvent d'en retrouver la trace; c'est ainsi que les formes *miga* et *miya* (*mija* P. Meyer) qu'on rencontre dans le Boèce (v. 11, 180 et 189), nous permettent de reconstituer la série des transformations du latin *micam* dans son passage au roman :

micam, *mica*, *miga*, *miya*, *mia*, *mie*.

De même *plier* et *prier* n'ont point conservé de trace du *c* de *plicare* et *precare*, mais on le retrouve sous l'*i* de *pleier* (*ple-i-er*) et de *preier* (*pre-i-er*), formes que nous donne la Cantilène de Sainte Eulalie, et dont la première s'est d'ailleurs conservée avec le changement de *ei* en *oi* dans le français moderne *ployer*. On ne peut donc pas dire qu'il y a eu, dans ce cas, chute véritable du *c*.

Nous avons vu qu'à la fin des mots *c* persiste en provençal, en roumain et en ladin, parfois aussi en français ; mais le plus souvent dans cette dernière langue, et quelquefois même en provençal, il se change en *i*; ou bien encore en *u*. Je parlerai plus loin de cette dernière transformation ; quant à celle du *c* en *i*, il n'est pas toujours facile de la constater ; dans les mots qui ont un *i* avant le *c*, en effet, on ne saurait dire souvent si le *c* est tombé simplement, ou bien si l'*i* devenu final représente à la fois l'*i* étymologique et un *i* secondaire provenant de l'affaiblissement du *c* ; cet *i* apparaît du moins aussitôt que la voyelle qui précède le *c* est *a*, et forme avec elle la diphthongue

1. Voir plus loin. Livre IV, chap. VII et VIII.

ai ; c'est ce qui a lieu en français et parfois aussi en provençal dans les adjectifs et les substantifs formés à l'aide du suffixe *acum ;* ainsi :

LAT.	PROV.	FRANÇ.
*bracum	—	*brai*
ebriacum	*ibriai*	—
*veracum	*veray*	*vrai*, etc.

Ce fait se présente en particulier en français dans les noms de lieu en (*i*)*ácum*, terminaison qui a été toutefois, suivant la région, traitée d'une manière différente : *c* se changeant en *y*, on a d'abord, comme pour le suffixe *acum*, après la chute de l'*i* protonique, la terminaison *ay*, qu'on rencontre dans presque toute l'étendue de l'ancienne langue d'oil ; ainsi :

Alisiacum *Alizay* (Eure),
Corturiacum *Courtray* (Belgique),
Gradiacus *Gray* (Haute-Saône),
Severiacus *Civray* (Indre-et-Loire, Vienne).

Cette terminaison paraît s'être modifiée en *ey* dans un certain nombre de noms, surtout de la région orientale[1], par exemple dans :

Angeliacum *Langey* (Eure-et-Loir),
Poliacum *Pouilley* (Doubs),
Vinciacus *Vincey* (Vosges),
Vidiliacus *Villey* (Meurthe).

D'autres fois *ay* semble s'être modifié en *é*, sans doute en passant par la forme intermédiaire *è ;* c'est ce qui a eu lieu surtout dans la région de l'Ouest ; ainsi dans :

Camiliacum *Chemillé* (Indre-et-Loire),
Floriacum *Fleuré* (Vienne),
Matiriacus *Méré* (Seine-et-Oise),
Sabiacum *Cé* (*Pont-de-*) (Maine-et-Loire).

Mais il a pu se faire aussi que l'accent au lieu d'être sur *ac* fût reporté sur *i ;* dans ce cas, l'*a* de *iac*(*um*) a dû tomber, et le *c* ou s'est changé en *y* qui s'est confondu avec l'*i* étymologique ou est lui-même tombé ; le suffixe *iacum* s'est ainsi trouvé réduit à *y*, comme dans :

1. Il peut se faire aussi que *ey* soit le résultat de la transformation directe de *ec*, modification de *ac*, forme trouvée dans d'anciennes chartes. Cf. *Mém. de la Soc. des Antiq. de l'Ouest.* 1867, 2e partie, Intr. p. 2.

Aciniacum	*Acquigny* (Eure),
Forminiacum	*Formigny* (Calvados),
Rotegiacum	*Rouy* (Nièvre),
Victoriacum	*Vitry* (Marne)[1].

Une question se présente naturellement avant de terminer ce chapitre, c'est celle de savoir à quelle époque a eu lieu le changement de *c* en *y* (*i*). Il dut sans doute se produire de bonne heure, puisqu'on voit le *c* disparaître complètement dans un certain nombre de mots dès le VIe siècle; mais cette transformation commencée dès les premiers temps du roman se continua sans doute pendant plusieurs siècles. Dans les Serments on trouve encore le mot *sagrament*, qui devait devenir bientôt *sairement*, c'est-à-dire que le *c* n'est encore changé qu'en *g*, mais *dreit*, *plaid* nous le montrent en même temps déjà transformé en *i*. Dans la Cantilène de Sainte Eulalie le *g* vélaire a persisté — en devenant palatal, il est vrai — dans *regiel*, v. 8, *pagiens*, v. 12 et 21 ; mais le *c* est partout changé en *i*, ainsi *coist*, *contredist*, *preier*. On le retrouve sans doute dans le Saint Léger, par exemple dans *sancz* 1, 2; 9, 2; *sanct* 5, 6; 12, 2; *fincta* 19, 1, et *lucrat*, 36, 4; mais ces mots ont un caractère savant; il en est de même de *sacrarie* dans l'Alexis, qui nous montre, si l'on excepte le mot *siècle*, partout ailleurs le *c* changé en *i*. Ainsi à partir de cette époque on peut regarder le changement de *c* en *y* (*i*) comme accompli dans le français. Nous avons vu néanmoins que *c* s'est affaibli seulement en *g* dans un certain nombre de mots où il précédait immédiatement la voyelle accentuée (*u* ou *o*), ou la suivait en se trouvant dans le groupe *cl* ou *cr*. C'est dans ces groupes aussi avant l'accent qu'il paraît avoir le plus longtemps résisté sous la forme *g*, tandis qu'entre deux voyelles dont la seconde était accentuée et représentée par *a*, et dans le groupe *ct* il semble s'être transformé en *y* (*i*), dès les premiers temps de la langue. Dans le provençal on sait que les deux formes *g* et *y* subsistèrent presque toujours l'une à côté de l'autre, il n'y a donc pas lieu d'y rechercher l'époque du changement définitif de *c* en *i*. Quant à son affaiblissement en *g*, nous avons vu qu'il remonte au latin vulgaire, il a donc dû se produire aux VIe et VIIe siècles dans les divers idiomes où il apparaît.

1. Cf. Quicherat. *Form. des noms de lieu*, p. 37. La terminaison *ay, ey* (*iacum*) passa à son tour dans le latin du moyen âge; ainsi *Isiniacum* y devient *Isigneium*; *Sabiniacum, Savigneium*, etc.

CHAPITRE III.

CHUTE DU C. — DÉVELOPPEMENT DE I PAR LE VOISINAGE DE LA GUTTURALE.

Iº.

Dans un certain nombre des exemples que j'ai cités du changement de *c* en *i*, il est difficile de retrouver la trace de cette transformation ; si le vieux français nous donne parfois des formes qui montrent encore l'*i* provenant de l'affaiblissement de la gutturale comme *preier*, *pleier* C. E., *lairme* (lacrymam), *sairement* (sacramentum), il s'en faut qu'il nous en fournisse toujours, et il est des cas où le *c* paraît bien être tombé — et cela peut-être dès l'origine de la langue — sans laisser de traces ; tels sont les mots français *amie, die* (dicam), *mie, pie*, etc. ; les mots ladins *carié, formia, mania, mastié, plié, sié, spias*, etc. Toutefois on pourrait à la rigueur, dans ce cas, croire encore à une contraction de l'*i* étymologique latin et de l'*i* résultant de la transformation du *c;* mais il est impossible d'en soupçonner l'existence dans des mots comme *verrue* (verrucam), et il faut bien admettre qu'ici le *c* latin est purement et simplement tombé, sans laisser de traces dans le roman. C'était d'ailleurs le terme inévitable où par un affaiblissement graduel devait arriver cette consonne, et cette suppression ne lui appartient pas en propre ; elle a lieu aussi pour les dentales et dans les mêmes conditions et dans les mêmes idiomes, c'est-à-dire que nulle ou à peu près au commencement des mots, elle apparaît surtout au milieu et est presque générale à la fin ; qu'inconnue à peu près des langues du groupe oriental, elle se montre déjà dans celles du Sud-Ouest, pour devenir fréquente dans celles du Nord-Ouest et en particulier dans le français [1]. Ce qu'il est facile de prévoir aussi c'est que la suppression atteint plus facilement la sonore que la muette, et cela est vrai des gutturales comme des dentales ; ainsi, pour ce qui est des dernières, tandis que le *t* médial persiste toujours en italien, qu'il ne tombe en espagnol que dans

1. La labiale *p*, au contraire, ne connaît, à vrai dire, que l'affaiblissement en sonore ou, en français, en spirante : sa suppression est exceptionnelle. Voir d'ailleurs sur ce sujet plus loin, livre II, chap. IX.

trigo (triticum), en provençal que dans le groupe *tr*, par exemple *paire* (patrem), et exceptionnellement dans *puor* (putorem), *tuar* (* tutare), *via* (vitam), en français enfin dans un nombre encore restreint de mots comme *chaîne, menue, nourrir, roue, saluer, tuer, verre, vouer*, etc., et les participes en *atum;* le *d* disparaît déjà en italien dans quelques mots comme *aoperare* (adoperare), *gioja* (gaudia), *vo* (vado), etc. ; il tombe fréquemment en espagnol et en portugais et souvent en provençal, où il est parfois aussi, il est vrai, remplacé par *z*, et toujours ou à peu près en français ; ainsi on a :

LAT.	ESP.	PORT.	PROV.	FRANÇ.
badium	*bayo*	*bai*	*bai*	*bai*
cadere	*caer*	*cair*	*caer*	*choir*
credere	*creer*	*crer*	*creir*	*croire*
hodie	*hoy*	*hoje*	*hui*	*hui*, *oi* v., etc.

De même pour les gutturales ; ainsi, pour ne parler ici que du *g* vélaire, persistant presque toujours au commencement des mots, il disparaît souvent au milieu dans tous les idiomes romans, mais surtout cependant en provençal et en français, comme le montrent les exemples suivants :

LAT.	ITAL.	ESP.	PORT.	PROV.	FRANÇ
ego	*io*	—	—	*ieu*	*eo* s.
integrum	*intero*	*entero*	enteiro	enteir	entier
legalem	*leal*	*leal*	*leal*	leial	*léal* v.
legumen	legume	legumbre	legume	*lium*	*leum* L.R.
ligare	ligare	*liar*	*liar*	*liar*	*lier*
nigrum	*nero*	negro	negro	neir	neir n.
peregrinum	pellegrino	peregrino	peregrino	*pellerin*	*pèlerin*
pigritiam	pigrizia	*pereza*	preguiça	pigreza	*paresse*
regalem	*reale* v.	*real*	*real*	*real*	royal, etc.

On voit par ces exemples que quand il tombe en italien et en espagnol, le *g* tombe complètement, quelle que soit la place qu'il occupe ; il en est aussi de même en général entre deux voyelles dans les autres langues ; ainsi prov. *aost*, franç. *août* ; prov. *rua* (rugam), franç. *rue* ; pr. *aür* (augurium), v.franç. *aür*, franç.mod. *heur*, etc. ; mais dans le groupe *gr* le *g* n'y tombe qu'avant l'accent, par exemple dans *pellerin* prov., *pèlerin* franç., *paresse* franç.; après il persiste en s'affaiblissant en *i*, comme dans *enteiro* portug., *enteir* prov., *entier* franç., *neir* prov., *neir* norm.

Mais tandis que la chute du *g* est, comme on voit, assez fréquente, celle du *c* médial[1], au contraire, est exceptionnelle et ne se présente point, comme celle du *g*, dans tous les idiomes romans. Inconnue du toscan, ainsi que son affaiblissement en *i*, bien qu'elle apparaisse parfois dans les dialectes du Sud et du Nord, on ne la rencontre dans les langues hispaniques que dans deux ou trois mots ; mais en provençal, dans les dialectes ladins et français surtout, elle apparaît comme un procédé régulier de dérivation. Ces langues n'ont fait que continuer en cela d'ailleurs un procédé du latin vulgaire, qui laissait déjà tomber la gutturale médiale ; ainsi dès l'an 558 — après *i*, il est vrai, — *Iona* pour *Icona* (Yonne). Cette suppression exceptionnelle encore, à ce qu'il semble, pour le *c*, est fréquente pour le *g* ; ainsi on trouve dès le VIe siècle les formes *Cytheo* pour *Cethego, eo* pour *ego, frualitas* pour *frugalitas, liones* pour *ligones*, etc., et dans un document de 646, *fridus* pour *frigidus* (Yepes II, n. 13)[2].

Dans ces exemples, il semble bien que la chute de la consonne a eu lieu directement, et il en a été souvent ainsi ; d'autres fois, du moins pour ce qui est du *c*, il y a eu d'abord affaiblissement de celui-ci en *g*, puis chute de ce dernier, ou bien encore transformation du *g* en *y*, suivie de la fusion de cet *y* avec un *i* précédent, et par suite disparition des dernières traces de la gutturale, ce qui ne permet plus de dire s'il y a eu véritable chute ou simple affaiblissement du *c*. Parfois même après la disparition de la consonne, il y a eu contraction des deux syllabes qu'elle séparait et, partant, changement complet de la physionomie du mot qu'il serait impossible de reconnaître si l'on n'avait point les formes intermédiaires entre le latin et le roman actuel. C'est ainsi que *securum* a donné successivement *segur*, *sëur* et enfin *sûr*. Nous avons là un exemple du second mode de suppression du *c* ; *Iona* pour *Icona*, semble être, au contraire, un exemple de chute non précédée d'adoucissement ; quant aux cas de contraction de l'*i* provenant du *c* avec une voyelle précédente,

1. Je dis le *c* médial ; c'est en effet le seul qui — avec le *c* final — tombe d'une manière générale ; toutefois dans le sarde logoudorien on trouve quelques exemples de chute du *c* initial, ainsi *umflare* (cumflare), *umpare* (cum pare). Del. *Der sardin. Dial.*, p. 6.

2. D'ailleurs cette chute de la consonne entre deux voyelles ou devant une liquide ne fut pas propre seulement aux gutturales, elle eut lieu aussi pour les dentales ; ainsi *frari* pour fratri, *mari* (matri), *Beorigas* (Bituriges), *Donnus* pour Donatus, etc. Cf. Schuch. I, 130.

nous en avons vu un exemple dans *pleier*, *preier* de la Cantilène de Sainte Eulalie, et il est probable qu'il en est de même des mots *amie, mie, pie*, et en général de ceux où le *c* médial est précédé de *i*. Le nombre des cas aussi où la disparition du *c* est vraiment complète est assez restreint ; on la trouve dans le dialecte napolitain, entre deux voyelles et devant *r*; dans *briogna* (verecundiam), *prea* (* precat), *rotta* (cryptam) ; en sicilien dans *putia* (apothecam), *adduari* (allocare)[1] ; dans le sarde logoudorien *neuna* (nec unam), dans l'espagnol *emplear* (implicare), dans *verdear* esp. et portug. (viridicare) et dans les mots français *Saône* (Sauconam), *sûr* (securum), *verdir, verrue* (verrucam) et *Yonne;* en provençal il y a presque toujours eu changement du *c* en *i* ou même simple affaiblissement en *g*.

A la fin des mots, le *c*, nous l'avons vu, s'est conservé ordinairement en provençal et en roumain ; en français il a parfois aussi persisté[2], plus souvent toutefois il s'est affaibli en *y* (*i*); mais dans quelques cas aussi il y a eu chute complète du *c;* c'est ce qui est arrivé, ce semble, dans les mots français *ami, ennemi, di(s)* (dico), *fourmi* (formicum), etc.; ainsi qu'en ladin dans *ami* fr., — à côté de *amig*, il est vrai, — *čaluni* fr. (canonicum), *fi*, fr., — à côté de *fig*, — *miedi* fr., *nimi* fr., *spi*, — à côté de *spig*, — etc., et en particulier dans les dérivés en *aticum*, comme *salvadi* fr. et tir., *viadi*, etc. Cette suppression toutefois ayant lieu après *i*, on ne peut pas dire s'il n'y a point eu contraction de cet *i* étymologique et de l'*i* secondaire provenant de *c*, lequel, comme nous avons vu, apparaît presque toujours aussitôt que la voyelle précédente n'est plus *i*.

Il est un cas cependant où la suppression du *c* final avait lieu réellement dans le français du moyen-âge, c'est quand *c* était suivi d'un *s*, soit à l'ancien nominatif singulier, soit à l'accusatif pluriel ; c'est ce qui est arrivé au mot *blanc* dans les vers suivants :

Et ont les dens plus *blans* que yvores planés. (Rom. d'Al.[3])
An *blans* dras deliez de lin. (Conte del Graal[4].)

1. Wentr. *Beitr. zur Kenntn. der neap. Mund.* 13. — Id. *Beitr. zur Kenntn. der sicil. Mund* (Herrig's *Archiv.* XX, 160.)

2. Voir plus haut, p. 46. — Contrairement cependant à ce qui se passe en provençal et en francais le *c* tombe le plus souvent en ladin dans les noms de lieu dérivés en *iacum;* ainsi *Luzariá* (Luceriacum), *Pañá* (Paniacum), à côté de *Pañac*, etc. Cf. Asc. *Arch. glott.* I, 523.

3. Bartsch, *Chrest.* 110, 7. — 4. Id., id. 146, 40.

Il en est de même du mot *hauberc* dans ces vers de Blancandin et l'Orgueilleuse d'amour :

Et li ont un *hauberc* vestu...
Mult ont et *haubers* et escus
Destriers et auferrans gernus [1].

Les exemples suivants, empruntés à l'Histoire de la langue française de M. Littré [2], mettent ce fait en évidence : « Galiens ne loe mie le *bouc* a manger par ce qu'il engenre mauvais sanc... e se li *bous* est de grand aage. » (Alebrant, fol. 46.) — « Si devez savoir que li *cos*, quant il commenche à canter vaut miex que li femiele... Qui prent un *cok* bien viel...» (Id., f° 47.)

Cette règle n'est d'ailleurs qu'un cas particulier d'une règle plus générale qui veut que toute muette tombe devant *s ;* les exemples précédents le montrent pour *t* et *p* (*dens* pour *dents, dras* pour *draps, auferrans* pour *auferrants*), en même temps que pour *c*.

Toutefois les plus anciens monuments de la langue n'observent point toujours cette règle ; ainsi on trouve dans la Cantilène de Sainte Eulalie *corps* v. 2, dans le Saint-Léger *sancz* 1, 2; 9, 2; ainsi que *corps, sangs, temps* 82, 1 ; 32, 3 ; 53, 3, etc., dans la Passion ; mais l'Alexis donne déjà régulièrement *bans, cors, dras, mors*, etc. Au contraire, dans la Chanson de Roland, *c* persiste souvent quoique suivi de *s*, comme on le voit dans ces vers :

Sur palies *blancs* siedent cil cevalers, v. 110.
Li *sancs* tuz clers parmi le cors li raiet, v. 1980.
Iloec avuns perduz trestuz noz *Francs*, v. 2062.
Plaies ai mortels as costez et as *flancs*, v. 2065.
De tutes parz m'ist fores li clers *sancs*, v. 2066.
Cez *blancs osbercs* ki dunc oïst fremir, v. 3484, etc.

Mais *p* et *t* sont tombés dans *cors* v. 1980 et *parz* v. 2066, et *c* ou *t* est tombé lui-même dans *branz* qu'on trouve assonnant avec *Francs* dans le vers :

Vengez nos somes as noz acerins *branz*, v. 2063 [3].

On le voit, au moment où a été écrit le manuscrit du Roland la règle de la suppression de la muette suivie de *s* n'était pas encore toujours observée, mais elle existait, comme le montre ce

1. V. 5272 et 5331.
2. 5me édit. II, 355.
3. Cependant comme *z* est égal en général à *ts*, on ne peut pas dire d'une manière absolue que *t* soit tombé dans *branz, parz*, etc. Les vers 2062, 2063, 2065 et 2066 sont cités d'après l'édition de Th. Müller.

même texte en tant de passages, et surtout celui de l'Alexis où elle n'est jamais violée ; déjà même au XIe siècle on commençait, ce semble, à l'appliquer ; ainsi, tandis qu'on trouve *sancz* dans le Saint Léger, la Passion nous donne la forme *sanz*, 13, 4; après un siècle d'hésitation, le son de la muette dans la combinaison *cs, ps, ts* étant devenu sans doute complétement insensible à l'oreille, on supprima cette lettre dans l'écriture; c'est ce que font toujours les meilleurs manuscrits de ce qu'on pourrait appeler la période classique du moyen âge; il en fut de même jusqu'à ce qu'une fausse érudition vint au XVe et au XVIe siècle rétablir ces lettres inutiles, puisque la prononciation n'en tenait plus compte.

II°.

Dans les exemples que j'ai cités dans le chapitre précédent, *i* apparaît comme le représentant de la gutturale vélaire, et nous verrons plus loin qu'il peut aussi tenir lieu d'une gutturale palatale ; mais il arrive aussi que, la gutturale subsistant, un *i* n'apparaît pas moins comme produit en quelque sorte par le voisinage de celle-ci ; c'est là un fait extrêmement curieux et qu'on retrouve à la fois en portugais aussi bien qu'en espagnol; il semble même s'être produit dans l'italien *allegro* (* alacrum). Si on considère le changement de *x* (*cs*) en *ss* en français et en provençal comme une simple assimilation, l'*i* qui se trouve dans les mots comme *laissar* prov., *laisser* franç., doit être considéré non comme provenant du *c*, remplacé dans ce cas par *s*, mais comme produit par son voisinage, ainsi que cela a lieu dans le portugais *leixar ;* et l'on a là dans ces deux langues un exemple de cette production de l'*i* par le voisinage de la gutturale, qu'offrent si manifestement les idiomes du Sud-Ouest et que les mots *alègre, aigre,* etc., montrent d'ailleurs d'une manière non moins évidente. Cet *i* a pu, au reste, comme cela a lieu en particulier en espagnol, ou se confondre avec *a,* pour donner la voyelle *e* (= *a* + *i*), ou bien, comme en portugais, donner naissance à la diphthongue *ei;* dans les deux cas sa présence n'en est pas moins certaine. Voici quelques exemples de ce singulier phénomène grammatical :

LAT.	ESP.	PORT.	PROV.	FRANÇ.
acrem	—	—	—	*aigre*
acutum	—	—	—	agu[1] v., *aigu*

1. Cette forme *agu* qu'on trouve encore au XIIIe siècle, ainsi dans ce

alacrem	*alegre*	—	*alegre*	*alegre*
aquam	—	—	*aigua*	ague[1] v., *aigue*
æqualem	*igual*	—	—	—
factum	*hecho*	—	—	—
*lactem	*leche*	—	—	—
laxus, laxare	*lexos*	*leixar* v.	*laissar*	*laisser*
macrum	—	—	—	*maigre*
mataxam	*madexa*	*madeixa*	—	—
nigrum	*negro*	*negro*	—	—
pactum	*pecho*	—	—	—
saxum	—	*seixo*	—	— etc.

Ces exemples nous montrent *i* apparaissant soit isolé, soit dans la diphthongue *ai* ou *ei* ou encore dans *e* = *ai*, dans le voisinage de la gutturale vélaire ; mais comment en expliquer le développement ? Je crois que pour cela on peut supposer que pendant la période de formation des langues romanes, le son *i* qui prend si facilement naissance à la suite d'une gutturale s'est développé après le *c*, puis a passé dans la syllabe précédente, comme l'*i* de *primarium* est venu former avec *a* la diphthongue *ie* dans le français *premier*, la voyelle *e* dans l'espagnol *primero*.

Avec ce fait se termine l'étude des transformations générales du *c* vélaire dans la série gutturale, étude qui nous l'a montré persistant le plus souvent au commencement des mots et parfois aussi à la fin, s'affaiblissant, au contraire, ordinairement au milieu en *g* ou en *y* (*i*), ou même tombant. Pour épuiser la série de ses transformations, il faudrait encore parler de son changement en *č*, *ǧ*, *š*, *ž*, *ts* ou *s*, qui se produit surtout dans le groupe des langues du Nord-Ouest ; mais je crois préférable de n'aborder ce côté de la question qu'après avoir étudié les transformations du *c* palatal, transformations analogues et qui, comme telles, sont le prélude naturel de l'examen des modifications de même ordre du *c* vélaire. Je remettrai aussi à la fin du livre second, qui doit être consacré, comme je l'ai dit, à la première de ces lettres, à parler de la substitution des labiales *p*, *b*, *v*, *w* et de *u* aux

vers de Blancandin :

A l'escu d'or, a l'elme *agu*, v. 5494.

semble bien prouver que la gutturale a conservé longtemps le pouvoir de développer le son *i*.

1. *Rom. des deux sœurs*. Bartsch. *Chrest.* 49, 47.

Quant avras, Orriour, de l'*ague* prise.

deux *c;* pour le moment, je me bornerai à dire quelques mots du remplacement du *c* vélaire par *t* ou *s* dans les quelques idiomes où il paraît se présenter.

CHAPITRE IV.

SUBSTITUTION DE T ET DE S AU C VÉLAIRE.

I°.

Nous avons vu[1] avec quelle facilité on peut passer théoriquement du son *k* au son *t;* on ne doit donc pas être surpris de voir ces sons se substituer l'un à l'autre dans les différents idiomes indo-européens ; cependant cette substitution n'y est pas aussi fréquente qu'on pourrait s'y attendre; on la trouve toutefois dans le grec τίς comparé au latin *quis* et au sanscrit *kas;* dans πέντε comparé à *quinque* et à *pankan;* dans τέσσαρες à côté de πέσυρες, de *katvâras* et de *quatuor*[2]. Cette substitution de sons que nous offrent les principales langues indo-européennes, se retrouve aussi dans l'histoire du latin et de ses dérivés.

Quintilien avait déjà signalé, seulement, il est vrai, comme un simple vice de prononciation enfantine, la substitution d'une gutturale à une dentale; elle se produisait sans doute à Rome, comme chez nous dans les mots *amiquié* pour *amitié, Guieu* pour *Dieu,* etc. Cette confusion paraît s'être augmentée à l'époque de la décadence de la langue; elle se manifeste surtout dans le groupe *tl,* changé, comme les grammairiens du temps nous l'apprennent, dans le langage populaire en *cl :* « *statlaris,* sine *c* littera scribendum est », remarque Caper; « *capitulum* non *capiclum* », dit également l'Appendix Probi, et encore « *vitulus* non *viclus,* — *vetulus* non *veclus*[3] » ; un document de 752 donne aussi la forme *veclo* qui devait persister, en se transformant, dans l'italien *vecchio* et le roumain *vecchiu*, comme *capitulum,* changé en *capiclum,* a donné dans la première de ces langues *capocchio,* etc. On trouve également *sicla* pour *sit(u)la* dans la Loi des Alamans et *sclopus* pour *stlopus*, *sclupaverit* dans la Loi Salique, etc.

1. P. 12.
2. Baudry. *Gram. comp.* p. 108. — Schleicher. *Comp.* passim.
3. *Gram. veter.* P. 2246. — *Gram. lat.* K. I, 197, 198.

Tandis que le changement de *t* en *c* apparaît ainsi à chaque instant, — du moins dans le groupe *tl* — les exemples de la substitution de *t* à *c* sont assez rares, on peut citer cependant *sartophagi* (?) Grut., *portulaca* Var., *martulus, faltus* pour *falco* (Form. Baluze), où le *c* étymologique est précédé de *r* ou de *l*[1].

Ces formes du latin vulgaire ont passé — celles du moins où se trouve le groupe *cl* — dans les idiomes romans ; c'est ainsi que *martellus* substitué à *martulus* (= marculus) a donné en vieux français *martel,* qu'on rencontre déjà dans les gloses de Cassel, franç.mod. *marteau,* prov. *martel,* ital. *martello,* esp. *martillo,* roumanche *marti.* Ce mot, toutefois, est le seul commun aux divers idiomes romans que je connaisse où *t* prenne la place de *c*, mais les dialectes ladins du Tyrol présentent un assez grand nombre de mots où cette substitution a eu lieu dans le groupe *cl* initial, médial ou final ; ainsi *tlamé* (clamare), *tlé* (clavem), *tlau* (clavum), *tler* (clarum), *tlines* (crines), *stlù* (claudere), *cërtlè* (circulare), *fiertla* (* fericulam), *batotl* (* battuculum), *sartl, zertl* (sarculum), etc.[2].

Dans tous les exemples cités jusqu'à présent du changement de *c* en *t* en roman, le *c* étymologique entrait toujours dans le groupe *cl,* dans le français *cartre, chartre* (carcerem), au contraire, *t* s'est substitué à *c* précédé de *r* et suivi de *e* ou plutôt d'un second *r*, puisque l'*e* doit tomber comme voyelle atone. Mais c'est là un fait isolé et qui ne suppose pas même nécessairement la substitution de *t* à *c*[3].

Un cas de confusion entre *c* et *t*, tout différent de ceux que nous avons étudiés jusqu'ici, se présente à la fin des mots dans les langues du Nord-Ouest. Ainsi on trouve dans les dialectes provençaux du Nord *t* substitué à *c* dans *fiot* (focum), *formit* (* formicum), *Marsat* (Marsiacum), *Mézériat* (Miziriacus), etc. Il en est de même dans le ladin du Frioul, dans les mots *bivort* (bifulcum), *lat* et *lad* (lacum), *savút* et *saút* (sam(b)ucum)[4]. Le français, en particulier le français moderne, substitue aussi

1. Cf. Schuch. I, 160. — Diez. *Gram.* I, 210.

2. Schneller. *Die rom. Mund. von Tirol.* Cf. plus loin. Livre IV, chap. V.

3. Il pourrait se faire, en effet, que *chartre* fût une forme analogue à celle du vieux français *vintre* (vincere), mot dans lequel il ne faut pas voir un exemple de substitution de *t* à *c*, mais bien plutôt, le *c* étant tombé, de simple intercalation d'un *t* après *nr* semblable au *t* adventif qu'on trouve entre *s* et *r* dans *connaistre, naistre.*

4. Asc. *Arch. glott.* I, 522 et 523.

parfois *t* à *c* final ; ainsi *abricot* (ital. alberco), *artichaut* (ital. articiocco), *gerfault* (all. gerfalc), *haubert* (all. halsberc), *herbert* (Bert.) pour herberc, *paletot* pour paletoc ; et dans les noms de lieu *Carbonnat* (Carbonnacum), *Cusset* (Cotiacum), etc. L'ancien français conservait, au contraire, en général, le *c*, par exemple dans *branc, auberc*, etc. ; certains manuscrits le substituent même à *t* et à *d*, ainsi *defenc* (Huon), *renc* (Blanc.), etc. La même chose se présente souvent en provençal, par exemple *cazec* (cadit), *correc* (* currit), *moc* (movit), *parec* (paruit), *parlec* (* parabolavit), *valc* (valuit), etc.

Quand *c* se trouve, comme dans les exemples qui précèdent, seul à la fin du mot, il est difficile, attendu qu'il est — du moins aujourd'hui — le plus souvent muet, de dire jusqu'à quel point, lorsque *t* en a pris la place, il y a eu substitution véritable d'un son à l'autre, ou s'il n'y a pas là un simple caprice orthographique ; aussi ne peut-on rien conclure dans tous ces mots du changement du *c* ou du *t* étymologique en *t* ou *c* ; mais il n'en est pas de même dans les groupes que j'ai examinés auparavant : là, la substitution est incontestable.

II°.

Un certain nombre de noms de lieu formés à l'aide du suffixe *iacum* ou *iacus* prennent en provençal, au lieu de la terminaison *ac* ou *at*, la finale *as* ; par exemple *Arnas*, Arnacus (Rhône), *Marsas*, Marciacum (Gironde), *Unias*, Unisiacus (Loire), etc. Cette désinence se retrouve aussi dans des noms formés à l'aide du suffixe *ate, atis* ; ainsi dans *Carpentras* (Carpentrate), *Coussenas* (Curcionatis), etc. Comment expliquer la présence de l'*s* final dans ces mots ? Si on considère les dérivés en *atis*, auxquels les dérivés en *ate* auront été évidemment assimilés, on peut y voir, je crois, le résultat de l'assibilation du *t* de *ate, atis* ; si on remarque, d'un autre côté, que *c* se change parfois en *t* dans le suffixe *iacum*, on pourra admettre qu'après ce premier changement il y a eu, comme dans les noms en *ate, atis*, transformation du *t* en *s*. On aurait donc ici une nouvelle modification du *c* vélaire. Mais il peut se faire aussi, ce qui est pourtant moins probable, que, le *c* étant tombé purement et simplement, l'*s* finale ne soit autre chose que la terminaison de l'ancien nominatif singulier, trouvée dans le mot latin lui-même pour les dérivés en *iacus*, ajoutée par analogie aux noms formés à l'aide du suffixe neutre *iacum*. Quoi qu'il en soit, laissant de côté cette forme sans importance, je termine ici l'étude des transformations générales du *c* vélaire pour passer à celles du *c* palatal, objet du livre suivant.

LIVRE SECOND.

TRANSFORMATIONS DU C PALATAL.

L'histoire du *c* palatal présente des difficultés particulières, non que les modifications en soient beaucoup plus nombreuses que celles du *c* vélaire, mais à cause de l'obscurité qui a été jetée sur cette question. En voulant, en effet, comme l'ont fait plusieurs linguistes, trompés, je crois, par l'apparence, en expliquer les transformations comme celles, ou même à l'aide de celles, du *t*, suivi de *i* et d'une autre voyelle, au lieu de le faciliter, on a seulement compliqué le problème ; on n'a fait du moins que ramener à une cause particulière, qui ne pouvait en rendre raison, un phénomène général de phonétique. Pour éviter cet écueil, je m'attacherai à ne demander qu'à des faits certains les renseignements dont j'aurai besoin, et je m'efforcerai surtout de ne point confondre dans une même théorie des modifications phonétiques qui, pour être analogues, n'en reconnaissent pas moins des causes diverses et demandent dès lors une explication différente. La première question que je chercherai d'abord à résoudre, c'est celle de la date à laquelle le *c* palatal a dû perdre sa valeur gutturale ; ce ne sera qu'après y avoir répondu que j'aborderai la théorie des diverses modifications qu'il a subies ; puis, après avoir examiné rapidement les cas où il persiste exceptionnellement ou se change en spirante gutturale, je passerai en revue sa transformation en *č*, *ǧ*, *š*, *ž*, *ts* et *dz* , enfin en spirante dentale (*s* ou *ç*, *z*, θ et δ). Je suivrai d'ailleurs dans l'étude des modifications du *c* palatal la même marche que pour celles du *c* vélaire, et j'en chercherai autant que possible l'explication dans la modification physiologique des sons, afin d'en déterminer plus sûrement la véritable succession chronologique.

CHAPITRE Ier.

TRANSFORMATION DE CI ET DE TI SUIVIS D'UNE VOYELLE.

Nous avons vu qu'au moment de l'invasion, la gutturale palatale avait, aussi bien que la gutturale vélaire, conservé sa valeur primitive ; cependant, tandis que celle-ci a persisté dans un grand nombre de cas, la première, à de très-rares exceptions, s'est modifiée d'une manière qui a pu être différente sans doute, mais qui se retrouve également dans toutes les langues néo-latines, et n'a gardé dans aucune sa prononciation gutturale[1]; cette transformation se présente donc comme un fait véritablement *roman* et doit dès lors être très-ancienne ; mais à quelle époque a-t-elle eu lieu en réalité? Les grammairiens latins du ve et du vi^e^ siècle, à plus forte raison ceux des siècles précédents, l'ignorent, ou du moins, ce qui revient au même, — car il est difficile de supposer, alors qu'ils ont noté avec tant de soin, comme nous allons voir, le changement de la prononciation de *t* devant *i* suivi d'une autre voyelle, qu'ils eussent gardé le silence sur un fait analogue, s'il s'était produit de leur temps, — ils n'en ont point parlé.

Mais, si les témoignages directs nous font défaut, nous en trouvons d'indirects dans la substitution de *ci* à *ti* dans les inscriptions. *t* suivi de *i* et d'une autre voyelle avait au vi^e^, et peut-être même au ve siècle de notre ère, perdu le son dental pour se changer en sifflante. Nous avons à cet égard les témoignages les plus formels : « Quotiescunque post *ti* vel *di* syllabam sequitur vocalis, illud *ti* vel *di* in sibilum vertitur [2], » dit l'Africain Pompeius, qui vivait probablement au vi^e^ siècle. Dans son *Ars de Barbarismis*, un disciple de Donat, le Gaulois Consentius, originaire d'une famille connue dans les lettres au ve siècle, parle lui aussi de cette assibilation de *ti*, mais comme d'un fait qui n'était pas encore généralement répandu : « In littera *t*, dit-il [3], aliquid ita pingue nescio quid sonant, ut cum dicunt *etiam*,

1. Il faut excepter toutefois le sarde logoudorien, comme je l'ai déjà dit et comme on verra plus loin.
2. *Gramm. lat.* V, 286 K.
3. *Gramm. lat.* V, 395 K. Le défaut contre lequel Consentius s'élève

nihil de media syllaba infringant. Græci contra, ubi non debent infringere, de sono ejus infringunt, ut, cum dicunt *optimum*, mediam syllabam ita sonent quasi, post *t*, *z* græcum ammisceant. » — « Cum *justitia* *z* litteræ sonum exprimat, tamen quia latinum est per *t* scribendum est, sicut *militia*, *malitia*, *nequitia* et cætera similia, » disait à son tour, à la fin du VIe ou au commencement du VIIe siècle, Isidore de Séville [1]. Ainsi, d'après Pompeius, *ti* suivi d'une autre voyelle avait un son sifflant, et d'après Consentius et Isidore de Séville, ce son était analogue à celui du ζ grec, c'est-à-dire à *ts* ou *dz*.

Ces témoignages si positifs se trouvent encore confirmés par les transcriptions grecques des mots latins au VIe et VIIe siècle; *ti*, qui sous l'empire était représenté par τι, — ainsi Μαρτιος (*Martius*) Βοκοντιος (*Vocontius*), — l'est maintenant par ζι ; on lit dans les Chartes de Ravenne :

δωναζιο(νε), δωναζιονεμ	Mar. *Pap. dip.*	XCIII, 83, 89.
δονατζιονες	id.	CX, 9.
ακτζιο	id.	CX, 18.
πορεζονε	id.	XCIII, 83 [2].

On trouve également dans les Chartes de Naples le gothique *Kautsjôn* pour *cautionem*. Enfin les inscriptions latines de la même époque nous offrent plus d'un exemple de cette transformation du *t* suivi de *i* et d'une autre voyelle. On trouve peut-être dès le IVe siècle *Constanzii*, *Tezianus*, qui nous montrent le *t* de *ti* suivi d'une autre voyelle remplacé par *z*, avec persistance de l'*i* atone [3]. A la place de *tzi* ou *zi*, des inscriptions donnent *si*, par exemple *Volcasius*, *Vessius* (Renier), *Vocon- sius* (Steiner), *nunsius* (Fabr.), *observasione* (Leblant, Lyon, Ve siècle), *Marsius* (Pard. 670 ap. J.-C.), etc. Dans d'autres, au contraire, *i* disparaît, et *ti* est par conséquent remplacé par *tz*, *ts*, *z* ou *zz* ; ainsi *Caritze*, *Bonizza*, *Costantso* et *Cos-*

n'était autre que l'*iotacisme*, signalé aussi par Pompéius : « Iotacismi..... fit hoc vitium, quotiens post *ti* vel *di* syllabam sequitur vocalis, si non sibilus sit. Non debemus dicere ita, quemadmodum scribitur, *Titius*, sed *Titsius*. Ergo si volueris *ti* vel *di*, noli, quemadmodum scribitur, proferre, sed *sibilo* profer. » (Id., V, 286.)

1. *Origines*. L. I, 26. Ed. Lind.

2. Cf. Cors. id. I, 65. — Schuch. id. I, 153. — Diez, *Gr.* I, 229.

3. Schuchardt donne encore *Bonifatsius* que Corssen rejette non sans raison, je crois, comme douteux, et *Cretsentsianus*, cité par Gruter, mais qui est évidemment une leçon fautive. Cf. Sch. *Voc.* I, 153 et Cors. *Aussp.* I, 65.

tanzo, πορεζονε (Arch. Rav.). On trouve même avec *ss* ou simplement *s* : *Cràssano* (Mai, IVe siècle), *Marsas* (Ren. 442 ap. J.-C.), *sapiensa*[1].

Toutes ces inscriptions n'ont pas sans doute la même valeur, et peut-être quelques-unes, au lieu de témoigner d'une modification récente du *t*, ne sont-elles que des provincialismes ou des restes de l'assibilation de *ti* particulière de tout temps à l'ombrien et à l'osque[2]; mais le témoignage formel des grammairiens que j'ai cités, et les exemples multipliés qui apparaissent depuis le Ve siècle prouvent de la manière la plus certaine qu'à partir de cette époque *t*, suivi d'un *i* et d'une autre voyelle, tendit à se changer définitivement en *ts*, son qui fut désormais reconnu comme le seul régulier, quoiqu'il ne fût pas, comme nous l'apprennent Consentius et Pompeius, toujours *employé*[3].

Mais on ne trouve pas seulement *ti* remplacé par *(t)zi* ou *si*, on rencontre aussi à sa place la transcription *ci*. Cette substitution se présente d'ailleurs dans les conditions les plus différentes et qui dès lors n'ont pas la même signification. Ainsi il semble qu'on écrivit indifféremment par *ci* ou *ti* les mots *Larcius* et *Lartius*, *Marcius* et *Martia*, *Mucius* et *Mutius*, *Volcacius* et *Volcatius*, etc.[4]. Dans les suivants, au contraire, *ci* a été certainement mis pour *ti* :

terminac(iones), *defenicionis Rev. arch. Par.* x, 218. (Medjana, a 220-235.)

disposicionem	*Inscr. R. Neap.* 109.
periciæ	*Corp. Inscr. Rhen.* Bramb. 1070.
ocio	Gruter 462, 1. (389 apr. J.-C.)
Prudencius	*Corp. Inscr. Rhen.* — Bramb. 1048, etc.

Enfin du commencement du VIIe siècle :

neguciatoris / *recordacionis* / *oracionem* / *stacio*	Le Blant, *Insc. chrét.* IV, 17. (Lyon, 601 ap. J.-C.)		
colpacioni	id.	id.	10 (Autun), etc.

En Gaule, en particulier, cette confusion devint générale à

1. Schuch. id. I, 152.
2. Cors. id. I, 62.
3. Voir plus haut, p. 66.
4. Cors. id. I, 53.

partir du VIIe siècle, et les Chartes mérovingiennes en offrent de nombreux exemples ; la substitution de *ci* à *ti* y apparaît, même dès le siècle précédent, mais seulement comme exception, soit qu'on ne confondît encore que rarement ces deux sons dans le langage, soit que les copistes eussent conservé encore les anciennes traditions orthographiques ; ainsi on trouve dans une charte de 558 *precio* pour *pretio*, et par contre *juditiaria* pour *judiciaria* ; mais partout ailleurs *ci* et *ti* persistent. Il en est tout autrement dans les chartes du temps de Dagobert, de Chlodovig et de Chlotaire II ; *ti* n'est plus qu'une forme exceptionnelle, *ci* la forme ordinaire ; ainsi *donaciones, referencia, gracia, subscricionebus* ; — à côté, il est vrai, encore de *petiit, donatione, prescriptionem* (a. 625), *etiam* et *præceptione*, etc. (a. 627) ; — *peticionibus, propicio, adjacenciis, roboracione, vendicionis, porciones, postolacione, tucius, suscripcionebus*, et seulement *præceptio* et *pactione* (a. 628) ; une charte de l'année 631 faite à Clichy et portée sous le n° 7 de la collection Tardif a partout *ci* à la place de *ti* ; dans la charte suivante, au contraire, *ti* apparaît trois fois dans *benefitia, famulantium, redibitiones ;* les chartes n° 11 de 653, n° 12 de 656, etc., n'offrent plus que *ci ;* la charte n° 10 de 652, par laquelle l'évêque de Paris, Landry, faisait abandon de ses droits épiscopaux sur l'abbaye de Saint-Denis, fait exception ; *ci* pour *ti* ne s'y rencontre qu'une fois, *ti* a persisté partout ailleurs ; ainsi *gratia, providentia, altiora*, etc.[1] Évidemment cette exactitude orthographique tient à ce que le scribe avait une connaissance du latin plus grande que ses devanciers ou que ses successeurs ; mais quand la tradition ne les faisait pas se conformer à l'ancienne orthographe latine, les scribes du VIIe siècle, on le voit, mettaient presque constamment *ci* à la place de *ti*.

Comment expliquer cette confusion entre deux sons originairement si différents? répondait-elle à une confusion de prononciation, rendue seulement possible par une transformation de la syllabe *ci* analogue à celle de *ti ?* Il faut distinguer entre les époques; les témoignages nombreux et irréfutables que j'ai donnés de la persistance du son guttural du *c* palatal jusqu'au VIe siècle ne permettent pas de croire, pour les exemples du IIIe, que *ci* y représente la prononciation de *ti* assibilé ; ce n'est pas non plus entre le son assibilé de *ti* et celui qu'eut *ci* après sa transformation définitive que la confusion eut alors lieu, mais entre le son que

1. *Monuments historiques*, p. p. J. Tardif.

prirent ces deux syllabes avant de se changer en *tsi* ou *či*; antérieurement à cette transformation dernière, en effet, comme le remarque avec raison R. von Raumer[1], *ci* et *ti* durent prendre un son palatal qui les rendit presqu'identiques ; c'est par la confusion entre ces sons *kj*, *tj*, intermédiaires à *ki* et *ti* d'une part, à *tsi* ou *či* de l'autre, que s'explique celle qui se fit alors dans l'emploi du *c* et du *t* suivi de *i* et d'une autre voyelle. Quant aux exemples du VIIe siècle, ils ont une tout autre signification ; à cette époque, *t* suivi de *i* et d'une autre voyelle avait perdu depuis plus d'un siècle sa prononciation dentale originaire et pris le son *tsi*, *zi* ou *ts*, *z* ; pour qu'on pût donc lui substituer *ci*, il fallait que le *c* de cette dernière syllabe eût de son côté perdu sa valeur gutturale primitive et pris une prononciation analogue à celle de *ti* transformé, c'est-à-dire à *ts(i)* ou *z*. Quelques inscriptions viennent confirmer, à ce qu'il semble, ce fait ; ainsi :

Luziæ et *Marziæ* Murat. *Ant. Italicæ* 1704,3 et 1892,12 (Ucetia)
onzias Murat. id. II, 25 (Lomb. 715?)

Il faut probablement y joindre

Felissiosa Renier I, 2358 (Aquartillæ).
provins. *Bull. arch. Rom.* 1860 p. 171[2].

Si la confusion était possible entre *ci* et *ti*, le son de ces deux syllabes était-il identique? En d'autres termes *ci* avait-il au moment où il a commencé à être confondu avec *ti* le même son que cette syllabe? D'après un commentateur de Donat, dont nous ignorons malheureusement l'époque et la nationalité, *ci* et *ti* ne se prononçaient pas de la même manière : « alterum sonum, dit-il, habet *i* post *t* et alterum post *c*, nam post *c* habet pinguem sonum, post *t* gracilem[3]. » Quel était ce son grêle que *i* prenait après *t*, le son épais qu'il avait après *c*? Le renseignement du disciple de Donat s'applique-t-il à la période où *c* et *t* s'étaient complètement transformés, ou à cette période antérieure où ils avaient une valeur palatale? Il est difficile de répondre à cette question, mais il semble qu'à l'origine *ci* et *ti* transformés eurent une valeur distincte, et cette circonstance que l'italien, qui mieux que les autres langues romanes a dû conserver les traditions de l'ancienne prononciation, a donné en général à *ti* le son de *z(i)*, à *ci*,

1. R. von Raumer, *Gesamm. sprachw. Schriften*, 92.
2. Cf. Schuch. id. I, 155. — Cors. id. I, 59.
3. *Gramm. lat.* V, 327 K.

au contraire, celui de č(*i*), m'en paraît une preuve irréfutable ; seulement dans certains cas aussi, ces deux syllabes purent avoir la même prononciation, de même qu'en se modifiant simultanément, elles finirent par devenir identiques dans les langues du double groupe occidental, tandis qu'au contraire elles sont restées distinctes, pour le plus grand nombre de cas, dans le groupe oriental [1].

Nous sommes arrivés à ce résultat qu'au VIIe siècle de notre ère, *c*, suivi de *i* et d'une autre voyelle avait perdu sa prononciation gutturale ; mais en était-il de même quand *c* était suivi d'un seul *i* ou d'un seul *e*? Les linguistes qui ont cherché uniquement dans le changement de la voyelle *i* de la terminaison *cius* en *i* consonne l'explication de la transformation du *c* qui le précède, ont rencontré ici une insurmontable difficulté : pourquoi, en effet, si l'*i*, en se consonnifiant, est la seule cause de la transformation du *c* précédent, cette consonne a-t-elle pris aussi devant un seul *e* ou *i* le même son č? Evidemment il n'y a pas de réponse à la question ainsi posée, et rien ne prouve mieux qu'il faut chercher ailleurs la solution du problème. D'ailleurs cette explication même ne ferait que reculer la difficulté sans la résoudre : il resterait toujours à dire, en effet, — ce qu'on n'a point fait encore, je crois, — pourquoi l'*i* demeuré voyelle jusque-là s'est tout-à-coup changé en consonne ; or ces deux faits, consonnification de l'*i*, modification de la consonne précédente, sont solidaires l'un de l'autre ; si le second suppose le premier, le premier ne suppose pas moins dans une certaine mesure le second, et tous deux ne sont que le résultat complexe de l'ébranlement qui se produisit alors dans le système phonétique du latin. Mais une fois que cet ébranlement, qui a surtout affecté les gutturales, se fut produit, il n'y avait pas de raison pour que le *c* palatal, — pour ne parler que de cette lettre, — conservât sa valeur originaire devant une voyelle simple plutôt que devant le groupe *ia* ou *ius*. D'où vint en effet sa transformation? De la modification

1. Voir plus loin, ch. IV et V. — Il peut se faire aussi que la différence qui apparaît dans le traitement de *ti* et de *ci* en italien tienne à ce que *ti* s'étant modifié plus tôt que *ci* est arrivé à la forme *ts*, alors que *ci* n'en était qu'à č ; d'ailleurs *ti* précédé de *c* ou de *p* a donné č comme *ci*. La seule différence fondamentale qui a dû se manifester dans la transformation de *c* et de *t* n'existe à vrai dire que dans le cas où ils sont suivis d'un seul *e* ou d'un seul *i* ; *c* est devenu alors, comme quand il est suivi de *i* et d'une autre voyelle, č; *t*, au contraire, quand il s'est modifié, n'a pu donner que *ts*.

apportée aux gutturales à l'époque de la destruction de l'empire. Jusque-là on avait formé l'obstacle nécessaire à la production de la gutturale palatale assez en arrière du palais dur, près de la limite du palais mou, on le forma désormais plus avant, dans la position où se fait entendre la vraie palatale *k*; en avançant encore cet obstacle, on devait naturellement arriver au son *č*, que le *c* fût suivi de *i* et d'une autre voyelle ou d'un seul *e* ou *i* atone ou accentué. C'est dans le fait ce qui a eu lieu. Nous avons vu que la transformation de *cius*, *cia*, *cium* ne devint générale qu'à la fin du VIe ou au VIIe siècle de notre ère ; dès le suivant, le *c* suivi d'un seul *e* ou *i* qui était remplacé jusque-là par *k* en allemand, y est représenté maintenant par *z* ou par *c*, par exemple :

chruzes	(crucis)	*Hymn. vet. eccl.* XXVI, ed. J. Grimm p. 40 (VIIIe siècle).
cit pour *zît*	(tempus)	Kero p. 17 (vers 750).
luciles	(parvi)	Tat. (IXe siècle) LII, 5.
lucil	(parvum)	id. id. CXXXIX, 10.

Des inscriptions latines de la même époque, ou même antérieures, nous montrent également *c* suivi d'un seul *e* ou *i* déjà transformé ; ainsi :

Bincentce	Mai. *Inscr. chrét.* 423, 1.
intcitamento	*Bull. arch. rom.* 1857, p. 37. (Aricia, prem. moitié du Ve siècle.)
paze	Mur. 1915, 3. (Interamna, fin du VIe siècle.)
Tzitane, Zitane (Κειτανve), etc.	Mar. *Pap. dipl.* CXXII (Rav. 591 ap. J.-C.)
zeterorum	Pard. *App.* XIII, 6 (Kopie, 700 ap. J.-C.)
sisternæ (?)	id. CXI, 65 (id. 528 id.)
cathazizat	*Gloss. du* VIIIe *siècle.* Graff. *A. h. d. sprachdenk.*[1]

Ainsi la modification du *c* suivi d'un seul *e* ou *i* s'est produite suivant toute vraisemblance en même temps que sa transformation devant *i*, suivi d'une autre voyelle, ou ne lui a pas été de beaucoup postérieure [2]. Mais comment expliquer le changement d'une gutturale simple dans un des sons composés *č*, *ǧ* ou *ts*, et quelles en ont été les modifications successives? Telle est la

1. Cf. Schuch. id. I, 163.
2. C'est aussi l'opinion de Diez, *Gr.* I, 251, et de Schuch. id. I, 163.

double question qu'il me faut maintenant essayer de résoudre phonétiquement, après en avoir, comme je me suis efforcé de le faire jusqu'ici, déterminé la date et montré le développement historique.

CHAPITRE II.

CHANGEMENT DU C PALATAL EN Č.

Le son *č* est commun dans les langues indo-européennes, et il y apparaît le plus souvent comme une transformation de la gutturale soit palatale, soit même vélaire [1]. C'est comme tel que le connaissent parmi les anciens idiomes le sanscrit, le zend et l'ancien bulgare ou slavon. Ainsi :

lat. quatuor lit. keturi scr. *katur* sl. *četyryge*
lat. quinque scr. *pankan*
scr. kan (prier) zend *kakara* (3e p. s. parf.)
scr. kart (fendre) lit. kertu (je coupe) sl. *črutati* (échancrer)
scr. kas lat. quis, quid zend *kas*, *kit*
lat. vocem scr. *vakam* [2]

Les idiomes modernes, ceux-là mêmes qui sont sortis des langues primitives qui, comme le latin et les anciens dialectes germaniques, avaient conservé le plus fidèlement au *k* sa valeur originelle, n'offrent pas de moins nombreux exemples de la transformation de cette gutturale en *č*. Ainsi en ancien norois le *k* avait gardé sa valeur gutturale; mais le suédois l'a changé, d'après Rask, en *č* au commencement des mots ; ainsi *kek* (mâchoire), *kisel* (caillou), *kenna* (connaître), *kysk* (chaste), se prononcent *tchek*, *tchisel*, *tchenna*, *tchysk*. Le *k* prend aussi souvent un son analogue en danois ; il ne s'est pas moins profon-

1. Cette transformation n'est pas d'ailleurs particulière à ces idiomes, mais on la retrouve dans presque toutes les langues ; ainsi, tandis que les Arabes d'Égypte donnent au chien le nom de *kelk*, les Bédouins du désert l'appellent *tschelk ;* dans le chinois aussi *kh, k, h* se changent parfois en *ts, ds. Encycl. von Ersch u. Gruber*, Art. *c*.

2. Schleicher, *Comp.* passim. Il ne faut pas oublier toutefois qu'en sanscrit *k'* paraît représenter bien plutôt la vraie palatale *k*, que la chuintante *č*.

dément modifié dans le frison [1]; mais parmi les idiomes germaniques, c'est surtout dans le passage de l'anglo-saxon à l'anglais que les exemples de la transformation du *c* (*k*) en *č* (*ch*) abondent, et que ce phénomène s'est à la fois étendu et généralisé. Tandis, en effet, que le *c* anglo-saxon a gardé sa valeur gutturale en anglais devant *a*, *o*, *u* et *l*, *n*, *r*, il s'est presque toujours dans ce dernier idiome changé en *č* devant les voyelles *e* et *i* et les diphthongues ou *brechungs* commençant par l'une d'elles, transformation qui se manifeste déjà dans le nouvel anglo-saxon, quoique peut-être d'une manière moins générale. Voici quelques exemples de cette modification de la palatale germanique :

V. ANG.-SAX.	N. ANGL.-SAX.	ANGL.
cele	*chele*	*chill*
cêse	—	*cheese*
cin	*chin*	*chin*
cild	*child*	*child*
ceâc	—	*check*
ceaf	*chaf*	*chaff*
cealc	—	*chalk*
ceâp	—	*cheap*
ceorl	*cheorl*	*churl*
ceosan	*cheosen*	(to) *choose*

Quand la gutturale primitive était représentée par *ku* ou *qu*, elle a persisté malgré la chute de l'*u*. Ainsi :

quellian	cvellan	kill
v. h. a. kuani	cêne	keen

Il en est de même parfois quand *c* est suivi de *e* ou *i*, non primitifs mais substitués à *a*, *o*, et le plus souvent de *y*, umlaut de *u*. Ainsi on a par exemple :

GOT.	V. ANG. SAX.	N. ANG. SAX.	ANG.
katils	cetel	—	kettle
cunni	cynn	ken	kin
cuning	cyning	king	king
cussian	cyssan	—	(to) kiss
—	cyrice	*chirche*	*church*
			éc. kirke[2].

1. Grimm, *Gesch. der deutschen Sprache*, I, 272. — Id. *Deutsche Gram.* I², 232, 474, 485.

2. Koch, *Eng. Gram.* I, 128, 129. — W. Müller, *Etym. Wœrt. der engl. Sprache*, s. v. — Grimm, *Deustche Gram.* I², 437.

Dans les langues romanes, le changement du *c* en *č* est, comme dans les langues germaniques, devenu un procédé régulier de formation ; habituel en italien, en roumanche au commencement des mots, et dans un des dialectes roumains, — celui du Nord, — devant *e* et *i*, il se produit aussi en français et souvent en provençal, ainsi que dans certains dialectes ladins, devant *a*, et parfois même devant *o* et *u*, affaiblis, il est vrai, en *ö*, *e* ou *ü*; comment expliquer cette transformation commune à tant d'idiomes, parlés par des peuples si divers et nés sous des climats non moins différents ? Peut-on et doit-on l'attribuer à une seule et même cause, ou bien faut-il, comme on l'a fait parfois, chercher une explication particulière pour le changement du *c* suivi de *i* et d'une autre voyelle, ou seulement de *i* ou de *e*, ou encore d'une voyelle autre que *i* ou *e*? On pourrait se borner à constater le fait et conclure de sa généralité à la loi qui le régit ; mais il est possible d'aller plus loin.

Un fait qui frappe dans l'étude des transformations du *c* roman, c'est que l'obstacle nécessaire à sa production, lequel se formait à l'origine au fond de la cavité buccale près du palais mou, ou contre le palais mou, suivant qu'il s'agit du *c* palatal ou du *c* vélaire, s'est, dans les modifications successives subies par cette lettre, formé de plus en plus en avant, jusqu'à ce qu'il ait été, dans l'espagnol et dans quelques dialectes provençaux ou ladins, formé par la pointe de la langue et le bord des dents; il y a là une tendance difficile à expliquer, mais à laquelle ont obéi fatalement les peuples romans. Ceci posé, voyons ce qui se passe quand la langue, au lieu de venir s'appuyer contre le palais mou, pour former l'obstacle nécessaire à la production du *k* vélaire, forme cet obstacle plus en avant. Dans ce cas, au lieu de la vélaire *k*, on produit la palatale k_{I}; si on forme l'obstacle encore plus en avant, on produit un son approchant de celui de *kj*, composé de la gutturale proprement dite suivie de la spirante correspondante ; en avançant encore davantage l'obstacle formé par la langue, on franchit le domaine du *k* pour entrer dans celui du *t*, et au lieu du son *kj*, on fait entendre le son *č*, composé du *t* dorsal et de la spirante *š*, c'est-à-dire *tš* ou *tch*.

On le voit par là, *č* est le son qui se produit quand on passe de la série du *k* à celle du *t*, c'est une espèce de compromis entre le son guttural pur et le son dental; aussi n'a-t-il pu prendre naissance que dans les idiomes dont le système phonétique avait perdu sa force primitive ; voilà pourquoi sans doute on ne le rencontre ni dans l'ancien grec, ni dans le latin, ni dans le gothique, où gutturales et dentales ont conservé fidèlement leur valeur originaire; il apparaît, au contraire, dans la plupart des langues qui en sont dérivées, et qui, comme nous le savons, ont profondément modifié leurs consonnes ; on voit même ce son *č* coexister avec le son guttural dans certains dialectes, c'est ainsi qu'en normand *chien* se dit suivant les localités et parfois dans la même localité *tchien* ou *kien*, qu'en vénitien *chiave* se prononce indifféremment *kiave* et *čiave*, etc. Il y a là ainsi comme une erreur de la langue qui prend au hasard la position où se produit la gutturale, ou une position intermédiaire entre le lieu où se produit cette dernière et la dentale. Cette position intermédiaire étant celle qui correspond à la formation de l'*i*, et aussi, à peu près du moins, à celle de l'*e*, le changement de *k* en *č* doit avoir lieu surtout, et les faits le démontrent, pour la gutturale palatale ; *a*, au contraire, étant de même ordre que la gutturale vélaire, sa juxtaposition à cette dernière ne peut qu'en favoriser la conservation, *u* (*ou*) appartenant à l'ordre des labiales, sa présence à côté de la gutturale ne peut non plus amener l'affaiblissement ou la modification de celle-ci; aussi *k* suivi de *u* a-t-il persisté, à part de très-rares exceptions, dans toutes les langues romanes, et ne s'est-il modifié devant *a* que dans un petit nombre d'entre elles. Comment même a-t-il pu se transformer devant cette dernière voyelle ?

J'ai déjà implicitement répondu à cette question en montrant que si au lieu de former l'obstacle nécessaire à la production de la gutturale contre le palais mou, on le forme contre le palais dur, au lieu d'une vélaire on donne naissance à une palatale, laquelle, étant traitée comme une palatale primitive, donnera forcément, en se modifiant, le son *č*. L'histoire des langues nous montre par le fait que cette transformation est fréquente ; elle n'est pas rare en sanscrit, et Bopp, généralisant trop, il est vrai, un fait particulier, est allé jusqu'à regarder les palatales comme sorties des gutturales [1]. On la retrouve en zend, et les idiomes modernes nous en offrent de nombreux exemples ; ainsi en anglais les mots *card, cube, cow*, sont souvent prononcés *kyard, kyube, kyow* [2]; et si c'est là une prononciation provinciale ou archaïque, du temps de Walker elle était tellement en usage qu'il trouvait

1. « Diese Classe, dit-il en parlant des premières, ist aus der vorhergehenden entsprungen und als Erweichung derselben anzusehen. » *Vergl. Gram.* p. 13.

2. Max Müller. *Nouv. leç. sur la science du langage,* I, 179.

« impossible » de prononcer *carriage*, *garrison*, sans faire suivre la gutturale du son *i* [1].

Là se sont arrêtées, en ce qui concerne le *c* vélaire du moins, les langues germaniques; les langues romanes sont allées plus loin. Nous trouvons en particulier dans les dialectes ladins toute la série des transformations du *c* vélaire dans son passage du son *k* au son *č*; ainsi dans le roumanche, carnem a donné *carn;* cantare, *cantā;* mais dans le dialecte de l'Engaddine, dans celui du Frioul et dans plusieurs dialectes du Tyrol, le *c* vélaire apparaît transformé en vraie palatale, que je désignerai pour plus de simplicité par *ć* [2]; ainsi cantare y est devenu *ćantar*, *ćanta* et *ćanti;* enfin dans deux ou trois dialectes du Tyrol, nous trouvons la forme *č*, par exemple *čanta* (cantare), dans le dialecte d'Ampezzo.

Cette coexistence dans la même région des sons *c*, *ć*, *č*, montre facilement comment le premier a pu se transformer dans le dernier, et comment aussi il a pu s'arrêter au son *ć*. Au reste la palatale ordinaire a pu aussi, ou s'arrêter au son *ć* ou *kj*, ou se changer définitivement en *č*; ainsi dans le danois le *k* suivi de *æ*, *e*, *ö*, *i* prend le son *kj*, il en est de même dans les dialectes du Nord du Jutland; en suédois, au contraire, la transformation a été complète, et le *k* y prend alors d'ordinaire le son *č* [3]. On comprend d'après cela qu'avant le changement complet de *c*, il y ait pu avoir une période plus ou moins longue où il ait pris le son *kj* ou *ć*.

Il résulte de ce qui précède que le *c* vélaire, pour se transformer en *č*, a dû se changer d'abord en *ć* palatal par suite du déplacement de l'obstacle nécessaire à sa formation vers la région propre à ce dernier, et que le *c* palatal s'est transformé en *č* quand, le sentiment de sa valeur originelle se trouvant en quelque sorte perdu, l'obstacle nécessaire à sa production se forma vers la région du *t* et non plus à la partie postérieure du palais dur; cela eut lieu, comme nous l'avons vu plus haut, vers le septième siècle de notre ère; quant à la transformation du *c* vélaire, elle est évidemment postérieure, et elle pourrait bien n'avoir commencé qu'un ou deux siècles plus tard.

1. Al. J. Ellis, *On early english pronunciation*, I, 206.
2. Il ne faut pas oublier, comme je l'ai remarqué déjà (v. p. 5), que la palatale a une valeur différente suivant que l'obstacle se forme plus ou moins près du palais mou; *c'* représente la palatale qui en est formée le plus loin, à la limite du domaine guttural; il est à peu près égal à *kj*.
3. Grimm, *Gram.* I², 474, 485. — Kuhn's *Zeitschrift*, XII, 147.

Telle est l'explication que l'on peut, je crois, donner de la transformation du *c* en chuintante ; elle repose sur la théorie de Brücke, et est d'accord avec ce que Max Muller, Corssen et von Raumer ont dit sur le sujet ; mais elle diffère de celle qui a été proposée par plusieurs linguistes, en particulier par Schuchardt. Commentant Schleicher, et se préoccupant uniquement du changement de *c* suivi de *i* et d'une autre voyelle, le savant auteur du « Vocalisme du latin vulgaire » a voulu y voir le résultat de ce qu'il appelle la palatisation de *i*, c'est-à-dire du changement de *i* voyelle en *i* consonne; il suppose que *ci* suivi d'une voyelle s'est d'abord changé en *kj*, puis en *kj'* (*j'* ayant le son de *ch* dans l'allemand *sichel*), puis en *k̄j'* et en *t'j'* (il ne dit pas ce qu'il représente par *k̄* et *t'*), ensuite en *tj'* et enfin en *tš* [1]. Il est difficile à la fantaisie d'aller plus loin ; malheureusement rien ne vient justifier cette série si laborieusement composée, et les exemples, destinés à la vérifier, la contredisent bien plutôt. Si *ci*, en effet, se changeait ainsi en *tš* (*tch*), l'*i* qui suit le *t* dans le mot latin aurait *toujours* dû disparaître ; or de l'aveu même de Schuchardt, il subsiste comme voyelle plus souvent qu'il ne tombe[2], ce qui n'empêche pas le *c* de se transformer dans l'un comme dans l'autre cas ; mais l'*i* ne peut à la fois persister et se modifier ; cette modification n'ayant pas toujours lieu n'est donc point indispensable à la transformation du *c* et ne saurait dès lors l'expliquer à elle seule. D'ailleurs cette suppression même de l'*i* du suffixe *cius*, *cia*, *cium*, qui apparaît surtout dans le double groupe occidental, est bien plutôt la conséquence de la loi, en vertu de laquelle y tombe toute voyelle posttonique autre que *a*, que celle de sa transformation. Mais le plus grand défaut de la théorie de Schuchardt, c'est de ne pas donner d'explication pour la transformation du *c* suivi de *i* accentué et d'une autre voyelle, ou d'un seul *i* ou *e* accentué ou atone, ou, à plus forte raison, d'une autre voyelle que *e* ou *i* ; aussi l'auteur, arrêté sans doute par l'impossibilité d'en donner la raison, s'est-il borné à constater le fait, sans chercher à l'expliquer ; mais pourquoi n'avoir pas fait de même pour le *c* suivi de *i* atone et d'une seconde voyelle ? Enfin il y a dans cette théorie une supposition gratuite et une confusion : la supposition c'est d'admettre sans en donner la raison que l'*i* de *cius* depuis si longtemps voyelle passe tout-à-coup à l'état de consonne ; la confusion c'est d'attribuer à cet *i*

1. Schuch. id. I, 150. — N'ayant point à ma disposition les signes *j* et *t* accentués, j'ai dû les remplacer par *j* et *t* avec apostrophe.

2. Id. I, 156.

consonne ce qui ne lui appartient pas ou ne lui appartient qu'en partie. L'*i* consonne s'est souvent changé en chuintante ; ainsi *jugum* a donné en français *joug*, anciennement *djoug*, et a alors ζ pour équivalent en grec, — par exemple ζύγον comparé au latin *jugum*, au sanscrit *jugam* ; — c'est là un fait de même nature — puisque l'*i* consonne est une palatale — que la transformation de *c* ou de *g* en chuintante et qui, comme tel, ne présente pas de difficulté. Il faut distinguer cependant ; quand il est, en effet, précédé d'une consonne, le changement de *i* voyelle en *jot* (*j*) suppose en général l'affaiblissement de la consonne précédente ; le *j* semble même le plus souvent ne s'être développé complétement qu'aux dépens de celle-ci, et en en entraînant la suppression[1] ; c'est ce qui est arrivé en espagnol pour l'*l* de *filium* devenu *hijo* dans cette langue, en français au second *p* de *pipionem* transformé en *pigeon*, tandis qu'en italien on a pour le premier *figlio* avec conservation de *l*, pour le second *pipione* avec celle du *p* [2]. Mais ici les choses ne se sont point, — d'ordinaire du moins, — passées ainsi, et il y a lieu de distinguer le cas où *i* a persisté et celui où il est tombé ; dans le premier, il n'y a eu évidemment que transformation du *c* d'abord en *ć*, puis en *č*, l'*i* restant intact, tout en ayant servi par sa présence à la modification du *c* précédent ; dans le second au contraire, si toutefois, comme je l'ai fait remarquer, il n'est point tombé comme atone, l'*i* voyelle s'est changé d'abord en *i* consonne ou palatal, puis transformé en *č*, le *c* s'assimilant ou tombant. Il y a loin de là, on le voit, quelque hypothèse que l'on admette, à la série de transformations inventées par Schuchardt, transformations aussi inutiles d'ailleurs qu'elles sont fausses pour la plupart.

Mais quel a été au juste le son du *c* après sa transformation ? Diez suppose qu'il fut celui même que semblent indiquer les transcriptions à la fois pour *ti* et *ci*, c'est-à-dire *z* = *ts*, son qui se serait affaibli en *s* ou *ç*, *z*, θ ou δ dans le double groupe occidental, se serait *épaissi*, au contraire, le plus souvent en *č* dans le groupe oriental. Je ne crois pas que cette supposition soit admissible.

1. Cf. Schleicher, *Die deutsche Sprache*, p. 56. La consonne persiste cependant quelquefois, ainsi en provençal *sapcha*, *sapchon* ; mais le plus souvent sa présence n'a servi qu'à déterminer la transformation d'*i* consonne en chuintante sourde ou sonore. Ce qui précède ne s'applique pas toutefois aux nasales qui peuvent persister, que l'*i* reste intact ou se transforme.

2. L'*i* de *pipionem* s'est aussi changé en *č* en italien, mais alors le *p* est tombé et on a eu *piccione*.

D'abord elle est en opposition avec la théorie de la transformation des gutturales que j'ai donnée plus haut; d'après ce que nous avons vu, en effet, *c* se change d'abord en *ć*, puis en *č*; l'accord d'une partie des langues indo-européennes ne peut laisser aucun doute sur ce point; dans quelques-unes sans doute on trouve d'autres formes à la place de la gutturale primitive comme *š*, *ts*, mais ces formes paraissent dérivées de *č*; c'est donc à ce son qu'il en faut toujours revenir. D'un autre côté, on ne voit pas comment, après avoir passé de la série palatale à la dentale en traversant la série intermédiaire *č*, le *c* serait revenu de la seconde à cette dernière, surtout quand aucun fait positif ne vient appuyer cette supposition, ni pourquoi il n'y serait revenu que pour un certain nombre de mots et non pas pour tous [1]. D'ailleurs, si l'on étudie les transformations du *c* vélaire en *č* et en spirante dentale, lesquelles sont chronologiquement beaucoup plus faciles à suivre que celles du *c* palatal, nous voyons que *č* est la forme la plus ancienne et que ce n'est que postérieurement qu'on rencontre les sens dérivés *š*, *ts*, *s* ou θ. Enfin la manière dont le *g* s'est transformé dans son passage du latin au roman est encore une preuve, je crois, que *ts* n'est point la modification primitive du *c*, mais bien *č*. Les langues du Nord-Ouest, les seules où il cesse d'être guttural, nous montrent le *g* vélaire se transformant successivement en *ǧ* et en *ž*, absolument comme le *c* vélaire y devient *č* puis *š*; d'un autre côté, dans toutes les langues romanes, celles de l'Est comme celles de l'Ouest, — l'espagnol moderne excepté, — *ǧ* ou sa forme dérivée *ž* est également le mode de transformation du *g* palatal, *dz* n'y apparaissant que comme forme exceptionnelle ou dialectale; n'est-il pas naturel dès lors que *č* soit aussi le point de départ, la forme primitive, des transformations du *c* palatal, comme *ǧ* l'est des modifications du *g*, et que par conséquent on ait soit *č*, *š*, soit *č*, *ts*, *s*, et non *ts*, *č* ou *ts*, *s*, *š* pour la série régulière de ses transformations?

Ainsi *č* a dû être la forme première des transformations du *c* palatal; elle n'apparaît point, il est vrai, ni dans les anciennes inscriptions latines, ni dans les transcriptions en langues étrangères, mais il n'en pouvait être autrement, puisque ni le roman, ni le grec ou l'ancien allemand n'avaient de signe particulier pour le son *č*; il ne restait dès lors aux scribes qu'à prendre

1. « Wenn Diez alle italienischen *tsche* aus früherem *tse* vergrœbert werden læszt, so bedarf dies wenigstens noch andere Nachweise, als die er beibringt. » R. von Raumer. id. 95.

celui qui s'en rapprochait le plus, c'est-à-dire ζ ou *z* ; c'est ainsi qu'au XIIe siècle les Grecs écrivaient Ῥιτζάρδος le nom du roi d'Angleterre *Richard*, représentant par ζ le signe *ch*, dont le son ne pouvait être que *č* ou *š*, et que de même on trouve dans le moyen néerlandais *Charles* transcrit par *Tsarels*, *Chartreux* par *Tsartroisen*[1]. Au reste il est probable que *č* a dû dans les idiomes où il n'a point persisté s'affaiblir de bonne heure en *ts*, et il est même possible que dans tous il ait, surtout pour certaines formes de la terminaison, pris presqu'aussitôt après sa transformation cette forme affaiblie. Quant à *t* suivi de *i* et d'une autre voyelle il a pu, je crois, se changer directement en *ts*, puisque ce changement consiste à le faire suivre du son de la spirante de même ordre ; cette transformation a eu lieu comme l'on sait dans le haut allemand pour le *t* gothique, quelle que fût d'ailleurs la voyelle suivante ; les langues romanes ne sont pas non plus restées complétement étrangères à cette modification, quand le *t* latin est suivi d'un seul *e* ou *i* ; le roumain du Nord en offre de nombreux exemples ; on la rencontre aussi parfois en provençal et assez souvent dans les dialectes ladins, sous une de ses formes affaiblies, il est vrai ; enfin elle apparaît comme un procédé régulier de formation dans le sarde logoudorien. Il n'y a donc pas, ce semble, de raisons pour que le *t* suivi de *i* et d'une autre voyelle ne se soit pas changé directement en *ts*, comme quand il est suivi d'un seul *i* ou *e* ; mais dans le premier cas il a pu aussi, ainsi que nous le montrent un certain nombre de mots et d'idiomes, en particulier quand *t* est précédé d'une autre consonne, se changer, comme *ci*, en *č(i)*.

Quoi qu'il en soit des transformations de *ti* dans les langues romanes, on trouve, pour celles du *c* palatal, *č* et toutes ses formes dérivées : *ǧ* la sonore correspondante, la sourde *š*, qui n'est autre que *č* moins le son dental *t*, *ž* la sonore correspondante, *ts* et *dz* et leurs modifications successives *ç* ou *s* sourd, *z*, θ et δ. Ces diverses formes ne se sont d'ailleurs produites, ou plutôt maintenues, le plus souvent chacune que dans une région déterminée; ainsi *č* et *ǧ* sont particuliers aux idiomes du groupe oriental ; *š* et *ž* n'appa-

1. Je trouve dans un article de Max Müller sur la prononciation du *c* latin suivi de *e*, *i*, *y*, la même opinion exprimée en termes presque semblables. « This does not prove, » dit l'illustre linguiste parlant de la représentation du *c* palatal latin par *z* ou *tz* en allemand, « that Latin *c* before *e* and *i* was then pronounced exactly like the German *z* or *tz*, but only that German *z* and *tz* come nearer to the Latin sound of *c* before *e* and *i* than German *k* or *ch*. » *The Academy*, 1871, p. 146.

raissent que comme formes exceptionnelles et le plus souvent dans des dialectes secondaires ; *ts* avec ses formes affaiblies est la transformation propre aux langues du double groupe occidental et au dialecte roumain du Sud. Ce sont ces modifications du *c* palatal qui doivent maintenant nous occuper ; mais avant d'en aborder l'étude, il me faut parler des cas où il persiste ou se change en spirante.

CHAPITRE III.

PERSISTANCE DU C PALATAL. — SON CHANGEMENT EN SONORE ET EN SPIRANTE.

Bien que la gutturale palatale se soit changée en *č*, *ǧ* ou en spirante dentale dans presque tous les cas, cependant elle a persisté aussi dans un certain nombre de mots, surtout de ceux où elle est représentée par *qu*. Pour ceux-ci, comme cette lettre a toujours conservé sa valeur gutturale, les scribes n'étaient pas en peine de chercher un signe nouveau pour la représenter ; il n'en fut pas de même à ce qu'il semble pour les autres mots ; *q* s'offrait bien à eux, ainsi que *k*, tout délaissé qu'il était dans les derniers temps de l'empire ; ils s'en servirent parfois aussi, mais ces signes ne leur suffirent pas et ils en cherchèrent un autre ; ils le trouvèrent dans le *ch* inventé autrefois par les grammairiens latins pour représenter le χ grec ; après avoir servi uniquement à cet usage, ce signe, comme nous avons vu, avait fini par être employé indifféremment à la place du *c* vélaire ou palatal ; après la transformation de ce dernier, il parut commode pour représenter la gutturale palatale dans les mots où elle avait persisté ; ainsi laissant à *c* le son *č* ou *ts*, on représenta la gutturale palatale par *k*, *qu* et *ch*.

Ces trois signes ne furent point toutefois employés indistinctement, ni dans les mêmes pays. *Ch* servit surtout en Italie, où il se substitua même parfois à *qu*, — conservé aussi néanmoins, — comme le montrent déjà les chartes de 785 à 825, où on trouve *chi* pour *qui*[1]. Il en a été de même dans le roumain, qui a même perdu complétement le *q*.

1. Au Nord de l'Italie on employa parfois aussi le *k*; *qu* y apparaît également dans des cas où le toscan employait *ch* ; ainsi dans l'ancien

k est employé à la place de *qu* suivi de *i* dans les plus anciens monuments de notre langue, par exemple dans l'Alexis, la Chanson de Roland, les Livres des Rois, les Sermons de Saint Bernard, etc. ; *ch* s'y rencontre aussi, soit seul, comme dans le Psautier d'Oxford, soit concurremment avec *qu* ou *k*, comme dans la Passion , le Saint Léger, l'Alexis, la Chanson de Roland, le Guillaume d'Orange, le Brut, le Rou, le Roman d'Alexandre, le Chevalier au Lyon, etc. Quant à *que* (quod), on le trouve le plus souvent écrit avec *qu*, cependant ce signe a fait place à *k* dans les Sermons de Saint Bernard, dans les Chansons du Châtelain de Coucy, les Chansons de Quesne de Béthune, — où *k* se trouve toutefois à côté de *qu*, — la Romance du Chapelain de Loon, etc. Cependant *qu* devait finir par se substituer à *ch* et à *k* : l'exclusion de *ch*, qui servait comme signe des sons *č* et *š* s'explique sans peine ; pour *k*, l'auteur du fragment de Londres que j'ai déjà cité en blâmait l'emploi dès le commencement du XIIe siècle et ne l'admettait que pour les noms propres ; les scribes picards s'en servirent toutefois pendant presque tout le moyen âge[1] ; mais il n'en a pas moins disparu, ainsi que le *ch* comme signe de la gutturale palatale en français, laquelle n'a plus été représentée que par *qu*. Les vers suivants montrent comment l'ancienne langue employait les signes *ch*, *k* et *qu*.

Chi rex eret a cels dis sovre pagiens. (*Cant.* v. 12.)
Mais nenpero granz fu li dols
Chi traverset per lo son cor. (*Pass.*)
Bienheureux li huem *chi* ne alat el conseil des felons. (*L. Ps.* I.)
Al servitor *qui* serveit al alter. (*Al.* 34, 4.)
Jo n'en ai ost *qui* bataille li dunne
Ne n'ai tel gent *kī* la sue derumpet. (*Rol.* v. 18.)
Ki lui portat suef le fist nurrir. (*Al.* 7, 2.)
E par la barbe *ki* al piz me ventelet. (*Rol.* 42.)
Se saichent jones et viaus
Ke par ceu *ke* chievrefiaus
Est plux dous et flaire miaus
K'erbe *ke* on voie as jaus. (*Altfr. Lied.* Wackern. p. 22.)

C'est le *q* aussi qu'on rencontre ordinairement en provençal, *k* et *ch* n'y apparaissent que comme exception, par exemple dans ces vers de Boèce :

milanais d'après Bonvesin, on trouve *ki* B. 3 et *que* B. 487. — Mussafia, *Darst. der altmail. Mund.* — Sitzungsb. der k. k. Akademie der Wiss. zu Wien. 1868.

1. Ceci tient évidemment à ce que dans ce dialecte *c* suivi d'une voyelle palatale pouvait avoir le son *ch*. Voir Liv. III, ch. III.

Kil mort et viu tot a in jutjamen (v. 17.)
Chi nos redems de so sang dolzament (v. 153.)

Aujourd'hui *q* est le signe exclusif de la gutturale palatale en espagnol, et, si l'on en excepte les mots d'origine étrangère comme *chimica*, etc., aussi en portugais, *ch* étant réservé pour représenter le son *č* en espagnol, *š* en portugais; mais il n'en était pas de même à l'origine de la langue; les formes *Chintila* à côté de *Quintila, Rechila* à côté de *Requila*, etc.[1], qu'on trouve dans des documents du xe siècle, nous en offrent la preuve irrécusable; au siècle suivant même dans le poème espagnol de « Los reyes magos », *ch* apparaît encore avec la valeur gutturale dans *achesta* v. 2, achesto v. 14, achest v. 16 et 85 qu'on y rencontre à côté de *aquesta* v. 12[2]. Au XIIIe siècle, on trouve encore *ch*, en même temps aussi que *q*, comme signe de la gutturale palatale en portugais, dans le « Cancioneiro d'el rei D. Diniz, » ainsi *che* (quod) 8, 2. Ce ne fut donc, comme on le voit, qu'assez tard que *q* fut seul employé dans les idiomes du Sud-Ouest pour représenter la palatale, et encore, comme je l'ai dit, *ch* a-t-il continué en portugais d'avoir le son *k* dans les mots d'origine étrangère.

Malgré les signes nombreux qui servent ou ont servi à la représenter, la gutturale palatale latine n'a persisté dans les langues romanes qu'assez rarement, elle n'y apparaît même d'une manière générale — le roumain excepté toutefois — qu'à la place de *qu* [3], par exemple :

LAT.	IT.	ESP.	PG.	PR.	FR.
querelam	*querela*	*querella*	*querela*	*querelha*	*querelle*
quærere	*cherere*	*querer*	*querer*	*querre*	*quérir*
qui, quem	*chi*	*qui(en)*	*quem*	*qui, chi, ki*	*qui, chi* v., *ki* v.
quod [4]	*che*	*que*	*que*	*que*	*que, ke*
quietum	*cheto*	*quieto*	*quieto*	*quet*	— etc.

1. *Esp. sagr.* XVIII, 312 (an. 927).

2. Amador de los Rios, *Hist. crit. de la lit. esp.* III, 658. — *Jahrbuch*, XII (1871), 46. Ed. Lidforss. Si on ne trouvait dans ce texte les mots *dicho* (dictum) et *noches* (noctes), dans lesquels *ch* d'après son origine doit avoir le son *č*, on pourrait croire qu'à cette époque encore *ch* ne représentait en espagnol que la gutturale; cette orthographe montre du moins d'une manière irréfutable combien longtemps il continua d'en être le signe à côté de *q* et plus souvent même que cette lettre.

3. En anglais le *c* substitué à *cv* (= *qu*) anglo-saxon persiste toujours également, comme nous avons vu plus haut.

4. Le *qu* de *quod* est vélaire en latin; mais, par le changement de *o* en

Quand elle était, au contraire, représentée par *c*, la gutturale palatale latine n'a persisté qu'exceptionnellement. Le seul mot italien où on la rencontre en dehors de la flexion est *ciechità* (cæcitatem), à côté, il est vrai, de *cecità*. Le roumain en offre un plus grand nombre d'exemples. Ainsi, au commencement des mots suivants :

LAT.-GREC	ROUM.
κέδρον	*chedru*
κῦμα, cymam	*chimę*
cellarium (formé sur κελλαρήν)	*chelariu*
decembrem ou δεκεμβρίον	*dechemvrie*.

Diez voit une influence grecque dans la conservation de la gutturale que présentent ces mots ; cela est possible, encore que cette influence ne se soit pas fait sentir sur *caterę* (κιθάρα), *cerępidę* (κεράμιδα), dont le *c* s'est changé en *č*. Dans les mots suivants, au contraire, il faut, je crois, expliquer la persistance de la gutturale par son changement de palatale en vélaire, lequel est lui-même la conséquence du changement de l'*e* ou de l'*i* latin en *u*, *ų* ou *ę* ; tels sont :

cicutam	*cucutę*		
panticem	*pęntecu*	roum.	mér.
piscem	*pescu*	id.	id.
scintillam	*scęnteie*		
tacendo	*tacųnd*		

Il en est de même de l'italien *duca*, où — peut-être sous l'influence de la forme grecque δουκα, — l'*e* de ducem s'est changé en *a*. La conservation de la vélaire sonore en espagnol et en portugais dans *lagarto* est due aussi au changement de *e* en *a* — *lacartus* pour *lacertus*, — changement fréquent devant *r* dans le latin vulgaire, comme on le voit par les efforts des grammairiens du temps pour l'empêcher : « *passer* non *passar*, » « *anser* non *ansar*, » lit-on par exemple dans l'Appendice Probi. Quant aux mots roumains *nucę* et *salcę*, ils nous offrent non point, ce me semble, un exemple de la conservation du son guttural devant *e* latin, mais bien devant *a* — devenu *ę* ou *ă*, suivant le mode de transformation propre au roumain, — *nucę* et *salcę* venant non de *nucem* et de *salicem*, mais, par un changement de déclinaison de * *nucam* et de * *salicam*. Le même phé-

e, il est devenu palatal dans les langues romanes.

nomène grammatical se présente aussi en italien dans *rádica*, *sorgo* (*sorco* Dante)[1] et en espagnol dans *pulga*. De même, en effet, que dans le latin classique on trouve *fulica* à côté de *fulix*, il a pu exister à la fois les formes *radica* et *radix*, *pulica* et *pulix*, *soricus* et *sorix*.[2] Au contraire, dans l'italien *giuschiamo*, espagnol *jusquiamo*, français *jusquiame*, et dans l'espagnol *squirol*, provençal *escurol*, français *écureuil*, italien *scojatolo*, c'est le changement de la sourde *c* en *qu*, qui a amené la conservation du son guttural; ces mots viennent, en effet, non de *hyosciamum* et de *sciurum*, *sciurolum*, mais d'une forme vulgaire **jusquiamum*, **squirolum*[3]. Le français *duc*, prov. *duc*, esp. et pg. *duque*, ainsi que le mot napolitain *jureche* (judicem), semblent bien, par contre, offrir un exemple de la conservation du son guttural du *c* latin, comme cela a lieu dans un des dialectes sardes.

Bien que, en effet, comme nous venons de le voir, le *c* palatal se transforme d'ordinaire en *č* ou *ts* dans les six idiomes romans, un dialecte, le sarde logoudorien, fait exception à cette loi et offre de nombreux exemples de persistance de la gutturale palatale. Ainsi au commencement des mots :

LAT.	IT.	SARDE LOG.
cœlum	cielo	*chelu*
cœnam	cena	*chena*
centum	cento	*chentu*
ceram	cera	*chera*
cervicem	cervice	*chervija*
cespitem	cespite	*chesva*
ciliam	ciglia	*chiza*
cinerem	cinere	*chijna*
quæsitam	—	*chescia*, etc.

Le plus souvent au milieu des mots le *c* palatal, tout en conservant sa valeur gutturale, s'est, comme le *c* vélaire, changé dans ce dialecte en sonore. Exemples :

cimicem	cimice	*chimighe*
crucem	croce	*rughe*
ducentos	ducentos	*dughentos*

1. Tra male gatte era venuto'l *sorco*. *Inf.* XII, 58.

2. C'est sans doute aussi parce que les mots roumains *berbec*, *nuc* (noyer) et *šoaric* viennent non de **berbicem*, *nucem* ou de *soricem*, mais de **berbicum*, **nucum* ou de *soricum*, qu'ils se terminent par un *c* vélaire.

3. Diez, *Elym. Wœrt.* s. voc. *giuschiamo* et *scojattolo*.

facere	—	*faghere*
fornacem	fornace	*furraghe*
judicem	giudice	*juighe*
lucem	luce	*lughe*
nucem	noce	*nughe*
pacem	pace	*paghe*
picem	pece	*pighe*
placere	piacere	*piaghere*
pulicem	pulice	*pulighe*
soricem	sorice	*sorighe*
vocem	voce	*boghe*, etc.

Il en est de même en général de tous les substantifs ou adjectifs dérivés en *ax*, *acis*; *ex*, *ecis*; *ix*, *icis*; *ox*, *ocis*; *ux*, *ucis*, — à l'exception de *atroce* et de *veloce*, — et des verbes terminés en *cere*. Toutefois la sourde a persisté dans quelques mots, ainsi :

dulcem	dolce	*dulche*
uncinam	uncino	*unchinu*
vervecem	—	*berbeche*, etc.

et en particulier dans le groupe *sc*, changé en *š* = *sc* en italien, par exemple :

conoscere	conoscere	*conoschere*
crescere	crescere	*creschere*
piscinam	piscina	*pischina*, etc.[1].

Ces mots n'ont fait d'ailleurs que conserver leur forme primitive; le changement du *ch* en *gh* est, en effet, assez récent; dans les statuts de la commune de Sassari du commencement du XIVe siècle, et même dans ceux du siècle suivant, on trouve encore *ch* médial conservé presque partout, ainsi : *facher*, *pachet*, — à côté de *paghet* et de *paguet*, il est vrai, — *placher*, etc.[2].

Bien que le *c* palatal se soit transformé ordinairement en *č* ou *ts* dans les divers idiomes romans, il ne s'ensuit pas que cette gutturale y ait disparu; ces idiomes, en effet, l'ont le plus sou-

1. Giov. Spano, *Ortog. sarda*, passim.

2. *Codex diplomat. Sardiniæ*, I, passim (t. X des *Hist. patr. monum.*) — Cf. N. Delius. *Der sardin. Dialekt des 13ten Jahrh.* — Il est surprenant que l'auteur dise p. 18 que la gutturale sourde médiale s'est changée en sonore au XVe siècle, quand les statuts de cette époque donnés par lui la montrent persistant presque partout.

vent reconstituée en modifiant soit le vocalisme, soit le consonnantisme latin. C'est ainsi que par le changement de *a* en *e* la gutturale vélaire du latin *capere* s'est changée en palatale dans l'espagnol *quepo* (capio), que la gutturale vélaire de *caudam* est devenue une palatale dans le français *queue*. De même par le changement de *l* en *i*, le *c* vélaire du latin *clarum* s'est transformé en palatal dans l'italien *chiaro* et le roumain *chiar*.

IIº.

Quoique plus rarement les langues romanes ont aussi reconstitué, — ou plutôt constitué, puisqu'elle n'existait pas en latin, — l'aspirante χ. On la retrouve en espagnol et dans quelques dialectes de la Sardaigne. Ainsi dans le dialecte de Sassari, *c* suivi de *e* ou de *i* et précédé de *l* prend le son du *ch* allemand devant les mêmes voyelles, c'est-à-dire le son χ ; par exemple *alchi* pluriel de *alcu* (arcum) se prononce à peu près *aχχi* ; *molchi* (musci) est prononcé *moχχi*[1]. Il en est de même dans quelques autres districts de la même île pour les terminaisons *rche, sche*, dont le *c* palatal, comme le *c* vélaire de *rca, sca*, se change en spirante[2]. χ est aussi le son que prennent en espagnol la *g*, la *j* et la *x* ; mais depuis quand ces trois consonnes ont-elles pris ce son? C'est là une question, comme celle de leur emploi, sur laquelle je reviendrai plus tard, me bornant pour le moment à l'indiquer[3].

CHAPITRE IV.

CHANGEMENT DU C PALATAL EN Č ET EN Ǧ, EN Š ET EN Ž.

Quoique *č* soit, suivant toute vraisemblance, la forme la plus ancienne du *c* palatal transformé, elle n'apparaît, à vrai dire,

1. *Jahrbuch*, X, 403. — 2. Spano, *Ortogr. sarda* p. 28.

3. Voir plus loin liv. III, ch. II. — Dans tout ce qui précède, je n'ai eu en vue que la gutturale latine, la palatale d'origine allemande a, le français excepté, persisté dans le plus grand nombre de cas ; ainsi on a:

kiol	it. *chiglia*	esp. *quilla*	pg. *quilha*	—	fr. *quille*
prikken	—	—	—	—	*espreguer* v.
skina	schiena	*esquena*	*esquina*	pr. *esquina*	échine
skella	*squilla*	*esquila*	—	*esquila*	—
vlacke	—	—	—	—	*flaque*
zicki	*ticchio*	—	—	—	— etc.

Voir même chapitre, IIIº ǯ = *c*.

ainsi que j'ai déjà eu l'occasion de le remarquer, comme modification régulière de cette lettre que dans les langues du groupe oriental et, souvent du moins, dans le roumanche; les idiomes du double groupe occidental ayant préféré la forme *ts*, on n'y rencontre *č* et son dérivé *š* que comme exception ou dans les dialectes. D'ailleurs *č* n'a point été la seule forme qu'ait, même dans le groupe qui le préfère, toujours prise le *c* palatal; on y trouve aussi, mais exceptionnellement, la sonore correspondante *ǧ*, et parfois même ainsi que dans les idiomes occidentaux, les formes affaiblies *ts*, *dz*, *š* et *s* ou *z*. Parlons d'abord de la forme primordiale *č*.

I° *č* = c_{I}.

Cette forme est celle qu'a prise, au commencement des mots, le *c* palatal dans l'italien du centre et le plus souvent du Sud de la Péninsule, dans le dialecte roumain du Nord[1] et dans le roumanche de la vallée du Rhin. Voici quelques exemples de cette transformation:

LAT.	ROUM^{n}.	ITAL.	ROUMANCHE.
cæcum	—	*cieco*	*tschocc*
cœlum	*čier*	*cielo*	*tschiel*
cœnam	*činę*	*cena*	*tscheina*
centum	—	*cento*	*tschient*
cæpam	*čeapę*	*cipolla*	*tschagoula*
ceram	*čearę*	*cera*	*tschêra*
*ceraseam	*čireašę*	*ciriegia*	*tscharscher*
cernere	*černe*	*cernere*	*tscherner*
certare	*čertà*	*certare*	—
cervellum	—	*cervello*	*tschervè* E.
cervicem	*čerbiče*	*cervice*	—
cervum	*čerb*	*cervo*	*tschierv*
cessare	—	*cessar*	*tschessar*
cibum	*čib*	*cibo*	—
cymam	—	*cima*	*tschimma*
cinerem	*čenuše*(*cinuceam)	*cinere*	*tschendra*
cingulam	*čingę*	*cinghia*	*tschinta*(cinctam)
*cinque	*činci*	*cinque*	*tschinsch*
cippum	—	*ceppo*	*tschepp*
circum(cellum)	*čerc*	*circo*	*tscherschel*

1. Le roumain a étendu ce mode de transformation à la gutturale représentée par *qu*, même dans les mots où elle persiste dans les autres langues romanes; ainsi *ce* (qui, quid), *nici* (neque), *cinci* (* cinque), etc.

ci(vi)tatem	*četate*	*città*	—
ecc'hoc	—	*ciò*	*tschou*, etc.[1].

Au milieu des mots, les choses se passent de la même manière en italien, ainsi qu'en roumain, quoique parfois on trouve dans ce dernier idiome la forme *ts* à côté de *č*; quant au roumanche, *c* s'y est affaibli le plus souvent en *š*, excepté quand il est suivi de *i* atone et d'une autre voyelle, cas où il conserve le son *č*. Exemples :

brachium	—	*braccio*	*bratsch*
coquere	*coače*	*cuocere*	—
decem	*zeče*	*dieci*	*diesch*
ducere	*duče*	*ducere*	—
dulcem	*dulče*	*dolce*	*dulsch*
*faciam	—	*faccia*	*fatscha*
*glaciem		*ghioccia*	*glatsch*
jacere	*zęče*	*giacere*	—
lanceam	*lanče*	*lancia*	*lonscha*
mercedem	—	*mercede*	*mersche* E.
pulicem	*puriče*	*pulice, pulce*	—
tacere	*tęče*	*tacere*	*tascher*
*aucellum	—	*uccello*	*utschel*
vicinum	*večin*	*vicino*	— etc.[2]

Les langues du groupe du Sud-Ouest fournissent aussi quelques exemples du changement de *c* initial ou médial en *č*; ainsi en espagnol *chicharo* (cicerem), *chico* (ciccum), *chinche* (cimicem), *lechino* (licinium), *marchito* (marcidum), *picho* (piceum); en portugais *murcho* (murcidum). Il faut y ajouter, il semble, un certain nombre de dérivés en *aceus*, *oceus* et *uceus* comme *borracha*, *garnacha*, *hornacha*, *muchacho*, *penacho*, *ricacho*, *verdacho*, *vulgacho*, esp. *friacho*, *lebracho*, *riacho*, pg. *garrocha*, *aguilucho*, *avechucho*, *carducha*, *capucho*, *mazucho*, esp.

Cette transformation du *c* médial en *č* est la plus ordinaire en italien; cependant dans les dérivés formés à l'aide des suffixes

1. On trouve également dans le patois de la Suisse romande *c* changé en *č* dans *tchierno* (?circinum) et *patche*, marché, (pacem), — que Bridel fait venir à tort de pactionem, lequel aurait donné *pachon*, comme actionem a donné *achon* ; — ainsi que dans un certain nombre de mots du patois poitevin de Melle par ex. *tchou*, *tchel*, *itchi*, etc. *Mémoires de la Société des Antiq. de l'Ouest*, XXXII, 2e partie 1867, s. v.

2. De Cihac, *Dict. d'étym. daco-rom.* — O. Carisch, *Wœrt.*

aceus, *icius*, *oceus* et *uceus* ; on trouve parfois au lieu de *č* sa forme amoindrie *ts* ; cette modification paraît avoir été préférée en particulier par les dialectes du Sud de l'Italie et par le sarde logoudorien ; c'est elle aussi qu'on rencontre ordinairement en ce cas, — parfois, il est vrai, à côté de *š*, — dans le roumain, comme nous le verrons plus loin. Dans ce dernier idiome, *č* s'est aussi substitué parfois à *ti* suivi d'une autre voyelle, qui y est régulièrement, comme en italien, remplacé par *ts*, par ex. dans *certęciune* (certationem), *inchinęciune* (inclinationem), *nęciune* (nationem), *plecęciune* (*plicationem), *tęciune* (titionem). En italien, *č* ne se substitue à *ti* que quand cette syllabe est précédée d'une autre consonne ; il en est de même en roumanche, quoiqu'on y rencontre aussi *č* à la place de *ti* entre deux voyelles ; ainsi :

*captiare	it. *cacciare*	roum. oberl.	*catschar*
*comtiare	*conciare*		*cuntschar*
*suctiare	*succiare* et *suzzare*		—
pretium	—	roum. eng.	*pritsch*

A la flexion, le *c* latin vraiment palatal, c'est-à-dire celui qui est suivi d'un *i* ou d'un *e* étymologique, se change en *č* en italien et en roumain, dans la déclinaison des substantifs comme des adjectifs ; ainsi on a :

LAT.	ROUM.	IT.
dulcem	*dulč-e*	*dolč-e*
pac-em	*pęče*	*pač-e*
voc-em	*boače*	*voč-e*.

De même les verbes dicere et ducere donnent au singulier du présent de l'indicatif dans ces deux langues :

Lat.	dic-ere	dic-o	dic-is	dic-it
Roum.	*zič-e*	zic	*zič-i*	*zič-e*
It.	di-re	dic-o	*dič-i*	*dič-e*
Lat.	duc-ere	duc-o	duc-is	duc-it
Roum.	*duč-e*	duc	*duč-i*	*duč-e*
It.	dur-re	duc-o	*duč-i*	*duč-e*

Quand, au lieu d'un *c* palatal étymologique, il s'agit d'un *c* vélaire latin devenu palatal par la modification de la voyelle suivante, le roumain et l'italien ne se comportent plus de la même manière ; le premier, ayant sans doute perdu complétement conscience de la valeur de la voyelle primitive et n'ayant égard qu'à celle de la voyelle actuelle, change toujours le *c* en *č* dans la déclinaison comme dans la conjugaison, devant les voyelles palatales *i* et *e*. Exemples :

arcę (arcam)	*arč-e*
bucę (buccam)	*buč-i*
furnicę (formicam)	*furnič-i*
nucę (* nucam)	*nuč-e* et *nuč-i*
sec, seacę (siccum, siccam)	*seč-i, seč-e*
vacę (vaccam)	*vač-i.*

De même on a pour le présent du subjonctif du verbe dicere :

Lat.	dic-am	dic-as	dic-at	dic-amus	dic-atis	dic-ant
Roum.	zic	*zič-i*	zic-ę	*zič-em*	*zič-etzi*	zicę

En italien, au contraire, le *c* reste guttural dans la conjugaison devant *i* substitué à un *a* étymologique, à la seconde personne singulier du présent de l'indicatif des verbes de la première conjugaison et à la seconde personne singulier du subjonctif présent des verbes de la seconde et de la troisième conjugaison ; dans la déclinaison il persiste également au pluriel en *e* des féminins en *a* ; il persiste ou se change, au contraire, en *č* devant *i*, terminaison du pluriel des masculins en *a* et en *o*. Ainsi on a par exemple au présent de l'indicatif de peccare :

Lat.	pecc-o	pecc-as	pecc-at
It.	pecc-o	*pecch-i*	pecc-a

et au présent du subjonctif de * torcere :

Lat.	*torc-am	* torc-as	* torc-at
It.	torc-a	*torch-i*	torc-a

Au pluriel l'intercalation de *i* entre le *c* et l'*a* de la terminaison détermine le changement de la vélaire en palatale, changement que la modification de l'*a* n'avait pu produire au singulier, ainsi on a pour le pluriel du présent du subjonctif de * torcere :

torč-i-amo,	*torč-i-ate*	torc-ano

formes correspondant à :

* torc-amus	* torc-atis	* torc-ant.

On a également une gutturale au pluriel des substantifs et des adjectifs féminins en *ca* ; ainsi :

amica (amicam)	*amich-e*
nemica (inimicam)	*nemich-e*
magica (magicam)	*magich-e*
unica (unicam)	*unich-e,* etc.

La règle est plus compliquée quand *c* est suivi de *i*, c'est-à-dire dans les substantifs et les adjectifs masculins terminés par *a*, ou le plus souvent par *o*, au singulier. Il faut distinguer entre les dissyllabes et les polysyllabes. Les premiers, à l'exception de porco, de vico et de Græco, employé comme nom propre de peuple, conservent la gutturale au pluriel. Exemples :

arco (arcum)	*archi*
cieco (cæcum)	*ciechi*
fico (ficum)	*fichi*
foco (focum)	*fochi*
giuoco (jocum)	*giuochi*
ricco (*riccum)	*ricchi*
succo (succum)	*succhi*, etc.

Parmi les polysyllabes, ceux qui ont dans la syllabe qui précède le *c* une voyelle autre que *i* conservent également la gutturale au pluriel ; ainsi :

adunco (aduncum)	*adunchi*
caduco (caducum)	*caduchi*
opaco (opacum)	*opachi*
paroco (parochum)	*parochi*, etc.

Les polysyllabes qui ont *i* devant le *c*, c'est-à-dire ceux qui sont terminés en *ico* au singulier,

1° ou conservent la gutturale ou bien la changent en *č*, par exemple :

aprico (apricum)	*aprichi, aprici*
critico (criticum)	*critichi, critici*
domestico (domesticum)	*domestichi, domestici*
fisico (fisicum)	*fisichi, fisici*
istorico (historicum)	*istorichi, istorici*
mendico (mendicum)	*mendichi, mendici*
monaco (monacum)	*monachi, monaci*
portico (porticum)	*portichi, portici*
traffico (trafficum)	*traffichi, traffici*
salvatico (silvaticum)	*salvatichi, salvatici*
unico (unicum)	*unichi, unici*, etc.

2° ou ils changent *c* en *č* au pluriel, comme :

amico (amicum)	*amici*
canonico (canonicum)	*canonici*

caustico (causticum)	*caustici*
laico (laicum)	*laici*
medico (medicum)	*medici*
nemico (nemicum)	*nemici*
pacifico (pacificum)	*pacifici*
tragico (tragicum)	*tragici*, etc.[1].

Ainsi il semble qu'il y ait eu influence de l'*i* qui précède le *c* pour faciliter la transformation de cette gutturale en *č* sous l'action de l'*i* suivant, tandis que les voyelles *a*, *o*, *u*, au contraire, ont contribué, malgré l'*i* de la terminaison, à conserver au *c* sa valeur gutturale. Quoi qu'il en soit de cette explication que j'emprunte à M. Tobler[2], je crois qu'on peut voir dans ce fait de la persistance si fréquente de la gutturale à la terminaison et de son rare changement en *č* une preuve que le pluriel des noms et des adjectifs italiens vient non, comme le soutenait dernièrement encore M. d'Ovidio[3], du nominatif, mais de l'accusatif latin, ainsi que cela a lieu en général dans les autres langues romanes. Cette circonstance que la gutturale persiste, comme nous avons vu, dans la conjugaison devant *i* provenant de *a* transformé, tandis qu'elle se change en *č* devant l'*i* épenthique de la 1re et de la 2e personne pluriel du subjonctif présent, semble bien indiquer, en effet, que quand *c* persiste devant une voyelle palatale, c'est que cette voyelle n'est point étymologique, et qu'il ne s'est transformé en *č* dans un certain nombre de cas que par suite de l'oubli où l'on a été de la valeur primitive de la voyelle suivante. C'est ainsi qu'en roumain le *c* vélaire s'est changé en *č* partout où l'*a* ou l'*o* primitif sont devenus *e* ou *i*, tandis que dans les dialectes picard et normand la transformation de *a* en *e* n'a pu lui faire perdre en général sa valeur gutturale originelle. Je reviendrai plus loin sur ce phénomène grammatical, qui constitue un des exemples les plus curieux de la conservation de la vélaire changée en palatale.

II° $\check{g} = c_{\Gamma}$.

Au lieu de la transformation du *c* palatal en la sourde *č*, le toscan et les dialectes du Midi de l'Italie présentent aussi quel-

1. Dr L. G. Blanc, *Gram. der ital. Sprache.* — Diez, *Gram.* II3, 28 et 68.
2. *Gœttinger Anzeigen*, 1872. N° 48, p. 1892.
3. *Sull' origine dell' unica forma flessionale del nome italiano.* Cf. *Romania*, I, 492.

ques exemples de sa transformation en la sonore correspondante *ǧ*. Pour expliquer ce changement, on peut, je crois, admettre que le *c* palatal s'est changé d'abord en *g* également palatal, — modification que nous montre, ainsi que nous venons de le voir, le sarde logoudourien ; — puis ce *g* se serait, comme cela a lieu régulièrement pour cette lettre, transformé en *ǧ* ; ou bien on peut supposer que le *c* s'est d'abord transformé en *č*, lequel s'est ensuite affaibli en *ǧ*. Quoi qu'il en soit, voici les mots, assez rares d'ailleurs, qui présentent cette particularité :

LAT.	ITAL.
abbracchiare	*abbragiare*
* aucellum	*augello* à côté de *uccello*
concinnare?	*congegnare*
* dominicellam	*damigella*
ducem	*doge*
ducentos (cf. quingenti)	*dugento* (s. log. dughentos)
celsum	*gelso*
cilium	*gigghiu* sic. (ciglio it.)
placentem	*piagente*
socerum	*soggiru* sic. (suocero it.)
soricem	*surgi* sic. (sorice it.)
vacillare	*vagellare*

Il en est de même en roumain dans *ager* (acer) — à côté de *acru* (acrum) et de *agriš* (acris), — et dans *vinge* (vincit). Ce changement paraît d'ailleurs particulier aux idiomes du groupe oriental, les langues du Sud-Ouest ne le présentent pas, que je sache, et celles du Nord-Ouest, qui l'ont appliqué à la gutturale vélaire, ne connaissent en général, comme elles, pour la gutturale palatale d'autre transformation que *ts* et ses dérivés. On trouve cependant *ǧ* — à côté de *dz* il est vrai, — dans *pedje* et *pedze* (picem), ainsi que dans son dérivé *pedji*, en suisse roman ; mais c'est le seul exemple qu'il y ait, je crois, de cette modification.

ǧ qui s'est substitué à *g* palatal et à *i* consonne en italien se rencontre aussi exceptionnellement à la place de *ti*, dont le mode ordinaire de transformation est, comme je l'ai dit, *ts*. Parfois même les deux formes *ts* et *ǧ* coexistent l'une à côté de l'autre. Ainsi on a :

palatium	*palagio*	*palazio*
presentationem	*presentagione*	—

rationem	*ragione*	
servitium	*servigio*	*servizio*
stationem	*stagione*	
venationem	*venagione*	
vexationem	*vexagione*	

Il n'est pas hors de propos de remarquer que dans plusieurs de ces mots la palatale a été remplacée aussi dans le double groupe occidental par une sonore, seulement comme il convient à ses langues, par une spirante dentale.

III° $\check{s} = c_{\tau}$.

š est d'ordinaire un affaiblissement manifeste de *č*, et l'on peut supposer que la seconde de ces formes a presque toujours précédé la première ; celle-ci n'en est pas moins la seule que l'on rencontre dans quelques idiomes qui semblent être primitifs, comme le lithuanien, mais dont on ne connaît que des monuments récents ; c'est la seule aussi qu'on trouve dans un certain nombre de dialectes romans. Bien que les grammaires semblent dire le contraire, *š* est la vraie prononciation que les Toscans donnent au *c* suivi de *e* ou de *i*, prononcé *tch* dans la plupart des autres dialectes italiens, comme ils donnent au *g* un son analogue à celui du *j* français. Cette valeur *š* est aussi, comme nous l'avons vu, celle que prend en général, au milieu des mots, le *c* palatal dans le roumanche de l'Oberland, tandis qu'au commencement il a la valeur *č* ; dans le roumanche de la vallée de l'Inn, au contraire, le *c* palatal s'est d'ordinaire, au commencement comme au milieu des mots, changé en *š* ; il en est de même assez souvent dans les dialectes de la Suisse romande[1] ; ainsi au commencement des mots :

LAT.	S. ROM.	ROUMANCHE ENG.	ROUMANCHE OBERL.
* centum	*cheint*	*schient*	*tschient*
certum	—	*schert*	—

1. Souvent aussi, il est vrai, on trouve en même temps les deux formes *s* et *š* ; ainsi *se* (ce) et *che*, *ceint* et *cheint*, *chin* et *cein*, etc. Or si l'on remarque que l'*s* étymologique s'épaissit souvent en *ch*, comme dans *chen* (sanctum), *chon* (sunt), etc, on sera amené à penser que le *ch* qui représente parfois dans les patois suisses le *c* palatal latin transformé est peut-être, — souvent du moins, — non l'affaiblissement immédiat du son composé *tch*, mais, comme *ch* substitué à *s* étymologique, un épaississement ultérieur de la spirante dentale alvéolaire ; à moins qu'on

* cineram	*cheindre*	*schendra*	*tschendra*
* cinque	*chin*	*schinc*	*tschinsch*
* cinctam	—	*schinta*	*tschinta*
cœlum	*chi*	—	*tschiel*
ecc' hic (hoc)	*chi, che*	—	*tschou*
ecc' illum	*chel*	—	*tschell*, etc.

Au milieu des mots, les dialectes ladins du Tyrol, à côté de sa transformation en *ts*, *ç*, θ ou ð offrent aussi, comme les deux dialectes roumanches, quelques cas du changement du *c* palatal en š. Exemples :

LAT.	ROUMANCHE OBERL.	ROUMANCHE ENG.	LAD. TYR.
acetum	*aš*	—	—
calicem	—	*calisch*	—
crucem	*crusch*	*crusch*	*croš*
decem	*diesch*	*disch*	—
decet	*descha*	—	—
dulcem	—	*dulsch*	—
forbicem	*forsch*	*forsch*	*forfeš*, *forbeš*
hirpicem	—	—	*erpeš*
laricem	*larisch*	*larsch*	*larš*, *lareš*
lucem	—	*glüsch*	—
mercedem	—	*mersch*	—
pacem	*pasch*	*pasch*	*paš* Amp.
picem	—	—	*peš*
placere	*plascher*	*plascher*	*plašer*
pernicem	—	*pernisch*	—
*pollicem	—	*pollisch*,*polsch*	—
*pulicinum	—	*pluschein*	—
romancium	*rumonsch*	—	—
salicem	—	*salisch*	—
vascellum	—	*vaschi*	—
vocem	*vusch*	*vusch*	—[1]

Il en est de même dans le patois savoyard de la Tarentaise dans *daouche* (dulcem), *viche* (vicium), etc.

Dans quelques dialectes du Nord de l'Italie, en particulier

ne voie, ce qui sera, je crois, plus exact, dans la substitution de š à *s* étymologique, une extension du son š, transformation du *c* palatal, à cette spirante.

1. O. Carisch, id. — Schneller, *Die rom. Mund. v. Tirol.* — Ascoli, *Archivio glottol.* pass.

dans le Milanais, ainsi que dans certains patois du Tessin, le *c* palatal se transforme parfois en *š* (*sc*), — en même temps, il est vrai, qu'en *z* (= *ts*) ou *s*, ou même en *č*, comme en italien. — C'est ce qui a lieu au commencement des mots suivants :

LAT.	ITAL.	MILAN.	DIAL. D. LEVANTINA
* ceraseam	ciriegia	—	*scireisa*
cervellum	cervello	*sciurvel*	—
cimicem	cimice	—	*scimas*
cinerem	cinere	—	*scendra*
cippum	ceppo	*scepp*	—

Il en est de même pour le *c* médial dans les mots :

* feciam	feccia	*fescia*	—
lucium	luccio	*lusc*	—
* panticeam	pancia	*panscia*	—
porci	porci	*porscei*	—
* torcere	torcere	—	*storsc* [1].

On rencontre encore parfois *š* en roumain à la place du *c* palatal dans les dérivés formés à l'aide des suffixes en *acius*, *icius* et *uceus*; ainsi

1° pour les dérivés en *aceus* ou *acius* :

LAT.	ROUM.
* anellaceum	*inelaš*
* arendaceum	*arendaš* (fermier)
* armaceum	*armaš*
* caballaraceum	*cęlęraš*
* calceonaceum	*cęltzunaš*
* digitaceum	*degetaš*
* palumbaceum	*porumbaš* (prunelle)
* vitellaceum	*vitzelaš*, etc.

2° pour les dérivés en *iceus* ou *icius* et *uceus* :

* acuticium	*ascutziš*
* albuceum	*albuš*
* cauceum	*cęuš*, etc.[2]

Enfin, comme nous le verrons, *š* est la forme que le *c* palatal prend presque toujours en picard et le plus souvent aussi en

1. Biond. *Saggio*, passim. — Ascoli, *Archivio*, pass.
2. Diez, *Gram.* II, 314 et suiv. — De Cihac, *Dict.* s. voc.

normand, il en est de même dans les mots français suivants, la plupart, il est vrai, d'origine douteuse :

LAT.	FR.	LAT.	FR.
*capitium	*chevêche*	circare	*chercher*
cicerem	*chiche*	ferocem (?)	*farouche*
ciccum	*chiche*	*pulicem	*pouliche*
cichoreum	*chicorée*	ramicem	*ranche*[1].
cifram	*chiffre*		

Chiffre est d'origine arabe ; l'ancienne forme de *chercher* est *cercher ;* la forme *chercher* apparaît d'abord dans Commine, c'est-à-dire à la fin du xve siècle; depuis lors elle a été la seule usitée; on a dit *chercher* pour *cercher* probablement par assimilation. Il a dû en être de même pour *chevêche*, l'ancienne langue disait *chevece*. Mais pourquoi *chicorée*, qui s'écrivait aussi autrefois *cicorée,* a-t-il pris sa forme actuelle ? Il est assez difficile de le dire; au xvie siècle, Olivier de Serres emploie encore la forme *cicorée*, en même temps, il est vrai, que *chicorée ;* peut-être y a-t-il eu dans le choix de cette dernière une influence de l'italien *cicorea*. *Farouche* n'est pas moins obscur, mais son origine est plus ancienne, et on le trouve dès le xiiie siècle ; si on remarque que la forme provençale correspondante est *ferotge* ou *ferogge*, on sera tenté de le faire venir d'un type **feroticum* plutôt que de *ferocem*. *Pouliche* n'est point français, pulicem ou *puliciam eût donné *poulisse*, comme junicem ou *juniciam a donné *genisse;* la forme *pouliche* est un emprunt fait par le dialecte de l'Ile de France au normand ou au picard, qui disent l'un et l'autre *pouliche* et *geniche*. Peut-être *ranche* appartient-il aussi au picard, ainsi que *chiche* (cicerem) ; mais le mot *chiche* (ciccum) reste une énigme ; ciccum ne pouvant donner que *cic*, il faudrait pour l'expliquer supposer une forme **ciccam*, qui donnerait sans doute régulièrement *ciche*, d'où

1. On admet d'ordinaire qu'il en est encore de même pour les mots suivants : *barbiche, bourriche, bretèche, caniche, caboche, coqueluche, épinoche, filoche, gallesche* v., *galoche, guenuche, levriche, litoche, mailloche, panache, peluche, pioche, revêche, rondache, taloche*, qu'on regarde comme des dérivés en *acius, icius, oceus* ou *uceus ;* j'aime mieux y voir pour la plupart des dérivés en *acus* ou *ascus, icus* ou *iscus, ocus, ucus* ou *uscus* et *(a)ticus* ; l'ancienne orthographe *bretesche, gallesche, revesche*, à côté de *revois*, et les formes picardes ou normandes *épinoque, filoque, pluque*, rendent cette étymologie évidente pour les mots correspondants; quant aux autres, ou ils ont une même origine, ou bien ils ont été empruntés par le français à d'autres dialectes.

par assimilation *chiche*, mais qui est inconnue [1]. Quant à *bamboche*, *bravache*, *cartouche*, *corniche*, *douche*, *escarmouche*, *ganache*, *gouache*, *moustache*, *postiche*, *sacoche*, la chuintante š qui s'y trouve provient de l'affaiblissement du č des mots italiens dont ils sont dérivés; il n'y a donc pas lieu de les compter ici.

IV° ž = c_1.

De même qu'à côté de č on rencontre la sonore correspondante ǧ, de même les dialectes ladins de l'Engaddine et du Tyrol, et quelques dialectes du Centre et du Nord de l'Italie offrent au lieu de š la forme ž à la place du *c* palatal médial; soit que celui-ci se soit d'abord transformé en *g*, lequel donne souvent ž dans ces dialectes, soit qu'il ne faille voir dans ce son ž qu'un simple affaiblissement de š en sa sonore [2]. Quoi qu'il en soit, voici quelques exemples de cette transformation. Dans le sarde et le génois *x* = ž.

LAT.	LADIN		DIAL. IT-N.	SARDE CAMP.
	ROUM.	TYR.		
acetum	*až* B. E.	*aže*, *ažedo*	—	*axedu*
acinam	—	—	—	*axina*
*aucellum	—	—	*uželv*. Borm.	—
calicem	—	—	—	*calixi*
*cimiceum	—	—	—	*cimixiu*
cruces	—	*crožes*	—	—
decem	—	—	—	*dexi*
dicebam	—	*diževa*	—	—
larices	—	*larži*	—	—
lucem	—	—	—	*luxi*
nocere	*nužer*	—	—	—
placere	*plažer* Ob. *plažair* B. E.	*plažer*, *piežer*	*plažer* v. Borm.	—
pulicem	—	—	—	*pulixi*

1. Cf. Littré. *Dict.* s. v. Dans ce qui précède je n'ai parlé que de la palatale d'origine latine, la palatale d'origine germanique a été traitée tout autrement et, ou elle a persisté, ou, comme la spirante de même ordre, elle s'est changée en *ch*, ainsi : *déchirer* (skerran), *échine* (skina), *eschielle* v. (skella), *hache* (hacke), *riche* (rîchi), *tricher* (trekken).

2. Cette seconde supposition acquiert un degré de vraisemblance d'autant plus grand qu'on rencontre les deux formes š et ž parfois dans le même mot, ainsi *croš*, plur. *crožes*, *larš* et *larži* dans le ladin d'Ampezzo, *piažer* et *piaš* dans celui du val de Fassa.

racemum	—	*rużin*	—	—
tacere	*tazair* B. E.	*teżer*	—	—
vicinum	—	*veżin*	—	*bixinu*, *vexin* gén.
vincere	—	*venżer*	—	—
vocem	—	—	—	*boxe*, etc.[1]

Cette forme *ż* commune dans les langues du groupe du Nord-Ouest comme modification de la gutturale vélaire ne s'y substitue que très-exceptionnellement à la gutturale palatale, — par exemple en berrichon *pege* (picem), *ugé* (aucellum) dans le Jura, *augé* dans les Vosges, *oujà* à Namur, *forges* (forfices) en normand, en tarin *regin, vegin,* à côté de *resin*, *vesin;* — ces langues, ainsi que celles du Sud-Ouest, ne connaissent véritablement, si l'on en excepte quelques dialectes, que la transformation du *c* palatal en *ts* et en ses dérivés ; c'est de ces modifications du *c* qu'il me faut maintenant parler.

CHAPITRE V

CHANGEMENT DU C PALATAL EN TS ET DZ.

La transformation du *c* en *ts* est fréquente : on la rencontre dans les langues slaves qui l'appliquent au *c* vélaire, comme au *c* palatal ; ainsi en slavon *carĭ*, abréviation de *cěsarĭ* (cæsarem), russe *tsar* ; *cvětŭ* (fleur) en slavon, à côté du tchèque *květ*[2]. *ts* est aussi le son que le *c* palatal a pris souvent dans le néerlandais et déjà dans l'ancien frison; ainsi : *tzierke* fr. *tsierke* n. (s. circe), *tziese* fr. (v. fr. kiasa) ; *tsierl* n. (a. s. ceorl.)[3]. Mais quoique *ts* apparaisse ainsi comme la transformation directe du *k* primitif ; il n'y faut voir néanmoins qu'un affaiblissement du son plus complexe *č*, qui d'ailleurs subsiste soit seul, soit à côté de *ts*, dans plusieurs idiomes de la même famille ; ainsi le slavon connaît à la fois *č*, — par exemple dans *črŭvĭ*, sanscrit kṛmis (ver), — et *c* (*ts*); — par exemple dans *cvětŭ*. — De même à côté du frison *tzierke*, néerlandais *tsierke*, on a l'anglais *church* ; au fr. *tziese* correspond l'ang. *choose*, au néerl. *tsierl*, *churl*. Les idiomes romans, comme nous le savons, possèdent aussi les deux formes ; ainsi l'italien et le dialecte roumain du Nord ont

1. Spano, *Ortog. sarda* passim. — Ascoli, *Archivio*, pass.
2. Schl. *Comp.* pass. — Dans la plupart des idiomes slaves *c* = *ts*.
3. Grimm, *Deut. Gram.* I², 232, 424.

č là où les idiomes occidentaux font usage de *ts* ou de ses formes affaiblies. Cette double manière de représenter le *c* palatal latin divise ainsi les langues romanes en deux groupes distincts, celles de l'Est qui l'ont transformé en *c*, celles de l'Ouest qui l'ont assibilé : ce n'est pas, comme nous verrons et comme je l'ai déjà dit, qu'on ne rencontre dans chacun de ces groupes des formes qui ne lui appartiennent pas en propre, mais, malgré quelques exceptions, il n'en reste pas moins ce fait incontestable et phonétiquement si curieux et important que les Romans de l'Ouest n'ont, depuis une époque reculée, connu en général qu'une seule forme *ts*[1], pour le *c* palatal et le *t* modifié, tandis que les Romans de l'Est ont en général distingué les modifications de ces deux lettres en donnant à la première le son *č*, à la seconde celui de *ts*.

Mais à quelle époque eut lieu le changement du *c* palatal en *ts* ? J'ai admis qu'il dut, dans tout le domaine roman, se transformer d'abord en *č*, son qu'il a conservé le plus souvent dans l'italien, le dialecte roumain du Nord et le roumanche, et a, au contraire, atténué en *ts* dans la plupart des idiomes du double groupe occidental. Des documents incontestables nous montrent qu'au XIIe et au XIIIe siècle le *c* avait en français le son *ts*, c'est-à-dire celui du *z* allemand ou du ζ grec. Ainsi c'est par *ts* qu'on le trouve représenté en néerlandais dans les mots *fortseren*, *fatsoen*, etc ; l'allemand de son côté le représente par *z* = *ts*, par exemple *garzûn*, *merzî*, *puzile*, etc. Les transcriptions hébraïques des mots français contenus dans un vocabulaire du XIIIe siècle, publié dans la seconde livraison des « Romanische Studien » de M. Bœhmer[2] nous le montrent également représenté par *ts ;* ainsi, *tsindres* (cineres), *forteretse* (fortalicium), *poits* (picem), *tsentener* (centenarium), *à tserkier* (ad indagandum), etc. Or à cette époque l'allemand, sinon le hollandais, avait un signe particulier pour le son *č* ; le dictionnaire hébreu figure aussi en plusieurs endroits ce son ou sa forme amoindrie *š* ; ici donc on ne peut supposer que nous avons des transcriptions approximatives du son qu'avait alors *c*, mais bien ce son lui-même. Mais depuis quand *c* se pro-

1. La forme *cho* qu'on rencontre dans la Passion où *ch* ne peut avoir que la valeur *š* ou plutôt *č*, semble bien indiquer que *c* avait encore, — parfois au moins, — ce son devant *e* ou *i*. Nous verrons que dans les dialectes normands et picards cette forme *ch* = *š*, affaiblissement de *č*, s'est conservée. Nous avons là, je crois, autant de formes plus ou moins complètes de la modification primitive du *c* palatal, *č*.

2. *Rom. Stud.* 1872, p. 163.

nonçait-il *ts?* Si l'on admettait que *ti* suivi d'une autre voyelle n'a pu prendre que le son *ts*, la confusion de *ci* et de *ti* dans les chartes mérovingiennes prouverait que *c* avait alors comme *ti* dans cette circonstance le son *ts*, mais comme il se peut aussi que *ti* ait pris alors comme *ci* le son *č*, cette confusion ne prouve rien. Il en est de même de l'orthographe du mot *manatce* de la Cantilène de Ste Eulalie et des gloses de Reichenau dans laquelle on a voulu voir une preuve du son *ts* qu'aurait eu alors le *c*, puisqu'elle peut aussi bien avoir servi à figurer le son *tch*. La représentation de *c* par *z* dans les anciens monuments romans a une tout autre importance, et semble indiquer qu'on attribuait dès lors au *c* la valeur *ts* que devait avoir certainement alors le *z* : tel est *fazet* (faciet) dans les Serments, *domnizelle* dans la Cantilène de Sainte Eulalie. Cette représentation du *c* par *z* apparaît aussi dans le plus ancien monument du provençal, le Boèce, où l'on trouve *penedenza* (v. 13), *fazia* (v. 23). On voit également *z* se substituer à *c* dans les plus anciens textes espagnols, par exemple *freznedo* (fraxinetum) Yepes III n. 17 (a. 780) ; *dezimo* pour *diezmo* id. IV, 11 ; *Oza villa* id. 28 ; *pozo* (puteum) id. 38 ; *foz* Esp. sagr. XXVI, 445 (a. 804) ; *calzada* id. ; *plumazos* XL, 400 (a. 934) [1]. Dans les plus anciens manuscrits, soit espagnols, soit portugais, on voit également *c* et *z* employés assez arbitrairement à la place du *c* palatal latin.

Ainsi il semble résulter de cet ensemble de preuves que le *c* palatal eut au milieu du Moyen-Age le son *ts* dans le double groupe occidental ; nos anciens grammairiens du xve et du xvie siècle ne connaissent plus ce son, et nous verrons comment il s'est modifié en espagnol; le provençal et le portugais ne le connaissent plus aussi en général aujourd'hui, mais il s'est conservé dans quelques-uns de leurs dialectes, ainsi que sur certains points de l'Espagne, reste évident de l'ancienne prononciation ; nous pouvons donc admettre comme démontré qu'en France, comme dans la péninsule hispanique, le *c* palatal latin a pris, à une époque suivant toute vraisemblance reculée, le son *ts* [2]. C'est ce son qu'il a aujourd'hui encore d'ordinaire dans le dialecte roumain du Sud et souvent aussi dans celui du Nord. Il l'a également parfois dans le ladin du Tyrol et du Frioul, et dans certains dialectes italiens; c'est ce qui a

1. Cf. Diez, *Gr.* I, 364.
2. Naturellement *ts* ou *dz*, suivant qu'il s'était transformé en sourde ou en sonore, comme nous verrons par la suite.

lieu en particulier dans le sarde logoudorien, qui donne généralement le son *ts* au *c* palatal latin, toutes les fois qu'il ne lui a pas conservé sa valeur gutturale. Il en est de même parfois dans le milanais et le vénitien, qui changent cependant plus souvent *c* en *č* ou en *s*. Enfin on trouve même dans le toscan, encore plus dans les dialectes du Sud, des exemples de cette transformation du *c* en *ts*. La liste suivante présente rapprochés un certain nombre de mots roumains, italiens ou provençaux dans lesquels ce changement a eu lieu; les mots roumains qui ne sont accompagnés d'aucune indication appartiennent au dialecte du Nord; de même les mots italiens donnés sans mention particulière sont tirés de la langue classique ou du toscan :

LAT.	ROUM.	LAD.	DIAL. ITAL.	DIAL. PROV.
accidiam	—	—	*aczidia* rom.	—
accidente	—	—	*azzidente*	—
acetum	*otzet*	—	nap.	—
acceptare	—	—	*azzettare*	—
aciam	*atzę*	—	nap. sic.	—
aciarium	—	—	*azzaru* sic.	—
*arancium	—	—	*aranzu* s. l.	
brachium	*bratz*	—	*brazzu* sic.	*bratz*
calcem	—	*cauz*	—	—
*carcerum	—	—	*carzaru* sic.	—
cœcum	—	—	*zegu* s. log.	—
cedere	—	—	*zed* V. Lev.	—
cedrum	*tzedru* R.S.	—	*zëdar* rom.	—
cœlum	—	*ziel* Tir.	*zel* mil. *zelu* s.s.	—
cœnam	—	*zéna* Ag.	*zenna* mil.	—
ceram	—	—	*zera* mant.	—
*cerefoliatum	—	—	—	*tserfouillés*.R.
cernere	—	*zerne* Ag.	—	—
certum	—	—	—	—
cervellum	—	—	*zervel* mant.	—
cervum	—	*zerv*	—	—
cesarem	*tzar*	—	—	—
cespite	*tzespet* R.S.	—	—	—
cibum	—	—	*zibu* s. log.	—
cicutam	—	—	*zguda* mant.	—
cifram	*tzifrę*	—	—	—
cilium	—	—	*zij* mil. *zida* mant.	

cygnum	*tzęmn*	—	*zign* mil.	—
cymam	—	—	*zima* mant.	—
cymbalum	—	—	*zimbello*, *zimbel* mant.	—
cimicem	—	—	*zimas* mant.	—
*cineram	—	—	*zénera* Pir.	*tsęlle* s.r.
cinque	*tzintz* r.s.	—	*zincu* s. gall.	—
	—	—	*zinch* mant.	—
cypressum	—	—	*zipress* mant.	—
*circare	—	*zerče*, *zercă*	—	*tsertsi* s.r.
circum	*tzearc* r.s.	—	*zer* rom. *zerc* mant.	—
citare	—	—	*zitare* nap.	—
citrum	*tzitrę*	—	—	—
dulcem	—	*dolz*	*dolz* r. mil.	—
duodecimam	—	—	*dozzina*	—
ecc'hoc	—	—	*zo* nap.	*zo* cat.
ericium	—	—	*rizza* sic.	—
facetum	—	—	*fazet* rom.	—
facilem	—	—	*fazil* rom.	—
faciam	*fatzę*	*fazza*	—	—
falcem	—	*fauz*	—	—
*glaciam	*ghiatzę*	*ğaz* Ag.	—	*glatz*
lanceam	—	—	*lanza* s. log.	—
licitum	—	—	*lizeto* nap.	—
lynceam	—	—	*lonza*	—
mercedem	—	—	*merzè* nap.	—
(ad)minaciare	—	—	*minazzari*	—
receptum	—	—	*rezzetto* nap.	—
secium	—	—	*sezzo*	—
sincerum	—	—	*sinzër* rom.	—
socium	*sotz*	—	*sozzęjo* nap.	—
*stracium	—	—	*strazzu* sic.	—
sucidum	—	—	*sozzo*	—
suspicionem	—	—	*sospizione*	—
τρίχα, *tricheam	—	—	*trizza* s.log.	—
unciam	—	—	*onza* nap.	—
vincere	—	*venzer*	—	—
vicinum	*vitzinu* r.s.	—	—	*vezi*, etc.[1]

1. Biond. id. — Spano, id. — Muss. id. — Fr Cherubini, *Vocab. mant.* — De Cihac, id. — Schneller, id. — Ascoli, *Archivio*.

Dans quelques mots italiens la langue paraît avoir hésité entre *č* et *ts*, que l'on trouve l'un à côté de l'autre, ainsi :

hack	*accia*	*azza*
calceum	*calcio*	*calzo*
judicium	*giudicio*	*giudizio*
officium	*oficio*	*ofizio*
socium	*socio*	*sozio*
speciem	*specie*	*spezie*, etc.

Mais peut-être ne faut-il voir dans ce fait que le mélange dans l'italien classique de formes dialectales diverses, ou le retour pour les mots qui avaient *z* à l'orthographe latine ; *z* paraît bien, en effet, une forme populaire dans les dérivés italiens ou roumains formés à l'aide des suffixes *acius*, *icius*, *oceus*, *uceus*, dans lesquels le *c* a été traité comme le *t* suivi de *i* et d'une autre voyelle, fait qui s'explique sans peine par la facilité avec laquelle ces suffixes, surtout *acius* et *icius*, peuvent se confondre avec *atius* et *itius*. Voici quelques exemples de ces transformations que les dialectes du Sud de l'Italie paraissent préférer :

1° en *acius* :

LAT.	ITAL.	ROUM.
*brunaceum	*brunazzo*	—
*canacium	*canazzu* s. camp.	—
*caudaceum	*codazzo*	—
*coriaceam	*corazza*	—
*galeaceam	*galeazza*	—
*muliaceam	*mogliazzo*	—
*palidaceum	*palidazzo*	—
*populaceum	*popolazzo*	—
*ragaceum	*ragazzo*	—
*spoliaceam	*spogliazza*	—
*terraceum	*terrazzo*	—
*vinaceum	*vignazzo*	—

2° en *icius* :

*albicium	—	*albetz*
*baroniciam	—	*baronitzę*
*cantaricium	—	*cųntęretz*
*capricium	*caprizzi* pad.	—
*ficticium	*fittizio*	—
*lumicium	—	*lumetz*
*saliriciam	—	*sarnitzę*

3° en *oceus :*

*barboceam	*barbozza*	—
*basioceum	*baciozzo*	—
*carroceam	*carrozza*	—
*frescoceum	*frescozzo*	—
*lilioceum	*gigliozzo*	—
*muttoceum	*mottozzo*	—

4° en *uceum* :

*acuceum	—	*acutz*
*albuceum	—	*albutz*
*animaluceum	*animaluzzo*	—
*barbuceam	*barbuzza* s.	*bęrbutzę*
*bonuceum	—	*bunutz*
*donuceum	*donuzzo*	—
*dulcuceum	—	*dulcutz*
*foliuceum	*fogliuzzo*	—
*focuceum	—	*focutz*
*lunguceum	—	*lungutz*
*medicuceum	*medicuzzo*	—
*peluceum	*peluzzo*	—
*superbuceum	*superbuzzo*	—
*vacuceam	—	*vęcutzę*
*vasuceum	—	*vęsutz*, etc.[1]

Les terminaisons *itz* et *utz* sont parfois remplacées en roumain par *iš* et *uš*, ou même ces deux formes subsistent l'une à côté de l'autre; ainsi *vitzelutz* et *vitzeluš* (vitelluceum); pour le suffixe *acius*, *aš* paraît même s'être complètement substitué à *atz*[2].

Si *ts* n'apparaît qu'exceptionnellement comme modification du *c* palatal en italien, dans le dialecte roumain du Nord et souvent en roumanche, il est au contraire, comme nous avons vu, la forme ordinaire qu'y a prise *ti* suivi d'une voyelle; en voici quelques exemples :

LAT.	ITAL.	ROUM.	ROUMANCHE.
*abantiare	*avanzare*	—	*vanzar* OB.
abundantiam	*abondanza*	—	*abundanza* E.
*acutiare	*aguzzare*	*ascutzi*	—

1. Wentrup, id. — Diez, *Gram.* 315, 317, 319. — De Cihac, etc.
2. Voir pl. h. p. 98.

* altiare	*alzare*	—	*alzar* OB.
annuntiare	*annunziare*	—	*annunziar* OB.
* antianum	*anziano*	—	—
astutiam	*astuzia*	—	—
bibitionem	*pozione*	—	—
cadentiam	*cadenza*	*cadentzę*	—
cantionem	*canzone*	—	*canzun* OB.
confidentiam	*confidenza*	*cufidentzę*	—
* dationem	*dazione*	—	—
* debolitiam	*debolezza*	—	—
decentiam	*decenza*	—	—
dominationem	*dominazione*	—	—
exhalationem	*esalazione*	—	—
* fortiam	*forza*	—	*forza* OB.
* fortitiam	*fortezza*	*forteretzę*	*fortezza* OB.
gratiam	*grazia*	—	*grazia* OB.
* gravitiam	*gravezza*	—	*gravezza* OB.
habitationem	*abitazione*	—	—
inclinazionem	*inchinazione*	—	—
infantiam	*infanzia*	—	—
justitiam	*giustizia*, *giustezza*	—	—
* juvenitiam	*giovinezza*	—	—
largitiam	*larghezza*	—	*largiezza* E.
lenteolum	*lenzuolo*	—	—
letitiam	*letizia*	—	—
malitiam	*malizia*	—	*malizia* OB.
martium	*marzo*	—	*marz* OB.
* mateam	*mazza*	—	*mazza* OB.
mollitiam	*mollezza*	*moleatzę*	—
nationem	*nazione*	*natzie*	*naziun* OB.
nuptias	*nozze*	*nuntzi*	*nozza* OB.
nuntium	*nunzio*	—	*nunzi*
otiosum	*ozioso*	—	—
patientiam	*pazienza*	—	*pazienzia* E.
petiam	*pezza*	—	*piez*, *pezz* E.
plateam	*piazza*	—	*plazz* OB.
pretium	*prezzo*	*pretz*	*prezzi* OB.
pigritiam	*pigrizia*	—	—
potentiam	*potenzia*	*putintzę*	—
puteum	*pozzo*	*putz*	—
reformationem	*riformazione*	*reformatzie*	—

spatium	*spazio*	*spatziu*	*spazzi* ob.
sperantiam	*speranza*	—	*spronza*
titionem	*tizzone*	—	*tizzun*
tristitiam	*tristezza*	—	*tristezia* OB.
* viriditiam	*verdezza*	*verdeatzę*	—
vitium	*vizio, vezzo*	*vitziu*	*vizzi* OB.

Et tous les dérivés en *antia*, *entia*, *itius*, et la plupart des dérivés en *tio*, *tionis*, du moins en italien.

II° $dz = c_1$.

Nous avons vu que le roumain a une prédilection toute particulière pour les explosives sourdes; l'italien semble aussi les préférer aux sonores, tandis que la plupart de ses dialectes donnent au contraire la préférence à celles-ci; quelque chose d'analogue se passe pour les spirantes ou les chuintantes dérivées de *c* ; le roumain ne connaît que les sourdes ; ce sont elles aussi que l'italien préfère de beaucoup ; cependant j'ai signalé déjà un certain nombre de mots où la sourde *č* a été remplacée par la sonore correspondante *ǧ* ; on peut aussi en citer quelques-uns où la sonore *dz* s'est substituée à la sourde *ts*. Comme on peut s'y attendre, cette substitution a lieu surtout dans les dialectes. Ainsi dans le dialecte de Sassari en particulier *z* = *ts* se change *dz* au milieu des mots et même au commencement après l'article[1]. Cependant en général *ts* est resté le mode de transformation du *c* palatal, *dz* celui du *g* palatal ; voici toutefois quelques exemples où cette dernière forme représente un *c* étymologique dans les dialectes italiens ou provençaux :

LAT.	ITAL.	DIAL. PROV.
cincturam	—	*dzeuntro* S.R.
crucem	*cruzi* Sass.	—
decem	*dezi* s. gall.	—
* dominicellam	*donzella*	—
lucem	*luzi* Sass.	—
pacem	*pazi* Sass.	*padze* s.r.
picem	—	*pedze* s.r.
* pullicem	—	*poudze* sav.
* romancium	*romanzo*	—
saracenum	—	*saradzin* sav.
vide ecc'hic	—	*veidze* s.r.

1. *Jahrbuch*, X, 403.

Si l'on fait abstraction des dialectes du Nord et pour quelques cas de ceux du Sud ou du Centre de l'Italie, *č*, *ğ*, *š*, *ž*, *ts* et *dz* épuisent les formes que le *c* palatal a prises en se modifiant dans le double groupe oriental ; les idiomes occidentaux, au contraire, ne connaissent ces formes qu'à titre d'exception, et poussant plus loin la simplification, ils ne se sont arrêtés qu'aux formes dérivées de *ts* et de *dz* : *s* ou *ç*, *z*, θ et ϑ ; mais tous n'ont pas procédé dans ce travail de simplification de la même manière ; les langues du groupe du Nord-Ouest s'en sont en général tenues aux deux formes *s* (ç, ss) et *z*[1] ; c'est aussi celles que le portugais connaît presque exclusivement ; quant à l'espagnol, à une époque qui paraît relativement récente, il a donné définitivement le son θ au *c* transformé. C'est l'histoire de ces modifications de la palatale dans les quatre idiomes occidentaux et dans les dialectes qui les ont acceptées qu'il me faut maintenant examiner. Je commencerai par le français où, si elle est plus compliquée, elle est aussi plus facile à suivre à cause du grand nombre de monuments qu'on possède de l'ancienne langue.

CHAPITRE VI.

CHANGEMENT DU C PALATAL EN Ç (S, SS) ET EN Z (S), EN FRANÇAIS, EN PROVENÇAL ET DANS LES DIALECTES LADINS OU ITALIENS.

Après la transformation de la gutturale palatale en *č* ou *ts*, les scribes durent se trouver fort embarrassés pour représenter ces nouveaux sons ; le *c* étant naturellement conservé devant *a*, *o*, *u*, c'est-à-dire pour figurer la gutturale vélaire, qui n'avait point changé, pouvait-on et devait-on encore s'en servir comme signe des sons nouveaux du *c* palatal ? En Italie la solution fut très-simple ; on conserva le *c* devant *e* et *i*, partout où il prit le son *č* : quand il prit, au contraire, le son *ts*, on le représenta, comme le *t* assibilé, par *z*. Les choses se passèrent moins simplement en France. Le *c* palatal y ayant pris de bonne heure le son *ts*, il semble qu'on n'avait qu'une de ces deux choses à faire, ou conserver devant *a*, *o*, *u* et *e*, *i*, le signe *c*, qui aurait eu alors à la fois le son *k* et le son *ts*, comme en Italie il avait en même temps le son *k* et le son *č*, ou bien garder *c* comme signe de la

1. Il faut, comme je l'ai déjà dit, excepter le normand et le picard.

gutturale vélaire et se servir du *z* pour figurer la gutturale palatale transformée. Il semble qu'on dût songer à cette seconde solution ; dans les plus anciens monuments romans, en effet, nous rencontrons fréquemment le *c* palatal remplacé par *z*; ainsi dans Yepes nous trouvons avec *z* : *freznedo* III, n. 17 (a. 780) ; *dezimo* IV, n. 11 I ; *pozo* n. 38, et dans l'España sagrada *foz* XXVI, 445 (a. 804), *calzada* id. *plumazos* XL, 400 (a. 934). *z* apparaît également, comme nous allons voir, dans les Serments, la Cantilène, la Passion, etc. Cependant cette tentative ne devait point aboutir, et en même temps que *z* était employé pour représenter le son *ts* du *c* palatal assibilé, *c* fut conservé, plus souvent même qu'il n'était remplacé. Le choix de ce signe ne devait pas être, au reste, complètement indifférent.

Tandis, en effet, que le *c* palatal transformé a le plus souvent donné naissance dans la langue du groupe oriental à une spirante sourde, les langues du double groupe occidental, obéissant en cela à une tendance qui leur est propre, l'ont dans un grand nombre de cas changé en sonore ; on dut naturellement dès lors chercher, autant que cela était possible, à représenter par des signes différents ces sons différents; l'italien, ayant donné devant *e* et *i* la valeur *č* au *c*, n'avait que le signe *z* pour représenter *ts* et *dz*, et il n'a point cherché à distinguer par l'écriture ces deux spirantes ; les idiomes occidentaux ont procédé autrement, et de bonne heure ils paraissent, comme je le montrerai plus loin, avoir choisi en général *c* pour représenter la sourde *ts*, *z* au contraire comme signe de la sonore *dz*. Mais ces deux signes, même ainsi répartis, ne devaient pas être trouvés suffisants.

Une difficulté que rencontrèrent, en effet, tout d'abord les scribes, ce fut la manière de représenter *ts* quand ce son devait être suivi, non de *e* ou de *i*, mais d'une des voyelles *a*, *o*, *u*; comme alors *c* prenait le son *k*, on sentit la nécessité de lui substituer une autre lettre ou de le modifier pour éviter toute confusion. Le *z* se présentait naturellement, on le trouve aussi anciennement employé dans ce cas, ainsi *aezo* (ecce hoc) dans la Cantilène de Sainte Eulalie v. 21, *zo* dans la Passion v. 34, 2 ; 31, 1 ; *fazon* dans les Sermons de Saint Bernard p. 528, 532, etc. ; *anzois* id. p. 568, etc. Mais quand on eut choisi définitivement *z* comme signe de la sonore, on fut obligé de renoncer à l'employer dans les mots où le *c* suivi de *a*, *o*, *u* s'était changé en spirante sourde, et on dut naturellement chercher un autre moyen de représenter cette dernière. Celui auquel eurent recours les plus anciens scribes de la langue d'oïl fut de faire suivre le *c* d'un *e* muet, parfois même d'un *i*; ainsi *cio* dans la Passion 50, 3; de même dans le Saint-Léger *cio* 5, 3; 7, 1; 9, 4, 5; 15, 3; 16, 1; 17, 3; 18, 4; 19, 2, 4; 20, 5; 33, 3; *reciut* 4, 4; 22, 4; *ceos* dans les Sermons de Saint Bernard p. 521, 522, 523, 524, 525, etc. [1] Cette notation, qui rappelle celle que nous employons aujourd'hui encore pour donner au *g* suivi d'une voyelle non palatale la valeur *ž*, fut usitée pendant tout le Moyen-Age; cependant le plus souvent on se borna à écrire aussi un simple *c*, qui se trouve ainsi avoir à la fois devant *a*, *o*, *u* la valeur *k* et *ts* ou *s*; parfois cependant pour distinguer *c* = *ts* de *c* = *k* on le surmonta d'un trait (´); mais cette notation est assez rare [2]. On rencontre aussi *c* en provençal avec la valeur *ts* devant une voyelle non palatale, par exemple *co* B. v. 243, *dreca* v. 168. Mais cette langue se servit aussi de *z*, — ainsi *zo* dans le Boëce v. 47, 203, 206, etc., — dans la période où le *c* avait encore la valeur *ts*, plus tard, comme nous le verrons, elle le remplaça ordinairement par *s* ou *ss*. Les langues de la péninsule hispanique montrent aussi dans quelques textes *s* substitué à *c* ou *z*; mais elles se contentèrent en général du premier signe, seulement en lui faisant subir une modification particulière. Pour indiquer que *c* suivi de *a*, *o* ou *u* devait prendre la valeur *ts*, on eut l'idée de le faire suivre d'un *z*, ce qui donna *cz*, notation qu'on trouve encore employée dans les manuscrits vaudois; mais le plus souvent on plaça le *z* sous le *c*, et on eut ainsi le *c* cédille; telle est du moins l'origine qu'on lui attribue ordinairement [3], quoique la cédille ait plutôt la figure d'un *c* renversé que d'un *z*.

Quoi qu'il en soit, *ç* apparaît d'abord dans les textes espagnols. Le plus ancien monument que nous ayons de cette langue, « El misterio de los Reyes magos » ne le présente point, il est vrai; mais comme il ne contient point de mots où *c* soit suivi d'une voyelle non palatale, on ne peut conclure de l'absence du signe

1. On trouve aussi *ceo* dans l'Alexis (man. F.), et dans le Psautier d'Oxford, où cette notation abonde, *menceunge*, p. 3, 4, etc., *benediceun*, p. 3, 24, etc., *exhalceat*, p. 32, etc.; de même dans le Bestiaire de Philippe de Thaon, *ceo* v. 12, 14, 67, *iceo* v. 22, etc.; dans le Charlemagne, *ceo* v. 374, 376, 386, etc. Mais ces textes étant normands il peut se faire que *c* ait ici non la valeur *ts*, mais *č* ou *š*; voilà pourquoi je n'en parle pas. Voir liv. III, ch. III.

2. On la rencontre en particulier dans le manuscrit du Bestiaire, dans celui du Saint Brandan, etc., ainsi dans des textes normands où *c* peut dès lors avoir une valeur autre que *ç*.

3. Cf. Diez, *Gram.* I, 459.

ç dans ce texte qu'il n'existait point encore à l'époque où il fut écrit ; on le trouve du moins dans le monument espagnol le plus ancien après « El misterio », dans le poème du Cid, et il apparaît dans tous les textes espagnols du Moyen-Age, non-seulement devant *a, o, u,* mais souvent aussi devant *e* et *i*. Nous le rencontrons également dans les plus anciens monuments portugais, lesquels, il est vrai, ne sont pas antérieurs au XIIIe siècle. En France, l'usage de la cédille ne pénétra qu'à la fin du premier tiers du XVIe siècle ; jusque-là, les mots où *c* devait prendre le son *s* furent écrits, comme ceux où il a le son *k*, par un simple *c ;* mais parfois aussi, comme cela avait lieu dans les premiers temps de la langue, on faisait suivre le *c* d'un *e* [1]. C'est à Geoffroy Tory que revient le mérite d'avoir introduit la cédille dans notre système orthographique. J. Sylvius dans son « Isagoge in linguam gallicam » avait en 1531 proposé de surmonter le *c*, de deux *s* (ſſ), toutes les fois qu'il avait le son de *s* sourd entre deux voyelles, comme dans *limace, limacon.* Cette notation bizarre ne fut pas avec beaucoup de raison adoptée, et deux ans plus tard, en 1533, Tory, dans l'édition de l'« Adolescence clementine » de Clément Marot, faisait pour la première fois en France usage de la cédille, dont il avait proposé l'emploi dès 1529 dans le « Champ-Fleuri » [2]. Cette réforme ne pouvait manquer d'attirer l'attention. L'année ne s'était pas encore écoulée qu'un autre imprimeur de Paris, Antoine Augereau, publiait sur la matière un petit traité intitulé « Briefve doctrine pour deuement escripre selon la propriété du languaige francois. » Cependant l'usage de la cédille ne devint pas général sans opposition. Dans son « Traicté de la grammaire francoise », publié en 1557, Robert Estienne ne s'en servit pas encore, il n'en admit l'emploi que

1. J. Palsgrave, *Lesclaircissement de la langue francoyse*, p. 27. *C* comyng before *a, o,* or *u* shall have the sound of *k*..... except where *c* commeth before *a* or *o* in the formation of suche tenses as come of verbs of the fyrst conjugation in the french tonge. In all suche, *c* comyng before *oye, oy, ant* shall have the sounde of *s* and not of *k*. But many tymes I fynde in such tenses an *e* added after the *c*, as *laceoye, laceay, laceant*, which they use to writte to shewe that *c* in suche verbes may not have the sounde of *k*, etc.

2. A. F. Didot. *Observations sur l'orthographe française*, p. 177. — Aug. Bernard, *Geoffroy Tory, peintre et graveur*, p. 374. Le titre portait : « Auec certains accens notez, cest assauoir sur le *é* masculin différent du féminin..... et soubz le *ç*, quand il tient de la prononciation de le *s*, ce qui par cy devant par faulte daduis n'a esté faite au langaige françoys, combien qu'il y fust et soyt tres necessaire. »

dans la seconde édition en 1563; à partir de ce moment, la cédille fut universellement adoptée par les éditeurs.

Ainsi *c*, *ç* et *z*, tels sont les signes que l'espagnol et le portugais employèrent presqu'exclusivement au Moyen-Age pour représenter le *c* palatal transformé; *c* — seul ou suivi de *e* ou *i* en français — et *z*, sont, au contraire, les signes qui servirent surtout à le représenter tout d'abord dans les langues du Nord-Ouest; mais à ces signes s'en joignirent bientôt d'autres. Dans le Fragment de Valenciennes on trouve déjà *fisient* (fecissent), *fesist* (fecisset), ainsi *s* à la place du *c* médial; on ne devait pas tarder non plus à le rencontrer parfois même à la place du *c* initial, et en provençal cette substitution de *s* au *c* initial, de *s* ou de *ss* au *c* médial devint bientôt fréquente; à la place du *c* final, outre *z* et *s*, *x* apparaît aussi en français; *z* ou *tz* et *s* en provençal; enfin dans ce dernier idiome on trouve encore *cz* à la place du *c* palatal transformé, soit initial, soit médial, soit final, tandis qu'en ancien français on rencontre parfois les notations *sz*, *sc*, *zc* à la place du *c* médial. Tels sont les signes nombreux employés pour représenter cette lettre; voyons quelle en a été la valeur et l'usage aux diverses époques de la langue.

I°. — *Du c palatal transformé en français.*

Dans l'étude des transformations du *c* palatal en français, il importe de distinguer entre le *c* initial, le *c* médial et le *c* final; à ces trois places il n'a pas eu toujours la même valeur, et n'a pas été indifféremment représenté par les mêmes signes; mais avant de suivre l'histoire du *c* au commencement, au milieu et à la fin des mots, il est un fait qu'il importe d'essayer de préciser, c'est celui de la transformation du son *ts*, que le *c* avait, comme je l'ai montré dans les premiers temps de la langue en *s* sourde ou sonore. Que cette transformation se soit faite de bonne heure dans la conjugaison, c'est ce que nous montre le changement de *c* en *s* que j'ai signalé déjà pour le verbe *faire* dans le Fragment de Valenciennes. Mais comme il y a eu peut-être là une influence particulière due à la contraction de la forme primitive du verbe, je laisse ces mots et ceux qui leur ressemblent de côté, pour en examiner qui aient mieux conservé leur physionomie originale. Dans ces derniers nous voyons le *c* final représenté souvent déjà par *s* dans des textes originairement du XIIe siècle, mais recopiés plus tard, il est vrai, du moins pour la plupart; au XIIIe siècle, cette substitution est de plus en plus fréquente, pour devenir générale au XIVe. Au milieu des mots les choses se passent d'une manière un peu plus complexe, ici il *y* a lieu, en effet, de distinguer entre le *c* sourd et le *c* sonore, c'est-à-dire entre les sons primitifs *ts* et *dz*. J'ai dit que l'ancienne langue semble avoir voulu choisir *z* pour signe de ce dernier son, mais dès le XIIe siècle, *s* devient la manière la plus ordinaire de représenter dans ce cas le *c* transformé. *c* = *ts*, au contraire, a plus longtemps résisté. Cependant dès la fin du XIIe siècle on trouve aussi, dans deux ou trois mots, *ss* à la place; le XIIIe n'en offre pas davantage, et ce n'est qu'au XIVe que *ss* paraît s'être substitué indifféremment à *c* transformé. Au commencement des mots il en est absolument de même; au XIIe siècle, *s* apparaît à la place de *c* comme exception; ainsi dans *seleberroit* S. B. p. 522; au XIIIe siècle les exemples de *s* substitués à *c* initial sont encore très-rares; ce n'est qu'au XIVe qu'on en rencontre un certain nombre. On voit par là que le son *dz* pris souvent par *c* au milieu des mots s'affaiblit de bonne heure en *z* ou *s* sonore; le son *ts*, pris par *c* au commencement et souvent aussi au milieu des mots, dut persister plus longtemps et ne se changea probablement en *s* sourd qu'à la fin du XIIIe ou même au XIVe siècle. Ceci posé, voyons comment on représenta le *c* transformé dans les diverses positions qu'il peut occuper dans le mot.

Au commencement des mots, où il est toujours suivi de *e* ou *i*, excepté dans *co* (ce), le *c* persiste dans tous les plus anciens monuments; ainsi *cist* dans les Serments; *ciel*, *cels*, *celle* dans la Cantilène de Sainte Eulalie; *celor*, *co*, *cel*, *cil*, *cest* dans le Fragment de Valenciennes; il en est de même dans la Passion, — où l'on trouve cependant *zo* pour *co* — le Saint Léger, etc. Toutefois on trouve *seleberroit* avec *s* dans les Sermons de Saint Bernard p. 522, *sengles* dans le Raoul de Cambrai[1], *sele* pour *cele* dans Huon de Bordeaux[2], *sel* dans Renart[3], *sil* dans les « Altfranzösische Leichen und Lieder » de Wackernagel[4], *seinture* dans un portrait de femme publié par M. Paul Meyer[5], *seinturete* dans les Altfr. Leichen und Lieder[6]; *serchoient*

1. Les *sengles* routes, les resnes trainant. Lit. *Dict.*
2. *Sele* fontaine un serpent le gardoit. v. 5555.
3. *Sel* me laciez bien a la qeue. B. Chr. 231, 26.
4. Maix *sil* ki rekuel. p. 19.
5. Par la *seinture* grele a poien(t). *Jahrb.* v, 400.
6. Je sent les douls mals leis ma *senturete.* p. 84.

dans Guillaume de Machau[1], cf. l'angl. *search*, *serf* (cervum). B. Chr.; *sertes* Grég. p. 2[2], etc.

Cependant cet empiétement de l'*s* sur le *c* initial, si fréquent comme nous verrons en provençal, s'est vite arrêté, et *c* a été presque exclusivement conservé dans ce cas; ainsi :

LAT.	FR.	LAT.	FR.
cedere	*céder*	ciconiam	*cigogne*
cedrum	*cèdre*	cicutam	*ciguë*
celare	*celer*	cimam	*cime*
celebrem	*célèbre*	cœmentum	*ciment*
cellarium	*cellier*	cœmeterium	*cimetière*
cœlum	*ciel*	cingere	*ceindre*
censum	*cens*	*cingulare	*cingler*
centum	*cent*	cincturam	*ceinture*
centrum	*centre*	*cinque	*cinq*
cæpam	*cive*	cippum	*cep*
*cæpullam	*ciboule*	circulum	*cercle*
ceram	*cire*	circum-	*circon-*
cerasum	*cerise*	cirrum	*cire*
ceream	*cierge*	?	*ciseau*
cerefolium	*cerfeuil*	cisternum	*citerne*
*certanum	*certain*	citare	*citer*
cervellum	*cerveau*	*citronem	*citron*
cervum	*cerf*	civitatem	*cité*
cervisiam	*cervoise*	*civitadanum	*citoyen*
cessare	*cesser*	civilem	*civil*, etc.
ciborium	*ciboire*		

Les seuls mots que je connaisse où *c* latin initial a été définitivement changé en *s* sont *sangle* (cingulum), *siller* (ciliare), serin (citrinum?) et peut-être *serfouir* qu'on trouve écrit *cerfoïr* dans le roman de la Rose v. 20322. Par contre *c* s'est substitué

1. En ceaus qui *serchoient* les guerres. B. Chr. 385, 5.

2. Mais ce qui est plus étrange, on trouve dans cette même vie de Grégoire *c* substitué à *s*; ainsi *c'il* p. 3, *c'esposée* p. 4, *encemble* p. 7, *ci* p. 8, *trespencive* p. 9, *pencis* p. 10, *concenti* p. 11, *acemblastes*, id., etc. Cette particularité orthographique, que je ne connais dans aucun autre texte français, mais qui est très-commune dans les textes provençaux, ne peut s'expliquer, je crois, qu'en admettant que le copiste du poème de Grégoire était originaire du Midi. L'observation du manuscrit vient de conduire M. Léop. Delisle à la même conclusion. Cf. *Rom.*, II, 95.

à *s* étymologique dans *cercueil* (sarcophagum), *cidre* autrefois *sidre* (siceram) et *cingler* (n. sigla).

On le voit, rien de plus simple que la manière dont le *c* initial a été traité ; tout autres ont été les variations orthographiques du *c* médial transformé. Dans les Serments nous trouvons déjà *z* à sa place dans *fazet* (faciat). La Cantilène de Sainte Eulalie nous offre à la fois *c* et *z* ; ainsi *pulcella, manatce* avec *c ; aezo, laszier*, avec *z* ayant probablement la valeur *ts* ; *domnizelle*, au contraire, avec *z* mis vraisemblablement pour *dz*. Dans le Fragment de Valenciennes nous trouvons *c* dans *correcious, faciest, escit,* mais en même temps nous rencontrons *s* à sa place dans *fesist, fisient*. Dans la Passion nous avons également avec *c* : *occir* 44, 2 ; *terce* 49, 2 ; *aucid* 56, 4 ; *recevent* 61, 3 ; *conducent* 61, 4 ; *faitice* 67, 4 ; *mercet* 74, 3, etc. ; avec *z* seulement *azet* (acetum) 77, 2 et *raizon* 128, 36, c'est-à-dire que *c* a dans ce texte la valeur *ts* et *z* évidemment celle de *dz* [1]. Le poème de Saint Léger n'emploie *z* médial que deux fois dans le mot *raizon*, ainsi pour représenter *ti* transformé et sans doute aussi avec la valeur *dz* [2] ; partout ailleurs le *c* palatal transformé a persisté au milieu des mots ; ainsi : *occist* 2, 2 ; *occidre* 37, 4, *reciuvre* 10, 3. Dans la Vie de Saint Alexis le *c* médial assibilé a également persisté partout où il se trouve ; il en est de même le plus souvent dans la Chanson de Roland ; cependant on trouve dans ce dernier texte *s* substitué à *c* dans la conjugaison de *faire*, ainsi *fesimes* v. 22, *fesis* v. 151, etc., de même *luises* (luces) 172, etc. ; *s* y apparaît aussi à la place de *ti*, ainsi que dans l'Alexis, par exemple : *justise* Al. 1, 2 ; *servise* Al. 123, 1 ; *raisun* Al. (Prologue) ; *raison* Rol. 5, 14, 25, etc. *traison* Rol. 16, etc. *justise* Rol. 37, etc. *amendise* Rol. 39, etc. On trouve même *z* à la place de *c* dans le Roland, par ex. *quinze* 14. Mais l'origine de ces deux textes étant douteuse sous le rapport de la langue, je ne m'y arrête pas plus longtemps ;

1. Dans les dialectes ladins le *c d'acetum* a donné en général naissance à une spirante sonore.

2. Voici ces deux vers :

Et en *raizons* bels oth sermons 6, 5.
Donc oct ab lui dures *raizons* 32, 4.

M. G. Paris (*Rom.* I, 305 et 314) les a restitués ainsi :

Et en raisons bels aut sermons
Donc aut od lui dures raisons.

Mais peut-être valait-il mieux conserver le *z* qui figure l'ancienne prononciation *dz*, que *ti* avait encore vraisemblablement à cette époque.

je ne parlerai pas davantage ici du Psautier, de Huon, etc. ; pour me borner à l'examen de monuments incontestablement français.

Dans les plus anciens que nous ayons, après ceux que j'ai examinés jusqu'ici, « Li Livres des Reis »[1], les « Sermons de Saint Bernard », et le « Guillaume d'Orange » nous voyons *c* persister, quand il est resté sourd, qu'il représente *c* et *ti* transformé ; à côté de cette notation on trouve dans les Livres des Rois *zc*, par exemple *esleezciez* p. 6 ; *sz* dans *esdresze* p. 7 et *sc* dans *esleescie* p. 6, *blesciez* p. 68 ; cette dernière notation se rencontre également dans les Sermons, par exemple *richesces*, — à côté de *richeses*, il est vrai, — et dans le Guillaume d'Orange, ainsi : *dresce* B. Chr. ; 62, 21 ; *proesce* id. 64, 19 etc. On trouve aussi, notation exceptionnelle, *z* dans les Sermons, par exemple *auzoïs*, 568 ; *fazon*, 528. 532, etc. ; *tenzon* 567. Quant au *c* transformé en spirante sonore, représenté jusque là encore par *z*, il l'est bientôt le plus souvent par *s* ; ainsi on trouve avec *z dezoit* (dicebat) dans les Sermons, *quinze* dans le Guillaume, *treze* dans les Livres des Rois, mais avec *s*, *gésir* Chr. 63, 17, *gisent* G. O. B. Chr. 65, 41 ; *oisels* L. R. ; *raison* Chr., 75, 17 ; *tison* S.B. etc. ; on trouve même *s* substituée seule à *c* ou à *ti* dans quelques mots où ces sons sont sourds aujourd'hui, ce qui semblerait faire croire que la spirante y était sonore autrefois ; c'est ce que peut faire supposer du moins l'orthographe des mots *covise*, S.L.B. ; *juise*, Ps. I, 6 ; *sacrifise* L.R. ; *servise* L. R. et G. O. ; *ruysel* S. B., *sausoie*, Guesc. etc.[2].

Les monuments postérieurs donnent lieu à des observations analogues ; la spirante sourde y est généralement représentée par *c* ; *z* n'y apparaît que comme exception encore plus rare que dans les monuments précédents, par exemple *comenza* dans le Roman de Troie B. Chr. 157, 19. Mais déjà on trouve *ss* au lieu de *c* ; ainsi *ruissel* dans la Romance de Couci v. 38, *parosses* dans le poème de Thomas le Martyre, v. 132 ; *vermissels* même dans les Sermons de saint Bernard, p. 535. Cette transcription rare encore jusque-là devient fréquente au XIVᵉ siècle ; ainsi *avarisse* (Brut), *chausses* Liv. des Mét., *hérisser* Ménag., *poussin* (Rom. de la Rose) v. 9399, etc., elle prouve que *c* avait alors perdu la valeur *ts*. Quant à la spirante sonore elle est presque

1. J'avais admis d'abord, sur l'autorité de M. Le Roux de Lincy, que les Livres des Rois étaient un texte français ; mais après examen il me paraît incontestable que c'est un texte normand, copié par un scribe français.

2. En berrichon on dit encore *saulzaie* (*sauzaie*.)

toujours représentée par *s;* ainsi *damoisele* (Chevalier au Lyon), *gésir*, *pleisir* (Saint Graal), *raison, oreisun* (Bestiaire), etc; *z* apparaît aussi, en particulier, dans les composés ou les dérivés de *decem*, et il a persisté jusqu'à nos jours à côté de *s* comme signe de la spirante sonore provenant de la transformation du *c* palatal médial; *z* a disparu, au contraire, avec *zc*, *sc*[1], et *sz*, comme signe de la spirante sourde, qui n'est plus représentée que par *c* ou *ss*, complication bien inutile encore de notre système orthographique; au lieu de quatre signes, il eût été plus simple, en effet, de n'en avoir que deux, *c* pour représenter la spirante sourde, *z* comme signe de la sonore.

Quoi qu'il en soit, *c* médial a persisté dans les mots suivants et leurs dérivés :

LAT.	V. FRANÇ.	FR. MOD.
*aciarium	*acer* Rol. *acier* Sax.	*acier*
antecessorem	*ancessor* Al.	*ancêtre*
arcionem	*arcon* G. O.	*arçon*
bilanciam	*balance* Rol.	*balance*
bisacciam	—	*besace*
cancellare	*chanceler* Ronc.	*chanceler*
cipere (con-, de-, per-, re-)	*concoivent* Job	*con,-de,-per-, re-* (*cevoir*)
cisare (in, præ)	—	*inciser*, *préciser*
commercium	—	*commerce*
complicem	*complice* G. Ross.	*complice*
cisum (con-, præ-)	—	*concis*, *précis*
coriaceum	*corias* Percef.	*coriace*
decembrem	—	*décembre*
decessum	*deces* Al.	*décès*
discipulum	*deciple* L. Ps.	*disciple*
*excorticeam	*escorce* Romanc.	*écorce*
incingere	*ensaint* E. D.	*enceindre*
incensum	*encens* Rol.	*encens*
speciem	*espice* Rose *espesses* Aleb.	*espèce*, *épice*
faciem	*face* Couci	*face*
facilem	—	*facile*
Franciam	*France*	*France*
focaciam	*fouasse* Duc.	*fouace*
glaciem	*glace* Couci	*glace*

1. *sc* a persisté dans le seul mot *vesce* (viciam).

*grimaciam	*grimace* Jeh.	*grimace*
*hamecionem	*amecon* Graal	*hameçon*
lanceam	*lance* Rol.	*lance*
*macionem	*macon* L. M. *massone* E. D.	*maçon*
medicinum(am)	*medecine* L. Ps.	*médecin(e)*
mercedem	*merciz* G. O.	*merci*
*minaciam	*manatce* Eul.	*menace*
monticellum	*muncel* Rol.	*monceau*
navicellam	*nacele* Al.	*nacelle*
necessariam	*necessaire* L. R.	*nécessaire*
nutricem	*nurrice* Rol *norisse* GR.	*nourrice*
occidere	*ocire* L. R.	*occire*
officium	*office* L. R.	*office*
unciam	*unce* L. R.	*once*
*penicellum	*pincel* L. M.	*pinceau*
pumicem	*ponce* Oresme	*pouce*
ponti-, punicellum	*ponciel* Chr. — XVIe s.	*ponceau*
pollicem	*pols* Berte *pousse* Vilh	*pouce*
principem	*prince* G. O.	*prince*
pulicem	*pulce* L. R.	*puce*
*pulicellam	*pulcella* E. *pulcele* L. R.	*pucelle*
*radicinam	*racine* R. C.	*racine*
*ramicellum	*rainsel* R. C.	*rinceau*
sacrificium	*sacrefise* L. R.	*sacrifice*
suspicionem	*soupecon* Sax.	*soupçon*
vacillare	*vaxiller* E. D.	*vaciller*, etc.

Il en est de même des composés de *céder, céler, ceindre, cens, citer,* et de *cide* dans *parricide, fratricide,* etc. Le *c* médial a également persisté, on le comprend sans peine, dans un certain nombre de mots d'origine plus ou moins savante comme *acerbe, acérer, acide, cancer, cicatrice, décent, docile, exceller, félicité, matrice, orifice, pernicieux, populace, récent, ulcère, véloce, vice-, vicinal, villace,* etc.

Au contraire *c* a fait place définitivement à *ss* entre deux voyelles ou à *s* après une consonne, notation bizarre qui trouble la régularité de l'orthographe, dans les mots suivants : 1° à *ss* :

LAT.	V. FR.	FRANÇ. MOD.
bacchinon	*bacin* Ronc.	*bassin*
*brachiam	*brace* Rose	*brasse*
calceas	*chauces* Ronc.	*chausses*
calciatam	*chaucie* Berte	*chaussée*

* crocciam	*croce* Rol.	*crosse*
?	*hericer* Ch. au lyon.	*hérisser*
* ericionem	*hericon* L. Ps.	*hérisson*
faciam	*face* Rol.	*fasse* (que je)
glocire	—	*glousser*
* galbiniciam	*jaunisse* Rose	*jaunisse*
junicem	*genice* Ren.	*genisse*
parœciam	*parosse* Th. le Mart.	*paroisse*
pelliciam	*pelice* Sax.	*pelisse*
* pullicenum	*pulcins* L. Ps.	*poussin*
rivicellum	*ruissel* Couci	*ruisseau*
salicetum	*sausoie* Guesc.	*saussaie*
* vermicellum	*vermissels* S. B.	*vermisseau*

et en particulier dans les dérivés en *acius*, *bécasse* (*beccaciam), *bestiasse* (*bestiaciam), *cognasse* (*cotonaceam), *crevasse*, *crevace* L. Ps. (*crepaciam), *cuirasse* (*coriaceam), *lavasse* (*lavaciam), *liasse* (*ligaciam), *mollasse* (*mollacium), *paillasse* (*paliaceam), *têtasse* (*testaciam), *tirasse* (*tiraciam).

2° à *s* :

hirpicem	*herce* L. R.	*herse*
panticem	*pance* Rose	*panse* [1]

Dans quelques mots l'orthographe, preuve de l'arbitraire qui y règne, a hésité entre les formes *ss* et *c* ; ainsi on trouve *galéace* et *galéasse* (*galeaciam), *pinace* et *pinasse* (*pinaciam). D'autrefois la langue a affecté à chaque forme du mot une signification différente, comme dans *bonasse* (trop bon) et *bonace* (calme plat). Enfin dans le mot *vesce*, *c* est remplacé par *sc*, comme si ce mot venait non de *viciam*, mais de *visciam*.

Les mêmes transcriptions ont eu lieu pour *ti* transformé ; ainsi cette spirante est représentée par *c* dans *agencer* (*agentiare), *ancien* (*antianum), *annoncer* (annuntiare), *astuce* (astutiam), *avancer* (*abantiare), *chance* (*cadentiam), *commencer* (*cuminitiare), *confiance* (confidentiam), *enfance* (infantiam), *espace* (spatium), *espérance* (sperantiam), *exaucer* (*exaltiare), *force* (*fortiam), *grâce* (gratiam), *jouvence* (juventiam), *justice* (justitiam), *linceul* (linteolum), *malice* (malitiam), *nonce* (nuntium), *nièce* (*neptiam), *noces* (nuptias), *pièce* (*petiam), *place* (plateam), *police* (politiam), *puissance* (potentiam),

1. Cf. Littré, *Dictionnaire* s. v. — Diez, *Gram.* II 316.

séance (* sedentiam), *service* (servitium), *sévice* (sævitiam), *silence* (silentium), *tancer* (*tentiare), *tiercer* (tertiare), *vengeance* (*vindicantiam), etc. Il tient la place de *cti* ou *pti* dans : *façon* (factionem), *leçon* (lectionem), *poinçon* (punctionem), *rançon* (redemptionem), *suçon* (suctionem).

ss s'est, au contraire, substitué à *ti* transformé dans *bâtisse* (?), *boisson* (*bibitionem), *chasse* (*captiam), *écusson* (scutionem), *forteresse* (*fortalitium), *hausser* (*altiare), *justesse* (justitiam), *largesse* (largitiam), *liesse* (letitiam), *masse* (* mateam), *mollesse* (mollitiam), *noblesse* (nobilitiam), *nourrisson* (nutritionem), *paresse* (pigritiam), *saucisse* (salsitiam), *tristesse* (tristitiam), *trousser* (* tortiare), *trémousser* (* transmotiare), *vousser* (*voltiare). Il tient la place de *cti* dans : *cuisson* (coctionem), *détresse* (*districtiam), *dresser* (*drictiare), *frisson* (frictionem), *plisser* (*plictiare). Enfin on trouve *s* sourd substitué à *ti* dans *chanson* (cantionem)[1].

La spirante sonore résultant de la transformation du *c* a été, comme je l'ai dit, représentée en général par *s* entre deux voyelles, par *z* après une consonne et dans quelques mots aussi, — la plupart dérivés de *decem*, — entre deux voyelles. On trouve *s* sonore dans les mots :

LAT.	V. FR.	FR. MOD.
*aucellum	*oisel* Rol.	*oiseau*
coquinam	*quesine* L. R.	*cuisine*
* culicinum	—	*cousin*
*cruciare	*croiser* Berte	*croiser*
dicimus	*disons* B. Chr.	*disons*
* dominicellam	*damoisele* Rose	*demoiselle*
*dominicellum	*damisel* Ronc.	*damoiseau*
ducimus	*duisons* B. Chr.	*duisons*
facimus	*faisons* B. Chr.	*faisons*
jacere	*gesir* Rol.	*gésir*
licere	*leisir* Rol.	*loisir*
lucimus	—	*luisons*
mucere	*muisir* Rut.	*moisir*
nocemus	—	*nuisons*
*pacibilem	*paisible* L. R.	*paisible*

1. Cf. Brachet. *Dictionnaire*, s. v. *agencer*. Inutile de dire qu'au Moyen-Age l'orthographe des mots en *ss* était ordinairement différente ; ainsi on trouve : *chacier* G. O. 116, *chancon* G. O. 12, etc.

placere	*plesir* Couci	*plaisir*
racemum	*reisin* Liv. des mét.	*raisin*
reticellum	*roisel* Ren.	*réseau*
tacemus	—	*taisons*
vicinum	*voisin* Ronc.	*voisin.*

Il en est de même au présent du subjonctif de *duire*, *gire*, *luire*, *moisir*, *nuire*, *plaire*, *taire*, ainsi qu'au même temps de *dire*, où le *s* représente un *c* vélaire primitif, devenu palatal par le changement de l'*a* de la terminaison en *e*.

Dans les mots suivants et leurs dérivés, *c* a été remplacé non par *s*, mais par *z* :

*decianum (am)	—	*dizain(e)* [1]
undecim	*onze* Rol.	*onze*
duodecim	*douze* Rol. Vilh.	*douze*
*duodecianam	*dozaine* Rol.	*douzaine*
tredecim	*treze* L. R.	*treize*
quatuordecim	*quatorze* Sax.	*quatorze*
quindecim	*quinze* Rol.	*quinze*
sedecim	*seize* Berte	*seize*

ainsi que dans :

*dominicellam	*domnizelle* Eul.	*donzelle*
duciculum	*douisil* D. C.	*donzil*
lacertum, lacertam	*lisarde* Br. Lat.	*lézard*, *lézarde* [2].

La spirante sonore *s* s'est aussi substituée à *ti* transformé dans un certain nombre de mots, *z* au contraire n'en a pas pris la place[3]. Exemples : *aiguiser* (acutiare), *amenuiser* (*adminutiare), *arbouse* (arbuteam), *cargaison* (*carricationem), *exhalaison* (exhalationem), *glaise* (gliteam), *inclinaison* (inclinationem), *liaison* (ligationem), *livraison* (liberationem), *oiseux* (otiosum), *poison* (potionem), *priser* (*pretiare), *puiser* (*puteare), *raison* (rationem), *refuser* (*refutiare), *saison* (sationem), *tison* (titionem), *trahison* (traditionem); *venaison* (venationem).

Ainsi, tout borné qu'il est, le nombre des spirantes sonores

1. Dans *dixième*, *x* représente une spirante sonore, mais il faut voir dans ce mot plutôt un dérivé du français *dix* que du latin *decimum*, circonstance qui explique l'anomalie orthographique qu'il présente.

2. *Lézerte* dans le patois auvergnat.

3. *Bronze* par. ex. où on le trouve est d'origine italienne.

résultant de la transformation du *c* palatal et de *ti* suivi d'une voyelle a encore une certaine importance, quoique de beaucoup inférieur à celui des spirantes sourdes de même origine; il semble même que la langue pour ne pas s'amollir, après avoir dans un certain nombre de mots, comme nous avons vu, donné la préférence aux sonores, s'en est tenue définitivement aux sourdes, plus rudes et par suite plus énergiques. Quoi qu'il en soit de ce fait, après cette étude peut-être un peu longue des transformations du *c* palatal médial, j'arrive à celles du *c* final.

L'hésitation que la langue a montrée dans la représentation du premier, se retrouve dans celle du second, et si elle s'est bornée définitivement aux signes *s* et *x*, pour en tenir lieu, elle a longtemps employé concurremment *z* et même *c*, et sans règle certaine *s* et *x*. Cependant le choix de ces signes n'a pas été complètement arbitraire. Le *c* ayant naturellement à la fin des mots une valeur gutturale, il était difficile de le garder comme signe d'une spirante dentale, aussi disparut-il bientôt dans les mots où il était devenu final par l'apocope de la terminaison, et ne se rencontre-t-il qu'exceptionnellement ; ainsi *anc* Huon, *brac* id. et Gér. Ross., *chauc* Aleb. f. 341 (Littré), *douc* B. Chr., *fauc,* Taill. (id.), *foic* Sax. etc. Il fit d'abord place à *z*. Cette lettre, qui servait d'ordinaire à représenter *t* suivi de *s*, à la fin des mots, ou *s* précédé de *l*, par ex. : *granz* Pas., Saint Lég., Rol., *forz* Rol., *piz* id. *fiz* Best. *chalz* Rol., etc., se présentait tout naturellement pour remplacer le *c* final ; elle devint bientôt aussi d'un usage général ; ainsi *braz* Rol. 597 ; *berbız* Thom. Mart. v. 120 ; *cruz* Pass. 57, 2 ; *cruiz* Rol. 2504 ; *dulz* Rol. 1861 ; *feiz* Rol. v. 567 ; *lariz* Rol. 1084 ; *noiz* Pass. 78, 2 ; *peiz* Rol. 1635 ; *perdriz* L. R. ; *suriz* Bat. Al. 3986 ; *voiz* Rol. 1757, etc. Mais quand à la fin des mots la spirante issue du *c* transformé se fut affaiblie du son *ts* ou *dz* en *s* ou *z*, *z* fit alors, comme au milieu des mots, place à *s* ; ce dernier signe apparaît de très-bonne heure et finit — avec *x* toutefois — par se substituer complètement à *z*[1]. Ainsi on a : *bras* Rol. ; *brebis* Rose ; *crois* Vilh. ; *dis* Rol. v. 41 ; *dous,* Rose 2683 ; *fais* Rol. 76 ; *fois* Ronc. ; *nois* Sax. ; *pais*, id. ; *pois* Vilh. ; *perdis* Rose v. 20348 ; *suris* L. R. ; *vois* Sax.

1. *z* d'un si grand usage autrefois à la fin des mots (cf. sur son emploi Gast. Paris *Alexis*, p. 99), ne s'est conservé qu'à la place de *s* dans les mots *chez* (casam), *nez* (nasum), *rez* (rasum), ou de *ts* dans *assez* (adsatis), *lez* (latus).

Il eût été désirable qu'on s'en fût tenu à ce mode de représentation de la spirante finale, mais bientôt *x* fut employé, concurremment avec *s*, pour en être le signe. *x*, destiné à représenter d'abord *cs*, comme on le voit par l'orthographe du mot *amix* (S. Lég. 19, 4) comparé à *amics* (Pas. 38, 1), fut aussi, surtout à partir du XIIIe siècle, employé à la place de *ls* ou même de *s* seule; ainsi : *biax* G. O., *batiax* G. A., *chevax* Gr., *ciex*, *fix*, *genox* Huon ; *mantiax* id. ; *oisiax* G. A. ; *paradix* R. Al. *solax* id. ; *vassax* Huon ; *Dex* G. O., etc. On s'en servit également comme signe du *c* final assibilé dans la plupart des mots qui ont *x* = *cs* au nominatif latin et dans deux ou trois autres ; par exemple : *berbix* S. B. 526 ; *cax* Rou 10211 ; *croix* S. Lég. 25, 2; *dix* Brut; *doux* Frois. III, 14. *faux* La Char. 3100, *faulx* Frois.; *faix* Frois; *noix* XVe siècle; *paix* S. B. 547, Frois.; *perdrix* Ch. d'Ant. III, 181 ; *voix* Rom. Coucy. 19[1].

Tandis que *z* a complètement disparu comme signe du *c* final transformé en spirante, *x* et *s* ont persisté dans la plupart des mots où ils se sont substitués dès le Moyen-Age; *s* est resté dans les suivants :

LAT.	V.FR.	FR. MOD.
bracchium	*braz* Rol. Ben.	*bras*
vervex, vervecem[2]	*berbiz* Th. mart.	*brebis*
vix, vicem	*feiz* Rol., fois Couci	*fois*
nidax, nidacem	*niais* Br. Lat.	*niais*
radix, radicem	*radise* R. Alex.	*radis*
sorix, soricem	*suriz* Bat. d'Ales.	*souris*

ainsi que dans les dérivés en *acius* et *icius* : *bourras*, *coutelas*, *échalas*, *embarras*, *fatras*, *platras*, *tracas*, et *abatis*, *chablis*, *chassis*, *coulis*, *éboulis*, *gâchis*, *hachis*, *lattis*, *lavis*, *levis*, *logis*, *poestis* v., *roulis*, *taillis*, *traitis* v. *troussis*, *voutis* v.

Au contraire, *x* a pris définitivement la place du *c* dans les mots:

calx, calcem	*cax* Rou.	*chaux*
crux, crucem	*cruiz* Rol. *crois* Vilh.	*croix*
decem	*diz* Rol. *dis* Ronc.	*dix*
dulcis, dulcem	*dulz* Rol. *dous* Berte	*doux*
falx, falcem	*fauz* La Char.	*faux*
fascis, fascem	*fais* Rol. *fès* Rut.	*faix*

1. Cf. Littré. *Dictionnaire*, s. v. — 2. Changé en *berbicem*. L. Sal.

nux, nucem	*nouiz* St Gr. *nois* Sax.	*noix*
pax, pacem	*pais* Rol. Vilh.	*paix*
pix, picem	*peiz* Rol. *pois* Vilh.	*poix*
perdix, perdicem	*perdrix* L.R. *perdis* Rose	*perdrix*
vox, vocem	*voiz* Rol. *vois* Sax.	*voix* [1].

Ainsi des signes nombreux employés par l'ancienne langue pour représenter la spirante provenant de la transformation du *c* palatal, il est resté au commencement des mots où elle est toujours sourde, *c* et exceptionnellement *s*; au milieu *c* (*ç*) et *ss* (*s ç* après une consonne), quand elle est sourde, *s* et *z* quand elle est sonore, enfin *s* et *x* à la fin des mots, auquel cas elle est muette devant une consonne, et sonore en général—quelquefois aussi elle reste muette — devant une voyelle. Nous allons voir que le provençal a procédé d'une manière un peu différente.

IIº *Du c palatal transformé en provençal.*

Les signes *c*, *s*, *ss*, *z* ayant eu et ayant en provençal la même valeur à peu près qu'en français, les observations générales que j'ai faites sur leur emploi pour la représentation de la gutturale dans cette dernière langue s'appliquent aussi à l'usage qu'en a fait le provençal; je ne les répéterai donc pas ici. Un fait distingue cependant les deux idiomes à cet égard, c'est que le provençal ne connaît pas *x*, ni le français *tz*, comme signe de la palatale transformée finale ; le provençal a de bonne heure aussi abandonné l'usage du *c* pour représenter le son *ts* ou *s* devant une voyelle non palatale, tandis que le français l'a, nous avons vu, assez souvent conservé dans ce cas. Il en est de même en catalan [2]. Voyons comment le provençal proprement dit a procédé, en commençant par le *c* initial.

Dans le Boëce, le plus ancien monument provençal, *c* initial a persisté presque partout; ainsi *cil* (ecc'illum) v. 70, 213, *cel*

1. Littré, id. — Diez, *Gram.*, II, 316.
2. Les poésies religieuses, publiées en 1842 par Im. Bekker, dans les *Abhandlungen der berliner Akademie der Wiss.*, nous montrent aussi *c* (? *ç*) au milieu, et, ce qui est plus surprenant, même à la fin des mots; mais c'est là un système orthographique propre au copiste, et dû peut-être à ce qu'il était d'origine française. On peut en dire autant à plus forte raison de la Ballade publiée par Bartsch, *Chr.*, 107, d'après le manuscrit fr. de la Bibl. Nat., anc. 1989, et dont les formes provençales ont été même par place remplacées par le scribe par des formes françaises.

(cœlum) v. 74, 98, 146, 157, 168, *co* (ecc'hoc) v. 243; *cerca* v. 238; cependant il a été remplacé par *z* dans le mot *zo*, v. 47, 106, 196, 207, 228, 232, 237, 248, 257, substitution qui s'explique sans peine, le copiste de ce poème n'ayant point connu la notation *ce* ou *ci*, usitée par nos anciens scribes. D'ailleurs ce mode de transcription prouve lui-même que le *c* devait encore alors avoir la valeur *ts*, ce qui est vrai du *c* médial comme du *c* initial. Il ne dut pas toutefois la conserver longtemps après l'époque où fut écrit ce poème; quoique la langue paraisse avoir hésité souvent encore entre le son *ts* et *s*. Dans les « Poésies religieuses en langue d'oc », publiées par M. Paul Meyer d'après les manuscrits 1139 et 1743 de la Bibliothèque nationale[1], et regardées souvent comme le monument en langue provençale le plus ancien après le Boèce, nous trouvons à la place de *zo* ou *co*, suivant l'orthographe du scribe de ce dernier poème, *so* par un *s*; transcription qui s'explique difficilement, si l'on ne suppose que le *c* initial avait alors le son de *s* sourd; il est vrai on trouve encore *zo* et non *so* dans les trois Sermons limousins publiés également par M. P. Meyer[2]; mais dans les monuments postérieurs *z* initial n'apparaît plus qu'exceptionnellement à la place de *c*, par exemple dans *zai* dans une charte de 1122[3]; et il y est presque toujours devant une voyelle non palatale représenté par *s*. Il y a plus, *s* se substitue aussi à *c* suivi d'une voyelle palatale, ainsi *sembel* pour *cembel* dans le Girart de Rossilho, B. Chr. 33, 39 et 34, 15; et si cette orthographe, absolument inexplicable si *c* n'avait pas alors un son analogue à celui de *s* sourd, est rare dans les monuments du XIIe siècle, elle devient fréquente dans ceux du XIIIe; et à partir de la seconde moitié de ce siècle, les scribes emploient non-seulement indifféremment *s* pour *c* initial, mais parfois même *c* pour *s*, p. ex. *cenhor* et *senhor* (seniorem) dans Lunel de Monteg, B. Chr. 356, 3 et 355, 3; *ceser* pour *sezer* (sedere) dans Guillem de Cerveira, B. Chr. 298, 23, etc. Ainsi on ne peut douter que, comme un peu plus tard dans la langue d'oïl, le *c* initial provençal n'ait pris la valeur de *s* sourd; il en fut de même le plus souvent, comme nous allons voir, du *c* médial[4].

1. *Bibliot. de l'École des chartes*, 1860.
2. *Jahrb.*, VII, 78.
3. *Layettes du trésor des chartes*, par A. Teulet, p. 45.
4. Un témoignage contemporain confirme ces conclusions, « *c* sona un petit mays fort que *s* » dit l'auteur des Leys d'amor (II, 54), marquant ici, ce semble, la différence qui aurait existé entre le *c* et l'*s*

Mais tandis que, malgré la confusion du son, l'ancien français, comme le français moderne d'ailleurs, n'a jamais substitué qu'exceptionnellement *s* à *c* initial, en provençal cette substitution a eu lieu pour presque tous les mots, que le *c* étymologique fût suivi d'une voyelle non palatale ou d'une voyelle palatale [1], avec cette différence toutefois que dans le premier cas *z* s'est d'abord substitué à *c* pour être ensuite définitivement remplacé par *s*, tandis que dans le second il y a eu directement substitution de *s* à *c*. Les exemples suivants montreront comment le *c* palatal latin a été traité au commencement des mots :

LAT.	z = c	ç = c	s = c
ecc'hac	*zai* Lay., 45		*sai*
ecc'hoc	*zo* B.	*ço* B. V. 243.	*so* 31, 24 [2]
cœcum	—	*cec* 179, 18	*sec* 374, 11
ecc'illum	—	*cel* 36, 28; *celh*	*sel* 280, 10 *selh* 276, 2
cœlum	—	*cel* 40, 35	*sel*
celare	—	*celar* 22, 23	*selar*
cellarium	—	*celier*	*selier*
cymballum	—	*cembel*	*sembel* 33, 39
cœnam	—	*cena* 7, 29	
centum	—	*cen* 11, 23	*sen* 290, 2
cingere	—	*cenher* 31, 16	*senher*
cincturam	—	*centura* 261, 21	*sentura* 293, 29
cercare	—	*cercar* 41, 33	*sercar* 253, 28
certum	—	*cert* 27, 31	*sert* 278, 35
cervellum	—	*cervel* 202, 19	*servel* 326, 23
cervum	—	—	*ser* 283, 1
cessare	—	*cessar* 325, 4	*sessar* 396, 37
ecc'istum	—	*cest* 43, 4	*sest* 253, 35
cymam	—	*cima* 197, 3	*sima* 338, 3
cinque	—	*cinc* 113, 22	*sinc* 294, 23

sonore bien plus qu'entre *c* et *s* sourd, lesquels se confondent, tandis que les premiers sont toujours distincts.

1. Le vers suivant de Flamenca, où nous trouvons *c* et *s* l'un à côté de l'autre,

Mas ben i ac plus de *cinc sen* v. 520.

montre avec quelle indifférence les scribes employaient ces deux signes au commencement des mots.

2. Les exemples qui, comme celui-ci, ne sont pas accompagnés de désignation particulière sont tirés de la Chrestomathie de Bartsch.

circulum	—	—	*sercle* 292, 23
civitatem	—	*ciutat* 22, 22	*sieutat* 388, 7
			etc.

Comme en français, il faut pour le *c* médial transformé distinguer en provençal entre la spirante sourde et la sonore. Nous avons vu que dans la langue d'oïl celle-ci fut de bonne heure représentée par *z*, puis par *s*; il en a été de même dans la langue d'oc ; cependant soit qu'il y ait eu hésitation de la langue entre la spirante sourde et la sonore, soit que les scribes aient été embarrassés pour les représenter, il y a eu souvent confusion, dans les premiers temps du moins, dans les signes qui les figurent. Ainsi dans le Boèce[1], tandis qu'on trouve écrits avec *c* *marce* v. 76, *aucis* v. 181, *tristicia* v. 221, mots où le *c* représente évidemment la sourde *ts*, et, au contraire, avec *z*, *razo* v. 50 et 234, *donzella* v. 215 et 244, *auzil* v. 226 et 231, où *z* doit représenter la sonore *dz*, on a avec *z* *traazo*, v. 57, et avec *c*, *traïcio* v. 236, mot dont la spirante paraît aussi avoir été sonore ; de même dans *dicent* v. 145 le *c* a persisté, bien qu'il doive avoir ici, à ce qu'il semble bien, la valeur *dz*, comme le prouve l'orthographe de ce mot dans les Poésies religieuses, où il est écrit *dizent*. Plus tard cependant cette irrégularité tendit à disparaître, mais *s* ne se substitua pas à *z*, comme cela a eu lieu entre deux voyelles dans presque tous les cas en français, *z* subsista le plus souvent à côté de *s*, et même plus souvent que *s*. Seulement la substitution de ces deux lettres l'une à l'autre montre qu'à partir de l'époque où elle eut lieu, c'est-à-dire depuis le XIe siècle probablement — elle apparaît déjà dans les Poésies religieuses, ainsi *aiso* 1743 v. 95 ; *oraso* id. v. 246 ; — *z* n'eut plus, dans ce cas, que la valeur de *s* sonore. Il n'y a pas de doute du moins à avoir quand *z* et *s* se substituent entre deux voyelles ; les Leys d'amor disent expressément que telle était alors la valeur de *z* et de *s*, et la comparaison avec les mots français des mots provençaux où ils se trouvent l'un et l'autre en est une preuve ; ainsi dans *auzel* et *ausel*, fr. *oiseau*; *damizella* et *damaisella*, fr. *demoiselle*; *lezer* ou *luzir* et *lusir*, fr. *loisir*, etc., on ne peut douter qu'on n'ait une spirante sonore. Mais *z* a-t-il toujours cette valeur entre deux voyelles ou après une consonne, par exemple dans *pereza*, à côté du français

1. Je me sers du texte tel que M. Meyer l'a établi dans son édition faite pour l'École des chartes.

paresse, dans *plazer* à côté de *placer*, dans *donzel* à côté de *donsel?* Il faut distinguer entre les époques, et peut-être entre les dialectes. Il est certain que *z*, du moins au commencement des mots, a eu d'abord la valeur *ts*, c'est-à-dire qu'il représentait une sourde, c'est ce que prouve la transcription *zo* du Boèce et des Sermons limousins à côté de *co* du même Boèce et de *so* des autres monuments. En a-t-il été de même au milieu des mots? Peut-être à l'origine, mais il n'en put être ainsi longtemps; la substitution de *z* à *s*, entre deux voyelles, où cette dernière lettre est sonore, prouve que *z* avait aussi la même valeur; l'avait-il également, comme en français après une consonne, tandis que *s* y aurait été sourde? Les transcriptions comme *donzel* et *donsel* qu'on rencontre par exemple dans Guillaume IX de Poitiers, B. Chr. 35, 4 et 33, 33, pourraient donner des doutes à cet égard; mais si l'on remarque que très-souvent la spirante dentale précédée d'une consonne est représentée par deux *s*, orthographe entièrement inconnue au français, où une seule *s* suffit dans ce cas pour être le signe de la sourde, on sera porté à penser qu'en provençal il en était autrement, et qu'après une consonne *s* seule pouvait probablement représenter indifféremment une sourde et une sonore, l'emploi des deux *s* étant sans doute destiné à empêcher cette confusion. Ainsi on ne peut conclure, je crois, de la substitution de *s* à *z* après une consonne que *z* n'y représentait pas une sonore comme entre deux voyelles; ce qui, nous avons vu, a toujours lieu en français. Mais comment expliquer la présence de *z* médial et de *c* ou *ss* dans le même mot? Quand la spirante sourde est la forme la plus ancienne, il faut admettre que la spirante après avoir été sourde s'est changée en sonore, c'est ce qui a eu lieu par exemple pour *judici* (judicium) devenu définitivement *juzizi*. Quand, au contraire, la forme avec *c* ou *ss* est la plus récente, ou quand les deux formes *c* et *s* se trouvent dans des textes de même époque, il faut voir là ou une hésitation de la langue entre la sourde ou la sonore, ou une influence dialectale. Cependant il y a un certain nombre de mots où le *c* palatal s'est uniquement et définitivement changé en spirante sourde, cela a lieu en particulier dans les composés, en même temps que *c* y persiste aussi le plus souvent; d'autres, au contraire, où il a donné naissance à une spirante sonore. On trouve une sourde seulement, à ce qu'il semble, dans les mots suivants :

LAT.	c = c	ss = c	s = c
ad certas	*acertas* 13, 16	—	—
aciarium	*acier* 33, 31	*assier* 258, 17	—
ancillam	*ancela* 18, 19	—	—
*antecessorem	*ancessor* 393 17	—	—
*brachiam	—	*brassa* 385, 22	—
*bucellam	*bucella* 9, 44	—	—
*balanciam	—	*balanssa*	*balansa* 51, 23
cipere (con, de, re)	*cebre* (con, de, re)	*dessebre* 338, 16	—
discernere	*decernir* 198,31	—	—
*ericionem	—	*erisson* 328, 39	—
*excorticeam	—	*escorssa* Rayn.	*escorsa* 135, 2
faciam	*facia*	*fassa*	—
*juvenicellum	*jovencel* 34, 11	—	*jovensel* 303, 9
lanceam	—	—	*lansa* 31, 17
mercedem	*merce* 21, 6	—	*merse* 20, 24
minaciam	—	*menassa* 233, 7	—
*nutriciam	—	*noyrissa* Rayn.	—
*pelliciam	—	*pelissa* 57, 6	—
principem	*prince* 161, 22		*prinsi* Rayn.
provinciam	—	—	*proensa*
*suspicionem	—	—	—
vincere	*vencer* 15, 14	—	*venser* Rayn.

Il en est de même dans les dérivés en *tia*, *tio*, etc., comme *aussar* (* altiare), *speransa* (sperantiam), *massa* (mateam) *negligensa* (negligentiam), *obediensa* (obedientiam), *ordenensa* (* ordinentiam), *plassa* (plateam), *sentensa* (sententiam), *tristessa* (tristitiam), etc.

Dans les mots suivants, au contraire, la langue paraît avoir hésité entre la sourde et la sonore :

ecc'hoc	—	*aisso* 22, 19	*aizo* 12, 36	*aiso* 12, 25
ecc'illum	*aicel* 26, 37	*aissel* 175, 25	*aizel* 41, 18	—
*dulciam	—	*doussa* 27, 25	*dolza* 3, 2	*dousa* 245, 9
duodecim	*dotze* Rayn.	—	*dozen* Rayn.	—
jacere	*jacer* 46, 4	*jasser* 331, 25	*jazer* 195, 20	*jaser* 46, 27
medicinam	*metzina* 177, 35	*medissina*	*meizina* 61, 16	—
occidere	*aucire* B. 181	*aussire* 21, 915	—	*ausire* 237, 17
placere	*placer* 46, 16	—	*plazer* 48, 17	*plaser*
*radicinam	*racina* Rayn.	—	*razina*	—
tredecim	*tretze* Rayn.	—	*trezen* Rayn.	—

Il en est de même dans les dérivés en *tia* ou *tio*, *chausso*, *cauzo* ou *causo* (cautionem), *faisso*, *faizo* (factionem) *gracia* et *grasia* (gratiam), *leisso* et *leizo* (lectionem), *riquessa*, *riqueza* et *riquesa* (* richitiam), *traicio*, *trassio*, *traazo* et *traisio* (traditionem), etc.

Au contraire il semble bien que dans les dérivés suivants on n'ait qu'une spirante sonore :

acetum	*azet* Rayn.	—
*aucellum	*auzel*, *auzil* B.v.226	*ausel*
dicimus	*dizem* 370, 31	—
*dominicellum	*donzel* 35, 4	*donsel*
ducimus	*duzem*	—
duciculum	*douzil*	—
faciendam	*fazenda* 66, 31	*fasenda* 333, 34
licere	*lezer* 91, 25	*leser* Roch.
lucere	*luzir* 31, 15	*lusir*
placere	*plazer* 48, 17	*plaser*
undecim	*onze* 77, 13	*onse* cat.
quatuordecim	*quatorze* 209, 9	*catorse* cat.
quindecim	*quinze* 218, 11	*quinse* cat.
sedecim	*seize* 76, 17	*seisen* Rayn.
racemum	*razim* Rayn. v, 51	*rasim* 289, 39
tacere	*tazer* 100, 30	—
vicinum	*vezi* 68, 5	*vesi* 335, 5

Il en est de même dans les dérivés en *tia* ou *tio*, *tionis* ; *abuzio* (* abutionem), * *alteza* et *altesa* (* altitiam), *fablazo* (fabutionem), *pereza* (pigritiam), *prezar* et *presar* (*pretiare), *quastiazo* (castigationem), *razo* et *raso* (rationem), *savieza* et *saviesa* (* sapietiam), *sazo* et *saso* (sationem), *vengaso* (vendicationem), etc.

On voit que dans la transformation de la palatale médiale, le provençal, à part cette incertitude de formes qui lui est propre, offre une assez grande analogie avec le français, il en diffère entièrement, à son époque de complet développement, dans le traitement de la palatale finale. Le Boèce nous offre *c* transformé devenu final dans *forfaz* (foris facit) v. 15, *faz* (facio) v. 79 et 90 ; *fez* (fecit) v. 52, 59, 71, 188 ; *forfez* v. 179 ; *jaz* (jacet) v. 158 ; *reluz* (relucet) v. 162. où nous le voyons représenté par *z* ; dans *fas* (facis) v. 88 et *dis* (dixit) v. 100, au contraire, il est représenté par *s*. Dans les « Poésies religieuses » publiées par M. P. Meyer d'après le manuscrit 1743 de la Bibliothèque nationale, on trouve à la fois *s*, *z* et même *tz* ; ainsi *fis* (feci) v. 128, *dis* (dixi) id. v. 129, *fes* (fecit) id. v. 144 avec *s* ; *plaz* v. 42, 22 et 220, au contraire, avec *z* ; enfin *fetz* v. 40 avec *tz*. Dans le Martyre de Saint Estève, on trouve *s* dans *pas* (pacem) v. 1 et *dis* (dixit) v. 2 p. 151. Dans les Sermons limousins, au contraire, nous avons à la fois *z* et *s*; *z* dans *fez* (fecit) II, p. 82; *diz* (dixit) II p. 83, II, 84 ; *dis* id. Il en est de même dans l'Évangile selon Saint Jean ; ainsi on a *z* dans *faz* (facio) B. Chr. 9, 2; 11, 6; 12, 6; *diz* (dicis) 10, 45; 15, 4, *paz* (pacem) 11, 42; 15, 12 ; on trouve *s* ou même *ss* — cette dernière notation, il est vrai, pour *x* — dans *fas* (facis) 9, 46 ; *diis* (dixit) 9, 12 ; 9, 39 ; *diiss* (id.) 8, 30 ; 9, 2, etc. Dans les monuments postérieurs on rencontre encore *z* et *s*, ainsi dans les poésies de Guillaume IX de Poitiers, *braz* 28, 14 ; *faiz* (facis) 28, 40 ; *diz* (dixit) 29, 22 ; et dans Girart de Rossilho *dis* 37, 22. Mais ces formes, pendant toute la période classique du provençal, sont exceptionnelles, la forme ordinaire est *tz*; ainsi dans Guillaume de Poitiers *patz* 16, 18 ; et dans Girart de Rossilho *lhutz* 31, 15; *ditz* 35, 30, etc. *vetz* 35, 29 ; *platz* 36, 1; *fetz* 36, 8, etc. *bratz* 40, 3; *crotz* 44, 8; *emperairitz* 40, 25, etc.

Cette modification orthographique témoigne d'une modification dans la prononciation ; *z* et *s* au milieu des mots, du moins entre deux voyelles, représentent une sonore, et il est difficile de leur attribuer à la fin des mots une autre valeur ; *tz*, au contraire, représente une sourde, il faut donc voir ici l'application aux spirantes de la loi par suite de laquelle le provençal ne souffre à la terminaison que les muettes sourdes ; cette loi n'était point observée rigoureusement, excepté peut-être pour les dentales, par l'ancienne langue, qui conservait souvent comme finales les sonores *b* et *g*, ou même changeait les sourdes *p* et *c* en *b* et *g* ; ainsi dans le Boèce *aprop* v. 35, *amig* v. 45, 138, 185, *fog* v. 251, 252 ; dans les Sermons *leg*, *long*, *mond* ; dans les Poésies religieuses en langue d'oc, *chab*, *gab*, *receb*, *sab*, mots qui sont devenus *amic*, *aprop*, *chap*, *foc*, *lonc*, etc., c'est-à-dire qui ont conservé la sourde médiale latine, ou ont changé la sonore en sourde[1]. Quelque chose d'analogue s'est évidemment produit pour les spirantes dentales ; à *z*, *s* sonores, — ou qui, si elles ne l'étaient pas d'abord, le devinrent vers le XIIe siècle, —

1. Cf. *Jahrb.* I, 364. On trouve aussi dans ces textes les formes *ag*, *conog*, *veng*, *volg*, au lieu de *ac*, *conoc*, *venc*, *volc*. De même dans la Passion *ag*, *fog*, *jag*, etc.

s'est substituée la sourde *tz*, qui apparaît ainsi partout où *c* devient final par la chute de la terminaison, en particulier dans les dérivés en *ax, acis; ix, icis; ox, ocis; ux, ucis*, etc., quoique à côté, comme je l'ai dit, on rencontre aussi les notations *z* et *s*. Exemples :

brachium	*bratz*	*braz* 28, 13	*bras*
*berbix, berbicem	*brebitz*	—	—
capax, capacem	*capatz*	—	—
crux, crucem	*crotz*	—	*cros* P. R. 39
decem	*detz*	—	*des* 330, 26
dicit	*ditz*	*diz* Ev. J.	—
duodecim	*dotz(e)*	—	—
facio	*fatz*	*faz* B. 79	*fas* B. 88
* formix, formicem	*formitz*	—	—
glaciem	*glatz*	—	—
* imperatricem	*emperairitz*	—	—
* jacet	*jatz*	*jaz* B. 158	—
lucet	*lutz*	(re)*luz* B. 162	—
pax, pacem	*patz*	*paz* Ev. J.	*pas*
perdix, perdicem	*perditz*	—	—
placet	*platz*	—	*plas* 34, 10
radix, radicem	*razitz, raitz*	*raiz* 364, 21.	—
sorix, soricem	*soritz*	—	—
vix, vicem	*vetz*	—	—
vox, vocem	*votz, vots* P. R. 231	—	—

Il en est de même dans les dérivés en *tium*, par exemple dans *palatz* (palatium), *pretz* (pretium), etc.

A ces signes assez compliqués de la palatale transformée, il faut ajouter la lettre double *cz* qu'on rencontre à côté de *z* et de *s*, en particulier dans les manuscrits des poésies vaudoises, pour la représenter au commencement, au milieu ou même à la fin des mots. Ainsi dans « La nobla Leyczon » : *czo* v. 8, 14, 48, 50, etc. ; *ayczo* v. 11 et 73 ; *pacz* v. 89 ; *crocz* v. 320. De même pour *ti*, *comenczar* v. 28 ; *comenczament* v. 23 ; *poissencza* v. 34 ; *fortalecza* v. 36 ; *sapiencza* v. 39. — Dans « Lo payre eternal » : *doczas* v. 5, 3, etc. ; dans « Lo novel confort » *faczent* 2, 4 ; *vocz* 11, 4 ; dans « Lo despreczi del mont », *czo* v. 7. *docz*, id., etc. On trouve encore cette notation dans un fragment de la vie de Sainte Fides d'Agen, par ex. *canczon* v. 1. Au vers 2 de ce même poème on trouve *razo* avec *z* ; de même dans « Lo novel confort » on a aussi avec *z*, *plazer* 3, 2 ; si on remarque

que dans ces deux mots la spirante est évidemment sonore, on serait porté à voir dans *cz* un signe de la sourde, tandis que les scribes qui s'en servaient réservaient *z* pour représenter la sonore, mais comme on trouve aussi *raczo* N. Lec. v. 353, *placzent* N. Conf. 11, 4 et même *placer* N. Lec. v. 455, on ne peut rien conclure de la valeur de ce signe au milieu des mots.

D'après cela nous voyons que le provençal avait, si l'on omet *cz*, quatre signes pour représenter la spirante sourde, *c* et *s* au commencement des mots ; *c* et *ss*, — *s* parfois aussi après une consonne, — au milieu ; *tz* à la fin. La sonore qui ne se trouve régulièrement, à partir du XIIe siècle, qu'au milieu des mots était représentée par *s* et *z*. Le provençal avait donc de plus que le français comme signes de la spirante *tz*, mais il n'avait point *x*, pas plus qu'il ne paraît avoir connu *sz*, *sc* et *zc*, notations exceptionnelles, il est vrai, de la langue d'oïl.

III°. — *Transformation du c palatal en s ou ç dans les dialectes italiens et ladins.*

Nous avons vu qu'encore que le *c* palatal latin se fût en général transformé en chuintante *č* dans le groupe oriental, cependant il s'y était aussi parfois changé en *ts ;* cela a lieu en roumain, surtout dans le dialecte méridional, cela a même lieu dans l'italien classique pour certains suffixes, mais surtout dans ses dialectes. On ne doit pas dès lors être surpris de retrouver dans ces divers idiomes, comme dans ceux du Nord-Ouest, les formes affaiblies de *ts ;* on les rencontre aussi dans plusieurs dialectes italiens ; ainsi on trouve à la place de *č* ou *ts*, au commencement des mots, *s* en romagnol et en piémontais, *ç* en génois et dans le sarde campidanien ; au milieu, *ss* dans le sarde logoudorien, *ç* dans le campidanien, quand la spirante est sourde, *s*, au contraire, dans le milanais, le piémontais, le romagnol, etc. où elle est sonore, quand elle n'est pas précédée d'une muette sourde. Dans les dialectes ladins du Tyrol on trouve également *ç*, au commencement et au milieu des mots, pour représenter la spirante sourde, *z* pour représenter la sonore. Voici quelques exemples de ces diverses transformations. 1° au commencement des mots :

LAT.	DIAL. LAD.	MIL.-ROM.-PIÉM.	GÉN. SARDE CAMP. ET LOG.
cœnam	*çena* tir.	—	—
cœlum	*çiel* ven.	—	—
* ceraseam	*çeriesa* ven.	—	—

cercare	*çerca* tir.	—	—
cernere	*çernir* v. *çerni* f.	—	—
certum	—	—	*çerto* gén.
cervum	*çerf* tir.	—	—
cilium	*çeje* fr.	*sign* P.	—
cymam	—	*sima* P.	—
cimicem	*çimese* ven.	*cimes* P.	—
cinerem	*çendro* tir.	*sener* P.	—
cinque	—	*sinque* ven.	—
cippum	—	—	*seppo* gén.
circinare	*çerçena* fr.	—	—
circulum	—	*serch* parm.	—
civitatem	—	*sità* P.	*çittadi* s. c.
civilem	—	*sivil* fer.	—
ecc'hoc	*çe* tir.	—	—

2° au milieu des mots ou à la fin par apocope de la terminaison :

α). *s* sourd = *ss* ou *ç*.

accia it.	*açe* fr.	—	—
brachium	*braç* fr.	—	—
calcem	*ćauç* tir.	—	*causi* sic.
cornicem	*curniç* fr.	—	—
crucem	*cros* Ist.	—	—
decimum	—	—	*deçimu* s. c.
docilem	—	—	*doçili* s. c.
faciem	*façe* fr.	—	—
falcem	*falç*. fr. *fauç*. tir.	—	—
faucem	*foç* fr.	—	—
felicem	—	—	*feliçi* s. c.
fecem	*feçe* fr.	—	—
forficem	*forfes* tir.	—	—
glaciem	*glaçe*, *glaç* tir.	—	—
judicem	*judiç* fr.	—	—
laqueum	*laç* fr.	—	—
laricem	*lariç* fr. *lares* tir.	—	—
lucem	*luç* fr. *lus* tir.	—	—
officium	—	—	*offissiu* s. g.
pacem	*paç* tir. *pas* Ist.	—	—
picem	*peçe* tir.	—	—
placere	*piaçer* tir. fr.	—	—
pulicinum	*pulçin* fr.	—	—

(e)ricium	*riç* fr.	—	—
* querciam	—	—	*cersa* sic.
sacrificium	—	—	*sacrifissiu* s.
soricem	*sores* tir.	—	—
viciam	*veçe* fr.	—	—
vincer	*vençer* tir.	—	—
vocem	*voçe* tir.	—	—

Il en est de même dans les diminutifs romagnols formés à l'aide des suffixes *cellus* et *cinus*, par exemple : *alsena* (alicinam), *assicena* (assicinam), *budsella* (botticellam), *cardsena* (carticinam), *dindsell* (it. denticello), *purdsena* (porticinam), *pundsell* (ponticellum), etc. [1].

β). *s* sonore = *z* ou *s*.

acetum	*azed* fr., *azeo* tir.	—	—
acinum	*azin* fr.	—	—
cimicem	*cimese*	—	—
coquinam	*cuzine* fr.	—	—
(con)ducere	(con)*duzi* fr.	—	—
placere	—	*piasi* p.	—
recinctum	*rezint* fr.	—	—
tacere	*taze* fr.	—	—
vicinum	*vizin* fr.	*vesin* mil.	—
vocem	—	*ose* ven.	— [2]

On trouve aussi en portugais, à la place du *c* palatal latin, *ç* et *z* avec la même valeur qu'en français ; mais ces signes, s'ils ne se prononcent point aujourd'hui comme en espagnol, ayant été à l'origine employés en portugais à peu près comme dans cette langue, il ne faut point séparer l'étude des transformations du *c* palatal dans les deux idiomes hispaniques. Elle fera l'objet principal du chapitre suivant.

1. Muss. *Darst. der rom. Mund.* p. 35 et 52.
2. Biond. id. — Schnel. id. — Asc. id. — Spano, id. passim.

CHAPITRE VII.

TRANSFORMATION DU C PALATAL EN ESPAGNOL ET EN PORTUGAIS. — SON CHANGEMENT EN θ ET ð DANS LES DIALECTES PROVENÇAUX ET LADINS.

Dans l'affaiblissement de *ts*, issu de la transformation du *c* palatal, il peut se faire que le *t* ne disparaisse pas seulement, mais encore que la spirante qui subsiste, d'alvéolaire ou de dorsale qu'elle était et qu'elle est restée en provençal et en français, devienne dentale proprement dite θ ou ð, son qui prend naissance comme nous avons vu, quand la pointe de la langue, au lieu de s'appuyer contre le palais ou les gencives supérieures, vient se poser contre les dents, ou mieux entre les dents. Cette transformation du *c* palatal, la dernière qu'il nous reste à étudier, comme elle est aussi la plus extérieure et par suite la plus récente, s'est produite en espagnol, dans le savoyard, dans quelques dialectes de la Suisse romande et de l'Italie septentrionale, ainsi que dans plusieurs dialectes ladins.

L'absence d'anciens monuments ne nous permet pas de suivre dans ces derniers idiomes les modifications successives de la spirante sortie du *c* palatal latin, mais il n'en est pas de même en espagnol et en portugais, c'est l'historique de ces divers changements qu'il me faut d'abord faire.

I° *Du c palatal transformé en ancien espagnol.*

L'espagnol n'a aujourd'hui que deux signes pour représenter le *c* palatal transformé, *c* devant *e* et *i*, *z* devant les autres voyelles, ou devant les consonnes; il n'en était pas de même dans l'ancienne langue, qui distinguait, grâce à des notations différentes, des sons originairement différents, mais aujourd'hui confondus.

Le plus ancien monument authentique de la langue espagnole de quelque étendue « El misterio de los reyes magos », qu'Amador de los Rios suppose être du XI° siècle, n'a que deux signes, du moins d'après l'édition de Lidforss, pour la palatale transformée *c* et *z*[1]; *c* apparaît seul au commencement des mots, ainsi

1. *Jahrb.*, XII, 46-52. Dans l'édition donnée par Amador de los Rios il y en a quatre : *c*, *ç*, *z* et *s*.

certas v. 24, *celo* v. 37, *cilo* v. 43, etc. Au milieu on trouve à la fois *c* et *z*, *c* dans *nacida* v. 4 et 95; *nacido* v. 5, 15, 24, 30, 40, 48, 56, 80, 86, 96, 135; *pace* v. 25 et 87; *facienda* v. 34; *acenso* v. 70; *encenso* v. 74; *occidente* v. 27; *ofrec(e)remos* v. 70; *pertenecera* v. 74; *percibida* v. 103; *face* v. 96; *jace* v, 127; enfin *decides* v. 81 et *decidme* v. 83; *z* ne se trouve que dans *plaze* v. 129, et dans la conjugaison de *decir*, ainsi *dezid* v. 53 et 134, *dizeremos* v. 77 et 92, *dizen* v. 84, *dezir* v. 127, et *dezimos* v. 147. Dans tous ces mots *z* semble bien désigner une sonore; mais comme on trouve *decides* et *decid* écrits avec un *c*, on voit que la distinction entre *c* et *z* n'était point encore tranchée ou du moins n'a point été observée par le scribe. De même *c* étant toujours dans ce texte suivi de *e* ou de *i*, et *ç* n'étant point dès lors nécessaire, on ne peut conclure de son absence qu'il n'était point encore connu; il apparaît dans tous les autres monuments.

Le premier en date que nous trouvons, « El poema del Cid », dont le texte actuel est probablement de 1245 [1], nous montre le *c* palatal ou *ti* transformé représenté, quelle que soit la voyelle suivante, ordinairement par *ç*, — quelquefois aussi par *c*, quand il a la valeur d'une spirante sourde, par *z*, au contraire, en général dans les mots où elle paraît avoir dû être sonore; *ç* est d'ailleurs d'un usage bien plus fréquent que *z*; c'est lui seul qui apparaît au commencement des mots, et au milieu on le rencontre encore dans le plus grand nombre de cas; à la fin des mots, au contraire, on ne trouve que *z*. Nous voyons là, à part la différence de signes, la plus grande analogie de transformation avec ce qui se passe en français et en provençal. Ainsi, dans les cinq cents premiers vers, avec *ç* initial : *Çid*, 6, 7, etc.; *çerrada* 32, 39; *çinxiestes* 70, 439; *çinxo* 58; *çerca* 76, 212; *çientos* 135, 147, 206; *çinco* 187, 240; *çielo* 217, 330, 330, 331; *çiego* 352; *çenado* 404; *çevado* 420, 429; *çelada* 437, 438, 441, 464; *çega* 449, 452, 455, 583; et *cipdad* 397 avec *c*. Au milieu des mots, *ç* se trouve dans *cabeça* 2; *uços* 3; *meçio* 13; *albriçias* 14; *fuerça* 24; *voçes* 35; *graçia(s)* 50, 248; *coraçon* 53, 276; *oraçion* 54; *arlançon* 55; *naçido* 71; *preçio* 77; *lança* 79; *palaçio(s)* 115, 184; *ganançia(s)* 130, 165, 465, 474, 478, 480; *esforçados* 171; *rançal* 183; *mereçedes* 194;

1. *Poetas castellanos anteriores al siglo* XV, p. p. Janer, col. Rivanereida.
Per Abbat le escribio en el mes de maio
En era mill e cc. XLV anos. V. 3743-44.

calças 189, 195; *mereçer* 197; *reçibio* 199, 215, 245; *braços* 202, 255, 275, 488; *falleçiere* 258; *merçed* 268; *naçio* 294; *creçe* 296; *reçebir* 297, 487; *troçir* 306; *açerra* 321; *tierçero* 331; *encarnaçion* 333; *apareçist* 334; *offreçieron* 338; *carçel* 340; *esfuerços* 379; *alcançar* 390, 492; *calçada* 400; *dulçe* 407; *lanças* 419; *Garçia* 444, *preçia* 475; *esperança* 490[1]. On rencontre, au contraire, *z* à la place de *c* palatal ou de *ti* ou *di* transformé dans *vazias* 4, *dizian* 19, *dezir* 30; *dizen* 347, 436; *faze* 139, 433, 437; *fizeredes* 233; *fazer* 252; *fazen* 285; *fezist* 331, 332, 345, 351; *fizo* 428; *fazed* 452; *aduzid* 144; *aduzes* 263; *plazo* 212, 305, 309, 321, 396, 414; *quinze* 291, 472; *jazer* 393; *razon* 19 et *gozo* 385. On trouve à la fois *ç* et *z* dans *alzo* 216 et *alço* 355 et *dezid* 129 à côté de *decildes* pour *decidles* 389. Il semble qu'il y ait eu dans ces mots hésitation de la langue ou incertitude du scribe entre la sourde et la sonore. Si on compare, au contraire, les mots précédents aux mots analogues du provençal et du français, on voit que ceux où la palatale transformée est représentée par *ç* correspondent aux mots où elle s'est changée d'ordinaire en spirante sourde dans ces idiomes, et qu'à *z* espagnol y répond par contre une spirante sonore. Enfin, comme je l'ai dit, à la fin des mots, *z* s'est partout substitué à *c* palatal ou à *ti* assibilé, ainsi : *plaz* 191; *solaz* 218; *cruz* 358, 352; *faz* (faciem) 356; *faz* (* face) 365, etc.

Dans les poèmes de Berceo[2], textes du XIIIe siècle, comme celui du Cid, nous trouvons, ainsi que dans ce dernier, la spirante provenant de la transformation du *c* palatal ou de *ti* représentée toujours par *ç* ou *c* au commencement des mots, par *z* à la fin. Ainsi dans les cinquante premières stances de la « Vida de Santo Domingo de Silos », on a avec *ç* initial : *çepa* 9, 1; *çimiento* 9, 3; *çebo* 16, 3; *çierto* 22, 1; *çerca* 22, 3; *çielo* 26, 3; *çielos* 31, 4; et avec *c*, *cenidos* 12, 3. Enfin nous trouvons *z* final dans *diz* 5, 1; *faz* 20, 1; *luz* 40, 4. De même dans la « Vida de San Millan » *dulz* 11, 1; *feliz* 15, 2; *raiz*, 18, 2, etc. Le *c* palatal transformé est donc absolument traité ici, au commencement et à la fin des mots, comme dans le poème du Cid. Au milieu des mots, au contraire, il offre quelques différences. Ainsi on le trouve représenté par *ç* dans *veçino* 2, 2; *diçen* 3, 4; *preçio* 4, 2; *laçerio* 4, 3; *serviçio* 4, 4; *deçir* 8, 1; 12, 4; 33,

1. *ç* représente aussi *s* initial dans *çervicio* v. 69.
2. *Poetas anteriores al siglo* XV, id.

4; *conoçientes* 13, 3; *feçe* 14, 4; *façie* 16, 4; 24, 4; 40, 3; *deçie* 17, 1; *oraçiones* 17, 3; *peonçiello* 19, 1; *obedeçio* 19, 3; *reçibrie* 21, 2; *yaçer* 21, 4; *fiçieron* 23, 3; *graçia* 25, 2; *sacrifiçio* 26, 2; *fiçio* 26, 3; *ofiçio* 28, 4; *pastorçiello* 34, 1; *monaçiello* 36, 1; *yaçie* 39, 3; *bendiçion* 40, 1; *mançebio* 40, 2; *oraçion* 46, 3; *sentençias* 31, 1; *abstinençias* 41, 2; *fallençias* 41, 3; *convenençias* 41, 4; *saçerdote* 43, 1; *noviçio* id., *ofiçio* 43, 2; *serviçio* 43, 3; *viçio* 43, 4; *laçero* 44, 4; *deçimos* 58, 1; *cobdiçia* 50, 3; enfin par *c* dans *terminaciones* 28, 4. Le *z* s'est substitué au *c* palatal transformé dans *fizo* 1, 1; 24, 2; *razonidat* 14, 4; *razon* 16, 1; *razones* 28, 1; *sazon* 24, 1; *viltanza* 29, 1; *lanza* 29, 3; *dubdanza* 29, 4; *comienzo* 31, 3; *fazannas* 34, 3; *pereza*, 39, 1, 43, 4; *agudeza* 39, 2; *proueza* 49, 3; *corteza* 39, 4; *mozo* 40, 1, 44, 1; *corazon* 40, 4; *lozano* 42, 2; *enxalzada* 45, 1. Dans quelques-uns de ces mots comme *razon*, *sazon*, etc., le *z* représente évidemment une spirante sonore; en est-il de même dans tous les autres, par exemple dans *dubdanza*, *lanza*, etc.? Cela peut paraître douteux. D'un autre côté il semble bien que *ç* représente une sonore dans *diçen*, *veçino*, etc. et non une sourde, comme dans *reçibrie*, *mançebio*, etc. On le voit donc, dans ce texte, l'arbitraire le plus grand paraît avoir régné dans la représentation de la palatale transformée au milieu des mots. Il est surprenant au moins que, comme aujourd'hui où on ne distingue plus de spirante dentale sourde ou sonore, *ç* n'apparaisse que devant *e* ou *i*, *z* devant les autres voyelles.

Dans la « Vida de Santo Domingo de Silos », on trouve *z* médial devant *e* et *i*, ainsi *faziese* 22, 4; *luzerio* 33, 4; mais *ç* ne se trouve, du moins dans les cinquante premières stances, jamais devant *a* ou *u*, c'est toujours *z* qu'on rencontre dans ce cas même dans des mots où comme *esfuerzo* 29, 3; *rezaba* 33, 1, etc., la spirante semble bien être sourde. Par contre *ç* se trouve dans certains mots, comme *façie* 8, 4; 12, 4; 37, 1, *yaçie* 11, 2, etc., où il représente probablement une sonore. Ce texte offre donc encore, nous le voyons, la plus grande incertitude orthographique dans la représentation de la spirante dentale médiale. Il en est tout autrement dans « Del sacrifiçio de la Missa ».

Dans les vingt-cinq premières stances de ce poème, *ç* médial ne paraît représenter que la spirante sourde, et on le rencontre indifféremment devant toutes les voyelles, ainsi *ençierto*, 2, 3; *sacrifiçio(s)* 3, 4; 4, 2; *adoçien* 5, 2; *offreçien* 7, 2; *offreçio*

18, 4; *braços* 8, 3; *bocaça* 9, 3; *saçerdotes* 9, 4; *saçerdotal* 19, 1; *preçiosa* 11, 4; *significança* 18, 2; *ençierra* 24, 4. A l'exception des mots *comienzo* 1, 2 et de *vezerra* 16, 4, dont la spirante est d'une nature douteuse, *z* représente évidemment dans tous les autres une sonore, ainsi *fazer* 2, 4; *fazie* 3, 4, *fazien* 5, 1; *faze* 20, 1; 20, 3; 23, 2; *jazie* 7, 4; *jazia* 16, 1; 17, 4; *dize* 17, 2; *dizen* 17, 3. Nous sommes donc ici en présence d'un texte d'une orthographe plus sûre que les deux précédents; mais, comme on le voit, il n'y a de différence entre ces différents textes que pour la représentation du *c* médial, tous s'accordant à le représenter par *ç* au commencement des mots, par *z* à la fin. Il en est de même encore dans les monuments que j'ai à examiner, je ne m'occuperai donc que du *c* médial.

Dans « El libre de Alexandre », texte du XIVe siècle d'après Sanchez, du XIIIe d'après Amador de los Rios [1], *ç* apparaît comme signe de la spirante sourde, *z* en général comme celui de la sonore; ainsi nous trouvons avec *ç* : *serviçio* 1, 1; *prinçepe* 6, 1; *vençio* 6, 3; *naçemiento* 11, 1; *creçiendo* 12, 3; *coraçon* 14, 1; 17, 3; 18, 2; 18, 4; 20, 2; nous avons, au contraire, avec *z* : *clerezia* 2, 2; *plazer* 3, 2; *fazer* 4, 1; *reziente* 10, 2; *franqueza* 12, 2; (*j*)*azie* 14, 2; *criazon* 14, 3; *razon* 14, 4; 18, 2; *fazie* 17, 2; *sazon*, 22, 1; *dezia* 24, 3. Nous arrivons donc à la même conclusion que pour « El sacrifiçio de la Missa ».

L'orthographe de « El libre de Apollonio » au contraire, poème qu'Amador de los Rios croit antérieur de quelques années au poème d'Alexandro, mais dont le texte est évidemment de la même époque, témoigne d'une grande incertitude de la part du copiste dans la représentation de la spirante médiale, à laquelle il donne pour signe assez indifféremment *ç* ou *z*; par exemple *diçian* 20, 4 avec *ç*, et *dizen* 45, 2 avec *z*; de même *fizo* 3, 3 avec *z* et *fiço* 6, 3 avec *ç*, etc. Un fait plus surprenant c'est de trouver, comme en provençal, *tz* à la place de *c* final, dans *ditz* 17, 3; mais, on le voit, ce texte ne permet pas de rien conclure de certain sur la valeur de *ç* et de *z* comme signe du *c* palatal transformé; il en est de même de la « Vida de Santa Maria egyptiaca » et de « La adoraçion de los santos reyes » qui se trouvent dans le même manuscrit que « El Romance de Apollonio ». Tout autre est l'importance du texte des poésies de l'archiprêtre de Hita « Joan Rois », poète du XIVe siècle.

1. *Poetas castell. ant. al siglo* XV, p. 274.—*Hist. crit. de la lit. española*, III, 279.

Dans les divers poèmes du XIIIe dont je viens de parler, *ç* et *z* représentent presqu'exclusivement la spirante issue de la transformation de la palatale; ici à côté de ces signes, qui y sont d'ailleurs employés comme par le passé, nous trouvons fréquemment *s* au milieu et à la fin des mots, par exemple *faser* 3, 3; 40, 2; 41, 3, etc.; *romanse* 4, 2; *desir* 5, 3; 35, 4, etc.; *rason* 6, 3, etc.; *yase* 6, 3; 8, 1, etc.; *plaseres* 34, 3, etc.; *fisiese* 41, 4; *fesiera* 49, 4, etc.; *fas* 4, 4; *pas* 4, 2; *solas* 4, 4; *yas* 4, 3; *dis* 9, 4; 47, 3; 51, 2, etc. Or si l'on remarque que l'*s* espagnole seule entre deux voyelles n'était pas au Moyen-Age sourde comme aujourd'hui, — ainsi que nous l'apprennent, outre le témoignage des anciens grammairiens, les transformations de l'ancien espagnol dans les langues étrangères, en particulier en hébreu, et cette circonstance qu'on la trouve souvent redoublée dans des mots où on l'emploie seule aujourd'hui, —nous voyons que la spirante qu'elle sert à représenter dans le texte que nous examinons devait être une sonore; conclusion à laquelle m'avait déjà conduit sa représentation ordinaire par *z*. Mais cette circonstance que cette dernière lettre a été, comme en français, remplacée par *s*, doit nous faire supposer de plus que vers l'époque où furent écrites les poésies de Juan Ruiz, le son *dz* de la spirante sonore dut s'affaiblir en *z*. La substitution de *ç* à *s* de *cerviçio* PC. v. 69, si ce n'est point une faute de copiste, semble bien indiquer que le *ç* ne devait plus alors aussi avoir rigoureusement la valeur *ts*, mais un son se rapprochant de *s* sourd.

Il résulte de ce qui précède que vers le XIVe siècle la spirante composée, issue de la transformation du *c* palatal, dut en espagnol, comme cela eut lieu à la même époque en français et en provençal, tendre à se simplifier et à prendre un son approchant de *s* ou de *ç*; que de plus, malgré les exceptions que j'ai relevées, dans les meilleurs textes elle fut ordinairement représentée au Moyen-Age par *ç* quand elle était sourde, par *z* quand elle était sonore. L'examen des textes galliciens conduit à la même conclusion, à laquelle nous amènera aussi l'étude des monuments portugais contemporains. Ainsi dans les poésies des trouvères gallego-portugais, publiées par Milà y Fontanals[1], nous trouvons la spirante dentale médiale représentée par *ç* dans *provençal*, *proençaes* p. 501, *coraçon* p. 502, etc.; par *z*, au contraire, dans *fazer*, *dizen*, p. 501, c'est-à-dire par *ç* quand elle est sourde, par *z* quand elle est sonore.

1. D. Man. Milà y Fontanals, *De los trovadores en España.*

L'examen des textes du xve siècle donnerait les mêmes résultats que ceux des siècles précédents ; seulement, devant *e* et *i*, *c* se substitue à *ç* réservé pour représenter la spirante suivie de *a*, de *u* ou de *o*. Il en est encore de même au xvie et au xviie siècle, du moins pour ce qui est des signes, car, ainsi que je le montrerai plus loin, la prononciation de *ç* et de *z* changea au xvie siècle. Ils allaient même finir bientôt par se confondre ; mais, à cette époque, comme pendant toute la période précédente, *ç* et *z* avaient encore une valeur différente que les grammairiens du temps s'attachent à faire remarquer, peut-être parce qu'elle devenait sans doute chaque jour moins marquée : « Hase de tener muy gran cuento, disait en 1580 Juan de la Cuesta [1], que en esto de las pronunciaciones desde luego sepan los niños distinguir el sonido de la *ç* et de la *z*. » Nous verrons quel était au juste le son que la *ç* et la *z* prirent au temps même de Juan de la Cuesta, mais en comparant les renseignements donnés par les grammairiens, on voit que la *ç* à laquelle Doergangk attribue la valeur *ss* était sourde, que la *z*, au contraire, qu'il dit s'être prononcée *ds*, était une spirante sonore [2] : nouvelle confirmation des résultats auxquels j'étais arrivé par la comparaison des textes du Moyen-Age. L'étude des monuments de l'ancien portugais viendra encore le corroborer.

II° *Transformation du c palatal en portugais.*

Il est moins facile, soit par l'absence d'anciens monuments, soit par le manque de publications dont ils aient été l'objet, de suivre les modifications de l'orthographe du *c* palatal transformé en portugais qu'en espagnol ; par contre elle paraît avoir subi moins de changements depuis l'époque où nous pouvons l'observer.

Dans le « Cancioneiro d'el rei D. Diniz, » le recueil le plus ancien que j'aie eu à ma disposition, nous trouvons la spirante qui en résulte représentée par *ç* ou *c* quand elle est sourde, — *ç* devant *a*, *o* ou *u*, *c* devant *e i;* par *z*, au contraire, quand elle semble être sonore ; *c* ou *ç* apparaît seul d'ailleurs, comme en espagnol, au commencement des mots, *z* à la fin. Ainsi on a, dans les cinquante premières stances, avec *c* initial : *certo* 4, 1 ;

1. *Libro e tratado para enseñar leer e escrivir*, compuesto por Juan de la Cuesta, etc. p. 7.
2. *Institutiones in linguam hispanicam*, authore H. Doergangk, etc., p. 2.

cedo 6, 6 ; et avec *z* final : *fez* 2, 3; 4, 6 ; 7, 1 ; 14, 7; 15, 7 ; 19, 5; 20, 5; 21, 1 ; 30, 2; 44, 1; 46, 1; *faz* 11, 6; 35, 6; 36, 6; 37, 6; *diz* 37, 1. Au milieu des mots on trouve *c* dans *mereci* 10, 3 et 12, 5; *receey* 13, 2; *conhecesse* 19, 4; *padecesse* 20, 1 ; *percebesse* 21, 1 ; *falecesse* 21, 4; *servic'* 3, 5[1]; et *ç* dans *coraçon* 11, 4; 18, 1 ; 43, 4; 49, 2; *z*, au contraire, dans *dizer* 3, 4; 7, 6; 8, 6; 15, 3; 17, 4; 22, 8, etc., *dizen* 35, 1 ; *fazer* 1, 4; 9, 6; 30, 2; 41, 6, etc., *fazedes* 16, 4; 18, 2 ; 31, 8; 38, 1 ; 47, 8, etc. ; *fazenda* 29, 3; 30, 3; 31, 3; *prazer* 2, 1; 14, 3; 36, 4, etc. ; *razon* 10, 1 ; 11, 1; 49, 6; *sazon* 39, 1. Dans tous ces mots *z* représente une spirante sonore, tandis que dans les précédents la sourde *c* (*ç*) a persisté jusqu'à ce jour.

Dans les « Canti antichi portoghesi » que vient de publier M. E. Monaci[2], nous trouvons absolument les mêmes signes, employés de la même manière, pour représenter les transformations du *c* palatal et de *ti*; ainsi nous avons *cintas* XII, 10 avec *c* initial, et avec *z* final : *faz* IV, 6, 12, 18; *voz* IX, 8; *diz* XI, 12; *fiz* XII, 6. Au milieu des mots nous trouvons *c* dans *parecer* et *parecemos* III, 15; *frances* XI, 2; et *ç* dans *moça* IX, 1, 7; *pareçia* id. 7; *coraçon* id. 13; *pec'* id. 16; *pediçon* id., *peça* X, 17; orthographe qui est encore aujourd'hui la même; nous avons *z*, au contraire, dans *prazo*, I, 17, 20; *prazer* XI, 20; *fazemos* III, 15; *dizia* VII, 5, 10, 12, 15, 20; IX, 2; X, 23; XI, 7; *dizedes* id. 11; *dizer* id. 18; *vezes* X, 19; *sazon* XI, 14; *prazer* id., 20; *donzella* XII, 7; *razoada* id. 25, dont la spirante a continué d'être sonore.

L'examen des fragments poétiques qui se trouvent dans le livre de Fr. Diez « Uber die erste portugiesische Kunst- und Hofpoesie » donne des résultats analogues; ainsi pour ne parler que de la spirante médiale nous la voyons représentée par *c* dans *acontece* p. 82; *escaecer* p. 82 et 91 ; *parecer* p. 85 et 91; *gradecer* p. 85, et *facen* p. 89; par *ç* dans *proençal* p. 27 et 88; *coraçon* p. 40, 45, 76, 79, 83, 90; *faça* p. 44; *traiçon* p. 45 ; *lançastes* p. 47 ; *forçon* et *força* p. 76 ; *louçano* p. 98. Nous trouvons *z*, au contraire, dans *dizer* p. 22, 38, 44, 70,

1. Lopes de Moura, l'éditeur du *Cancioneiro*, a écrit *serviç(o)* avec un *ç*, mais il n'y a qu'un *c* dans le fac-simile du manuscrit qu'il a lui-même donné, peut-être en est-il de même pour *coraçon*, ce qui au reste importe peu.

2. *Canti anti. port. tratti dal codice vatic.* 4803. Im. 1873.

75, 77, 83, 86, 91, etc.; *dizen* p. 43, 75, 82; *dizede* p. 44, 77, 79; *fazer* p. 25, 27, 44, 67, 77, 86, 88, 89; *fazend'* p. 44; *prazer* p. 38, 44, 69, 75; *sazon* p. 25, 46; *razon* p. 45, 82, 83; *vezes* p. 90 et 91; *semelhanza* et *crianza* p. 25. Si l'on excepte *facen*, qui, comparé à *fazer, fazend'*, paraît une faute de copiste, *c* et *ç* représentent une sourde; quant à *z*, il est resté dans les mots où nous le voyons ici, excepté dans *crianza*, *semelhanza*, qui s'écrivent aujourd'hui par un *ç*.

Les monuments contenus dans la « Colecção de libros ineditos de historia portugueza » nous offrent ceci de particulier que les plus anciens d'entre eux, tels que la « Carta d'el papa a el rei de Portugal » (D. Pedro I), les Foros « de Santarem », les « Foros de S. Martinho de Mouros » et les « Foros de Torres Novas » ont *ç* devant *e* et *i* aussi bien que devant *a, o, u*; dans les « Foros de Gravão, » qui sont de la fin du XIIIe siècle, ainsi que dans ceux de Garda et de Beja, qui sont du XIVe, on ne trouve plus que *c* devant *e* et *i*, *ç* étant exclusivement employé devant les autres voyelles, ainsi que cela se fait aujourd'hui. Quant à la valeur des signes employés pour représenter les spirantes nées de la transformation de la palatale, *c* et *ç* se trouvent en général dans les mots où elle est sourde aujourd'hui, par exemple dans *prinçipes* Cart. (IV, 11), *merçees* id.; *graça* For. S. (id. 531), *conçelho* id. 541; *serviço* For. S. M. (id. 579), *força* For. T. IV (id. 608); *receber* For. Gr. (V, 381); *merece* For. B. (id. 461); *coraçon* For. S. (IV, 531), etc. Il en est de même dans les mots *faça* For. S. M. (IV, 582); *praço, façam, faça* For. Gr. (V, 376); *façades* For. Gar. (id. 399); *façan, praça* For. Bej. (id. 457); *faço* id. 461. Mais on rencontre *z*, comme aujourd'hui dans les mots *razom, tristezza, clareza*, Cart. (IV, 11), *Portuguezes, homezio, vezes* For. S. (IV, 531), *fazer, dizima* id. 533, *duzentos, dezasete* id. 539; *faziam, vezinho, prazo* id. 541; *trezentos, onze* For. S. M. (IV, 579); *fazemos, dizima* id. 580; *fazer, dizer* id. 581; *fezer* For. Gr. (V, 375); *vizinno* id. 376; *vezinho* id. 379, *vezino* id. 384; *doze, dizer, juyzes* id. 378; *fazerem* id. 379; *juizo* For. Gar. (id. 400), etc. On le voit, à part quelques hésitations de la langue, *ç* et *z* avaient au Moyen Age la même valeur qu'aujourd'hui.

Il résulte de ce qui précède que la palatale en se transformant en spirante dentale est restée sourde au commencement des mots en portugais, comme dans les langues du Nord-Ouest et dans l'ancien espagnol. Ainsi on a :

LAT.	PORT.	V. ESP.
cœcum	*cego*	*çiego* PC. 352
cœlum	*céo*	*çielo* B. SD.
centum	*cem*	*çiento* PC. 291
certum	*certo*	*çierto* B. SD. etc.

La palatale médiale a donné naissance, au contraire, à une spirante sourde, représentée par *c*(*ç*), ou sonore représentée par *z*. Elle est sourde dans les mots suivants et leurs dérivés :

acer(em)	*acer*	—
*acium, aciarium	*aço*	*açeiro*
*arcionem	*arção*	—
*bacceam	*bacia*	*bacia* A. N.
bilanciam	*balança*	*balança* Cov.
brachium	*braço*	*braço* PC. 202
calceas	*calças*	*calças* PC.
carcerem	*carcere*	*carçel* PC. 340
cancellare	*cancellar*	—
concilium	*concelho*	*concejo* Ap.
complicem	*complice*	*complice*
*corticeam	*cortiça*	—
docilem	*docil*	*docil* Cov.
dulcem	*doce*	*dulçe* PC.
faciem	*face*	—
facilem	*facil*	*facil* A. N.
junceam	*junça*	—
lanceam	*lança*	*lança* PC.
mercedem	*merce*	*merçed* PC.
medicinam	*medicina*	*medicina*
(ad)minaciam	*a- meaça*	*a- menaça* Cov.
officium	*officio*	*offiçio* B. SM.
onciam	*onça*	—
*panticeam	*pança, pansa*	*pança* A. N.
penicellum	*pincel*	*pincel* Cov.
principem	*princepe*	*principe* A. N.
*pulicellam	*pucella*	*puncella* Sanc.
*romancium	*romance*	*romance* Ap.
sacrificium	*sacrificio*	*sacrificio* B. SM.
suspicionem	*suspeição*	—
vacillare	*vacillar*	*vacilar*
vincere	*vencer*	*vencer* Cov.

ainsi que la plupart des dérivés formés, à l'aide de préfixes de mots commençant par *c*, comme *cima, ceber*, esp. *cebir, ceder, cessar*, etc. C'est aussi naturellement la spirante sourde, représentée par *c*(*ç*), qu'on trouve d'ordinaire dans les mots de formation savante ou récente, ainsi dans *acido* et *aceto*, pg. à côté de *azedo, acerbo, acervo, acerar, cancer, decente*, etc.

C'est aussi par la spirante sourde *ç* ou *c* que *ti* a été remplacé en particulier dans les dérivés en *antia, entia, tio, tionis*, par exemple dans *agenciar, alçar, ancião*, esp. *anciano, astucia, atiçar, avançar*, pg. *boliço* (*bullitium), *caça, canção*, esp. *cancion, carregação*, esp. *cargaçon, carduça, começar, confiança, coraçon, criança, doação*, esp. *donacion, espaço*, esp. *espacio, esperança, estação*, esp. *estacion, força, graça, justiça, ligação*, esp. *ligaçon, maça, nuncio, nupcias, nutrição*, esp. *nutricion, palacio, preço*, esp. *precio*, pg. *preguiça*, (pigritiam), *peça* (*petiam), esp. *pieça, praça* (*plateam), esp. *plaça, policia, serviço*, esp. *servicio, silencio, terço*, esp. *tercio, tição, traição*, esp. *traicion*, pg. *veação* (venationem), etc.

La palatale médiale *c* s'est, au contraire, changée en sonore *z* dans les mots suivants et leurs dérivés :

LAT.	V. PG.	PG. M.	V. ESP.
acetum	—	*azedo*	*azedo* Cov.
*aquivinum	—	*azevinho*	*azebo* A. N.
coquinam	—	*cozinha*	*cozina* A. N.
cruciare	—	*cruzar*	*cruzar*
decembrem	—	*dezembre*	*deziembre* Cov.
decimum	*dizimo* F. S.	*dizimo*	*dezimo, dezemo*
decem sex	*dezaseis*	*dezaseis*	*deziseis*
decem septem	*dezasete* F. S.	*dezasete*	—
dicere	*dizer* Canc.	*dizer*	*dezer* PC.
duodecim	*doze* F. GR.	*doze*	*doze* A. N.
* dominicellam	*donzella* Canc.	*donzella*	*donzella* A. N.
ducere	—	*duzir*	*aduzer* PC.
ducentos	*duzentos* F. S.	*duzentos*	*dozientos* A. N.
facere	*fazer* F. S. *fezer*	*fazer*	*fazer* PC.
jacere	*jazer* Canc.	*jazer*	*jazer* PC.
judicium	*juizo* F. G.	*juizo*	—
lucere	—	*luzir*	*luzir* A. N.
* nubenicinam	—	*nubenzinha*	—
monticellum	—	—	*montezillo*
undecim	*onze* F. SM.	*onze*	*onze* A. N.

placere	*prazer* Canc.	*prazer*	*plazer* A. N.
quatuordecim	—	*quatorze*	*catorze*
quindecim	—	*quinze*	*quinze* PC.
*reticinam	—	*redezinha*	—
trecentos	*trezentos* F.SM.	*trezentos*	*trezientos* PC.
tredecim	—	*treze*	*treze* A. N.
vicinum	*vezinho* F. S.	*vizinho*	*vezino* A. N.

ainsi que dans les dérivés portugais en *zinho* et les diminutifs espagnols en *zillo* et *zico*.

Si on compare ces mots du portugais et de l'ancien espagnol aux mots correspondants qui se trouvent dans les langues du Nord-Ouest, on voit que la palatale *c* s'y est changée en général en spirante sonore dans les quatre idiomes. Quant aux dérivés en *ti*, il n'y a que les deux mots *sazão* et *razão* v. pg. et esp. *sazon* et *razon*, où *ti* ait fait place à une sonore dans les quatre langues[1]; les autres mots où il y en a une en français et en provençal ont une sourde en portugais ; par contre *ti* a fait place à la sonore *z*, en cette dernière langue et souvent en espagnol, dans les dérivés en *itia*, où ce suffixe s'est changé en *eza*, transformation qu'on rencontre parfois aussi en provençal, quoique le plus souvent on y trouve la forme *ess(a)*, la seule que connaisse le français. Tels sont : pg. *baroneza*, *braveza*, pg. *careza*, *clareza*, *corteza*, *fortaleza*, *graveza*, *grandeza*, pg. *justeza*, *largueza*, pg. *molleza*, pg. *nobreza*, esp. *nobleza*, *proeza*, *riqueza*, pg. *sorpreza*, *tristeza*, etc.

On voit que l'accord le plus grand régnait autrefois entre l'espagnol et le portugais dans le traitement de la palatale médiale et de *ti* ; l'orthographe et la prononciation modernes ont, comme nous verrons, détruit cet accord au milieu des mots, mais il subsiste, — du moins pour l'orthographe, — encore à la fin.

Dans ce cas, en effet, les deux langues hispaniques ont changé le *c* palatal en *z* ; parfois aussi, mais rarement, — du moins en portugais, — par *s*, qui prend d'ailleurs alors la prononciation de *z*, c'est-à-dire que le *c* palatal devenu final a fait place dans les deux idiomes à une spirante dentale sonore. Cette transfor-

1. Il faut y ajouter *prezar* pg. : — à côté de *preço*, il est vrai, — dont la spirante sonore en français est sourde ou sonore indifféremment en provençal. Dans *tizon*, *ti* a été au contraire remplacé par une spirante sonore en espagnol, comme en français et en provençal, tandis qu'une sourde s'y est substituée en portugais. On trouve également *criazon* AI. 14, 3, pg. *creação*.

mation a eu lieu toujours en espagnol et le plus souvent en portugais dans les dérivés formés à l'aide de l'un des suffixes *alx*, *alcis*; *aux*, *aucis*; *ax*, *acis*; *ex* et *ix*, *ĭcis* et *īcis*; *ox*, *ocis*; *ux*, *ucis*; et *trix*, *tricis*[1]. Exemples :

LAT.	ESP.	PG.
calcem	*caz*	—
falcem	*hoz*	—
faucem	*hoz*	*foz*, *fos*
pacem	*paz*	*paz*
rapacem	*rapaz*	*rapaz*
judĭcem	*juez*	*juiz*
pumĭcem	*pomez*	*pomes*
felīcem	*feliz*	*feliz*
radīcem	*raiz*	*raiz*
calĭcem	*caliz*	*caliz*, *calis*
vĭcem	*vez*	*vez*
ferocem	*feroz*	*feroz*
vocem	*voz*	*voz*
crucem	*cruz*	*cruz*
lucem	*luz*	*luz*
imperatricem	*emperadriz* Ap. 17, 4	*emperatriz*
nutricem	*nodriz* B. SM. 19, 3	—

Au pluriel le portugais conserve en général le *z* et par conséquent la sonore du singulier ; ainsi on dit *cruzes*, *fozes*, *juizes*, *felizes*, *raizes*, *vozes*, etc., l'ancien espagnol n'a pas toujours observé cette règle très-exactement ; ainsi on trouve *voçes* dans le poème du Cid, etc. Faut-il voir là une faute de copiste, ou une marque nouvelle de l'incertitude où l'on semble avoir été parfois sur la vraie valeur de la spirante médiale? Quoi qu'il en soit, au XVIe siècle cette hésitation n'existait plus ; Antoine de Nébrisse dans son dictionnaire conserve au pluriel le *z* des dérivés qui l'avaient au singulier, et au siècle suivant C. Oudin faisait encore de cette conservation une règle de sa grammaire.

Ainsi dans l'ancien espagnol, comme dans le portugais, les spirantes sorties de la transformation de la palatale étaient distinguées en sonores et en sourdes ; mais quelle était au juste leur valeur, et comment se fait-il que, tandis que le portugais a conservé cette distinction, l'espagnol ne la connaisse plus? Telle est la double question qu'il me reste maintenant à examiner.

1. Cf. *Romania*, I, 454.

III° *Transformation de la spirante dentale en* θ *dans l'espagnol moderne.*

Il n'y a pas de raison pour supposer que le *c* palatal se soit transformé dans les langues hispaniques autrement que dans les autres idiomes romans ; on doit donc admettre que *č* a été la première modification qu'il ait éprouvée, seulement, comme dans le groupe du Nord-Ouest, *č* dut bientôt s'affaiblir en *ts*, son qu'il avait certainement à l'époque où furent écrits les plus anciens monuments qui nous restent de l'espagnol et du portugais ; l'emploi même de *z*, dont la valeur a dû être d'abord *ts* dans tout le domaine roman, la substitution, que j'ai signalée plus haut, de *tz* à cette lettre dans le mot *ditz* (Ap. 17, 3), rimant avec *imperadriz*, enfin la persistance du son *ts* et *dz* jusqu'à nos jours dans les dialectes du Nord et de l'Ouest, tout prouve que tel a dû être le son qu'avaient autrefois *c* et *z* dans toute la Péninsule. Mais comment ce son est-il devenu ce qu'il est aujourd'hui dans les deux idiomes hispaniques ? Ici il faut distinguer entre l'espagnol et le portugais. L'absence de documents ou de témoignages contemporains ne permet pas de rien préciser au sujet de cette dernière langue, mais cette circonstance que *ç* et *z* s'y prononcent aujourd'hui comme en français peut faire supposer qu'ils s'y sont à peu près modifiés comme dans cet idiome. La question est plus complexe en ce qui concerne l'espagnol, mais nous avons aussi plus de moyens de la résoudre.

J'ai dit qu'au XIIIe siècle *c* et *z* avaient probablement encore d'ordinaire en espagnol, comme en français, la valeur *ts* et *dz* ; la substitution de *s* à *z* au siècle suivant dans les poésies de l'archiprêtre de Hita indique évidemment une modification de ce son, lequel, on le sait, devint en français vers la même époque ou un peu plus tôt *z* de *dz* qu'il était auparavant. Il en fut de même évidemment pour *c* ; mais cette nouvelle modification commença-t-elle en même temps que celle du *z* ? Cela est vraisemblable ; mais quand fut-elle définitive pour les deux lettres ? Il ne semble pas que cela ait eu lieu avant le XVIe siècle. Il résulterait même du témoignage de plusieurs des grammairiens de cette époque que *z* avait encore alors le son composé *dz* : « *z* se doit prononcer, » dit l'auteur anonyme, de « La parfaite méthode pour entendre, escrire et parler la langue espagnole[1], » comme *ds*, non comme

1. Un vol. in-18, Paris 1546. L'exemplaire de la Bibliothèque nationale

s ou double *ss.* » — « *z*, disait encore Doergangk en 1614, effertur Germanico more et quasi *ds*, ut *aspreza,* vel ut Italicè duo *zz*, ut *alteza, riqueza, dulceza, vezino,* quasi *altedsa, aspredsa, dulcedsa, vedsino* » [1] ; mais ce qui est plus surprenant, c'est qu'en même temps que Doergangk attribue à *z* la valeur double *ds*, il regarde *ç* comme ayant la valeur de *ss*, c'est-à-dire de *s* sourd : « *ç* candatum, dit-il p. 2, effertur ut geminum *ss*, ut *caçar*, quasi *cassar*, » ce qui ne l'empêche pas d'ajouter plus loin : « *c* caudatum idem valet ut apud Italos unicum *z.* » On a dans ces explications fantaisistes du professeur de Cologne un exemple de l'incertitude qui régnait encore souvent à l'étranger au commencement du XVIIe siècle sur la valeur véritable de la *ç* et de la *z*. En Espagne même on ne s'en était pas toujours rendu bien compte. L'auteur de l' « Util y breve institution para aprender los principios y fundamentos de la lengua Hespañola, » — publiée, il est vrai, à Louvain, — donnait en 1555 cette singulière définition de la *ç* : « Pronunciase *ç* mas asperamente que la *s* y mas delicadamente que si fuese *z*; de manera que es media pronunciacion entre las dos y hace un son templado de las dos [2]. » Tout inintelligible qu'elle est, c'était cette définition que répétait encore en 1565 presque mot pour mot Sotomayor dans sa « Gramatica con reglas muy provechosas para aprender la lengua francesa » [3]. Heureusement nous avons de cette même époque des renseignements plus précis et plus exacts.

Dès 1546, Charpentier, l'auteur présumé de la « Parfaite méthode », donnait de la *ç* une définition qu'on pourrait encore accepter aujourd'hui ; «*ç*, dit-il p. 5, avec une apostrophe dessous se prononce avec un doux sifflement, en mettant le bout de la langue entre les dents. » Cette définition est entièrement confirmée par celles qu'ont données de la *ç* Juan de la Cuesta et Velasco, qui en même temps, ce que Charpentier n'avait pas fait, nous indiquent d'une manière claire quelle était alors la vraie valeur de la *z*. « La ç, disait le premier en 1580 [4], tiene

que j'ai eu entre les mains porte écrit à la main « N. Charpentier, » avec cette note « roué en avril 1597. »

1. *Institutiones in linguam hispanicam*, p. 21.

2. *Ensayo de una bibliotheca española*, p. D. Bart. José Gallardo, I, 857.

3. En Alcala de Henares. «La *ç*, dit-il dans son français baroque, fault que se prononce ung peu plus pesantement que la *s*, et plus doucement que la *z*, modérément de sorte qu'elle rende une voix tempérée des deux. »

4. *Libro y tratado*, p. 7.

el sonido rezio y doblado que la *z* y se pronuncia allegando los dientes algo, porque al tiempo que tornemos a abrir los dientes se haze de golpe el sonido della en la punta de la lengua y en los dentes. » Et plus loin : « la *z* como tengo dicho tiene sa sonido mas floxo y se pronuncia abriendo algo los dientes y metiendo la punta de la lengua entre ellos que salga la lengua un poco fuera. » — « El sonido de la *ç*, disait deux ans »près Velasco [1], se forma con la estremidad de la lengua casi mordida de los dientes no apretados. » Le son de la *z* se forme de la même manière, mais « arrimada la parte anterior de la lengua a los dientes, no tan apegada como para la *ç*, sino de manera que quede passo para algun aliento o espiritu, que adelgazado o con fuerça salga con alguna manera de zumbido que es en lo que diffiere de la *ç*. »

Il ressort de ces définitions que la *ç* et la *z* avaient vers la moitié du XVIe siècle un son analogue à celui du *th* anglais ou du θ dans le grec moderne ; mais celui de la *z* étant d'après Velasco accompagné d'une espèce de *bourdonnement*, c'est-à-dire sans doute de la résonnance produite par les cordes vocales au moment de sa formation, ce son devait être à celui de la *ç* dans le rapport d'une sonore à une sourde ; c'est, je l'ai montré, ce qu'étaient pendant le Moyen Age la *ç* et la *z*, alors qu'elles avaient respectivement la valeur *ts* et *dz*. Mais comment la ç et la *z* en sont-elles venues à prendre ces sons nouveaux et ont-elles passé directement du son *ts* ou *dz* au son θ ou ð ? Si l'on remarque que les sons θ et ð, c'est-à-dire les spirantes dentales proprement dites sont les plus extérieurs de la série dentale, on pourra admettre qu'après avoir perdu la valeur *ts* et *dz*, la *ç* et la *z* ont pris d'abord les sons *s* et *z*, — précisément ceux que semblerait indiquer l'orthographe du manuscrit des poésies de Juan Ruiz, ceux qu'ont aujourd'hui encore ces lettres en portugais, — et qu'ensuite par un nouveau mouvement en avant la spirante dorsale ou alvéolaire est devenue dentale proprement dite. On pourrait même voir dans les indications inexactes de quelques grammairiens étrangers du temps un reflet de cet état intermédiaire, à l'existence duquel ils auraient encore cru, alors qu'il avait fait place à la transformation définitive en θ.

Un autre fait non moins obscur, mais postérieur, c'est celui de la confusion des sons de la ç et de la *z*, si soigneusement distingués par les grammairiens du XVIe siècle. Charpentier disait déjà en parlant de la *z* : « quelques Espagnols la prononcent

1. *Orthographia y pronunciacion*, citée par Diez, *Gram.* I, 364 et 366.

comme la *ç* »; et le soin avec lequel Juan de la Cuesta insiste pour apprendre à bien distinguer le son de la *ç* de celui de la *z*, semble indiquer aussi une tendance à les confondre. Il est probable que cette tendance ne fit qu'augmenter; C. Oudin dans sa Grammaire déclare que la *z* avait le même son que la *c* [1], et rapporte qu'on écrivait déjà souvent *c* à la place de *z*; aussi il dut arriver qu'à la fin du XVIIe siècle, sinon avant, on avait perdu le sentiment de toute différence entre la *ç* et la *z*; ces deux lettres devinrent ainsi des signes employés arbitrairement et ce fut sans doute en partant de ce fait — sans cela la mesure serait inexplicable — que l'Académie espagnole décida, au commencement du dix-huitième siècle, que la *c* ne s'emploierait que devant *e* et *i*, la *z* devant les autres voyelles, la *ç* étant supprimée dès lors comme inutile; — réforme logique en apparence, mais qui a bouleversé l'ancien système orthographique de l'espagnol, basé sur le développement historique même de la langue.

IV° *Transformation de la palatale en* θ *et* ð *dans les dialectes provençaux et ladins.*

L'espagnol n'est pas le seul idiome où le *c* palatal se soit changé en dentale proprement dite, certains patois de la Suisse romande, en particulier celui de la Gruyère [2], le savoyard et quelques dialectes ladins ou italiens du Tyrol, de la Vénétie et de l'Istrie nous montrent la même transformation souvent, il est vrai, à côté de la modification de la palatale en *ts*, *dz*, *s* ou *z* [3]. On ne peut douter que, comme en espagnol, ces modifications ne soient relativement récentes; et c'est là la raison peut-être pourquoi on ne la rencontre en général que dans des dialectes qui

1. Il dit bien que *quelquefois* la *z* se prononçait plus durement que la *ç*, ajoutant « comme notre *z* français » ce qui est inintelligible, *z* étant plus doux que *ç*. On a là encore une de ces explications absurdes si communes chez les grammairiens du temps.

2. Dans ce patois *st* se change aussi en *th*, ainsi nuçron (nostrum) — *ç* = *th*, — *içe* (estis), etc. Je dois ce renseignement à M. J. Cornu. Cf. *Riv. di filol. rom.* I, 98. Il en est de même d'ailleurs dans le dialecte savoyard de la Tarentaise, ainsi *etheila* (stellam), *ethrangla* (strangulare).

3. La distinction entre ces différents sons n'est pas toujours très-rigoureuse; par ex. dans le dialecte véronais, *z* prend souvent le son *th*, ainsi que l'indique cette règle de prononciation reproduite par Ascoli (*Arch. glott.* I, 428 en note), « la consonante *z* si vuol pronunciare come si pronuncia ordinariamente lo θ dei Greci? »

ont conservé longtemps leur indépendance, tandis que les dialectes congénères soumis plus tôt à l'influence étrangère, qui en a arrêté le développement normal, ne présentent point le même phénomène. Une autre particularité de ces idiomes, c'est que contrairement à ce qui est arrivé en espagnol ils ont conservé souvent la distinction entre la spirante sourde et la sonore. Je représenterai la première, qui est de beaucoup la forme la plus fréquente, par *th*, la seconde par *dh*. Voici quelques exemples du changement de *c* palatal en spirante dentale sourde *th*.

LAT.	LAD. OLTREC.—COMEL.	VEN.-PIR.	SAV.	SUISSE ROM.
aciarium	—	—	*athié* tar.	—
bracchium	—	*brath*	—	—
calceam	*čautha*	—	*tsathe* tar.	—
coenam	*thena*	—	—	—
centum	—	—	—	*thēn* Gr.
ceram	*thiera*	—	*thera* tar.	*thīre* Gr.
cerasum	—	—	*thriget* tar.	—
cernere	*therne*	—	—	—
* cinque	—	—	*thin* tar.	—
cercare	*therča*	—	—	—
cœlum	—	—	*thiel*, *thié* tar.	—
cervum	—	—	—	*thè* Gr.
cilium	*theje*	*thee* z.	—	—
cinerem	*thendre*	*thendre* z.	—	—
dulcem	*dolthe*	—	—	—
faciem	—	—	—	*fathe* Gr.
facio	*fatho*	—	—	—
falcem	*fauthe*	—	—	—
* glaciam	*ğatho*, *ğetha* Com.		—	—
pacem	*pathe*	—	—	—
panticem	—	*pantha*	*panthe* tar.	*panthes*
processum	—	—	—	*prothe* Gr.
unciam	—	—	*onthe*	—
viciam	—	—	*vithe* tar.	—
vicium	—	—	*vithio* tar.	—
vincere	*vinthe*	*venthe* z.	—	—

A cette liste il faut ajouter les mots suivants du patois poitevin de Melle *thio* (ecc'hoc), *thiel* (ecc'illum), et leurs dérivés [1].

1. Beauchet-Filleau, *Essai sur le patois poitevin*, s. v. *thiau*.

Comme cela est naturel *ti* a été souvent traité de même dans ces dialectes ; on a par ex. :

cantionem	—	—	—	*tsanthon* Gr.
factionem	—	—	*fathon* tar.	—
fortiam	—	*fortha*	*fourthe* tar.	—
justitiam	—	*giustithia*	—	—
*matiare	—	*mathar*	—	—
nuptias	—	—	—	*nothe* Gr.
scientiam	—	—	*scienthe* tar.	— etc.

On trouve également *th* à la place du *c* vélaire devenu palatal par le changement de la voyelle suivante, par ex. *amithi*, *porthei*, etc., dans le dialecte vénitien d'entre « l'alto Bacchiglione e l'alta Livenza ».

Au milieu des mots la spirante dentale est souvent sonore, cela a lieu en particulier dans le dialecte istrien de Pirano, et parfois aussi dans les dialectes savoyards. Exemples :

LAT.	COM.	PIR.	SAV.
acetum	—	*adhedo*	—
acinum	—	*adheno*	—
crucem	—	*crodhe*	—
*cocere	—	*codhi*	—
decem	—	*diedhe*	—
duodecim	—	—	*dodhe* Ch.
laricem	—	*laredhe*	—
pacem	—	*padhe*	—
placere	*piadhe*	—	—
picem	—	*pidhe*	—
pollicem	—	—	*poudhe* tar.
pulicem	—	—	*pidhe* Ch.
vocem	—	*vodhe*	—[1]

1. Cf. Asc. *Archiv. glottolog.* pass. — Pont, *Origines du patois de la Tarentaise*. — Bridel, *Gloss. du patois de la Suisse romande*. — N. Délius (*Der Sardinische Dialekt*, p. 6) a admis que le *c* palatal transformé avait pu avoir au XIIIe siècle le son θ dans le sarde logodorien, parce qu'on l'y trouve souvent représenté par *th*; je crois qu'il y a là une erreur; il n'est pas probable d'abord qu'aucune langue romane ait eu aussitôt le son θ; ensuite si le sarde avait connu autrefois ce son, on ne voit pas comment il l'aurait perdu pour prendre celui de *s* ou *ts*, attendu que θ dérive sans peine de *s* ou de *ts*, mais qu'on ne comprend pas comment, au contraire, ces sons pourraient en sortir. Aussi il me semble qu'il ne faut voir dans ce signe *th* qu'une manière de représenter le son

Le changement du *c* palatal en θ et en ð épuise la série de ses transformations en spirante dentale. Reste maintenant à étudier son affaiblissement en *i* consonne ou même en *i* voyelle et sa suppression. Ce sera l'objet du chapitre suivant; j'y joindrai l'étude de la transformation du *c* palatal en spirante malgré la suppression de la voyelle qui le suit, ainsi que celle du développement du son *i* par son voisinage.

CHAPITRE VIII

ASSIBILATION ANOMALE DU C PALATAL, — SA TRANSFORMATION EN I OU EN U, — SA SUPPRESSION.

I°.

Bien que l'assibilation du *c* soit particulière aux idiomes du double groupe occidental, et ne se rencontre pour les langues du groupe oriental que dans les dialectes ou quelques formes particulières, il est un cas cependant où elle paraît avoir lieu, — quoique le fait se présente surtout, il est vrai, dans les langues du Nord-Ouest — indistinctement dans tous les idiomes romans, c'est celui où par suite de la suppression d'une voyelle atone le *c*, tout en persistant, se trouve immédiatement suivi d'une consonne autre que *l* ou *r*[1]. Ainsi dans **amicitatem* la chûte de l'*i* bref protonique ayant donné *amic'tatem*, le *c* s'est changé en *s*, et on a eu en italien *amistà*, esp. *amistad*, prov. *amistat*, v. fr. *amisted*, fr. mod. *amitié*. De même *decimam* devenu *dec'mam*, a donné en français *disme*, changé ensuite en *dîme*. En français, on le voit, l'*s*, assibilation du *c*, a fini par tomber. En provençal, par suite de la chûte du *t*, qui a lieu régulièrement à la troisième personne singulier du présent de l'indicatif et souvent aussi à la troisième personne singulier du parfait, le groupe *c't* s'est changé dans ce cas, non en *st*, comme dans *amistad*, mais en *tz*, lequel s'est réduit parfois à *z* ou même à *s*, ou encore a fini par disparaître ; c'est ainsi que *fecit* (*fec't*)

ts, qu'on trouve d'ailleurs à côté de *th* sous sa forme naturelle *z*, laquelle a persisté jusqu'à nos jours.

1. Dans le groupe *c'r* la transformation du *c* en spirante n'a lieu qu'exceptionnellement; je n'en connais pas d'exemple dans le groupe *c'l*.

est devenu dans cette langue *fetz*, *fez*, *fe*. Voici quelques exemples d'assibilation ainsi produite [1] :

LAT.	ITAL.	ESP.	PROV.	V. FR.	FR. MOD.
* ac(e)rem	—	*asre* [2]	—	*esr* (arbre)	ér(able)
* amic(i)tatem	*amistà*	*amistad*	*amistat*	*amisted, amistié*	amitié
dic(i)t	—	—	*ditz, diz, di*	*dist* R.	dit
dec(i)mum, am	—	*diezmo*	—	*disme*	dîme
* dec(oe)nare	—	—	*disnar, dinar*	*disner*	dîner
fec(i)t	—	—	*feiz, fez*	*fist*	fit
fec(e)runt	—	—	—	*fisdrent*	firent
jac(e)t	—	—	*jatz, jaz*	*gist*	gît
jac(i)tam	—	—	—	*giste*	gîte
lic(e)t	—	—	*letz, lez*	*loist* S.B. 567. *lez* S. L. 16, 3	—
mendic(i)tatem	—	—	—	*mendisted* [3]	—
plac(e)t	—	—	*platz, plaz*	*plaist* H.V.5476	plaît
tac(e)t	—	—	*tatz, tai*	*taist, test* [4]	tait

Dans le français *fis(d)rent* (fecerunt) *c*, quoique suivi de *r*, s'est changé en *s*; il en a été tout autrement en provençal; *fecerunt* avec *e* atone (fec'runt) s'y est changé, d'après un procédé de formation que j'expliquerai au groupe *cr*, en *feiron*.

II°

Comme le *c* vélaire, le *c* palatal peut se résoudre en *i*. Ce changement est fréquent pour le *g* palatal, et peut avoir lieu au commencement et au milieu, comme à la fin des mots. Les dialectes du Sud de l'Italie et l'espagnol nous offrent un certain nombre d'exemples du changement du *g* palatal initial en *y* ou *j* ; ainsi :

LAT.	NAP.	SIC.	ESP.
gelu	*jelo*	*jelu*	*yelo*
gemmam	—	—	*yema*
generum	*jennero*	—	*yerno*
genistam	—	*jinestra*	—
gentilem	*jentile*	—	—

1. Le roumain connaît aussi ce mode de transformation, mais le *c* y est représenté par *š* non par *s*; ainsi *dišmę* (decimam).

2. Diez, *Etym. Wœrt.* s. v. *acero.*

3. Tanz riches reis cunduit a mendisted. Rol. 40, 8.

4. Mes plus se *test* qu'il ne convient. Crest. *Conte del Graal.* B. *Chrest.* 144, 31.

genuculum	—	*jinocchiu*	—
gypsum	—	*jissu*	*yeso*[1]

Au milieu des mots *g* tombe le plus souvent, mais il se change parfois en *y* ; en voici quelques exemples :

LAT.	DIAL. IT.	ESP.	PR.	FR.
fugientem	*fojente* nap.	*fuyente*	—	*fuyant*
legem	*leje* nap.	—	—	—
legendam	—	*leyenda*	—	—
magis	*maje* nap.	—	—	*mais*
reginam	*reina* p.	*reina*	*reyna*	*reine*
sagittam	*sajetta* nap.	—	*sajeta*	*saeite* v.[2].

A la fin des mots cette transformation de *g* en *y* se rencontre dans tous les idiomes de l'Ouest ; ainsi on a :

LAT.	ESP.	PG.	PR.	FR.
legem	*ley*	*ley*	*lei*	*loi*
regem	*rey*	*rey*	*rei*	*roi*
fugit	—	—	*fui*	*fuit*, etc.

Contrairement à ce qui a lieu pour le *g* palatal et pour le *c* vélaire, le *c* palatal ne se change ordinairement en *y* ou *i* qu'à la fin des mots[3] ; cette transformation a lieu en particulier en fran-

1. Wentr. *Beitr. zur Kennt. der neap. u. sic. Mund.* p. 13-161. — Diez, *Gram.* I, 270. Comme l'*e* tonique bref ou en position devient *ie* en espagnol, on peut se demander si dans les mots *yelo, yerno*, etc., il n'y a point eu simple chute du *g*, *ye* représentant alors seulement la voyelle *e* transformée; je crois néanmoins qu'il vaut mieux regarder *ye* comme le résultat de la fusion de *y* = *g* et de la diphthongue *ie* provenant de *e*, hypothèse que confirme l'analogie des formes congénères des dialectes italiens et cette circonstance que le *g* initial n'est point tombé en général en espagnol, mais qu'il y est représenté par *h*, comme dans *hermano*, et même dans *hielo*, *hierno*, formes qui existent à côté de *yelo*, *yerno*.

2. Quand le *g* est suivi d'un *i* accentué, comme dans *reginam*, cet *i* devant persister, il est impossible de dire s'il y a eu simple chute du *g*, ou transformation de cette gutturale en *y* (*i*), suivie de la fusion de cet *y* (*i*) avec l'*i* étymologique; quand l'*i* est bref et atone, au contraire, par exemple dans *fugientem*, comme il tombe en général, on peut bien voir dans l'*y* de *fuyente*, *fuyant*, le résultat de la transformation du *g* primitif; à moins encore qu'on ne préfère admettre qu'il y a eu partout chute du *g*, — ce que je ne crois pas, — et ne voir dans *y* qu'une voyelle intercalaire destinée à éviter l'hiatus.

3. Il est difficile, en effet, de dire si l'*y* des mots catalans *deya* (dicebat), *feya* (faciebat) représente le *c* médial qui s'y trouve. Quant au *c*

çais à la première personne du présent de l'indicatif des verbes *fai(s)* (facio); *plai(s)* (placeo), etc. Elle semble aussi avoir lieu en provençal à la troisième personne singulier dans les formes *fai* (facit), *jai* (jacet), *plai* (placet), etc. ; mais il est plus exact, je crois, de les regarder comme venant de *fac't, jac't, plac't,* avec *c* vélaire, lesquelles ont donné régulièrement après le changement ordinaire de ce *c* en *i* et la chute du *t* : *fai, jai, plai* ; les formes fac(i)t, jac(e)t, plac(e)t, au contraire, avec le *c* palatal, ont donné, comme nous avons vu plus haut : *fatz, jatz, platz*[1].

Au lieu de *i* on trouve en catalan *u* substitué au *c* palatal, par exemple dans *creu* (crucem), *diu* (dicit), *feu* (fecit), *nou* (nucem), *pau* (pacem), *veu* (vocem). Mais je remets à parler de ce changement si étrange au chapitre suivant où j'étudierai la substitution des labiales aux gutturales.

III°

Enfin, comme le *c* vélaire encore, le *c* palatal peut tomber. Cette suppression a eu lieu fréquemment pour le *g* palatal surtout au milieu des mots, par ex. dans :

LAT.	IT.	ROUMANCHE	ESP.-PG.	PR.	FR.
cogitare	*coitare*	*quitar*	*cuidar*	*cuidar*	*cuider*
digitum	*dito*	—	*dedo*	*det*	—
frigidum	*freddo*	—	*frio*	—	—
intelligere	—	*antallir* Ob.	—	—	—
originem	—	—	—	—	*orine* S.B.
sagittam	*saetta*	*saetta* E.	*saeta*	*saeta*	—
trigenta	*trenta*	*trenta*	*treinta,trinta*	*trenta*	*trente*

ainsi que dans les autres noms de dizaine.

A la fin des mots *g* tombe parfois en italien, tandis qu'il se change en *y(i)* dans les langues du double groupe occidental, par exemple dans :

regem	*re*	—	*rey*	*rei*	*roi*

Mais cette suppression, on le voit, est, même au milieu des mots,

initial, je ne connais son changement en *y* (*j*) que dans *jisterna* sic. (cisternam).

1. Dans les mots français *plaire, taire,* ce n'est pas non plus, à vrai dire, un *c* palatal, mais le *c* vélaire de *plac're, tac're* qui s'y est changé en *i*. Voir plus loin Liv. IV, ch. VI. Il en est de même de *plaid,* esp. *pleito,* qui vient non de *plac(i)tum,* avec *c* palatal, lequel aurait donné *plaist* en français, *plezdo* en espagnol, mais de *plac'tum,* avec *c* vélaire, lequel changement de *c* en *i* donne régulièrement *plaid* et *pleito*. Voir Liv. IV, chap. VIII.

assez rare; elle l'est bien plus encore pour le *c* palatal. Voici cependant quelques exemples où *c* médial en latin est tombé :

dicere	*dire*	—	—	*far*	*dire*
facere	*fàre*	—	*fer* P. C.[1]	—	—
faciunt	—	*feent*	—	*fan*	*font*
hirpicem	—	*(i)erpi*	—	—	—
recipere	—	—	—	*rebre* cat.	—

Il est peut-être aussi tombé en catalan dans *dehembre* (decembrem), *vehi* (vicinum), etc. où l'*h* pourrait bien n'être destinée qu'à éviter l'hiatus [2].

A la fin des mots la chute du *c* palatal est encore plus rare ; en effet, ou il s'y transforme en spirante, ou il y est remplacé par *i* ou *u*. Les quelques exemples, comme *fa* (facit) pr., *di* (dicit) id., *dit* fr., etc., où il a disparu, ne sont même le plus souvent que des affaiblissements de formes plus complètes ; ainsi *di* de *dii* ou *ditz*, *dit* de *dist*, etc.

IV°

Non-seulement le *c* palatal peut, comme le *c* vélaire, se changer en *i*, mais il paraît aussi, comme lui, pouvoir donner naissance au son *i* par son voisinage. Quand le *c* est vélaire, on peut supposer, comme je l'ai dit, que le son *i* s'est développé à sa suite pour donner *ki* et qu'ensuite l'*i* de ce son complexe a été préposé à la gutturale ; dans le cas du *c* palatal, la transformation de celui-ci rend l'explication plus difficile ; le plus simple, je crois, est d'admettre que la spirante née de cette transformation, possède elle aussi la faculté de développer le son *i*, qui vient se joindre à la voyelle précédente pour la modifier ou la changer en diphthongue. Quoi qu'il en soit, voici quelques exemples de ce phénomène phonétique si curieux ; on ne le rencontre que dans le double groupe occidental et le plus souvent dans le voisinage de *cs*(*x*) [3].

LAT.	ESP.	PG.	PR.-LAD.	FR.
acidum	—	—	*aisch* roum.	—
axem,	*exe*	*eixo* (*axum)	—	*ais*

1. La chute du *c* est plus apparente que réelle dans *fer*; en effet *e* étant égal à *ai*, dont l'*i* représente le *c* de facere, celui-ci se trouve dans le fait représenté dans l'*e* de *fer*. On peut en dire autant du roumanche *feent*.

2. Voir chap. suivant, III°.

3. Cf. Liv. VI, ch. VII.

axillam	—	—	*aissella*	*aisselle*
exilium	—	—	*eissil*	—
fascem	—	*feixe*	*faissa*	*faix*
fraxinum	*fresno*	*freixo*	*fraisse*	*fraisse* v.
maxillam	*mexilla*	—	*maissella*	*maisselle* v.
paxillum	—	—	—	*paisseau*
pacem	—	—	*paisch* roum.	*paix*
piscem	*pexe*	*peixe*	*peisson*	*poisson*, etc.

C'est par là que je termine l'étude des transformations du *c* palatal dans son passage du latin au roman : elles ont, comme nous avons vu, pour point de départ son changement en *č*, conservé ou affaibli successivement en *ǯ*, *ž* ou encore en *ts* ; *ç* ou *s*, *z* ; θ, ð. Dans le livre suivant j'étudierai les changements analogues du *c* vélaire, présentés surtout par les idiomes du Nord-Ouest. Mais avant d'aborder cette question si curieuse et encore si peu étudiée, il me faut examiner la substitution réelle ou apparente des labiales, de *h* et de *n* à *c* soit vélaire, soit palatal.

Ce sera l'objet du chapitre suivant qui servira ainsi de complément aux deux premiers livres de ce travail.

CHAPITRE IX

SUBSTITUTION DES LABIALES P, B, F, V, U, DE H ET DE N AU C VÉLAIRE OU PALATAL.

I° *Substitution des labiales à la gutturale.*

Quelque différentes que soient, physiologiquement parlant, les gutturales et les labiales, elles ne s'en substituent pas moins les unes aux autres. Presque toutes les langues indo-européennes en fournissent des exemples ; ainsi le sanskrit et le zend *pankan*, grec πέντε, cymrique *pimp*, lithuanien *penki*, slavon *petĭ*, gothique *fimf*, à côté du latin *quinque* et du vieil irlandais *cóic* ; de même le sanskrit et le zend *pak-anu*, grec πέπ-ω, slavon *pek-a*, comparés au lithuanien *kep-ù* et au latin *coq-uo* ; le grec βί-βη-μι à côté du sanskrit *gi-gâ-mi* ; le sanskrit *gara* et le grec βαρύ ; le sanskrit *gau* et le latin *bos*, grec βοῦς[1], etc. Ces

1. Schleicher, *Comp. d. vergl. Gram.* pass. — Grimm. *Gesch. d. deutsch. Spr.* I², 243.

permutations entre les gutturales et les labiales se rencontrent aussi dans les dialectes grecs, par exemple ἴκκος (*Ety.m.*) à côté de ἵππος. Il en est de même dans les dialectes italiques ; ainsi le latin *quis* avait pour équivalent en ombrien *pis*, à *quod* répondait *pud*, *quatuor* se disait en osque *petera*, en ombrien *petur ;* à *quinque* répondait l'ombrien *pomptis ;* dans la langue classique elle-même *pe* était parfois remplacé par *ce*, par exemple *quippe* à côté de *ecce*, etc. Quand la gutturale primitive est *g*, elle peut même avoir *v* pour équivalent, comme on le voit en comparant la racine sanscrite *gâ* et le latin *venire*, *gr* et *vorare* (grec βι-βρώσκω), *ningere* et *nives* [1].

Les idiomes romans, qui reproduisent les phénomènes les plus importants de la phonétique indo-européenne, nous offrent des faits analogues de transformation, et on y rencontre des exemples de substitution de la série complète des labiales explosives et spirantes à la gutturale vélaire ou palatale sourde ou sonore.

Ainsi en roumain *c* se change régulièrement en *p* dans le groupe *ct ;* mais ce changement peut aussi avoir lieu au commencement ou au milieu des mots, — devant une voyelle, — surtout quand la gutturale est représentée par *qu* ou *gu*. Dans le sarde logoudorien, c'est en *b*, non en *p* que la transformation a lieu ; et d'autres fois en roumain et aussi, quoique isolément, en français, c'est *f* qui s'est substitué à la gutturale, ou même, du moins dans le vieux français, *v* ou *w* [2]. On a ainsi toute la série des labiales ; un dernier terme manque encore, l'*u ;* nous verrons qu'il peut aussi comme l'*i*, dernier terme de la série gutturale, se substituer au *c*.

Les exemples suivants permettront de se faire une idée comparative de ces curieuses transformations. Considérons d'abord le cas où la gutturale latine est suivie de *u* et d'une autre voyelle.

LAT. *q*	*p*	*b*	*f*	*v*	*w*
aquilam	—	*abila* s. log.	—	—	—
aquam	*apę* roum.	*abba* s. log.	—	*eave*, *eve* v. f.	*ewe* v. f. L. R.
antiquum	—	—	*antif* v. fr.	—	—
antiquam	—	—	—	*antive* v. fr.	—
* aequalare	—	—	—	—	*ewier* S. B.
aequalem	—	—	—	—	*ewal* S. B.
equam	*eapę* roum.	*ebba* s. log.	—	*yve* v. fr.	—

1. Fr. Baudry, *Gramm. comp.* 111 et 112.

2. Je parlerai plus loin de la substitution de *f* et de *v* aux spirantes dentales, résultant de la transformation de la gutturale. V. Liv. III, ch. II.

quadraginta	—	*baranta* id.	—	—	—
quatuor	*patru* roum.	*battor* id.	—	—	—
quindecim	—	*bindeghi* id.	—	—	—
quinque	—	*quimbe* id.	—	—	—

De même *gu* suivi d'une voyelle fait place à *b*, ainsi :

anguillam	—	*ambidda* s. log.
inguinam	—	*imbena* id.
linguam	*limbę* roum.	*limba* id.
sanguinem	—	*sambene* id.

On trouve également la gutturale vélaire, suivie d'une seule voyelle ou, en roumain, d'une consonne dans le groupe *ct*, remplacée par une labiale, ainsi :

* acucleonem	—	—	—	—	*awillon* s. B.
acuclam	—	—	—	—	*aweie* W.
avicam	—	—	—	—	*awe* W.
cattum	—	*battu* s. log.	—	—	—
colligere	—	*boddire* id.	—	—	—
cultellum	—	*bulteddu* id.	—	—	—
facturam	*fepturę* roum.	—	—	—	—
lecticam	*lepticę* roum.	—	—	*lefticę* roum.	—

De même avec la sonore *b* :

gulam	*bula* s. log.
gustum	*bustu* id.
*gutteum	*buttiu* id.[1]

Dans le groupe *gn* le seul où, étant suivi d'une consonne, il se transforme, *g* a même fait en roumain place à *m*, la résonnante labiale, par exemple :

lignum	*lemn* roum.
signum	*semn* id.

La palatale, — la sonore du moins, je n'en connais point d'exemple pour la sourde, — a subi des transformations analogues ; ainsi :

gelare	*belare* s. log.
gelu	*belu* id.
generum	*benneru* id.

1. Spano, *Ortog. sarda*, pass.

*genuclum	*bennuju*	id.
ginestrum	*binistro*	id. etc.

Enfin on trouve dans le dialecte roumain du Sud et dans les dialectes méridionaux de l'Italie des exemples de transformation inverse, c'est-à-dire du changement de la labiale en gutturale. Ainsi :

LAT.	ROUM. SEPT.	ROUM. MÉR.
pectus	*piept*	*chiept*
pellem	*piele*	*chiele*
perdo	*pierd*	*chierd*
perire	*pier*	*chier*
petram	*pietrę*	*chietrę*
picum	*pic*	*chic*
pilam	*pinę*	*chinę*
* piperem	*piper*	*chiper*

On trouve également :

bubalum	*bivol*	*ghihol*
vitellum	*vitzel*	*ghitzel*[1]

Il en est de même en napolitain et en sicilien pour *pi* provenant de *pl* modifié ; par exemple :

LAT.	TOSCAN.	NAP.	SICIL.
cap(u)lam	*coppia*	*cocchia*	*cucchia*
explicare	*spiegare*	*schiejare*	—
plagam	*piaga*	*chiaja*	*chiaga*
planum	*piano*	*chiano*	*chianu*
plantam	*pianta*	*chianta*	*chianta*
planctum	*pianto*	*chianto*	*chiantu*
plateam	*piazza*	*chiazza*	*chiazza*
plenum	*pieno*	*chieno*	*chinu*
plumbum	*piombo*	*chiummo*	*chiummu*
plus	*piu*	*chiu*	*chiu*
pop(u)lum	—	*chiuppo*	*chiuppu*

De même *bi* provenant de *bl* donne parfois naissance à *gh*, mais le plus souvent *b* tombe et *i* se change en *jot*. Ainsi :

blancum	*bianco*	*janco*	*jancu*

1. De Cihac, *Dict. d'étym. daco-romane.* s. v.

—	biondo	junno	junnu
nebulam	nebbia	—	negghia[1]

Comment expliquer ces transformations ? Pour les mots où la gutturale est représentée par *qu* ou *gu* suivi d'une voyelle, rien de plus simple, à ce qu'il semble ; l'*u* de *qu* ou *gu* s'est changé en consonne et a donné ainsi *qv* et *gv*, groupes qui ont ensuite perdu leur *q* ou leur *g* ; certains idiomes, le français entre autres, s'en sont tenus à ce premier changement ; d'autres, au contraire, comme le roumain et le sarde, ont transformé la spirante *v* en explosive, — modification commune dans ces deux idiomes, ainsi que le montrent les mots *bentu* (ventum) s. log., *berme* (vermem) ; id., *besicę* (vesicam), *serbà* (servare) roum. ; — sourde, quand *q* préexistait comme dans le roumain, sonore quand il y avait un *g* étymologique, ou que le *q* primitif s'était changé en cette sonore. C'est ainsi que l'on a pour le roumain *apę*, par exemple, la série des transformations successives :

aquam *aqva(m)* *a(q)pa* *apę*

et pour le sarde logoudorien *abba* :

aquam *aguam* *agva(m)* *a(g)ba* *abba.*

En vieux français on a :

aquam (*aguam*), *ag(v)a*, *ave*, *eave* ou *eve*, enfin *ewe*.

On expliquerait de la même manière le sarde *abila*, *ebba*, *ambidda*, etc., le roumain *eapę*, *patru*, *limbę*, ; le vieux français *antive*, *ewal*, *yve*, etc. Quant à *antif*, l'*f* s'est substitué au *v* qui ne peut être final dans notre langue[2].

La transformation est plus difficile à expliquer quand *k* ou *g* sont suivis d'une seule voyelle ; M. Ascoli, dans ses « Leçons de phonologie comparée[3], » a montré que la gutturale sourde ou sonore primitive pouvait développer après elle le son de *i* ou de *u* ; dans le premier cas la gutturale devient palatale, si elle ne l'était déjà, ou même se transforme en la série *č* ; dans le second, ou l'*u* ainsi développé persiste, et alors la gutturale ne change pas, ou bien il se transforme en spirante ou en explosive labiale, et alors, la gutturale tombant, elle se trouve définitivement remplacée par une labiale[4]. On trouve dans les dialectes sardes un

1. Wentrup, *Beitr. zur Kenntn. der neapol. Mund.* p. 11. — Id. *Sicil. Mund.* (*Herrigs Archiv.* XXV, 157.)
2. Cf. G. F. Ascoli, *Studj critici*, p. 20.
3. G. F. Ascoli, *Lezioni di fonol. comp.* p. 76, 133.
4. Nous avons vu et nous verrons de nombreux exemples du dévelop-

exemple qui montre comment ces formes ont pu se substituer les unes aux autres, c'est *ghettare* (it. gettare) à côté duquel on rencontre *guettare* et enfin le logoudorien *bettare*, la série des transformations est ainsi :

ghettare *guettare* *gvettare* *bettare*.

On expliquerait de même la formation des autres mots du sarde logoudorien ; pour le wallon *aweie*, au contraire, il faut mieux admettre, je crois, qu'après le changement de *cl* en *il* ou *ei*, l'*u* de *cu* se trouvant suivi, non plus d'une consonne, mais d'une voyelle, s'est, conformément à ce que j'ai dit précédemment, changé en *v* ou *w*, ce qui a donné la série de transformations

acuclam *acuile* (*acueie*) *a*(*c*)*veie* *aweie*.

Pour *awe*, de avicam, on a eu probablement à la suite de la chute de *i* atone et de la transformation de *u*, la série :

avicam *avca* *a*(*c*)*va* *ave* et *awe*.

Un cas reste à expliquer, c'est celui où *c* ou *g* sont suivis d'une consonne qui ne tombe pas ; quand cette consonne est *t* ou *n*, le changement de la gutturale n'a pas moins lieu en roumain, en *p* ou *f* dans le premier cas, en *m* dans le second. Il est difficile dans ces deux cas de supposer que *u* se soit développé après la gutturale, et il faut admettre, je crois, une transformation directe, sous l'influence de la consonne suivante, de la première en labiale [1].

Telle est l'explication qu'on peut, je crois, donner de la substitution des labiales aux gutturales; tout autre est celle du remplacement des premières par les secondes. Dans les exemples comme *ghihol* de bubalum, *ghitzel* de vitellum, on peut supposer que le *v* initial ou *b* = *v* s'est changé en *g*, transformation dont on retrouve des exemples dans toutes les langues romanes, ainsi *guardare* it. (wardôn), *guivre* v. fr. (viperam); mais dans ceux comme *chiept* roum., *cocchia* nap., la modification a été plus profonde et plus complexe; il semble qu'ici il y a eu d'abord changement de l'*i*, qui s'est développé après *p*, en *č*, lequel,

pement de *i* après la gutturale et de son changement en *c*; le dialecte sicilien en offre du développement de *u* après *c*; ainsi *quacina* (* calcinam), *quaciari* (calcare), *quadara* (calidariam), *quasetta* (calceam). Cf. Wentrup, *Die sic. Mund.* (*Herrigs Archiv*, XXV, 159). Mais peut-être ne faut-il voir là que le résultat de la transposition des éléments de la diphthongue *au*, issue de *al* transformé.

1. Voir plus loin, Liv. IV, chap. VIII.

tout étonnante que puisse paraître cette transformation, s'est modifié en *k;* nous verrons [1] au reste que les sons $\check{c}$ ou $\check{s}$ se sont transformés en espagnol en spirante gutturale χ_I ou χ; il a pu se faire aussi que dans les dialectes méridionaux de l'Italie et de la Roumanie, ils se soient changés en simple gutturale [2].

II° *Substitution de u au c vélaire ou palatal.*

Mais les explosives et les continues labiales ne se substituent pas seules aux gutturales, la voyelle de même ordre *u* peut également prendre la place, tout comme *i*, de *c* et de *g*. La substitution de *i* à *c* ou *g* s'explique sans peine, comme nous avons vu, par l'affaiblissement graduel de ces consonnes en la spirante ou semi-voyelle *y*, puis en la voyelle de même ordre *i*; mais comment se rendre compte du changement de la gutturale en la voyelle palatale *u?* Le plus souvent on s'est borné à constater le fait, sans chercher à l'expliquer [3]; essayons d'aller plus loin.

Avant tout il faut remarquer que, pour ne pas parler de *l*, *u* se substitue à toutes les labiales; ainsi :

1° A *p*, en espagnol dans *cautivo* (captivum), *raudo* (rapidum); en portugais dans *bautiçar* v. (baptizare); en provençal et en français dans *saurai* (sapere habeo), dans *malaut* pr. (male aptum) et dans *purée*, v. fr. *peurée* (*piperitam), *peule* (populum), S. B. p. 523, 531, 546, 548, 552, etc.

2° A *b*, en espagnol dans *ausente* (absentem); en provençal dans *laudacisme* Leys d'am. III, 5 (labdacismum), *laurar* (laborare), *rouvre* (* roborem), *trau* (trabem); en français, — en particulier dans le dialecte bourguignon, — dans *diaule* (diabolum), qui apparaît déjà dans la Cantilène de sainte Eulalie, et qu'on retrouve p. 523, 524, etc., dans les Sermons de Saint Bernard, *amiaule* (amabilem) id. p. 530, *aurone* (abrotonum), *covenaule* (* convenabilem) S. B. p. 522, 544, etc.; *despeitaule* (despectabilem), id. p. 550, *deleitaule* (delectabilem), id. p. 530, 539, etc.; *encerchaule* (*incercabilem), id. p. 531; *faurge* aujourd'hui *forge* (fabricam); *honoraule* (honorabilem) S. B. p. 531; *paisiule* (pacibilem), id. p. 538; *estaule* (stabilem),

1. Liv. III, ch. II.
2. Le sicilien *gigghiu* (cilium) offre bien du moins, je crois, un exemple de la substitution d'une gutturale à *jot* transformé : *cilium, cilju, gigiu,* enfin *gigghiu*.
3. Voir cependant l'explication que Diez a essayée, *Gram.* I, 256.

S. B. p. 532, 550, et Cart. d'Auchy; *taule* (tabulam), aujourd'hui *tôle* ; *veritaule* (veritabilem), S. B. p. 535 ; enfin en espagnol et en provençal dans *paraula* (parabolam), fr. *parole* et en provençal et en français dans *aurai* (habere habeo).

3° à *v*. Cette substitution déjà connue, aussi bien que celle de *u* à *b*, du latin, qui en offre de nombreux exemples, — ainsi *aufero* pour *abfero*, *aucellus* pour *avicellus*, *naufragium* pour *nav(i)fragium*), *nauta* pour *navita*, — se retrouve en provençal dans *auca* (av(i)cam), *aulana* (* avelanam), *cau* (cavum), *jous — dijaus* en béarnais — (Jovis dies), *nou* (novem), *pau* (pavum) ; en français dans *autruche* (avis struthio) ; en roumain dans *nou* (novum), *noue* (novem), *nour* (* nubilum).

Dans tous ces exemples il est naturel de voir l'affaiblissement graduel de la labiale, descendant la série *p, b, v, u*, — *b, v, u* ou simplement *v, u*, suivant qu'il s'agit de la transformation en *u* de *p*, de *b* ou de *v*. Quant au changement de *v* en *u*, auquel il en faut ainsi toujours revenir, ce n'est, comme pour le changement de *y* en *i*, que la transformation presque forcée de la spirante ou demi-voyelle labiale en la voyelle correspondante. Mais si cette transformation se comprend ainsi sans peine, il n'en est pas de même de la substitution de *u* aux gutturales et même aux dentales, transformées ou non, ainsi que cela a lieu pour ces dernières en catalan dans *amau* (amatis), *palau* (palatium), *preu* (pretium), etc. Cette substitution, pour ne parler ici que des gutturales, a lieu également pour *g* et pour *c* ; ainsi pour *c*, en espagnol dans *auto* (actum), *carauter* (characterem), *contrauto* S. R. (contractum) ; en portugais dans *auçom* (actionem), *autivo* (activum), *auto*, *doutor* (doctorem), *outubro* à côté, il est vrai, de *oytubro* v. ; en provençal pour *g* dans *sauma* (sagma), et peut-être pour *c* dans *amiu* (amicum) pour *amic*, *castiu* pour *castic* (casticum), formes blâmées par Raimon Vidal, et dans *enemiu* (inimicum) Chx. III, 192 ; en français pour *g* dans *fleume* (flegma), *reule* S. B., pour *c* médial dans *aveule* (* aboculum), *seure* (* sequere) id. p. 543, et *seule* (seculum) Cant. S. E. et S. B. p. 535, 546, 560, 567, 569, v. 24, pour *c* final peut-être dans *feu*, v. *foc*, *fou* (focum) ; *lieu* v. *lou*, *liu*, *leu* (locum) ; *peu*, v. *poc*, *pou* (paucum), etc. Enfin en catalan *u* apparaît à la fois à la place du *c* vélaire et du *c* palatal, par exemple dans *Jaume* (Jacobum) — espagnol *Jaime*, — *faure* (facere), *plaure* (placere), *creu* (crucem), *diu* (dicit), *nou* (*nucem*), *pau* (pacem), *veu* (vocem) [1].

1. La substitution d'une labiale à une gutturale n'est point particulière

Comment rendre compte de ces transformations si diverses? Diez, ne l'étudiant que dans le catalan et frappé de la difficulté d'expliquer la substitution de *u* à une gutturale ou à une dentale, incline à y voir la substitution de *u* à *i* dans les diphthongues nées de l'affaiblissement de la gutturale ou de la dentale en cette dernière voyelle ; il est possible que cela ait eu lieu dans certains cas, mais cette explication ne saurait convenir évidemment dans tous, et il faut voir, je crois, le plus souvent dans ce fait le résultat de la transformation d'une labiale substituée à la gutturale primitive, parfois même peut-être le résultat du développement de *u* sous l'influence de la gutturale, ou la conservation d'un *u* primitif, tombé dans les autres idiomes. Ainsi dans *aveule, reule, seule, seure*, il est possible qu'il y ait chute du *c* ou du *g*, et conservation de l'*u*, ou plutôt diphthongaison, sous son influence, de la voyelle précédente en *eu*. On en peut dire autant de *feu, lieu, peu*, etc., quoiqu'on puisse voir aussi simplement dans ces formes le résultat de la chute du *c* final, suivie de la transformation ordinaire de *ŏ* bref accentué en *eu*. Mais il faut chercher une autre explication pour rendre compte des formes comme *amiu, castiu*, ou *auto, carauter, doutor*, etc. ; et il faut bien ici admettre une substitution directe de *u* à *c* ; a-t-elle été précédée de la substitution préalable à *c* d'une labiale explosive ou spirante, affaiblie plus tard en *u;* ainsi *doutor* par exemple suppose-t-il une forme *doftor* qu'on retrouve en roumain, et qui n'est elle-même qu'un affaiblissement ou une modification de *doptor?* ou bien faut-il supposer que ces formes en *ou, eu*, ont été précédées de formes en *oi, ei*, auxquelles elles se seraient substituées, que *outubro*, par exemple, serait pour *oytubro*, que *peu* viendrait de *poi?* Il est difficile de se prononcer entre ces deux hypothèses, toutes deux vraies peut-être, et qui pourraient bien représenter seulement deux procédés différents de la langue dans le changement du *c*.

III° *Substitution de h à la gutturale.*

La gutturale soit vélaire, soit palatale, initiale ou médiale, peut faire place à *h*. On trouve *h* substituée à *g* en espagnol dans *hermano* (germanum) et ses dérivés, dans *hielo* (gelu), *hiema* (gemmam), *hierno* (generum), *hieso* (gypsum), *Calahorra* (Calagur-

aux idiomes romans, on la retrouve dans les langues germaniques, en particulier dans l'anglais; ainsi à *draw* correspond le v. saxon *dragau, law* est dérivé de *lagu* et *sorrow* de *sorga.*

rim) et *Mahon* (Magonem). Le *c*, soit seul, soit précédé de *s*, a fait non moins souvent place à *h*, en particulier en catalan et en wallon ; ainsi en catalan *dehembre* (decembrem), *vehi* (vicinum) ; en wallon *damehele* (dominicellam), *formihe* (formicam), *hale* (scalam) — *chaule* dans le dialecte de Namur, — *kinohe* (conoscere), nam. *conoche*, etc. [1].

L'*h* n'est plus aspirée en espagnol et en catalan, mais elle a dû l'être autrefois, et on ne s'expliquerait pas sans cela comment elle aurait pu se substituer à *f* [2] ; elle l'est encore fortement en wallon ; il est donc difficile de voir ici une simple lettre intercalaire, destinée à empêcher la rencontre de deux voyelles, comme cela a eu lieu probablement dans *envahir*, *trahir*, etc., écrits souvent sans *h* autrefois. De plus si l'on remarque que *h* se substitue aussi à *s* en wallon, par exemple dans *mohone* (mansionem), cas dans lequel elle est remplacée par *j* dans le dialecte de Namur, tandis que *ch* en tient la place dans ce même dialecte, quand elle se substitue à *sc*, on aura la preuve qu'il y a là un procédé régulier de transformation du *c*. Mais comment se fait cette transformation ? Si nous comparons directement le mot catalan ou wallon au latin, comme les formes intermédiaires manquent, il sera difficile de répondre à cette question ; mais les formes *ch* et *j* du dialecte de Namur équivalentes à l'*h* du wallon, ainsi que la comparaison du provençal *prezar* et du catalan *prehar*, de *cazer* en provençal et de *cahir* en portugais, semblent montrer dans cette lettre une transformation des spirantes *ʒ* ou *ž*, *s* ou *z*, lesquelles, se déduisant sans peine de la gutturale, servent d'intermédiaire naturel entre celle-ci et l'*h* qui s'y substitue.

IV° *Substitution de n à c.*

Nous avons vu [3] que, le roumain et le provençal exceptés, le *c* final tombe dans toutes les langues romanes ; cependant dans un certain nombre de mots il semble avoir été remplacé par *n* ; c'est ce qu'on peut supposer avoir eu lieu en espagnol dans *aun* (adhuc), *allin* (illic) G. Vic., *nin* (nec), *sin* (sic) ; ces deux derniers mots sont en portugais *nem*, *sim*, (et son composé *assim*), avec *m* à

1. L'*h* se substitue aussi aux dentales, ainsi en catalan *prehar* (pretiare), *rahó* (rationem), en portugais *cahir* v. (cadere).
2. Voir à ce sujet Diez, *Gr.* I, 373.
3. V. plus haut p. 46 et 57.

la place, conformément au génie de cette langue, de l'*n* final espagnol. Cette substitution de *n* à *c* semble encore avoir eu lieu, mais au milieu du mot, en espagnol dans *ansi* (æque sic), peut-être aussi dans l'adjectif *enteco* (hecticum), en portugais dans *pentem* (*pectinem) et dans le français *ainsi*. Elle apparaît également à la fin du mot, en provençal dans *aissin* synonyme de *ansi*, en vieux français dans *amin* (amicum), *anemin* (inimicum S. B. 537, 543; en normand dans *ichin* (ecce hic), *sti-chin* et autres composés de *hic;* et à la fois au milieu et à la fin du mot dans le bourguignon *ansin*, le picard *ensin*, vieux français *ainssin* G. Ros., provençal moderne *ansin* Mireio I, 7, a[1]. Comment expliquer cette substitution de *n* à *c*? Y a-t-il d'abord transformation véritable de la seconde de ces deux lettres en la première? Cela paraît peu probable; il semble bien plutôt que cet *n* soit tout simplement une lettre intercalaire, que les idiomes romans de l'Ouest mettaient parfois avant la gutturale; dans les exemples précédents, celle-ci serait tombée, tandis que *n* restait; cette dernière lettre se serait ainsi indirectement substituée au *c* primitif. Cette manière de voir est d'ailleurs confirmée par un certain nombre de mots, où la gutturale a subsisté à côté de *n*. L'intercalation de *n* devant une gutturale, non suivie de la chute de celle-ci, se présente, en effet, dans le provençal *engual* ou *engal* (aequalem); l'espagnol *nenguno* (nec unum) — cf. le latin archaïque *ninculus* ou *ningulus*, —*enxambre* (ecsambre, encsambre, enxambre) — portugais *enxambre* — et d'autres semblables comme *enxemplo*, *enxugar*, etc., nous montrent encore le même phénomène[2]. Le vieux français *ainsinc*, aujourd'hui *ainsi*, présente les deux cas : intercalation de *n* et chute du *c*, ou sa transformation en *i* dans la première syllabe, intercalation de *n* et conservation du *c* dans la seconde. Il ne peut donc y avoir de doute sur la manière dont la langue a procédé; mais le *c* final tombant en français de très-bonne heure, on voit que les mots où *n* en tient la place supposent que l'intercalation de cette lettre devant *c* doit remonter aux premiers temps du roman[3].

1. Cf. Diez, *Etym. Wœrterb.* s. v. *cosi*.

2. Le normand *aingue* (aide) offre un exemple curieux de cette intercalation de *n* devant une gutturale, en même temps que du changement de la dentale *d* en *g*.

3. L'*n* ne s'est point d'ailleurs développé uniquement devant une gutturale, on en trouve aussi des exemples devant *s*, ainsi en normand *queminse* (camisiam), *cheminche* dans le patois de Metz; mais peut-être

C'est par là que je terminerai la théorie des modifications générales du *c* vélaire et du *c* palatal ; j'arrive maintenant à l'étude des transformations du premier, — propres aux langues du Nord-Ouest et aux dialectes ladins, — dans la série *ć, č, š, ǧ, ž, ts, dz, s* et *z*.

y a-t-il là simple nasalisation de l'*i* accentué, et il ne serait pas impossible qu'il en fût de même, dans quelques-uns du moins, des exemples précédents. Les Actes normands — fait très-rare — en présentent aussi un exemple après *e* dans *chen* pour *che* (ecc'hoc), mot qui n'existe plus, je crois, dans le patois actuel.

LIVRE TROISIÈME.

TRANSFORMATION DE LA GUTTURALE VÉLAIRE EN č ET EN SES DÉRIVÉS.

Dans le passage du latin au roman, le *c* vélaire a, nous avons vu, conservé, dans le plus grand nombre de cas, sa valeur gutturale ; mais dans un certain nombre aussi, surtout dans les langues du Nord-Ouest, il s'est changé en chuintante ; c'est cette transformation nouvelle qu'il nous faut maintenant étudier ; elle n'est d'ailleurs, quoique beaucoup plus rare, pas plus surprenante que celle du *c* palatal en *č* et en ses dérivés ; et, comme celle-ci, elle apparaît dans une partie des langues indo-européennes ; voilà pourquoi je n'ai point cru devoir précédemment séparer l'explication phonétique du changement des deux gutturales ; c'est aussi à ce que j'en ai dit dans le livre précédent que je renvoie le lecteur. J'ajouterai seulement quelques faits à ceux que j'ai déjà cités.

J'ai montré que le changement du *c* vélaire en *č* suppose son changement préalable en *c* palatal ; les idiomes romans, en particulier les dialectes ladins, nous offrent la série complète de ces transformations ; ainsi tandis que le *c* de *campum* persiste dans *camp*, mot du roumanche de l'Oberland, les dialectes du Frioul nous le montrent changé en palatale vraie dans *ćamp*, et le dialecte tyrolien d'Ampezzo l'a transformé définitivement en *č* dans *čampo*. Le dialecte du canton du Tessin nous montre également le *c* de *carnem*, prenant suivant les localités la valeur *k*, *ḱ* ou *č*, ainsi :

carn, — *chiarn*, *chern*, *chiern*, — *čern*[1].

1. Biondelli, *Saggi*, p. 11.

Le normand nous présente des formes non moins curieuses; c'est ainsi que le mot *caballum* y est devenu ordinairement *cheva*, ou mieux *j'va*, affaiblissement évident de *tcheva*; mais dans certaines parties de la province où on le parle on dit aussi *queva* ou *g'va*; or dans les comptes de l'hôpital des Veys (1350), située dans une région où l'on prononce aujourd'hui *jva*, on trouve *kievaux*[1]; ainsi pour le copiste du XIVe siècle, le *c* vélaire ne s'était pas encore transformé en chuintante ou linguale, il était devenu seulement palatal.

Dans ces exemples et dans ceux qu'offrent la plupart des langues, le *c* vélaire, transformé en palatale ou *č*, est originairement suivi de *a*; cependant les idiomes romans offrent quelques exemples où le *c* suivi de *o* ou de *u* étymologiques s'est aussi changé en *č* ou en *š*, après le changement préalable, il est vrai, de *ó* ou de *u* en *ö*, *ü*, *eu*, etc. Ainsi dans le dialecte de la vallée d'Engaddine, le *c* vélaire suivi de *o* ou de *u*, des mots suivants

corium culum cunam curam

s'est changé en palatale vraie (*ch* = *ć*),

chör *chül* *chünna* *chüra*

de même que *c* suivi de *a* dans

caveam carnem caminum catenam

y a donné

chabgia *charn* *chiamin* *chadaine*.

Certains dialectes français, allant plus loin, ont transformé définitivement dans ce cas le *c* vélaire en *č*. C'est ainsi que les mots

corium coxam culum

ont donné dans le normand du Bessin

tcheu *tcheusse* *tchu*.

Le patois poitevin des Sables en offre également quelques exemples, ainsi *tchuder* (cogitare)[2], *tchur* (cor)[3], *tchulotte*

1. Ed. Du Méril, *Dictionnaire du patois normand* s. v. *quiérue*.
2. Favre, *Glossaire du Poitou*, s. v. *tchuder*, p. ex.
Gn'ai pas *tchudé* faire quieu.
3. Id. id. Ex.
Tot d'suit man *tchur* fut chatouillou
Tot d'suit san *tchur* soupire. Intr. p. 48, 50.

(*culotum), *boutchuet* [1] (*bosquetum). On l'y trouve aussi, fait non moins surprenant, dans les adjectifs indéfinis et démonstratifs *tchieuque* (qualem quam), *tchou* (ecce hoc), *tchelle* (ecce illam)[2], etc. Si l'on compare à ces derniers mots les formes ordinaires *quiou* (ce), *quielle*, etc., du même patois, on sera amené à y voir non le produit de la transformation directe des formes latines *ecce hoc, ecce illam*, etc., mais des formes romanes *quiou, quielle*, et par conséquent nous avons là, je crois, une modification relativement récente de la gutturale. On peut et on doit, il me semble, en dire autant des formes *tchuder*, *tchur*, *tchulotte, boutchuet*, etc., et en général des mots où *c* suivi d'une voyelle autre que *a* s'est transformé en chuintante ; à l'origine le dialecte poitevin a, comme le français proprement dit, changé en č, affaibli plus tard en š, la gutturale vélaire suivie de *a*, en la conservant devant les autres voyelles non palatales ; mais par la suite ces voyelles s'étant modifiées, la vélaire qui les précédait s'est changée en palatale, puis en č. Ce qui confirme cette manière de voir, c'est que le picard, qui conserve toujours, ou à peu près, comme je le montrerai, la gutturale vélaire, offre cependant, exception singulière, quelques exemples où elle prend le son č, tels sont *tchien*, (canem) et *tcher* (cadere), dans le patois de Santerre, *tcheur* (cor) dans celui de l'Amiénois. Ces formes, qui n'apparaissent dans aucun texte ancien, sont évidemment d'origine moderne ; et il en est de même de la plupart de celles où l'on trouve dans le normand la gutturale suivie de *o* ou de *u* primitif, transformée en č ; ainsi que nous le verrons, en effet, ce dialecte conserve, comme le picard, la gutturale vélaire dans le plus grand nombre de cas, dans les mots où elle n'a pas persisté, sa transformation, surtout en č, ne peut remonter dès lors bien loin dans le passé. Un fait incontestable prouve du moins que le son č a pu se substituer à la gutturale à une époque récente, c'est son apparition dans les idiomes créoles sortis du français depuis que celui-ci ne connaissait plus le son č. On trouve par exemple dans le dialecte de la Trinité ce même mot *tchulotte*, que je montrais tout à l'heure dans le patois poitevin des Sables, sous la forme *chilotte* (*ch* = č) ; de même *chuite* (coctam), *chouler* (*culare), *chinze* (quindecim), etc.[3].

1. Favre, id. p. 50. Ex.
   I prenis ma *tchulotte*
   Man *boutchuet* de bergamotte.
2. Id. id. p. 48, 49, 50. — Lalanne, *Gloss.* Intr.
3. Thomas, *A treaty of creol grammar.*

Quoi qu'il en soit au reste de l'époque précise de ces transformations, nous avons ici conservée dans des dialectes français la prononciation primitive du *c* vélaire changé en chuintante, celle qu'il a encore en espagnol et souvent aussi en provençal, mais qui s'est affaiblie en *š* en portugais. Tout nous porte à croire, en effet, que *ch* avait à l'origine la valeur *č* dans ces différents idiomes. L'explication physiologique de ce son en est une preuve intrinsèque, nous en trouvons une preuve extrinsèque dans sa persistance jusqu'à nos jours dans un certain nombre de dialectes et encore plus dans les transcriptions anciennes des mots où se trouve *ch* dans les idiomes étrangers. J'ai déjà cité quelques mots normands qui offrent le son *č*; on le rencontre aussi dans le patois lorrain, ainsi : *dchva* (caballum), *dchamp* (campum), *dchambre* (cameram), *vaitche* (vaccam), etc.[1] On le trouve même, nous venons de voir, dans le dialecte picard de Santerre qui, à côté de *quien*, a la forme *tchien*. Certains dialectes provençaux modernes ont également conservé à *ch* sa prononciation *č* primitive, souvent, il est vrai, en y faisant sentir très-peu le son du *t* initial, et la transcription *tg* ou *dg* qu'on rencontre si souvent figure même cette prononciation ou celle de la sonore correspondante *ǧ*. Enfin si le portugais donne en général à *ch* la même prononciation que le français, c'est-à-dire *š*, dans la province de Tras-os-Montes, on lui donne, comme en Espagne, celle de *č*, qui, il n'en faut point douter, a dû être commune autrefois à toute la péninsule.

Les transcriptions en langues étrangères viennent, du moins pour le français et le provençal, confirmer ces inductions tirées de la persistance du son *č* dans les dialectes, Ainsi on rencontre dans le moyen haut-allemand *tschapel* (chapel), — il est vrai à côté de *schapel*, — *tschière* (chière), *hastche*, *rotsche*, *Ritschard*; en moyen néerlandais *roetsche* (roche), *Tsarels* (Charles), *tsartroisen* (chartreux). En grec nous trouvons Ῥιτζάρδος (Richard). D'un autre côté, des manuscrits des Lois de Guillaume offrent pour *chose* la transcription *jose*, où le *j* avait nécessairement la prononciation *dj*; on peut en dire autant du provençal *jausir* pour *chausir* qu'on rencontre dans le Fragment de l'Alexandre trouvé à Florence. « Bons *xivaliers* avant » fait dire aussi aux Français le catalan Bernat d'Esclot, dans la

1. Oberlin, *Patois lorrain du Ban de la Roche*, p. 88. Je me sers de la notation même d'Oberlin, toute fautive qu'elle est; il est certain qu'il faudrait *tchamp* et non pas *dchamp*, *djva* et non *dchva*.

langue duquel *x* avait le son *č*[1]. On peut encore ajouter à ces faits que dans les mots empruntés au français, comme *challenge*, *chamber*, *chant*, *charm*, etc., le *ch* a en anglais, qui a cependant *sh* pour représenter le son actuel de ce signe en français, la même valeur *č*[2]. Tout semble donc prouver que *ch* avait autrefois dans notre langue la prononciation *tch*, qu'il a aujourd'hui encore en espagnol. Il en est de même pour le provençal. Ainsi l'italien représente par *čiausir* le verbe *chausir* emprunté à cette langue; on trouve également dans les manuscrits de Pétrarque (canz. 7) *ciant* pour représenter le mot *chant ;* le *t* que l'on rencontre aussi, quoique rarement, devant *x* en catalan, par exemple dans *cotxos* = *cochos* est encore une preuve du son composé de *ch* et de sa valeur *tch*[3]. Quant à l'espagnol, on voit *ch* y apparaître comme chuintante certainement au XIe siècle dans *Sanchez* et *Sanchiz* (Yepes, I, n. 23, an. 1022), valeur que confirme encore l'orthographe *Sangez* du même mot (Yepes, I, n. 24, an. 1077) et *Sangiz* (id. n. 25, an. 1092), où *g* ne peut avoir eu, ce semble, que la prononciation provençale ou catalane. On rencontre même, évidemment avec cette valeur, *ch* dès la fin du VIIIe siècle, dans *Chave* (rivolum Chave, Yepes, IV, n. 29 an. 791), mot où ce signe substitué au groupe *fl* transformé a dû représenter le dernier terme de la série *fl*, *fi*, (*f*)*j*, *č*[4]. C'est d'ailleurs la valeur que, malgré quelques divergences apparentes d'opinion, les anciens grammairiens les plus autorisés espagnols ou étrangers assignent à *ch*, « *c* précédant *h*, et immédiatement suivant une voyelle, est conforme à la prononciation anglaise », écrivait en 1558 l'auteur des « Coloquios familiares », Gabriel Meurier, et quelques années plus tard, en 1614, Doergangk, professeur d'espagnol, d'italien et de français à Cologne, décrivant à son tour la prononciation du *ch* espagnol, lui attribuait le son *tch* : « *ch*, dit-il, effertur ut *ch* apud Gallos, vel ut *sch* apud Germanos ita tamen pressè ut *t* prœponi videatur, ut *mucho, muchacho,* quasi *moutcho, mout-*

1. « Le nostre sillabe *xa, xe*, etc. si profferiscono come le toscane *cia, ce* » dit le catalan Bastero, cité par Diez, *Gr.* I, 115. Cf. id. 410, 460.

2. On pourrait, il est vrai, supposer que l'anglais ayant conservé l'orthographe de ces mots a donné au *ch* qui s'y trouve la prononciation de cette lettre dans les mots issus de l'anglo-saxon. C'est ce qui est arrivé en effet, en espagnol aux mots *chamberga*, *chorlo* dérivés de l'allemand *Schomberg*. *schœrl*, où *ʒ* primitif a pris ainsi la valeur *č*.

3. Diez, id. I, 410.

4. Cf. Diez, id. 212 et 367.

chatcho Gallicè, vel *mutscho, mutschatscho* Germanicè[1]. » En présence de témoignages aussi précis on ne peut accorder aucune créance à des grammairiens tels que Sotomayor qui, après avoir rangé cependant *ch* parmi les lettres qui n'ont pas la même valeur en français et en espagnol, dit qu'il doit se prononcer comme en notre langue[2], ou bien l'auteur anonyme (M. Charpentier?) de « La parfaite méthode pour entendre, escrire et parler la langue espagnole » qui se borne à figurer par le *ch* français, ainsi d'ailleurs que Jean Saulnier dans son « Introduction en la langue espagnole » le *ch* castillan[3].

Ainsi *ch* paraît bien avoir eu autrefois dans le double groupe occidental la valeur *č*, qu'il a encore aujourd'hui en espagnol et dans plusieurs dialectes provençaux et portugais ; mais quelle est l'origine de ce signe employé par les Romans de l'Ouest pour représenter le son *č* ou *š*, tandis que chez les Romans de l'Est et parfois aussi — du moins autrefois, comme nous avons vu, — chez les premiers, il a servi ou sert à représenter la gutturale palatale? J'ai dit que le *ch*, signe de la gutturale, était emprunté à l'alphabet latin, où il avait souvent représenté les deux gutturales, doit-on attribuer la même origine au *ch* employé par les langues du double groupe occidental, comme signe des chuintantes *č* et *š*? Diez n'est pas éloigné de croire que ce signe est passé de l'allemand, ou plutôt du franc dans le français, comme il veut voir dans la spirante *ch* ou *hh* de ces idiomes l'origine de la chuintante substituée à la gutturale vélaire romane[4] ; mais alors comment expliquer la présence de *ch* en provençal et dans les idiomes de la péninsule hispanique? Faut-il supposer que les scribes provençaux ou espagnols l'aient emprunté aux copistes français? Cette hypothèse me paraît aussi peu admissible que peu utile ; il ne faut point, en effet, chercher au *ch*, signe de la chuin-

1. *Institutiones in linguam hispanicam*, p. 2.

2. « *Ch* fault que se prononce comme en français, » dit-il dans son style baroque, p. 11 du *Vocabolario de las vocables que mas comunamente se suelen usar*.

3. On pourrait joindre à ces témoignages celui de l'auteur anonyme de l'« Util y breve institution », dont José Gallardo a donné des extraits p. 857 du premier volume de son « Ensayo de una Bibliotheca española, » et que je cite comme modèle de l'incertitude des renseignements fournis parfois par les grammairiens du XVIe siècle : « *Ch.* dit-il, tiene tal pronu ciacion como κ (cappa de los griegos) antes de ι o *iota* o ni mas ni menos o casi asi como en frances pronuncian *charetier, chappon*, asi en espanol *mucho, muchacho*. »

4. *Gram.* I, 248 et 461.

tante, d'autre origine qu'au *ch*, signe de la gutturale; nous savons que ce signe employé par le latin de la décadence pour représenter les deux gutturales avait été adopté par les langues du groupe oriental, comme signe de la palatale; j'en ai signalé aussi l'emploi dans les langues du Nord-Ouest et du Sud Ouest, surtout aux premiers siècles du Moyen Age[1]; l'on peut même dire que, jusqu'au huitième siècle et sans doute même plus tard, il servit dans tous les pays romans uniquement à représenter la gutturale palatale. Il a continué d'en être ainsi dans les idiomes orientaux, qui employaient *c* pour figurer la gutturale vélaire et la chuintante *č* issue de la palatale, mais les idiomes occidentaux se servant de *c*, comme leurs congénères de l'Est, pour représenter la gutturale vélaire, et, ce qui leur était particulier, pour représenter la palatale assibilée, se trouvaient dans la nécessité ou de l'employer encore comme signe de la chuintante ou de choisir pour cette dernière une autre lettre; ils prirent alors *ch*, qu'ils remplacèrent peu à peu, comme signe de la gutturale vélaire, par *q* ou *k*; mais cette substitution ne se fit que lentement, de là une source de confusion dans la phonétique de ces idiomes, comme j'aurai souvent occasion de le signaler par la suite.

Le *ch* est donc d'après cela d'origine latine, c'est l'ancien signe inventé au IIe siècle avant notre ère pour remplacer le χ dans les mots empruntés au grec par le latin; quant à l'origine du son qu'il représente dans le double groupe occidental, il est, comme je l'ai dit, le résultat, le produit naturel pourrait-on dire, de la transformation du *c* vélaire; si cette modification n'apparaît point ou n'apparaît qu'exceptionnellement dans le groupe oriental, c'est que les langues qui le composent ont conservé plus fidèlement le son primitif du *k* vélaire, gardé sans modification par le latin, comme par le grec; les langues du double groupe occidental, au contraire, ayant moins respecté la gutturale vélaire, devaient aussi la changer plutôt en chuintante, et ce n'est pas un effet du hasard, mais la conséquence même de la perturbation apportée dans le système phonétique du latin, que celui de ces idiomes qui l'a le plus profondément modifié soit aussi celui qui nous présente la transformation la plus complète du *c* vélaire en *č*. On comprend d'après cela que je ne puisse accepter l'influence germanique à laquelle Diez semble attribuer ce phénomène si naturel de transformation[1]; on ne voit pas, en effet, com-

1. Voir pl. haut Liv. II, Ch. III. p. 82.

ment la spirante des dialectes francs aurait pu déterminer le changement du *c* vélaire latin en chuintante, ce qu'elle n'a point fait dans le domaine germanique, et encore moins pourquoi, si l'influence germanique a déterminé le changement du *c* latin en *č* ou *š*, elle ne l'a pas fait *toujours* pour le *c* d'origine allemande, lequel reste guttural dans un nombre assez considérable de mots; il y a plus, il me semble, si on peut sur ce point si obscur hasarder une hypothèse, que, loin d'avoir contribué à transformer le *c* vélaire, l'influence germanique a servi à lui conserver son caractère primitif, car c'est précisément — la Lorraine et les pays wallons exceptés — dans les contrées où l'élément germanique a prédominé au moment de la formation définitive de la langue que le *c* vélaire a persisté ; comme cela a lieu presque toujours dans le picard, et en général aussi dans le normand et le roumanche du Nord. Quant à la théorie de Burguy qui explique la présence du *ch* en français et la conservation du *c* en picard, — il ne paraît pas savoir que cette conservation a lieu aussi en normand, — par ce qui se serait passé dans les idiomes celtiques et où par parenthèse il confond la spirante gutturale *ch* de l'irlandais avec la chuintante *ch* des dialectes français, elle ne mérite pas même d'être examinée [2].

Si le *c* vélaire paraît ainsi s'être d'abord changé — là où il s'est modifié — en *č*, il n'a point conservé ce son dans tous les idiomes romans du double groupe occidental ; le plus souvent, en effet, il y a pris, comme en français, le son *š*, d'autres fois aussi il s'est transformé en *ǧ* ou dans le son affaibli *ž* ; enfin dans certains dialectes provençaux on le trouve changé en *ts*, *dz*, *s* et même en θ et ð ; l'étude historique de ces diverses transformations fera l'objet de ce troisième livre ; j'y joindrai celle des changements du *c* vélaire en spirante gutturale, fait présenté par l'espagnol, enfin l'examen non moins intéressant de la transformation des deux gutturales dans le picard et le normand.

1. K. M. Rapp, *Physiol. d. Spr.* II, 51, a encore renchéri sur l'affirmation hypothétique de Diez et déclare la transformation de *ca* en *cha* pour « inexplicable sans une influence germanique ». V. Schneller, id. p. 87.

2. Burguy, *Gr. de la langue d'oïl*, I², 35.

CHAPITRE Ier.

TRANSFORMATION DU C VÉLAIRE EN č, ǧ ET EN š.

Si l'on excepte quelques dialectes du Nord de l'Italie, en particulier ceux du Tyrol, qui appartiennent ou se rattachent au groupe ladin, la transformation du *c* vélaire suivi de *a* en *č* ne se rencontre que dans deux ou trois mots italiens, encore n'est-ce point le changement de *c* pur, mais du groupe *d'c* qui présente ce fait, et la transformation a eu lieu en *ǧ*, non en *č*[1]. Quant au roumain, il n'offre aussi d'exemples, que je sache, que du changement de *c* en *ǧ*, et en bien petit nombre ; on peut donc dire que cette transformation, et plus généralement que la présence de *č* devant une voyelle non palatale, est inconnue aux idiomes du groupe oriental.

Dans ceux du Sud-Ouest, au contraire, *ch* se rencontre assez souvent devant *a*, *o* ou *u*, avec le son *č* en espagnol et dans le dialecte portugais de Tras-os-Montes, avec la valeur de *š*, affaiblissement évident de *č*, dans le portugais des autres provinces ; mais dans ces deux langues *ch* ne représente pas d'ordinaire un simple *c*, mais le plus souvent la transformation d'un des groupes *cl*, *pl*, *tl*, *fl*, qui donnent aussi naissance en espagnol au son *ll*; cette transformation peut d'ailleurs avoir lieu au commencement comme au milieu des mots, exemple :

LAT.	ESP.	PG.
clamare	llamare, v. *chamar*	*chamar*
fac(u)lam	*hacha*	*facha*
plagam	llaga	*chaga*
inflare	*inchar*	*inchar*
cat(u)lum	*cacho*	*cacho*

Ch remplace aussi en espagnol *ct*, parfois *pt* et *lt*, et même *s;* mais représente-t-il réellement dans cette langue, ainsi qu'en portugais, le *c* vélaire latin? Il semble bien, il est vrai, le

1. Il semble cependant que, dans le dialecte sicilien, *c* se soit transformé en *č*, dans *ciarmu* (carmen), *ciminia* (* caminatam) — peut-être emprunté au français, — et *quaciari* (calcare). Cf. Wentrup., *Beitr. zur Kenntn. der Sicil. Mund.* p. 159 et 160.

remplacer dans un certain nombre de mots, mais la question est de savoir si ces mots sont espagnols, ou bien, comme Diez l'admet, d'origine étrangère ; pour la plupart d'entre eux, cette circonstance qu'ils existent en double à côté d'autres mots qui ont la gutturale vélaire ne peut guère laisser de doute à cet égard ; tels sont, par exemple, en espagnol *chaza* à côté de *caza*, *merchante* et *mercante*, etc. ; en portugais *chaça* et *caça*, *cantor* et *chantre*, etc. ; mais je ne sais si l'on doit encore admettre une origine étrangère pour quelques autres qui n'ont que la forme *ch*, comme le portugais *charrua*, etc., et s'il n'y faut pas voir le résultat, dû peut-être à une influence locale, de la transformation de *c* (*k*) en *č*. On serait tenté même, quand on lit les anciens textes, de supposer que cette modification de la gutturale vélaire avait lieu autrefois dans des mots où elle a repris son son primitif, ainsi on trouve dans le poème du Cid *archas* v. 84, 119, 127, 144, 161, 166, à côté, il est vrai, d'*arcas* v. 113 et 183 ; or faut-il admettre, comme cela avait lieu parfois devant *e* ou *i*, qu'on représentait indifféremment la gutturale vélaire par *c* ou *ch*, surtout quand on trouve au vers 147 les mots *archas*, *aduchas*, où, si dans le premier *ch* pouvait avoir le son *k*, il devait nécessairement avoir le son *č* dans le second? Il est difficile de répondre à cette question; aussi tout en admettant que les langues de la péninsule hispanique avaient en elles la faculté de développer le son *č* du *c* vélaire seul, comme elles l'ont dérivé de *cl*, *ct* et de plusieurs autres groupes, il faut reconnaître aussi que le *c* vélaire n'y a pas été assez ébranlé pour se modifier — sinon exceptionnellement — et qu'il a dans la plupart des cas conservé sa valeur originelle. Il n'en a pas été de même dans les idiomes du Nord-Ouest, dans le roumanche et les dialectes ladins du Tyrol et du Nord de l'Italie, où le *c* vélaire n'a persisté qu'exceptionnellement ; mais les modifications qu'il a subies ont varié avec chacun de ces idiomes; il faut donc examiner séparément ce qu'elles ont été dans chacun d'eux. Commençons par les dialectes ladins où elles sont le plus compliquées.

I° *Transformation du c vélaire dans les dialectes ladins.*

Des sources du Rhin au fond de l'Adriatique s'étend, en suivant la courbure des Alpes, une large bande de terrain où se parlent divers dialectes romans, débris évidents, malgré les différences qui les séparent, d'une même langue plus ancienne, dont ils ne sont au fond que des formes particulières. Ces dialectes[1], auxquels se rattachent par plus d'un point ceux du Tessin, de la Lombardie et de la Vénétie, et qui occupèrent sans doute autrefois un territoire bien plus étendu, mais amoindri par les empiétements de l'italien d'un côté et des idiomes germaniques et slaves de l'autre[2], se divisent géographiquement, sinon toujours phonétiquement, en trois groupes principaux : le groupe occidental ou du canton des Grisons, qui comprend le dialecte de l'Oberland ou roumanche, parlé dans les vallées du Rhin antérieur et du Rhin postérieur, et le dialecte de la vallée de l'Inn ou Engaddine[3]; le groupe central ou des dialectes romans du Tyrol[4], parlés surtout à l'Ouest dans les vallées du Noce, de l'Avisio et de la Gardera, à l'Est dans celles de la Gadera, du Cordevole et de la Haute-Piave ; enfin le groupe oriental ou du Frioul[5], comprenant les sous-dialectes de Pordenone, de la Carnia, du territoire d'Udine, etc.

Je n'ai point ici à étudier les caractères généraux qui distinguent ces divers dialectes, je ne veux que rechercher la manière dont la gutturale vélaire y est traitée[6], soit qu'elle persiste, soit qu'elle se transforme en palatale ou en chuintante, son changement en spirante ou sa suppression ayant été examinés dans le premier livre. Comme je l'ai dit plus haut, les dialectes ladins ont ceci de particulier qu'ils offrent toutes les formes traversées par la vélaire dans son passage du son *k* au son *č*, tandis que les idiomes du Nord-Ouest ne présentent que les formes extrêmes *k* et *č*, ou son dérivé š. Ainsi, tandis que dans le dialecte de l'Oberland, et parfois aussi, mais exceptionnellement, dans les autres, le *c* vélaire persiste, il se change en palatale proprement dite dans le dialecte de l'Engaddine, dans les dialectes romans de l'Ouest du Tyrol, à l'Est dans ceux du Val de Fassa, et des vallées de la Gardera et de la Gardena, ainsi que dans tous ceux

1. Connus déjà pour la plupart par des travaux particuliers, ces dialectes viennent d'être, de la part de M. G.-J. Ascoli, l'objet d'un travail d'ensemble considérable, que j'ai le regret de n'avoir pas connu avant d'avoir fini cette étude, mais auquel j'ai pu cependant encore emprunter quelques renseignements précieux ou quelques utiles rectifications.

2. Cf. *Rom.* I, 9.

3. O. Carisch, *Taschenwœrterbuch der rhœtorom. Sprache.* — Id. *Gram. Lehrmethode der rhetor. Sprache.*

4. Chr. Schneller, *Die roman. Volktsmund. in Süd-Tirol.*

5. Jac. Pirona, *Vocabul. friul. p. p. cura del dott. Giul. And. Pirona.*

6. Il s'agit naturellement de la vélaire suivie de *a*.

du Frioul, et se transforme en č dans les dialectes tyroliens d'Agordo, d'Ampezzo, d'Oltrechiusa et de Comelico, qui offrent néanmoins un certain nombre de mots, variant d'ailleurs pour chacun d'eux, où la vélaire persiste, ainsi que dans quelques dialectes vénitiens.

Les transformations dont je viens de parler s'appliquent indifféremment à la vélaire, qu'elle soit initiale ou médiale [1], pourvu qu'elle soit suivie de *a*; quand elle est suivie, au contraire, d'une autre voyelle non palatale, elle persiste, à part quelques exceptions, dans tous les dialectes. Les exemples suivants donneront une idée de ces modifications du *c* devant *a* dans les divers dialectes ladins ; *č* désigne le son *tch*, *ć* représente la vraie palatale ou ce son écrasé dont parle Carisch, figuré tantôt par *ch*, tantôt par *g* ou même *ç*.

1° *c* initial :

LAT.	*c = k*	*c = ć*	*c = č*
caballum	*cavaigl* Ob.	*ćavaigl* E.	*čaval* Ag.
cadere	—	*ćade* Fr.	—
* calcaneum	*calcoign* Ob.	*ćalćogn* E.	—
* calcinam	*calschinna* Ob.	*ćütschina* B. E.	—
calicem	—	*ćaliç* Fr.	—
calidum	*cauld* Ob.	*ćaud* B. E., *ćod* H. E.	*čaudo* Ol. Amp.
* cambiare	—	*ćambiar* V. R.	—
* caminum	*camin* Ob.	*ćamin* E.	*čamin* Com.
camisiam	*camischa* Ob.	*ćamischa* E., *ćamise* Fr.	*čameza* Amp.
campum	*camp* Ob.	*ćamp* Fr.	*čampo* Amp.
canalem	*canal* Ob.	*ćanal* E.	—
candelam	*candeila* Ob.	*ćandaila* E.	—
canem	*can* Ob.	*ćaun* E., *ćan* Fr.	—
* cannabarium	*canval* Ob.	*ćanval* E., *ćanaipe* Fr.	*čanapia* Ag.
canonem	*canun* Ob.	*ćanun* E.	—
cantare	*cantar* Ob.	*ćantar* E.	*čanta* Amp.
* cantonem	*cantun* Ob.	*ćanton* Fr.	*čanton* Amp.
capillum	*cavell* Ob.	*ćavel* E.	—

1. Elles ne s'appliquent toutefois en général à la vélaire médiale qu'autant que celle-ci est appuyée, c'est-à-dire précédée d'une autre consonne ; précédée d'une voyelle, au contraire, elle s'affaiblit en *g* ou le plus souvent, comme nous avons vu, se transforme en *jot*. Cf. pl. haut Liv. I, Ch. II, p. 50.

*capellum	*capialla* Ob.	*ćapè* E., *ćapel* Fas.	*čapel* Amp.
*capum	*cau* Ob.	*ćau* E. *ćeau* Ob.	*čau* Oltr.
caponem	*capun* Ob.	*ćapon* Fr.	—
capram	*caura* Ob.	*ćavra* E.	*čaura* Amp.
capsam	*cassa* Ob.	*ćascha* E.	—
*captiare	*catschar* Ob.	*ćatschar* E.	—
carbonem	—	*ćarbon* Fr.	—
*cardonem	*cardun* Ob.	*ćardun* E.	—
*carricare	*cargar* Ob.	*ćargiar* E.	*čarjé* Amp.
carnem	*carn* Ob.	*ćarn* E. Fr.	—
carrum	*carr* Ob.	*ćar(r)* Fr. E.	*čar* Amp.
carum	*car* Ob.	*ćar* Fr. E.	*čaro* Amp.
cartam	*carta* Ob.	*ćarta* E.	—
casam	*casa* Ob.	*ćasa* Gad. F.	*časa* Amp.
castellum	*castell* Amp.	*ćastiell* Fr.	*častel* Olt.
castigare	*castiar* Ob.	*ćastiar* E.	—
catenam	*cadena* Ob.	*ćadeina* E.	*čadena* Amp.
cattam	—	*ćata* Fr.	*čata* Amp.
causam	*caussa* Ob.	*ćaussa, ćosa* E.	*čausa* Amp.
cavare	*cavar* Ob.	*ćavar* E.	—

2° *c* médial :

*aucam	*oca* Amp.	*oućа* Gard., *oćo* V. R.	—
barcam	—	*barćè* Fr., *barća* E.	—
buccam	*bucca* Ob. *bocca* E.	*boćè* Fr., *boća* V. R.	—
*cercare	*zerca* Amp.	*cerća* Fr.	*zerčé* Ag.
*figicare	—	*fića* Fr.	—
furcam	—	*forća, forćè* Fr.	*forča* Amp.
siccare	*seca* Amp.	*seća* Fr.	—
tincam	—	*tinćè* Fr.	—
vaccam	—	*vaća* Fr.	*vača* Ag., etc. [1]

Dans les exemples qui précèdent le *c* vélaire est suivi de *a*, dans quelques mots où il était primitivement suivi de *o* ou de *u*, modifiés depuis en *ö*, *ü*, etc., il a subi les mêmes changements que devant *a*, moins toutefois la transformation en *č*, que je ne connais pas. Ainsi on a :

1. O. Carisch, Wœrt. s. v. — G. Ascoli, *Archivio*, passim.

corium	—	*ćir* Ob. *ćör* E.	—
*corpum	*corp* Ob.-B.E.	*ćierp* Ob. *ćüerp* H.E.	—
cornu	—	*ćiern* Ob.	—
corvum	*corv* E.	*ćierv* Ob.	—
culum	—	*ćil* Ob. *ćül* E.	—
cunam	—	*ćinna* Ob. *ćünna* E.	—
curam	—	*ćira* Ob. *ćüra* E.	—

Il a été dit [1] que le *c* vélaire final persiste souvent dans les dialectes ladins, soit sans modification, soit en s'affaiblissant en *g*; mais, fait caractéristique de ces idiomes, ils peuvent aussi transformer la vélaire finale, comme l'initiale ou la médiale, en *ć*, *ǵ*, ou même *h*; ainsi à côté de *amig* on trouve une forme *amiǵ* et *amić* ou *amih; dico* a donné à la fois *diǵ* et *dić; focum*, *fueć* et *fœć*; à côté de *lac* (lacum) on rencontre encore *laić* B. E.; *vicum* a donné *vig* et *vih*, etc. Les autres idiomes romans n'offrent rien de comparable [2].

On voit par tous ces exemples à quelles hésitations ont obéi les dialectes ladins dans le traitement de la gutturale vélaire, et la diversité des influences qui ont dû y agir pour la modifier ; la transformation a été plus simple dans les langues du Nord-Ouest; voyons comment elles ont procédé, en commençant par le provençal où le problème est plus compliqué à cause des différences que présentent à cet égard les différents dialectes.

II° *Transformation du c vélaire dans les dialectes provençaux.*

Nous avons vu que *ch* conserva en provençal, ainsi que dans les autres langues de l'Ouest, sa valeur gutturale devant *e* et *i* jusqu'en plein Moyen Age ; il n'en dut pas moins devenir d'assez bonne heure le signe du son *č*, qui s'est conservé plus ou moins modifié dans cet idiome. C'est comme tel sans doute que nous le trouvons dans le plus ancien monument de la langue, le Boèce, où il apparaît toutefois à côté de *c;* ainsi on y trouve *charcer* (v. 71), *charceral* (158), mais *carcer* (96 et 101) ; *chaitiveza* (88) et *quaitiu* (126); *schalas* (149, 156), *schala* (216, 232), *eschalo* (237), mais *scalas* (146) ; *chadeu* (147) et *cadegut* (72); *chastiament* (111) et *quastiazo* (22) avec *c* ou *ch*; enfin *chanut* (107), *učha* (130), *schapla* (207) avec *ch* seul, à côté de *riqueza*

1. V. pl. haut Liv. I, Ch. I, p. 45. — 2. Ascoli, *Arch.* I, 76, 207.

(83), *kap* (116), *cap* (167), *caritat* (217), *castitat* (223), *peccaz* (228), *cerqua* et *cerca* (238), écrits seulement par *c*, *k* ou *q*.

Que faut-il conclure de cette double orthographe, qui nous est, comme nous le verrons par la suite, présentée par tant de textes? Que dans certains mots *c* suivi de *a* avait encore la prononciation gutturale, tandis que dans d'autres il prenait le son *č*? Cette supposition serait acceptable si les mêmes mots avaient toujours la même orthographe; il est difficile de l'admettre devant de doubles leçons comme *chaitiveza* et *quaitiu;* il ne reste, je crois, qu'une hypothèse de possible, c'est que nous sommes en présence non d'un texte primitif, mais d'un texte remanié ou modifié par un copiste dont la langue était autre que celle du poète; il n'est pas improbable, en effet, que celui-ci, ou, ce qui revient au même, le premier copiste du poème ne connût que le son guttural du *c*, le copiste du texte que nous possédons connaissant, au contraire, le son *č* de la gutturale vélaire transformée l'aura rétabli par mégarde ou à dessein dans les mots que j'ai relevés. C'est là un fait que nous verrons se reproduire bien des fois, et qui est d'une importance capitale dans l'étude phonétique des textes du Moyen Age, dont il peut seul expliquer les anomalies et les contradictions orthographiques; il ne saurait, en effet, dans des textes recopiés pour la plupart plusieurs fois dans des lieux et en des temps différents, être question d'unité d'orthographe et parfois même d'idiome; il ne saurait être non plus, la plupart du temps, question de la langue du poète, mais seulement de celle du copiste du manuscrit que nous avons sous les yeux, et parfois même, pour les poèmes du moins qui ont passé par plusieurs mains, le texte n'est lui-même qu'un compromis entre la langue de celui qui nous l'a transmis et celle de ses devanciers. Ainsi pour le cas particulier qui nous occupe en ce moment, on peut croire que l'auteur du Boèce ignorait encore, comme je l'ai déjà dit, la transformation de *ca* en *cha,* mais qu'au contraire le copiste du XIe siècle, auquel nous devons le texte que nous en avons, la connaissait déjà et l'a rétablie dans un certain nombre de mots. Quoi qu'il en soit de cette hypothèse, ce qui ressort d'une manière incontestable de ce qui précède, c'est qu'au XIe siècle la transformation du *c* en *č* avait déjà eu lieu au moins dans un des dialectes du provençal.

S'était-elle produite dans tous? comment chacun d'eux en particulier a-t-il traité la gutturale vélaire suivie de *a*? Telle est la question qu'il me faut examiner, et dont la solution offre plus d'une difficulté. Ce qui complique, en effet, l'étude de la phonétique du provençal, c'est la multiplicité de ses dialectes et l'ignorance où l'on est encore le plus souvent sur leurs caractères distinctifs ; ce n'est pas que ces dialectes aient tous la même importance, ni qu'il y ait eu sans doute autrefois entre eux une différence aussi grande qu'aujourd'hui ; il semble même qu'il se forma vers le XIIe siècle une espèce de langue poétique conventionnelle, commune ou à peu près à tous les troubadours[1] ; néanmoins toutes les différences dialectales, malgré l'uniformité apparente de cet idiome littéraire, ne purent disparaître, elles subsistèrent dans la langue usuelle, et reflétées plus ou moins déjà dans les ouvrages du temps, elles se sont perpétuées jusqu'à nos jours. Je n'ai pas la prétention de faire ici l'histoire trop peu connue des dialectes provençaux, je voudrais seulement, en m'attachant aux principaux d'entre eux, essayer de montrer quelles ont été les vicissitudes du *c* vélaire dans l'idiome parlé au Sud de la Loire. Étudions-le d'abord dans les monuments les plus importants qu'il nous a laissés.

Le premier que nous rencontrons après le Boèce sont les « Poésies religieuses en langue d'oc[2] » publiées par M. Paul Meyer, d'après les manuscrits 1139 et 1743 de la Bibliothèque nationale, lesquels semblent, comme celui de ce poème, être du XIe siècle. Leur examen nous donne un résultat différent. Ainsi dans la pièce de vers la plus étendue, espèce de confession tirée du manuscrit 1743, *c* persiste sans exception ; dans les cantiques tirés du manuscrit 1139, au contraire, *c* devant *a* se change en *ch*, par exemple *chab, chastitat, chausit*. Il est évident qu'on a affaire à des monuments d'origine différente. M. Meyer croit que la plus longue de ces poésies religieuses en langue d'oc, celle du manuscrit 1743, est écrite dans le dialecte d'Auvergne; j'inclinerais à lui attribuer une origine plus méridionale. Le manuscrit 1139, provenant de l'abbaye de Saint-Martial de Limoges, les deux cantiques qui en sont tirés sont, suivant toute vraisemblance, écrits en limousin ; ainsi au XIe siècle ce dialecte changeait déjà régulièrement le *c* vélaire suivi de *a* en *č*. Cette manière de voir trouve sa confirmation dans le consonnantisme des trois sermons limousins publiés également par M. Meyer dans le sixième volume du *Jahrbuch*[3]. Dans le premier, *c*(*a*) est changé en *cha* sept fois, tandis qu'il ne persiste que trois fois ; le

1. Cf. Bartsch, *Grundriss zur Geschicte der provenzalischen Literatur*, p. 69.
2. Paris, in-8°, 1860, et *Bibliothèque de l'École des chartes*, 5me série, I, 481.
3. P. 78 et suiv.

second nous donne quatre exemples de transformation de *c(a)* et deux seulement de sa persistance; dans le troisième nous trouvons six exemples du changement de *c(a)* en *ch* et, pour ne pas parler de *pascam*, un seul *riqueza*, mot d'origine germanique encore, où il persiste; la transformation du *c* vélaire est donc de beaucoup le fait le plus ordinaire en limousin. On la retrouve aussi dans la traduction de l'évangile de Saint Jean, écrit selon M. P. Meyer [1] dans le dialecte vaudois, mais probablement pas avant le XIIe siècle. Dans ce texte, publié d'abord par M. K. Hoffmann dans les « Gelehrte Anzeigen der Kœniglichen bayerischen Akademie der Wissenschaften » (1858) et peu après (1860) par M. Fr. Michel dans son édition du Psautier d'Oxford [2], nous voyons *ch* substitué partout à *c* suivi de *a* ou de *au*, lequel ne persiste pas une seule fois, tandis que sa transformation *ch* se rencontre plus de trente fois.

On le voit, à cette époque le changement du *c* vélaire en *č* était un fait fréquent dans les dialectes de la région septentrionale du domaine de la langue d'oc. C'est de cette région aussi, à ce qu'il semble [3], que le poète du « Girart de Rossilho » était originaire, cependant *c(a)* persiste dans ce roman bien plus souvent qu'il ne se change en *ch*; ainsi dans les 443 vers donnés par Bartsch d'après l'édition de Conr. Hoffmann, j'ai compté quarante-cinq mots où *c(a)* persiste contre vingt où il se transforme en *ch*.

Il est difficile de savoir si les poésies des troubadours nous sont parvenues dans leur pureté première, ou si le texte en a été remanié, et dans quelle mesure il a pu l'être par les scribes qui nous les ont transmises. Cependant il est peu probable que le consonnantisme en ait été complétement changé; aussi est-il permis d'y chercher quelques renseignements sur la manière dont le *c* vélaire était traité dans les provinces d'où les divers troubadours étaient originaires. Commençons par ceux du Nord.

Le son *c* domine dans les poésies de Guillaume de Poitiers; dans les fragments de ce troubadour donnés dans la Chrestomathie, je compte quinze mots où on le trouve, cinq seulement où il fait place à *ch*. La même chose a lieu dans les Poésies du périgourdin Bertran de Born; sur deux cents et quelques vers que donne Bartsch, il y a treize cas de persistance du *c* vélaire, trois

1. V. *Bibliothèque de l'École des chartes*, 5me série p. 530. — *Rom.* I, 383.
2. *Libri Psalmorum versio antiqua gallica*, in-8°; Paris, p. 369-376.
3. Bartsch, *Grundriss*, p. 19.

seulement de son changement en chuintante. Dans Arnaut Daniel, compatriote de Bertran de Born, on trouve la même proportion entre les cas où *c* suivi de *a* persiste et ceux où il se change en *ch* ; ainsi sur quatre-vingt-huit vers donnés dans la Chrestomathie, on trouve *c*(*a*) persistant quatorze fois et se changeant en *ch* trois fois seulement. *C*(*a*) paraît persister plus souvent encore dans Bernart de Ventadour qu'il ne se change en *ch*, mais la proportion est bien moins forte que chez les deux troubadours dont je viens de parler, elle est de neuf cas sur sept seulement dans celles de ses poésies données par Bartsch ; cependant dans les vers adressés à Peirol, *cha* est plus fréquent que *ca*, on le trouve huit fois et trois fois seulement cette dernière forme. La conservation de *c* devant *a* paraît également avoir eu lieu plus souvent dans le troubadour limousin Gaucelm Faidit que sa modification en *ch;* mais la différence entre le nombre de cas où *ca* persiste et ceux où il se transforme est insignifiante. Il n'en est pas de même dans les poésies de Guiraut de Borneuil ; ici toutefois c'est en sens inverse qu'est changée la proportion ; *c*(*a*) se change le plus souvent en *ch;* il ne persiste, au contraire, qu'assez rarement, à peu près dans la proportion de une fois sur trois, à en juger par les fragments donnés par Bartsch. Ce résultat n'a rien qui doive surprendre ; nous avons vu, en effet, dans les monuments limousins *ca* se transformer le plus souvent en *cha ;* il n'est donc pas étonnant que les troubadours limousins aient donné la préférence à cette dernière forme.

Il y a peu de choses à dire de l'état de la gutturale dans les poésies de Peirol : les formes *ca* et *cha* paraissent s'y rencontrer à peu près indifféremment. Dans Peire Rogier, troubadour originaire d'Auvergne comme Peirol, la forme *ch* semble être plus fréquente que *ca ;* dans Peire d'Alvernhe, au contraire, *ca* persiste plus souvent qu'il ne se change en *cha;* sur les cent quatre-vingt-douze vers donnés dans la Chrestomathie la première forme se rencontre douze fois, la seconde seulement neuf. Il est difficile de rien conclure de positif, sur l'ancien consonnantisme du dialecte velaisien, de l'examen des poésies des deux troubadours qui ont illustré la contrée du Puy ; dans celles de Pons de Capdoill, le plus ancien des deux, *ca* et *cha* paraissent indifféremment employés ; dans les poèmes de Peire Cardinal, au contraire, on trouve presque toujours la première forme, la seconde est presque exceptionnelle.

C'est aussi la forme *ca* qu'on rencontre presqu'exclusivement chez les deux troubadours d'Orange Raimbaut III et Raimbaut de Vaqueiras ; *ch* n'y apparaît que très-rarement. Mais chez les troubadours toulousains Peire Raimon et Peire Vidal, nous retrouvons à la fois *ca* et *cha*, assez inégalement cependant ; dans les poésies du premier, si j'en juge par le court fragment que donne la Chrestomathie, ces deux formes se rencontrent indifféremment ; dans les poésies du second, bien que *ch* soit d'un usage assez fréquent, *ca* est beaucoup plus employé ; dans les fragments donnés par Bartsch, *ca* se trouve sept fois, *ch* deux fois seulement. C'est encore la forme gutturale qui l'emporte chez Uc de Saint-Circ, *ch* ne s'y rencontre qu'exceptionnellement. On ne doit pas être surpris de trouver aussi presque exclusivement la forme *ca* dans le troubadour de Carcassonne, Marcabrun ; on ne s'en étonne que plus de rencontrer presque aussi souvent *cha* que *ca* dans les Poésies de son compatriote Raimon de Miraval ; et il faut voir évidemment dans cette différence de langue entre deux poètes originaires du même pays un exemple de la liberté dont jouissaient les troubadours dans le choix des formes dialectales qu'ils employaient, ou des changements que les copistes ont parfois apportés aux textes qu'ils nous ont transmis. Cette supposition trouve, je crois, sa confirmation dans cette circonstance qu'on rencontre les mêmes formes — je ne parle ici que de la gutturale vélaire et de son changement en chuintante — chez des poètes nés dans des contrées aussi éloignées que Gaucelm Faidit et Folquet de Marseille, qui donne comme lui la préférence à la forme *ca*, ou même chez des troubadours étrangers, comme Alfonse II, roi d'Aragon. Voilà pourquoi je n'ai pas poussé plus loin l'étude du consonnantisme dans les poésies des troubadours du XIIe et du commencement du XIIIe siècle, et me suis en général contenté des fragments donnés par Bartsch dans sa Chrestomathie provençale. J'ajouterai cependant à ce qui précède quelques observations sur plusieurs poèmes et troubadours du milieu et de la seconde moitié du XIIIe siècle. Dans les poésies de Guillem Figueira et de Peire de Corbiac on trouve les formes *ca* et *cha* ; mais la première est beaucoup plus commune que la seconde. Dans Raimon Vidal et Peire Guillem, la forme *cha* n'apparaît plus que comme très-rare exception, la gutturale vélaire persiste presque partout. On n'en est que plus surpris de la voir se changer assez fréquemment en chuintante dans les poésies de Guiraut Riquier, troubadour narbonnais, quoiqu'elle y persiste encore plus souvent qu'elle ne se transforme.

Cette fréquence du son *č* substitué à la vélaire *k* est presque un fait isolé à cette époque ; loin de se transformer, le *c* suivi de *a* persiste plus que jamais, on pourrait croire que l'influence des formes limousines a cessé de se faire sentir, et dans les poèmes de la seconde moitié du XIIIe siècle *ca* est la forme qui prédomine, quand elle n'est pas à peu près exclusivement employée. Ainsi c'est elle qu'on rencontre le plus souvent dans la « Chanson de la croisade albigeoise »[1] ; dans « Li auzel cazador », poème peut-être un peu antérieur à cette époque, on ne rencontre même à peu près qu'elle, à en juger du moins par le fragment donné dans la Chrestomathie, d'après Sainte-Palaye. Sur les quatre cent quarante-huit vers qu'elle renferme du « Roman de Jaufre » on ne rencontre aussi qu'une seule fois la forme *ch*, partout ailleurs la gutturale persiste. L'examen de « Flamenca » donne lieu à la même observation[2] ; dans les quatre cents premiers vers, je n'ai compté que quatre mots où apparaisse *ch*, *dechai*, *marcha*, *chascun* écrit neuf fois avec un simple *c*, et *Flamencha*, trois fois à côté de neuf fois *Flamenca*. La *nouvelle* assez longue d'Arnaut de Carcasse, donnée dans la Chrestomathie, n'a que trois fois la forme *ch* sur vingt-trois cas de persistance de la vélaire. Le fragment du « Breviari d'amor » de Matfre Ermengau de Béziers, donné également par Bartsch, n'offre pas même d'exemple du changement de *ca* en *cha*, et je n'en ai relevé qu'un seul cas dans le passage cité par Raynouard, *chascus* à côté de *cascus*[3].

Ainsi la forme *ca*, qui avait paru au XIIe siècle dans tant de monuments, même des pays les plus méridionaux de la langue d'oc, devoir faire place à *cha*, a repris ses droits au XIIIe, du moins dans les provinces voisines des Pyrénées et de la Méditerranée, et l'inspection des chartes du siècle précédent, publiées par M. A. Teulet, montre même que cette transformation de la vélaire n'avait lieu ou à peu près que dans la langue des troubadours ; dans toutes, en effet, on ne trouve que la forme *ca* ; *ch* n'apparaît pour la première fois qu'au XIIIe siècle dans une charte de Toulouse de 1225[4]. C'est également *ca* seul que je trouve

1. Publiée par Fauriel, Paris 1837.

2. *Flamenca*, publiée par Paul Meyer, in-8°, Paris 1864. Le savant éditeur pense que ce poème a été composé entre 1220 et 1250 ; Bartsch, au contraire, le croit postérieur à cette dernière date.

3. Raynouard, *Choix des poésies originales des Troubadours*, V, 259. — Id. *Lexique* I, 515.

4. *Layettes du trésor de l'École des chartes* p. p. A. Teulet.

dans une charte albigeoise du même siècle (1211), donnée par la « Revue des Langues romanes »[1].

Si la langue change au XIVe et surtout au XVe siècle, la gutturale n'en persiste pas moins le plus souvent comme par le passé; c'est elle presque exclusivement qu'on rencontre dans la traduction du « Livre de Sydrac » et du « Livre des vices et des vertus», dans l' « Evangile de Nicodème » et l' « Evangile de l'enfance », ainsi que dans l' « Histoire abrégée de la Bible » ; *ch* n'apparaît assez souvent que dans « Las Leys d'Amor » ; mais tout à la fin de cette période on voit *ca* persister presque seul encore dans le texte d'une Délibération de la commune de Tarascon et dans la « Canso de plang », donnée par Bartsch à la fin de sa Chrestomathie provençale ; cependant des formes en *ch* apparaissent de temps en temps comme *charamen*, *chins*, dans le « Ludus sancti Jacob », écrit probablement en Provence. Faut-il voir là un effet de l'influence du français sur la langue d'oc? Peut-être dans une certaine mesure ; mais je crois qu'il est difficile d'admettre que cette influence ait seule contribué à déterminer le changement de la gutturale vélaire en *č*, quand il a eu lieu, dans les dialectes parlés au Sud de la Loire, puisque je l'ai signalé dans les plus anciens monuments, écrits à une époque où la langue d'oïl ne pouvait exercer au loin une influence pareille sur le parler populaire. Le fait même de l'inégale transformation de la gutturale vélaire dans les dialectes provençaux et son affaiblissement évidemment postérieur en *ts* montrent qu'elle est due surtout à la force de développement propre à chacun d'eux.

Rien de plus divers, en effet, que les modifications de la gutturale dans les dialectes modernes du provençal ; dans le dialecte du Haut-Limousin, pour lequel je prends les poésies de Foucaud comme modèle, et dans la Basse-Auvergne elle se change régulièrement en *ch*, prononcé *tch*, en faisant toutefois très-peu entendre le son du *t* initial, mais dans le Bas-Limousin et la Haute-Auvergne elle s'est transformée en *ts*[2]; il en est de même en général dans le patois du Velay ; dans celui du Forez, au contraire, le *c* vélaire s'est changé en *ch* avec la même valeur *š* qu'en français[3] ; c'est aussi celle qu'il prend dans le dialecte dauphinois, tel que le montrent les « Poésies en patois du Dauphiné[4], cela a lieu parfois aussi en savoyard, mais plus souvent

1. Ann. 1872, p. 7.
2. Foucaud, *Poésies en patois limousin* publiées par Em. Ruben, p. 61.
3. Legras, *Patois forézien*. — 4. *Poésies en patois du Dauphiné*. Gren. in-12.

c s'y change en *ts* ou même en *th* (θ). Dans le provençal proprement dit, les deux formes *c* et *ch* coexistent l'une à côté de l'autre, mais *c* persiste bien plus souvent qu'il ne se change en *ch*; ce dernier signe ne représente pas d'ailleurs dans ce dialecte le son *č* ou *š*, mais à peu près celui de *ts*[1]. Dans le premier chant de *Mirèio*, par exemple, on ne rencontre la forme *ch* substituée au *c* vélaire latin que dans huit à dix mots, tandis que dans tous les autres, c'est-à-dire plus de vingt fois, celui-ci a persisté. Dans le Languedoc *c* l'emporte de beaucoup sur *ch*, mais le rapport qui existe entre ces deux formes varie avec les localités ; il en est de même de la valeur de *ch*. Ainsi dans le sous-dialecte de Montpellier, et dans presque tout l'Hérault, le *c* vélaire a le plus souvent persisté, et *ch*, qui le remplace aussi, quoique rarement, se prononce *tch*[2]. Dans le dialecte de Carcassonne et de Narbonne, *c* est aussi la forme dominante et *ch* se prononce *tch*; mais sans sortir du département, du côté de Pamiers et sur les frontières du Tarn, il prend le son *ts*[3]; c'est celui qu'on lui donne en général dans le Nord de la province, en particulier dans le Quercy, sans toutefois qu'il se substitue plus souvent au *c* vélaire, ainsi dans un échantillon du dialecte rouerguat, que je trouve encore dans la Revue des langues romanes[4], *c* a toujours persisté dans les quelques mots où il apparaît. Le dialecte de la Gascogne a le plus souvent conservé le *c* vélaire, on y rencontre aussi parfois *ch*, lequel se prononce *tch*, et chose singulière dans des mots même dont la forme ordinaire est *c*, c'est ainsi que Jasmin écrit *chan(s)* I, 10, II, 5, mais *cantara*, *canti* I, 7 et 9 ; *cansons* II, 9[5]. Quant au catalan, il n'a guère pris part plus que les autres idiomes de la péninsule hispanique au changement de *c*(*a*) en *ch*(*a*); le *c* vélaire y persiste à peu près dans tous les cas.

1. Fr. Mistral, *Mirèio*. Avis, p. 1 : « *Ch* se prononce *ts* » ; on est surpris de voir l'auteur ajouter « comme dans le mot espagnol *muchacho* », puisque *ch* s'y prononce non *ts*, mais *tch* ; on dit *moutchatcho*, non *moutsatso*.

2. *Revue des langues romanes*, ann. 1870, p. 122 et 156.

3. Id., id. p. 314.

4. Janv. 1872, p. 81.

5. Juni ta bouès laougèro à mous *chans* faribols. I, 10,
Canti lou trin, la guerro et lous famus souldats. I, 9.
Baci lou *chan* qu'on entendit. II, 5.
Al brut de vint *cansons* jouyouzos. II, 9.

IIº *Transformation du c vélaire en č (š) dans le dialecte français proprement dit.*

J'arrive maintenant à la langue d'oïl. Des différents dialectes qu'elle comprend, je ne m'occupe pour le moment que de celui qui en se modifiant est devenu le français moderne, le dialecte parlé avec quelques différences au centre du royaume, dans l'Ile-de-France, l'Orléanais, la Touraine, la Champagne, la Bourgogne et désigné parfois sous le nom de dialecte bourguignon, et comme tel opposé au picard et au normand [1]. Le *c* vélaire suivi de *a* a pris dans ce dialecte, — que *a* ait persisté ou se soit changé en *e*, *ie*, *ai*, — le son š, affaiblissement du son plus complet č, qu'il a dû, comme je l'ai montré, avoir au Moyen Age; mais à quelle époque cette transformation de *k* en č a-t-elle eu lieu? Elle remonte sans doute fort haut, mais elle est évidemment de beaucoup postérieure au changement de la gutturale palatale en spirante; celle-ci, comme nous l'avons vu, s'était modifiée à partir du ve siècle et probablement était complètement transformée en Gaule au VIIe; mais rien ne prouve qu'alors, et même bien plus tard, la gutturale vélaire eût encore été altérée, et si nous nous en rapportons aux premiers documents de la langue, nous en reporterons l'époque assez loin de ses commencements.

Les « Serments, » le premier document français et même roman que nous ayons, contiennent plusieurs mots où *c* initial suivi de *a* ou de *o* est devenu *ch* en français, mais tous ces mots y sont écrits par un *c* simple : faut-il supposer que *c* pouvait alors avoir à la fois le son *c* ou č devant *a*, *o*? que par exemple on devait le prononcer č dans *cose* tandis qu'il avait le son *k* dans *commun;* cela, malgré l'opinion contraire de M. Gaston Paris [2], me paraît difficile à admettre; il eût fallu, en effet, pour qu'il en fût ainsi, que *c* eût pu avoir les trois sons *k*, č et *ts* — ce dernier devant *e* et *i* — ce qui n'a d'analogue dans aucune langue romane, où il n'en représente que deux à la fois [3]; on ne peut du moins, je crois, supposer qu'on ait alors prononcé *Charles* le nom que Nithard a sans doute à dessein et en souvenir de son origine germanique écrit quatre fois par un *k*. Ainsi au milieu du IXe siècle on ne

1. Voir même livre, chap. III pour les autres dialectes français.
2. *Alexis* p. 86.
3. Il est vrai que si on supposait que *c* suivi de *e*, *i* avait encore la valeur č, l'objection tomberait par là même.

connaissait probablement pas encore la transformation de *c* en *č*; mais il est possible qu'il se fût déjà changé en palatale *k̄*, et que les copistes impuissants à figurer ce son nouveau l'aient tout simplement désigné par *c* comme la gutturale vélaire[1].

Dans la « Cantilène de Sainte Eulalie », le second document que nous ayons en notre langue, nous trouvons *ch* dans les mots *chielt* (calet) v. 13 et *chieef* (caput) v. 22, et dans *chi* (qui) v. 6 et 12 ; mais le scribe a écrit par *c* ou par *k* (qui) *cose* v. 9 et *kose* v. 23 de même que *colpes* v. 20, *corps* v. 2, *eskoltet* v. 5, *coist* v. 20. Faut-il voir là un simple caprice orthographique ? Devant *e*, *i* ou *ie* provenant de *e* ou *i* latin, le *c* avait alors, comme nous avons vu, probablement déjà le son *ts*, le scribe a senti aussi le besoin de mettre devant *ie*, venant de *a*, où le *c* ne devait pas avoir ce son, un signe particulier, il a eu recours à *ch*, afin qu'on ne prononçât point la première lettre de ces deux mots comme celle de *ciel* v. 6 et 25 ; mais quelle valeur a-t-il attribuée à ce signe ? Au vers 6 et 12, dans le mot *chi*, *ch* représente certainement la gutturale palatale ; en est-il de même dans *chieef* et *chielt* ? Il est difficile de répondre à cette question ; on pourrait objecter que si dans ces derniers mots *ch* représente la chuintante *č*, il est surprenant que le scribe n'ait pas employé pour désigner la gutturale de *chi* un des signes *q* ou *k* dont il s'est servi dans *omqi* v. 9 et 13 et dans *eskoltet* v. 5 ; mais on rencontre *ch* avec la double valeur *č* ou *š* et *k*, dans des monuments postérieurs, par exemple dans le Psautier d'Oxford, il n'est donc pas impossible qu'il ait aussi dans ce texte la valeur *k* et *č*. Quant à *cose*, écrit par un *k* au vers 23, il est difficile de croire que le copiste de la Cantilène l'ait prononcé autrement que *kose* ou *k̄ose*.

Le troisième document de notre langue, le « Fragment de Valenciennes, » nous offre quatre fois la notation *ch* dans *cheve* (caput), *seche* (sicca), *cherté* (caritatem), *acheder* (accaptare), et deux fois — notation particulière à ce scribe — *jh* pour *ch*.

1. On pourrait objecter que la diphthongue *au* s'étant déjà changée en *o*, si *c* ne s'était lui aussi transformé déjà en *č*, il n'aurait pu le faire plus tard, puisque en général le son guttural a persisté devant *o*; mais l'objection n'est qu'apparente ; il a pu se faire, en effet, que l'*o* provenant de *au* ait conservé longtemps une valeur particulière, différente de celle de l'*o* étymologique, et que dès lors *c* ait pu se changer en *č* devant le premier, tandis qu'il a persisté devant le second ; d'ailleurs si l'on admet que le *c* vélaire était déjà changé en palatal, c'est-à-dire que *cose* devait alors se prononcer *kjose* ou à peu près, l'objection tombe par là même.

dans *jholt* (calidum); mais on trouve *qui* écrit *chi* avec *ch*; ce signe a donc encore dans ce texte — au moins dans ce mot — la valeur gutturale; en est-il de même dans *cheve, seche, cherté, acheder*? il est difficile de le dire; mais on ne peut douter que *jh* employé deux fois évidemment à la place de *ch* n'ait eu le son *č*; on doit donc admettre que ce dernier signe représentait le même son dans les quatre mots précédents, et que dès lors le *c* vélaire latin, à l'époque où ce texte a été écrit, c'est-à-dire à la fin du IXe siècle, s'était changé en *č*. Il est même possible que la nouveauté de cette transformation ait été cause de l'inhabileté du scribe, auquel nous devons ce fragment, à représenter un son jusque-là inconnu.

Le siècle suivant nous offre deux monuments, plus importants par leur étendue — sinon par leur valeur poétique — que ceux que nous avons étudiés jusqu'ici, et, bien que conservés dans le même manuscrit, différents par la langue et l'origine : la « Passion » et la « Vie de Saint Léger »[1]. Ces deux poèmes offrent, il est vrai, un grand nombre de formes méridionales qui ont même fait attribuer le premier à la langue d'oc; mais ces formes, qui paraissent être du fait du copiste, n'empêchent point que nous n'ayons affaire en définitive, surtout pour le Saint Léger, à des textes français. Les gutturales ne sont pas d'ailleurs traitées de la même manière dans tous deux.

Dans le Saint Léger la gutturale vélaire a persisté dans tous les mots, moins un; ainsi *cantomps* 1, 3 et 1, 6; *caritat* 6, 3; *cantat* 14, 4; *castier* 18, 2; *cap* 26, 4; *queu* 27, 2, et 39, 1; *en-calcist* 28, 2; *carniels* 29, 3; *castres* (cartres) 30, 2; *causa* 35, 4; *cadit* 39, 3; un mot par son orthographe fait, je l'ai dit, exception, c'est *pechietz* 38, 3, écrit par *ch*; quelle est ici la valeur de ce signe? On le trouve dans deux autres mots du poème, dans *Chielpering(s)* 13, 2; 20, 1 et *paschas* 14, 2; dans le premier il représente sans doute la spirante franque, dans le second il a évidemment un son guttural; on peut supposer qu'il en est de même dans *pechietz*, et que par conséquent le *c* vélaire dans ce mot,

1. Ces deux poèmes, on le sait, ont d'abord été publiés par Champollion-Figeac, d'après le manuscrit de Clermont, dans le tome IV des *Documents relatifs à l'histoire de France*, puis par Diez (*Zwei altromanische Gedichte berichtigt und erklært*, Bonn 1852). M. G. Paris vient de donner une édition critique de la Vie de Saint Léger, *Rom.* I, 273. Je me suis servi du texte de Diez, revu, pour le Saint Léger, sur celui qu'a donné depuis M. G. Paris, et pour une partie de la Passion sur la copie qu'il a fournie à M. Bartsch pour sa seconde édition de sa *Chrestomathie*.

pas plus que dans tous les autres du poème, ne s'était changé en chuintante[1] ; cependant il peut se faire aussi, ce qui est, je crois, plus vraisemblable, que le *c* vélaire n'étant encore devenu que palatal, le scribe n'ait point cherché à le représenter par un signe particulier, ou encore qu'il ait partout, excepté dans *pechietz*, rétabli le *c*, comme il a changé certaines formes françaises du poème en provençales[2].

Dans la « Passion » nous trouvons *c* suivi de *a* conservé plus souvent que changé en *ch*; ainsi il persiste dans *carn* 2, 1; 83, 2; 84, 2; 97, 2; *carnals* 2, 4 ; 96, 1; *cars* 98, 4 ; *canted* 7, 4; *canten* 11, 1 ; *cantes* 49, 1 ; *cab* 62, 4 ; *cap* 125, 3 ; *caritad* 69, 4 ; *castel* 107, 3 ; *caitiu* 17, 1 ; *quaisses* 100, 3 ; *cadegren*, 35, 2 ; *encalceras* 115, 4 ; *escarnit* 55, 1 ; *escarn* 63, 4 ; 71, 4 ; 72, 2 ; *escarnid* 64, 1 ; *escarnie* 72, 4 ; *judicar* 118, 3 ; *peccad* 3, 1; 127, 4; *pecaz* 77, 3; *pecat* 96, 3. *C* devant *a* ou *e* est, au contraire, remplacé par *ch* dans *chera* 22, 3 ; *cher* 27, 4 ; 29, 1 ; *chedent* 35, 4 ; 81, 3 ; *chad* 119, 3 ; *chamise* 67, 3 ; *chamsils* 86, 4 ; *chara* 93, 3 ; *marchedanz* 18, 3 ; *marched* 19, 4 ; *pechez* 60, 4 ; *peched* 89, 2 ; *pecchia* 95, 2 ; *pechedors* 128, 2 ; *roches* 81, 3. Que faut-il conclure de cette double orthographe et quelle valeur attribuer même à *ch* dans les mots où il est substitué à *c* ? On le trouve devant *e* et *i* avec la valeur gutturale dans *chi* 2, 4 ; 3, 1 ; 12, 3 ; 18, 4 ; 22, 1 ; *jusche* 20, 2; 82, 4; *donches* 117, 1 ; *Pasches* 23, 1 ; il a, au contraire, un son chuintant dans *cho* 4, 2 ; 8, 1 ; 18, 1 ; 20, 1 ; 29, 1 ; *posche* 60, 2 ; on peut donc supposer que dans *chars*, *chamise*, etc., il a le son č ou š ; mais comment expliquer les doubles formes *chad* et *cadegren*, *chars* et *carn*, *peccad* et *peched*, etc. ? Faut-il supposer qu'au moment où ce poème a été composé le *c* vélaire commençant à se transformer, on hésitait encore entre le son *ca* et *cha* ? Cela est peu probable, et ce qu'il y a de plus vraisemblable c'est que le copiste a altéré le consonnantisme du texte primitif, comme il y a introduit des formes étrangères ; mais à qui du scribe ou de l'auteur revient le chan-

1. C'est l'opinion de M. G. Paris, lequel écrit même *pequiez*. (Voir l'étude si complète consacrée à la langue du Saint Léger dans la *Romania* I, 273.)

2. Quoi qu'il en soit, le consonnantisme du Saint Léger reste à bien des égards une énigme ; il me paraît au moins difficile d'admettre en même temps que ce poème ait été écrit dans le dialecte bourguignon, comme le croit M. G. Paris, et que le *c* suivi de *a* n'y soit point encore altéré.

gement de la gutturale en chuintante? C'est ce qu'il est difficile de décider [1] et ce qui importe assez peu d'ailleurs au sujet que je traite ; je n'ai même tant insisté sur ce point que pour montrer, ce que nous verrons bien souvent, quelle obscurité peut jeter sur l'étude d'un texte la différence entre la langue du scribe qui nous l'a transmis et celle de l'auteur ou des copistes antérieurs. Dans le cas présent il résulte, je crois, de l'orthographe du poème de la Passion — que les formes en *ch* soient d'ailleurs de l'auteur ou du scribe, peu importe — qu'au xe siècle le son $\check{c}$ existait en français et que le *c* vélaire l'avait déjà pris devant *a* [2]. C'est à une conclusion analogue que m'avait déjà amené l'examen du Fragment de Valenciennes, et cette coïncidence semble bien indiquer que le *c* pourrait bien aussi, malgré l'orthographe du poème, avoir été modifié déjà dans le Saint Léger.

Nous n'avons point de textes authentiques du xie siècle ; l'Alexis et la Chanson de Rolland ont bien été composés dans ce siècle, mais les manuscrits sont du suivant ; ils n'en sont pas moins, après les textes dont j'ai parlé jusqu'à présent, les monuments les plus anciens de notre langue ; mais à cause de leur origine probablement normande, ce n'est pas ici, mais dans un autre chapitre que je les examinerai ; il en est de même du fragment de poésie religieuse publié par M. Gaston Paris dans le sixième volume du *Jahrbuch*. Quant au Fragment de l'Albéric de Besançon, son origine douteuse, et probablement plus provençale que française, me le fera passer complètement sous silence. Tout autres sont les monuments si nombreux que nous offrent la seconde moitié du xiie et le xiiie siècle, époque où la langue des trouvères prend sa forme définitive. La transformation du *c* vélaire en chuintante est depuis longtemps achevée, et tous les textes vraiment français, c'est-à-dire de la Bourgogne, de la Champagne, de l'Ile-de-France et de l'Orléanais, nous la montrent, à part de rares exceptions qu'on peut regarder comme des fautes de copiste [3], partout accomplie. Le premier poème qui en présente l'observation régulière est la Chanson de « Guillaume d'Orenge » [4], puis viennent les poèmes de Crestien de Troie ;

1. Peut-être M. G. Paris éclairera-t-il cette question dans l'édition qu'il a promise de la *Passion*, et qu'attendent avec impatience tous les lecteurs de la *Romania*.

2. Des formes en *ch*, en effet, plusieurs sont exclusivement françaises.

3. Ainsi on peut citer *cant* dans la chanson de Crestien, B. *Chr*. p. 117, v. 30, *cier* 120, v. 1, à côté de *chier* p. 119, v. 9.

4. *Guillaume d'Orange* p. p. W.-J.-A. Jonckbloet.

cependant il faut encore distinguer ici, et nous avons une nouvelle preuve de la différence qui peut exister entre la langue d'un auteur au Moyen Age et celle de son copiste ; tandis qu'en effet « Li romans dou chevalier au Lyon », « Li conte del Graal » offrent la plus grande régularité dans la modification des gutturales. Le « Guillaume d'Angleterre » présente, dans la manière dont elles sont traitées l'incertitude la plus grande, et offre des transcriptions toutes normandes substituées aux formes françaises primitives.

Avec le Tristran nous retrouvons un monument exclusivement français ; il en est de même des poésies lyriques qui abondent à la fin du XIIe siècle et au siècle suivant, de la « Bible Guiot», de la «Conqueste de Constantinople» de Jof. de Villehardoin, du « Roman de la Rose », de l' « Histoire de Saint Louis » de Jeh. de Joinville, etc. ; partout dans ces textes nous trouvons *ch* substitué à *c* suivi de *a* latin, même dans des mots, bien peu nombreux à la vérité, où l'érudition ou une influence étrangère a rétabli depuis le *c* guttural, et on peut considérer cette transformation comme un des caractères les plus sûrs des dialectes français.

Le changement du *c* vélaire a eu lieu d'ailleurs, que l'*a* étymologique ait persisté ou se soit modifié, non-seulement dans le dialecte qui devait devenir la langue classique, mais dans les dialectes secondaires du Centre et de l'Est de la France. On le trouve :

1° Au commencement des mots commençant par *ca* en latin, ainsi :

caballum	*cheval*	camelum	*chameau*
cadentiam	*chance*	cameram	*chambre*
cadere	*choir*	caminum	*chemin*
calamum	*chaume*	caminatam	*cheminée*
calamellum	*chalumeau*	camisiam	*chemise*
calcem	*chaux*	campum	*champ*
calceam	*chausse*	campionem	*champion*
calciatam	*chaussée*	canalem	*chenal*
calidum	*chaud*	cancellare	*chanceler*
calorem	*chaleur*	cancellum	*chancel*
calefacere	*chauffer*	cancrum	*chancre*
caldariam	*chaudière*	candelam	*chandelle*
calere	*chaloir*	canem	*chien*
calvum	*chauve*	canile	*chenil*
cambiare	*changer*	*caniculam	*chenille*

cannabum	*chanvre*	carbonem	*charbon*
*cannabisium	*chènevis*	cardinariam	*charnière*
canonicum	*chanoine*	cardonem	*chardon*
cantare	*chanter*	caram	*chère*
cantor	*chantre*	carum	*cher*
cantionem	*chanson*	caritatem	*cherté*
cantum	*chant*	carnem	*chair*
*cantellum	*chanteau*	carnalem	*charnel*
*canutire	*chancir*	carmen	*charme*
canutum	*chenu*	carpinum	*charme*
cappam	*chape*	carpentarium	*charpentier*
capellam	*chapelle*	carpere	*charpir* v.
capellum	*chapeau*	carricare	*charger*
capicerium	*chevecier*	carrucam	*charrue*
capitale	*cheptel*	carrum	*char*
capitellum	*chapiteau*	cartam	*charte*
capitulum	*chapitre*	cartulam	*chartre*
caput	*chef*	*carcerem	*chartre*
capistrum	*chevêtre*	cascunum	*chacun*
capillum	*cheveu*	casis	*chez*
caponem	*chapon*	casibulam	*chasuble*
capram	*chèvre*	castigare	*châtier*
capreolum	*chevreuil*	castrare	*châtrer*
caprifolium	*chèvrefeuil*	castum	*chaste*
*capronem	*chevron*	catenam	*chaîne*
capsam	*châsse*	*catenionem	*chignon*
captiare	*chasser*	cattum	*chat*
captivum	*chétif*	*cathedram	*chaire*
capulare	*chapeler*	*catulliare	*chatouiller*

et leurs dérivés

2° Au milieu des mots, dans les composés, et dans les simples, où *c* est appuyé, c'est-à-dire précédé d'une consonne : [1]

*acarnare	*acharner*	*accaptare	*acheter*

1. Quand *c* médial, suivi de *a*, n'est pas appuyé il se change, au contraire, le plus souvent en *y* (*i*). Cf. Liv. I, Ch. II, p. 50. *Duché*, on le voit, fait exception, mais peut-être faut-il voir dans la conservation de la gutturale une influence du *c* du simple *duc*. On pourrait croire qu'il en a été de même dans *grièche*, supposé que ce mot vienne de *græcam*, mais l'ancienne orthographe *griesche* rend son origine incertaine. Quant à *miche*, il vient probablement, non du latin *micam*, mais du flamand *micke*.

arcam	*arche*	mercatum	*marché*
* caballicare	*chevaucher*	mercatantem	*marchant*
cercare	*cercher* v.	minuscadentem	*méchant*
collocare	*coucher*	nidificare	*nicher*
decadentiam	*déchéance*	percam	*perche*
ducatum	*duché*	pervincam	*pervenche*
furcam	*fourche*	plancam	*planche*
manicam	*manche*	porcarium	*porcher*
* marcare	*marcher*	tincam	*tanche*, etc.[1]

Il en est de même pour les groupes *cc, sc* : Exemples :

buccam	*bouche*	scalam	*échelle*
muccare	*moucher*	muscam	*mouche*, etc.[2]

Le changement de *c* en *ch* a également eu lieu devant la diphthongue *au*, d'origine latine ou germanique, par exemple dans *chose* (causam), *chou* (caulem) et *choisir* (kausjan)[3].

C persiste au contraire devant *o* et *u*, par exemple dans *cou* (collum), *coude* (cubitum), *couver* (cubare), *coin* (cuneum), *cuivre* (cuprum), *commun* (communem), *cuisse* (coxam), *cuve* (cupam), etc. Il a persisté aussi exceptionnellement dans quelques mots où il est suivi de *a*, et qu'il est difficile de regarder comme d'origine savante ; ainsi dans *cage* (caveam), — on trouve aussi, il est vrai, *chaive* dans l'ancien français, — *carpe* (carpam), *cave* (cavam), *cas* (casum)[4], *manquer* (mancare).

Il y a d'ailleurs régulièrement persistance du *c* quand il représente non un *c*, mais un *q* latin, par exemple dans les mots *car* (quare), *carré* (quadratum), *carême* (quadragesimam), *caille* (* quaquilam), *cahier* (* quaternum), *casser* (quassare), etc. ; Quand *a* français s'est substitué à une autre voyelle ou à une diphthongue, qui n'est pas *au*, *c* persiste encore ; voilà pourquoi on écrit par *c* et non par *ch*, *cacher* (coactare), *cailler* (coagulare), etc.

1. V. plus loin, Liv. IV, Ch. II et III.
2. Voir plus loin Liv. IV, Ch. I et IV.
3. *Queue* (caudam) semble faire exception, mais cela tient à ce que *au* s'était déjà sans doute changé en *o* dans le latin vulgaire.
4. *Cas* apparaît dans le Brut de Wace et semble dès lors normand, ce n'est pas à dire toutefois que le français l'ait emprunté à ce dialecte; la persistance de l'*a* paraît, au contraire, lui assigner une origine savante, ou tout au moins indiquer que ce mot a été refait sur le latin. Quant à *cave*, son ancienneté et son emploi ne permettent guère de douter qu'on n'ait affaire à un mot vraiment populaire.

Enfin on trouve encore le *c* vélaire dans un certain nombre de mots empruntés par le français à des dialectes qui l'ont conservé, et qui forment autant de doublets avec ceux auxquels il les a préférés et à côté desquels ils subsistent le plus souvent, mais avec un sens différent ; c'est ainsi que le mot picard et normand *camp* adopté par le français y a pris le sens particulier que l'on connaît à côté de *champ*, qui a conservé, au contraire, le sens étymologique de *campus*, gardé aussi par *camp* dans les deux dialectes d'où il est tiré ; de même *campagne*, également picard et normand, a supplanté l'ancien français *champagne*, qui n'est plus usité que comme nom propre.

Mais il y a encore une autre cause de la présence du son *ca* en français, c'est l'importation dans la langue aux XIVe, XVe et XVIe siècles de mots nouveaux empruntés au latin classique. A cette époque le français avait perdu sa force originelle de formation, et le sentiment de l'accent latin qui y avait présidé ; impuissant à les transformer, il adopta sans les modifier les mots qu'il demanda à la langue de Cicéron et de Tite-Live pour exprimer des choses et des idées nouvelles ; le *c* persista donc avec la voyelle suivante dans cette seconde génération de mots ; il en fut de même des vocables que nous devons au provençal et aux autres idiomes romans, qui ont contribué à enrichir notre langue. Tels sont *cabrer*, *cadastre*, *cadavre*, *caduc*, *calcul*, *calquer*, *cantique*, *carotte*, *caserne*, *caution*, etc. [2]

Cette origine différente explique la présence de la vélaire dans un certain nombre de mots, tandis que dans les mots congénères, mais de formation populaire, elle s'est changée en chuintante. Ainsi :

caballarium	*cavalier*	*chevalier*
caballum	*cavale*	*cheval*
cabannam	*cabanne*	*Chavanne*
cadentiam	*cadence*	*chance*
cameram	*camarade*	*chambre*

1. Le *k* allemand a persisté aussi souvent en français ; mais dans un certain nombre de mots il se change en *ch* ; ainsi il persiste dans *bouquer* (bucka), *braquer* (brâka), *caille* (quakele), *cane* (kahn), *canif* (knif), *caquer* (kaaken), *carcan* (querca). Il s'est changé en *ch*, au contraire, dans *blanche* (blancha), *brèche* (brehha), *chambellan* (camerlinc), *Charles* (Karal), *franche* (franka), *maréchal* (marahscalc), *marche* (marcha), *poche* (pocca), etc. Cf. Diez, *Gramm.* I, 316.

2. Cf. Brachet, *Dict.* Intr. p. 53.

canalem	*canal*	*chenal*
canem	*canaille*	*chien*
caponem	*capon*	*chapon*
cappam	*cape*	*chape*
* capum	*cap*	*chef*
* capitanum	*capitaine*	*chadaine* v.
capulum	*cable*	*chable* v.
capram	*caprice*	*chèvre*
captam	*caisse*	*châsse*
captivum	*captif*	*chétif*
cardinalem	*cardinal*	*chardonau* v.
carnem	*carnassier*	*chair*
carricare	*carguer*	*charger*
carrum	*carosse*	*char*
casam	*case*	*chez*
causam	*cause*	*chose*, etc.

Il en est de même de *occasion* refait, à ce qu'il semble, sur le latin ; l'ancien français disait *achoison*, *achaison* L. Ps.

CHAPITRE II.

TRANSFORMATION DU C VÉLAIRE EN Ǧ, Ž, — TS, DZ, — S, Z, — θ, δ — et χ.

De même que le *c* palatal se change, non-seulement en *č* et *š*, mais dans les sonores correspondantes *ǧ* et *ž*, qu'il est devenu parfois *ts, dz, s, z*, θ ou δ, ou s'est modifié en χ, de même le *c* vélaire, outre sa transformation en *č* ou *š*, peut aussi devenir *ǧ* ou *ž*, — *ts, dz*, — *s, z*, — θ ou δ — ou la spirante χ.

I° *Changement du c vélaire en ǵ, ǧ ou ž.*

La transformation du *g* en *ǧ* et par affaiblissement *ž* s'explique comme celle du *c* en *č* par sa modification préalable en palatale proprement dite *ǵ*. Les dialectes ladins du Tyrol offrent d'assez nombreux exemples de cette transformation du *g* en palatale *ǵ* ; ainsi *ǵal* (gallum), *larǵa* (largam), *lonǵa* (longam), etc. D'autres dialectes ladins nous montrent la transformation en *ǧ* ; on la rencontre également dans toutes les autres langues romanes, même celles de l'Est, mais elle n'est commune que dans celles du Nord-Ouest. En voici quelques exemples :

LAT.	IT.	PG.	LAD.	PR.	FR.
galbinam	—	*jalne, jalde*	—	—	*jaune*
gallum	—	—	*ǧall, žal*	*jau*	*jal* Pas.
gallinam	—	—	*ǧallina*	—	*geline*
*gaudiam	*gioja*	*joya*	—	*jau*	*joie*
gaudere	*gioire*	*jouver*	—	*jauzir*	*jouir*
largam	—	—	*larǧa*	*larja*	*large*
longam	—	—	*lonǧa*	*lonja*	*longe* v.

La transformation du *c*, au contraire, en *ǧ* et *ž* n'a lieu, dans tous les cas, que dans les idiomes du Nord-Ouest et dans les dialectes ladins ; dans les autres langues elle n'apparaît en général que dans les groupes *d'c* et *t'c* [1]. On ne rencontre d'ailleurs le *ǧ* qu'en italien, en roumain, en provençal et en ladin ; *ǧ* s'est affaibli en *ž* en portugais et en français. Exemples :

*bullicare	—	—	—	*budgi* s.R.	*bouger*
cambam	—	—	*giama*	*djamba*	*jambe*
cammarum	—	—	—	*jambre*	*jamble* v.
capellam	—	—	—	—	*javelle*
cathedram	—	—	*djera*	—	—
caveolam	—	—	—	—	*geôle*
cattum	—	—	*giatt*	—	—
judicare	*giuggiare*	—	—	*jutjar*	*juger*
silvaticum	*selvaggio*	*selvagem*	—	*selvatge*	*sauvage*, etc.

A ces exemples il faudrait probablement ajouter pour le français *jante* (? camitem), *gercer* (*carptiare), *germandrée* (chamædryn).

Le son que prend le *c* dans les dialectes ladins est plutôt — dans le plus grand nombre de cas du moins — la palatale *ǵ* que la chuintante composée *ǧ* ; il s'y rencontre d'ailleurs fréquemment à côté de *ć*, *č* ou, quand il est médial, de *j*. Ainsi *ćarǵar* (caricare), *ǵamè* (cambiare), *ǵatta* (cattam), *ǵardon* (cardonem); *ǵaté* (*cavare), piém. *gavà; paǵar* (pacare), *preǵar* (*precare), *rozǵar* (*rosicare), etc., dans certains dialectes du Tyrol[2].

1. Voir pour les groupes *d'c* et *t'c*, Liv. IV, Chap. II.

2. Schneller, *Die roman. Mundarten in Tirol*, p. 191. Cf. Chap. précédent I°. p. 185 et Liv. I, ch. II, p. 50.

IIº *Changement du c vélaire en ts, dz, s ou z.*

Après s'être transformé en *č* le *c* vélaire s'est parfois affaibli ou atténué en *ts*, absolument comme le *c* palatal l'a fait d'abord dans les idiomes occidentaux ; cet affaiblissement a eu lieu d'ailleurs que l'*a* latin ait persisté ou se soit modifié. On rencontre cette transformation, comme nous avons vu, dans un certain nombre de dialectes provençaux, en particulier dans le bas-limousin, l'auvergnat, le provençal actuel, le patois du Quercy, etc., où elle s'est substituée complètement à la forme *č* ou *ǯ* ; dans les patois du Vélay, de la Savoie, de la Franche-Comté, — en particulier du Jura, — et de la Suisse romande, elle coexiste souvent avec les autres modifications *č* et *ǯ* du *c*. Voici quelques exemples de cette transformation empruntés à ces derniers idiomes :

1º Au commencement des mots :

LAT.	SUIS. ROM.		JUR.	SAV.-D. PR.
caballum	*tchavo*	*tsavo*	*tsevau*	*tseval*
cadere	*tchaire*	*tsaire*	*tsidre*	*tsezi*
calceam	*tchausse*	*tsausse*	*tsausse*	*tsathe*
calcem	—	*tso*	—	*tsal*
calidum	—	*tsau*	—	—
calefacere	—	*tsauda*	—	—
caldariam	—	*tsaudaira*	*tsaudire*	—
calere	*tchau*	*tsalli,*	—	—
calvum	—	—	—	*tsave*
cambam	*tchamba*	*tsamba*	*tsambo*	*tsamba*
cambiare	*tchandji*	*tsandji*	*tsaindzi*	—
cameram	—	*tsambra*	*tsambro*	*tsambra*
caminum	—	*tsemin*	—	*tsemin*
caminatam	—	*tsemena*	*tseum'no*	*tsemena*
camisiam	—	*tsemize*	*ts'mise*	—
campum	*tchan*	*tsan*	—	*tsan*
cancrum	*tchancro*	*tsancro*	—	*tsancre*
candelam	*tchandeila*	*tsandaila*	—	*tsandeila*
canem	*chin*	*tsein*	*tchin, tsen*	*tsein*
cannabum	*tchenévo*	*tsënevo*	*ts'neou*	*tsenévo*
cantare	*tchanta*	*tsanta*	—	*tsanta*
capellum	*tchappè*	*tsapé*	—	—
capram	*tchivra*	*tsivra*	*tsivro*	—
captiare	*tchassi*	*tsassi*	*tsossi*	—

carbonem	*tcherbon*	*tserbon*	—	*tsarbon*
cardonem	—	*tserdon*	*tsadon*	*tsardon*
carricare	*tcherraihi*	*tsarraihi*	*tsaraï*	—
*carminare	*tcherma*	*tsarma*	—	*tsarma* Auv.
carnem	*tchar*	*tsair*	*tsa*	*tsarnerou*V.
carpinum	*tcherpeno*	*tsarpino*	*tsairpeune*	—
carrum	*tcher*	*tser*	*tsarieu*	—
carum		—	*tcheu*	*tcher*
casam	*tchu, tchi*	*tsu, tsi*	*tsi*	—
*casnum	*tchano*	*tsano*	*tsainou*	*tsègne*
castaneam	*tchatagne*	*tsatagne*	—	—
castellum	—	*tsatté*	*tsetiau*	*tsâté*
castrare	*tchatra*	*tsatra*	*tsetraï*	—
catenam	*channa*	*tsanna*	—	*tseina*
cattum	*tcha*	*tsa*	—	*tsat*
caulem	*tchou*	*tsou*	—	—
*caumam	*tchauma*	*tsauma*	—	—
causam	*tchousa*	*tsousa*	—	—

2° Au milieu des mots :

accaptare	—	*atseta*	—	—
cercare	—	*tsertsi*	—	—
furcam	—	*fortse*	—	*fouertse*
manicam	—	*mantso*	—	—
*marcare	*martchi*	*martsi*	*martsi*	—
mercatum	*martchi*	*martsi*	*martsi*	—
mercadantem		—	—	*martchan, martsan*
plancam	—	*plantse*	*plaintse*	*plantse*
siccare	—	*setsi*	*seitcher*	—
vaccam	—	*vatse*	*votse*	*vatse* [1]

De même qu'au *c* vélaire s'est substituée la sourde *ts*, de même le *g* vélaire a été régulièrement remplacé dans les dialectes suisses et savoyards par la sonore correspondante *dz* ; dans un certain nombre de mots *dz* a aussi pris la place de *c*, à côté parfois, il est vrai, de *ts* ou encore de *tch* ou *dj*. Ainsi :

arcam	artche	—	*ardze*

1. Bridel, *Gloss. du patois de la Suisse romande.* — Tissot, *Le patois des Fourgs.* — Dartois, *Coup d'œil sur les patois de la Franche-Comté.* — G. Pont, *Origines du patois de la Tarentaise.* — *Rom.* II, 59.

candēlam	—	tsandaila	*dzandelau*
cadere	tchaire	tsesi	*dzezi*
carricare	—	—	*dzierdji*
calidum	tchau	—	*dzau*
domenicam	demeindje	—	*demeindze*

Comme pour le *c* palatal, quoique ici exceptionnellement, la simplification a été encore poussée plus loin dans les mêmes dialectes, qui ont réduit les premiers — celui de la Tarentaise du moins — *ts* à *s*, les seconds *dz* à *z*, c'est-à-dire que le *c* vélaire a fini par être remplacé comme le *c* palatal par les spirantes dentales alvéolaires. Ces transformations d'ailleurs sont assez rares, et à côté on retrouve le plus souvent dans les dialectes de la Savoie et de la Suisse romande les formes plus complètes *tch*, *ts* ou *dz*. Le dialecte ladin des Quatre Villes, au contraire, ne connaît pas d'autre mode de transformation de la vélaire, et, ce qui est plus étonnant, c'est qu'il lui fait subir le même changement devant *o*(*u*) non modifié. Exemples :

LAT.	S. ROM.	SAV.	LAD. Q. V.
caldariam	*zandaira*	—	—
cameram	tsambra	*sambra*	—
campum(aniam)	*zan*	*san*	*çampagna*
cannabum	tsenevo	*senevo*	—
*captiam	—	—	*çaza*
carbonem	tserbon	*sarbon*	—
cardonem	*zeirdon*	*tsardon*	—
*casnum	*zano*	—	—
castellum	tsatté	*satè*	—
catenam	tsanna	*seina*	—
collum	—	—	*çol*
cum	—	—	*çon*
mancare	—	—	*mançar*
peccare	—	—	*peçà* [1]

1. Bridel, id. — G. Pont, id. — *Rivista di filologia rom.* I, 99. — G.-J. Ascoli, *Arch. glottol.* I, p. 326. — S'il faut en croire l'auteur des *Origines du patois de la Tarentaise*, — autorité malheureusement assez peu recommandable, — *c* aurait parfois même dans ce patois été remplacé par *st*, — qu'on rencontre d'ailleurs à la place de *ts* ou *z* dans les *Poésies religieuses en langue d'oc*, publiées par M. P. Meyer, — ou même par *tst*; ainsi *standeila* (candelam), *tstagnet* (castanetum).

III° *Changement du c en θ et en ð, en f et en v.*

Enfin au lieu de s'affaiblir en *s* ou *z*, comme le *c* palatal encore, le *c* vélaire s'est changé en spirante dentale proprement dite θ ou ð dans les patois savoyards. Je n'en connais point d'exemple dans les dialectes suisses ou ladins. Comme pour le *c* palatal aussi, il est difficile de savoir quand la transformation a eu lieu en θ ou ð; souvent même la distinction n'est point faite entre ces deux sons, c'est ce qui a lieu par exemple dans le glossaire de l'abbé Pont, ou bien la valeur de la spirante change d'une commune à une autre; ainsi le mot *jambe* se prononce presque indifféremment *thambe* et *dhambe*[1]. Quoi qu'il en soit, le *c* vélaire initial paraît s'être transformé en *th* dans les mots :

LAT.	PAT.	
caballum	*thevau* Tar. Ch.	
calidum	*tho* Ch.	
*cammaram	*thambera* Tar. Ch.	
canem	*thin*	id.
capellum	*thapé*	id.
carbonem	*tharbon*[2].	id.
cattum	*that*	id.

Il en est de même du *c* médial dans :

collocare	*cuthi* Ch.
vaccam	*vathe* Ch.

Au contraire *dh* a fait place à *c* dans :

domenicam	*demêdhe* Ch.	
furcam	*fourdhe* Maur.	
manicam	*mandhe*	id.
*marcare	*mardhi* Aix	
plancam	*plandhe* Maur.	
vaccam	*vadhe*	id.

Ces dialectes ne sont pas les seuls où le *c* vélaire étymologique ait été remplacé par une spirante dentale ; d'après M. Beauchet-

1. C'est, ainsi qu'on me l'assure et que je l'ai remarqué, ce qui a lieu dans le patois des environs de Chambéry et de la Savoie presque tout entière.

2. Nom de la taupe dans les environs de Chambéry, du charbon dans la Tarentaise.

Filleau [1], suivi par l'abbé Lalanne et L. Favre dans leurs glossaires du patois poitevin, on trouve quelques exemples de la substitution de θ à *c* dans le patois de Melle. Ce fait apparaît même dans des mots où le *c* était primitivement suivi de *o* ou de *u*, et, circonstance singulière, dans les mêmes mots pour la plupart où il s'est changé en *č* dans le patois des Sables, et d'autres dialectes non poitevins, tels sont :

cor	*thieur*	*tchur*	*tcheur* P.
*culare	*thieuler*	*tchulotte*	*tchulotte* N.
qualem, quam	*thieuque*	*tchaque*	—
?	*thieuvraille*	—	—

Il faut voir là, je crois, une nouvelle preuve de la faculté prolongée qu'ont possédée les patois de développer des sons nouveaux ; le changement de la vélaire en la spirante dentale θ, en effet, est un fait évidemment assez récent, et qui a dû être précédé de sa transformation successive en *č*, *ts*, *s*, et ne peut être plus ancien que la modification analogue de la gutturale en espagnol.

Mais là ne se sont pas bornées les modifications du *c* vélaire ; ainsi le dialecte savoyard de la Maurienne, au lieu de le changer en θ ou δ, l'a remplacé par les spirantes labiales *f* et *v*, suivant qu'il a donné naissance à une sourde ou à une sonore, transformation qui s'explique d'ailleurs suffisamment par suite de la facilité avec laquelle se confondent les spirantes labiales et dentales proprement dites, et qui coexiste d'ailleurs, sinon dans les mêmes mots, du moins dans des mots analogues, avec les sons θ et δ. Voici quelques exemples que j'ai recueillis dernièrement en Savoie et de la bouche même d'un Mauriennais [2].

1° *f* = *c* :

canem	lo *fin*
cattum	lo *fat*.

2° *v* = *c*, au contraire,

cambam	la *vamba*.

Cette modification peut aussi affecter le *c* palatal, ainsi dans le même dialecte *picem* a donné *peve*. On trouve de même en béarnais *parrofia* (parrochiam) [3]. Ces formes doivent d'ailleurs

1. *Essai sur le patois poitevin*, s. v. *thiau*.

2. Je ne saurais trop regretter que mon état de santé m'ait forcé d'interrompre brusquement un voyage qui m'eût permis d'étudier les patois si curieux et encore si inconnus de la Savoie.

3. C'est à M. Paul Meyer que je dois ce dernier renseignement.

d'autant moins surprendre que réciproquement *f* étymologique s'est en savoyard transformé parfois en *th*; ainsi *febrim* a donné dans le patois tarin *thievra*.

IV° *Changement du c, du g et de x en spirante gutturale.*

Dans les cas où le *c* et le *g* vélaires se sont changés en *ž* (= *g* ou *j*) en portugais, ils ont pris en espagnol un son analogue à celui du χ grec moderne ou du *ch* allemand et représenté par la *jota*. La gutturale palatale sonore a également pris ce son; c'est aussi celui qu'on donne à *x*, qu'on remplace même aujourd'hui pour cette raison le plus souvent par la *j*[1]. Nous savons par le témoignage des anciens grammairiens que ces sons étaient autrefois différents ; cela étant, quelle était dans l'ancien espagnol la valeur réelle des trois lettres *g*, *j*, *x*, et comment ont-elles pris ce son unique qui leur est propre aujourd'hui? C'est là une des questions les plus obscures et les plus curieuses de la phonétique romane. On ne peut douter qu'à l'origine *g* n'ait eu en espagnol devant *e* et *i* la valeur de *ǧ*, qu'on lui trouve dans toutes les autres langues romanes, son qui a persisté, comme nous savons, en roumain, en italien et généralement en provençal, qui s'est, au contraire, affaibli en *ž* en français et en portugais ; la confusion de *ch* et de *g* dans le mot *Sanchez*[2] en est un indice évident, ainsi que l'analogie de ce qui s'est passé dans les autres langues. On doit admettre aussi que *j* qui a encore en provençal le son *ǧ*, et qui l'a eu aussi certainement autrefois en roumain, en français et en portugais, où il a maintenant celui de *ž*, a également eu ces deux sons *ǧ*, *ž*, autrefois en Espagne. Quant à *x*, le son *š* qu'il a le plus souvent en portugais et qu'il prend aussi, comme nous verrons, dans plusieurs autres idiomes, amène naturellement à lui attribuer aussi dans l'ancien espagnol cette même valeur, qu'elle soit ou ne soit pas un affaiblissement de *č*. Ainsi, il a dû y avoir dans cette langue une époque où les trois lettres *g*, *j* et *x* eurent les sons *ž* et *š*, c'est-à-dire qu'elles représentaient alors la sourde *ch* et la sonore *j* ou *dj* ; mais comment ces sons se changèrent-ils en spirantes gutturales? J'avoue que je ne connais point d'explication pour ce phénomène de phonétique si singulier qui nous montre, contrairement à ce que nous

1. A cause de cette même valeur et pour éviter des redites, je ne sépare point ici l'étude des trois lettres espagnoles *g*, *j*, *x*; ce sera un à-compte sur ce que j'aurai à dire plus tard (Liv. IV, ch. VII) de *x*.

2. *Sanchez* et *Sangez*, Yepes. Voir plus haut, p. 179.

avons vu dans la transformation des sons gutturaux, un son remonter en quelque sorte l'échelle vocale que tous les autres descendent; il n'en paraît pas moins certain, et on peut en rapprocher la substitution, dans le roumain du Sud et les dialectes méridionaux de l'Italie, d'une gutturale à une labiale ou à une chuintante[1]. Mais tandis qu'à une chuintante sourde ou sonore correspond dans ces idiomes une explosive gutturale également sourde ou sonore, nous n'avons en espagnol que les spirantes sourdes χ ou χ_{I}, suivant qu'elles se substituent à *j* ou *x*, suivi de *a*, *o*, *u*, ou à *g*, suivi de *e* ou *i*. Nous retrouvons donc ici un fait analogue à ce qui s'est passé dans le changement des spirantes *ts* ou *dz*, issues du *c* palatal, en spirantes dentales proprement dites : la suppression de toute distinction entre des sons originairement sourds et sonores.

Mais à quelle époque cette transformation de *š* ou de *ž* en spirante a-t-elle eu lieu? Il me semble qu'elle ne s'est produite qu'à l'époque où *ǧ* (*g* et *j*) s'était affaibli en *ž* et où *x* n'avait plus, — s'il avait jamais eu le son *č*, — que celui de *š*, c'est-à-dire sans doute vers la fin du Moyen Age. Le témoignage des grammairiens du temps vient entièrement confirmer cette manière de voir. « La critica historica, disait en 1859 Monlau dans son discours de réception à l'Académie espagnole[2], demuestra que la mudanza del antiguo sonido dental de la *j* et de la *x* en sonido gutural fuerte, asi como la mudanza de la *z* rechinante græco-latina en la *z* ceceosa ò balbutiente no se verificaron hasta fines del siglo XVI ò poco antes, ni se generalizaron hasta entrado el siglo XVII. » Cette opinion que Monlau avait déjà avancée en 1856 dans son « Diccionario etimologico[3] » en reportant même jusqu'au milieu du XVIIe siècle le changement de la *x* ou de la *j* et de la *ç* ou de la *z*, a été depuis adoptée aussi par Engelmann dans son Glossaire et par Mila y Fontanals[4]. Engelmann se fonde sur la transcription du son arabe *dsch* et *sch* par Pedro de Alcala (1517), indifféremment par *j* et *x*, ce qui suppose que ces deux lettres n'étaient pas encore gutturales à cette époque, c'est-à-dire au commencement du XVIe siècle.

1. Voir plus haut, Liv. II, ch. IX, p. 165. — L'italien classique connaît aussi cette substitution d'une explosive gutturale à la chuintante *ǧ*, issue de *i* consonne, ainsi *rimango* (rimaneo), *seggo* à côté de *seggio* (sedeo), *vengo* (venio). On la trouve également en espagnol dans *salgo* (salio), *tengo* (teneo). Cf. Diez, *Gram.* I, 351 et 369.

2. *Discursos leidos en las recepciones publicas* II, 314.

3. *Diccionario etimologico de la lengua castellana*, p. 169.

4. *Trovadores en España*, p. 460. Cf. Diez, *Gram.* I, 372.

Les renseignements donnés par les grammairiens espagnols ou étrangers le montrent également, et ils permettent même de fixer la date à laquelle s'effectua en castillan la transformation si surprenante des chuintantes $\check{s}$ et $\check{z}$ en spirante gutturale. Voici ceux que j'ai pu recueillir. « Le grand *i* (la jota), » écrivait en 1546 l'auteur anonyme de « La parfaite méthode pour entendre, escrire et parler la langue espagnole », « se prononce comme nous faisons *jeu : juego* »; ailleurs « *g* devant *e, i* se prononce comme le grand *i* »; et plus loin « *x* a le son *sci*, ainsi que le prononcent les Italiens[1]. » En 1555 l'auteur également anonyme, mais espagnol de l' « Util y breve institution para aprender los principios y fundamentos de la lingua Hespañola » dit à son tour : « *j* asi se ha de pronunciar como cuando es consonante de los latinos; como *Julius* y como los franceses pronuncian *je, jamais*, asi los hespañoles *viejo, ojo, jamas*[2]. » Nous trouvons en 1565 un renseignement analogue dans le vocabulaire de Sotomayor p. 11. « La *j*, dit-il dans son français baroque, estant mise au-devant d'une voyelle qui est consonnante se prononce comme *les* français »; et dans sa grammaire « *g* siendo acompañada de una *e, i*, suena como *je, jy*. » Il y donne également à *x* le son du *ch* français[3]. C'est ce que faisait aussi en 1568 Gabriel Meurier dans ses « Coloquios familiares »[4].

Il ressort de ces citations, quelques doutes que la sagacité des auteurs des livres d'où elles sont tirées peut parfois inspirer, qu'au commencement de la seconde moitié du XVIe siècle la *g* devant *e* et *i* et la *j* avaient le même son qu'en français, et que la *x* avait celui de notre *ch*, c'est-à-dire le son qu'elle a encore le plus souvent aujourd'hui en portugais. Quelques années plus tard, au contraire, en 1580, Juan de la Cuesta, dans son « Libro y tratado para ensenar leer y escrivir », nous dit que la *equis* et la *jota*, qu'il voulait encore distinguer[5], étaient le plus souvent confondues

1. P. 6 et 11. V. pl. haut p. 151, note.

2. *Ensayo de una bibliotheca española de libros raros y curiosos*, 2 vol. in-4°. Madr. 1863, I, 857.

3. *Gramatica con reglas muy provechosas y necessarias para aprender la lengua francesa. — Vocabolario de los vocables que mas comunamente se suelen usar*, faisant suite à la *Gramatica*, in-12. En Alcala de Henarès, 1565.

4. *Coloquios familiares muy convenientes.* Anvers 1568, « *xa, xe, xi*, dit-il, correspondent à *cha, che, chi.* »

5. «Asi es menester, dit-il p. 12, que los que enseñan léer y escrivir adviertan en que sus discipulos tengan entendido come hace de diferenciar de

dans la prononciation, et par conséquent, comme il attribue aussi à la *g* et à la *j* la même valeur, *g*, *j* et *x* commençaient alors à avoir le même son ; mais quel était au juste ce son? D'après la définition que Velasco en donnait deux ans après, il semble bien qu'il était déjà celui même que ces lettres ont aujourd'hui. « Formase », dit-il dans son « Orthographia y pronunciacion castellana », « con el medio de la lengua inclinada al principio del paladar, no apegada a el ni arrimada a los dientes, que es como los estrangeros la pronuncian[1]. » Le témoignage de Doergangk dans ses « Institutiones in linguam hispanicam » que j'ai déjà eu occasion de citer, ne laisse aucun doute à cet égard. « *g*, dit-il page 3, ante *e* et *i* effertur ut *j* longum, vel ut *x* ante vel inter vocales, vel ut *ch* apud Germanos, ut *muger*, *regir*..... quasi *mucher, rechir*... » Et page 6 : « *j* consonans effertur ut *x* apud Græcos vel ut *ch* apud Germanos, ut : *hijo*, *hija*, *Juan*, *Jesu*, quasi ἴχο, ἴχα, Χοὐάν, Χέσου, Græcè, vel *hicho*, *hicha*, *Chuan, Chesu,* Germanicè. »

Ainsi à la fin du XVIe siècle, *g*, suivi de *e*, *i*, *j* et *x* avaient pris en espagnol le son du χ grec ou du *ch* allemand, mais on continua encore longtemps, du moins à l'étranger, de leur attribuer celui du *ch* français ; c'est ce que faisait encore en 1608 Jean Saulnier dans son « Introduction en la langue espagnole par le moyen de la française » ; «*ja*, *je*, *jy*, *jo*, *ju* ; *xa*, *xe*, *xy*, *xo*, *xu* ; *ge*, *gi*, dit-il, se doivent prononcer comme en français. » Mais sans doute il ne faut voir là ou que l'impuissance de figurer un son qui n'existe pas dans notre langue, ou qu'un renseignement erroné, emprunté à la prononciation que donnent à la *jota* et à l'*equis* les habitants du Nord de l'Espagne, lesquels ne connaissaient pas alors et ignorent encore la spirante gutturale. « Catalauni et Arragones, remarquait Doergank, Gallis vicini, Gallicam pronunciationem retinent, et *ge*, *gi* spirant more Gallorum. » Mais, en 1610, C. Oudin définissait assez bien le son de la *g*, qu'il reconnaissait comme identique à celui de la *j* et de la *x*; « *g* devant *e* et *i*, dit-il, se prononce plus rudement qu'en notre langue, et se forme au palais de la bouche, repliant le bout de la langue en haut et la poussant vers le gosier. » Cependant, tant il est difficile pour un Français qui ne sait pas l'allemand, de trouver un point de comparaison pour la spirante

la *x* a la *i* jota, porque muchas vezes he visto descuydarse en esto que por escrivir *Guadalaxara*, dizen con *j Guadalajara*. »

1. Burgos 1582, p. 116 et 117, citée par Diez, *Gramm.* I, 370.

espagnole, Oudin compromettait la définition assez exacte qu'il avait donnée, en ajoutant que la *g* avait dans ce cas « quelque affinité avec notre *ch* français ». De même il disait que les Espagnols prononçaient la *jota* « quasi comme *schota* », bien qu'il ajoutât ce trait caractéristique de son véritable son, en « retournant la langue vers le haut du palais et en dedans de la gorge ». On voit par ce qui précède comment le nom du héros de Cervantès a dû se prononcer au xvie siècle, comme nous le faisons encore, don *Quichotte*, tandis que les Espagnols disent aujourd'hui don *Quijote*[1].

CHAPITRE III

DU C VÉLAIRE ET DU C PALATAL TRANSFORMÉS DANS LE PICARD ET LE NORMAND.

En parlant de la transformation du *c* vélaire en *č* ou *š* dans le français, j'ai déjà fait remarquer qu'il n'en était point de même dans tous les dialectes de cette langue. Le *c* vélaire, en effet, persiste en général dans le picard et souvent dans le normand. Mais le fait de la conservation de la vélaire n'est pas le seul caractère qui distingue le consonnantisme de ces deux dialectes de celui du français proprement dit, tandis que dans cet idiome la gutturale palatale s'est changée en *ç*, *s* ou *z*, elle est devenue *ch* toujours dans le picard et le plus souvent dans le normand, toutes les fois qu'elle n'a point donné naissance à une spirante sonore ; il y a là dans le traitement qu'ont subi les deux gutturales dans ces dialectes une espèce de solidarité qui ne permet point d'en séparer l'étude.

L'histoire des dialectes français est encore à faire ; heureusement, pour la question particulière que j'examine, la connaissance approfondie n'en est pas nécessaire. En 1839 Fallot, dans ses « Recherches sur les formes grammaticales de la langue française et de ses dialectes au xiiie siècle, » a le premier, je

1. Cette prononciation de la *g*, de la *j* et de la *x* régna longtemps en France ; sur un exemplaire de la grammaire d'Oudin, édition de 1659, que possède la Bibliothèque nationale, un lecteur — du temps à ce qu'il semble — a figuré par *ch* la prononciation de ces trois lettres, On trouve aussi le mot *Xerès* écrit *Cherèz* dans une lettre adressée à Dubois (Aubertin, *Esprit public au XVIII*[me] *siècle*, p. 103). L'on sait également que le vin produit par le territoire de cette ville, le *Xeres*, a pris le nom de *Sherry* en anglais.

crois, essayé d'en établir la classification et d'en faire la géographie, mais l'ignorance des textes non encore publiés et surtout une mort prématurée ont empêché ce philologue si bien doué de donner à ce sujet tous les développements et l'exactitude désirables. C'est lui cependant qu'on a suivi le plus souvent, sans le contrôler ; c'est ainsi que l'auteur de la « Grammaire de la langue d'oïl et des dialectes français au XIIe et XIIIe siècle, » Burguy s'est borné à le copier, sans rien ajouter d'essentiel à ce qu'il avait dit. Fallot reconnaît dans le français trois dialectes principaux : le bourguignon, le picard et le normand. Burguy a accepté cette division comme le reste et Diez lui-même, qui a repris la question avec sa compétence et sa supériorité ordinaires, ne repousse point cette classification. Cependant deux ans après la publication de l'ouvrage de Fallot, en 1841, M. Le Roux de Lincy dans l'introduction des « Livres des Rois » combattait cette division artificielle et arbitraire et lui en substituait une en cinq dialectes : le normand, le flamand, le bourguignon, le lorrain et le poitevin[1]. Il est incontestable que la classification de l'éditeur du Livre des Rois, sans être irréprochable, est préférable à celle de Fallot ; mais peu importe d'ailleurs au point de vue de l'étude des gutturales ; dans le traitement qu'ils leur ont fait subir, on peut, en effet, diviser les dialectes français en trois groupes, le picard, c'est-à-dire le dialecte de la Picardie et de l'Artois, auquel se rattache le rouchi ou dialecte de la Flandre française, lesquels gardent la gutturale vélaire et changent la

1. P. 59. M. Littré a, dans le premier chapitre de son *Histoire de la langue française* (I, 12), adopté la classification de Fallot et de Burguy, c'est-à-dire la division de la langue d'oïl en trois dialectes principaux ; dans l'*Introduction* qu'il y a jointe, il en reconnaît (p. 43), au contraire, quatre : « le bourguignon ou langue de l'Est ; celle du Centre ; celle de l'Ouest ou normand ; celle du Nord ou picard. » Le traitement que le normand proprement dit a fait subir aux gutturales ne permet pas de le réunir aux idiomes des autres provinces de l'Ouest, qui les ont traitées comme les dialectes du Centre et de l'Est ; il faut donc diviser le groupe d'idiomes propres à cette partie de la France au moins en deux, ce qui nous ramène à peu près à la classification de Le Roux de Lincy. L'objection que je fais à la division adoptée par M. Littré s'applique bien plus encore à celle que paraît proposer M. Gaston Paris (*Al.*, p. 41), lequel réunit dans un même groupe le normand et le dialecte de l'Ile-de-France et de la Champagne ; j'espère montrer qu'il faut nécessairement isoler le normand du dialecte des provinces voisines, et en faire, comme le picard, un dialecte à part. L'incertitude où l'on est encore sur cette question me servira peut-être d'excuse si j'y insiste si longuement.

palatale en spirante *ch* ; le normand, parlé dans la province à laquelle il doit son nom, et dans lequel le *c* vélaire persiste le plus souvent et le *c* palatal se change d'ordinaire en *ch* comme dans le picard ; enfin les autres dialectes français se rattachant plus ou moins étroitement au bourguignon et au langage de l'Ile-de-France, lesquels changent la vélaire en *ch* et la palatale en *ç*, *s* ou *z*. Le lorrain présente bien quelques cas de persistance de la gutturale, mais ils sont trop peu nombreux pour être considérés autrement que comme des exceptions ; quant au wallon que cette classification ne comprend pas, si dans un certain nombre de mots il a conservé aussi la gutturale vélaire, le plus souvent pourtant il la traite comme le français [1] ; la modification de la gutturale palatale n'offre d'ailleurs rien de particulier dans ces deux dialectes, je puis donc les passer sous silence et me borner à parler du picard et du normand, les seuls dont le consonnantisme guttural diffère à cet égard essentiellement du français. Quant aux causes qui ont pu faire que dans ces trois grandes régions de la France du Nord, les deux gutturales et en particulier la vélaire aient été traitées d'une manière si différente, j'en ai déjà parlé et j'y reviendrai plus tard en finissant cette étude ; mais avant de la commencer il me faut encore donner quelques explications préliminaires sur les difficultés qu'elle présente [2].

J'ai déjà parlé à plusieurs reprises de l'incertitude que l'absence de signes déterminés jette sur cette question. Ainsi on rencontre, en particulier dans le Psautier d'Oxford, où

1. On trouve par exemple *c* persistant dans *calengî, cangî, capeler, catî, cau* (*caulem*), etc.; *c* s'est changé en *ch*, au contraire, dans *chaive, champî, chapai, chape, châr, charmer, charnale* (carpinum), *châse* (calceam), etc. Cf. Ch. Grandgagnage, *Dict. étym. de la langue wallone.*

2. Inutile d'ajouter que les différences dialectales que je signale, comme celles qu'on peut indiquer comme véritablement essentielles, ont dû apparaître dès les premiers temps de la langue; l'unité primitive d'idiome si chère à Génin, et qui n'était autre chose que la théorie de Raynouard appliquée à la langue d'oil, a été trop bien réfutée par M. Littré pour que je vienne la combattre à mon tour ; et je ne parlerais pas d'une opinion aussi arriérée, si je ne la retrouvais encore en 1872 dans la préface d'un livre qui a eu un certain retentissement. « Nous ne pensons pas, dit M. L. Gautier dans la préface de la troisième édition de la *Chanson de Roland*, qu'à l'époque et sous la plume de notre poète, le dialecte normand ait présenté exactement les mêmes formes que le dialecte français, comme *cela avait lieu antérieurement à la conquête de l'Angleterre,* » comme si le changement de la gutturale en chuintante n'avait point eu lieu déjà en français tandis que le normand l'ignorait.

ce mot se trouve à chaque page, *chi* (qui) écrit par *ch* ; or il est impossible qu'ici on ne lui accorde pas la valeur gutturale, et nous avons ainsi un exemple certain de *ch* figurant le son *k* ; mais dans le même texte nous trouvons *ch* suivi de *a* ; faut-il dans ce cas lui accorder la même valeur ou lui donner comme en français le son *š* ou *č* ? Par contre *c* seul suivi de *a* peut-il prendre un son chuintant, ou faut-il toujours lui donner dans ce cas une prononciation gutturale ? Ces questions d'une solution déjà si difficile par elles-mêmes se compliquent encore par cette circonstance qu'on ne sait pas le plus souvent, étant connue la nationalité du poète ou de l'écrivain, quelle était celle du copiste ; aussi arrive-t-il bien souvent, comme nous le verrons par la suite, qu'on a un texte primitivement picard ou normand copié par un scribe français et réciproquement ; or dans ce cas, ou par négligence, ou à dessein[1], — on en a de nombreux exemples, — le copiste a changé le texte primitif qu'il nous a transmis, et nous nous trouvons en présence ou d'un texte picard ou normand remis, au moins pour son consonnantisme, en français et réciproquement, ou bien, et alors la difficulté est encore plus grande, d'un texte ayant en partie conservé sa physionomie primitive, en partie modifié. C'est ainsi sans doute qu'il faut expliquer souvent les doubles formes en *ca* et en *cha*, provenant de *ca* latin, en *ce* et en *che*, provenant de *ce* ou de *ti* assibilé, qu'on rencontre dans tant de textes originairement picards ; mais il peut se faire aussi, si le texte picard ou normand n'est point ancien, que la double leçon vienne d'une double forme connue de l'auteur. Faut-il regarder les deux formes comme bonnes ou en exclure une pour ne garder que l'autre, et laquelle ? Comment prononcer aussi la syllabe *ce*, provenant de *ca* ? faut-il lui donner le son assibilé *ce* ou guttural *ke* ou encore le son chuintant *che* ? On voit toutes les difficultés que soulève cette question. Quand l'origine des textes est connue, on peut la trancher sans trop de peine ; ainsi dans les textes évidemment français, si on a le même mot écrit par *ca* et *cha*, comme on sait d'ailleurs que *ch* est le son français normal, on peut, je crois, le donner dans tous les cas au mot et rétablir le texte dans ce sens ; de même que si un même mot est écrit par *ce* et par *che*, si l'*e* représente un *a* latin, la chuintante étant le son normal, on peut le donner au mot et l'écrire par *ch*.

1. M. G. Paris m'a dit avoir vu au mont Cassin un manuscrit du Barlaam, dont on s'était appliqué à changer les *c* (suivis de *a*) du texte primitif en *ch*.

Ainsi dans ces vers du Guillaume d'Angleterre de Crestien de Troie :

Au plus tot qu'il pot vers la roce
Si k'a un rain del bos acroce [1]

on peut, je crois, changer *roce* et *acroce* en *roche* et *acroche*, d'autant plus que quelques lignes plus loin on trouve le mot *roche*.

Jusqu'à la roche ne s'arreste.

De même dans ces deux autres vers du même poème :

Li pent si pres c'au nes li touce
Et sa levre dusqu'à la bouce [2]

on peut remplacer *touce* par *touche* et changer *bouce* en *bouche* donné par un vers précédent :

Et li leus qui en sa bouche a.

Mais si, au lieu d'un texte français, on a un texte picard ou normand, dans quel sens se prononcer [3] ? Car, on le sent, c'est dans l'interprétation même des signes employés par les copistes pour représenter le son issu du *c* latin que réside la solution du problème. On est ainsi presque renfermé dans un cercle vicieux, aussi a-t-on regardé comme à peu près impossible de débrouiller entièrement la question. Voyons cependant jusqu'à quel point on peut la résoudre. Je commencerai par le picard, le plus connu des deux dialectes que je veux étudier.

I° *Picard.*

Le picard est le dialecte parlé avec quelques légères modifica-

1. Man. fonds français 375 (anc. 6987), fol. 242, 1, 1.

2. Id. fol. 243, 1, 2. Bartsch dans la première édition de la Chrestomathie avait mis, sans doute par analogie avec les formes *roce* et *acroce*, *boce* et *toce*; dans la seconde il a corrigé et mis *boche* et *toche*.

3. Ainsi si le texte précédent au lieu d'être tiré d'un poète français était l'œuvre d'un poète normand ou picard, il faudrait lire dans le vers *Au plus tôt... roque* et au vers suivant *acroque*. Il est même probable que c'est ainsi que prononçait le scribe de ce poème dont la copie présente — du moins dans son consonnantisme — des traces évidentes du dialecte normand ou picard, ainsi *carete*, *cier*, etc. De même pour les vers

si grant doel a, ne set qu'il face,
li leus s'enfuit et il le cace,

il faut au second vers substituer *chace* ou *chasse* à *cace*; mais si le texte était picard ou normand il faudrait mettre au premier vers *fache* et au second *cache*.

tions dans la Picardie, l'Artois et la Flandre française ; il comprend le picard proprement dit, qui est l'idiome des deux premières de ces provinces, et le rouchi particulier à la troisième. Les caractères qui distinguent le vocalisme picard sont la prédilection qu'il affecte pour la diphthongue *oi* — ce qui lui est commun d'ailleurs avec le français proprement dit — et pour la diphthongue *ie* substituée à *a* long ou bref accentué ou à *e* en position, — ce qui lui est particulier. — Son consonnantisme, comme je le montrerai, a pour caractère distinctif la persistance de la gutturale vélaire suivie de *a*, laquelle se change, comme nous avons vu, en *ch* dans le français, et la transformation en ȝ de la gutturale palatale, laquelle se change au centre et à l'Est de la France en *ç*. Ce double caractère lui est commun avec le normand. Enfin, et cela lui appartient exclusivement en propre, le picard ne connaît qu'une seule forme pour l'article féminin et masculin singulier, celle du second de ces deux genres, *li, le* [1]. Ceci posé, voyons, par l'étude comparée des anciens textes et de la langue actuelle, comment cet idiome a traité les gutturales.

Les monuments du dialecte picard sont presque innombrables. Arthur Dinaux, qui a consacré trois volumes, sans l'épuiser, à l'histoire des trouvères d'une partie seulement de la région où le picard est parlé, n'en a pas compté moins de dix pour le pays de Cambrai, trente-deux pour le Tournésis et soixante-quinze pour l'Artois. Le nombre des trouvères brabançons, hainuyers, liégeois et namurois [3], dont bon nombre ont écrit dans le dialecte picard, est encore plus considérable, et dans cette énumération ne sont pas compris les écrivains picards proprement dits. Heureusement il n'est pas besoin d'étudier les œuvres de tous ces poètes, dont une grande partie est d'ailleurs inédite, pour arriver à la connaissance de l'idiome dans lequel ils ont écrit ; quelques textes suffisent pour cela ; j'en choisirai quelques-uns d'origine artésienne ou flamande, et j'y joindrai l'examen des Chartes d'Aire, publiées en 1870 par M. Natalis de Wailly, et celles encore plus curieuses d'Auchy, que de Bétencourt a fait connaître dès 1788 ; enfin pour le picard moderne je me servirai

1. La seule différence qu'il y ait entre les deux articles, c'est que l'article masculin peut se contracter en *du* au génitif, en *au* au datif, tandis que l'article féminin reste *de le, à le.*

2. *Trouvères, jongleurs et ménestrels du Nord de la France,* 3 vol. in-8°, Paris 1837-1843.

3. *Trouvères brabançons, hainuyers, liégeois et namurois,* 2 vol. in-8°, Paris 1863.

du dictionnaire assez exact qu'a fait de cet idiome l'abbé Corblet.

Les textes picards les plus importants du XIIe et du XIIIe siècle publiés jusqu'ici sont le « Lai d'Ignaurès », par Renaut « le Roman de la Violette » ou de « Girart de Nevers » par Gyrbers ou Gibers de Montreuil, « Eracle » de Gautier d'Arras, « Barlaam et Josaphat » par Gui de Cambrai, également auteur d'une des branches du « Roman d'Alexandre », le « Jeu de Saint Nicolas » par Jehan Bodel, le « Jus Adan le Boçu » par Adam de la Halle, des Fragments plus ou moins considérables des poèmes d'Adenès le Roi, et d'Herman de Valenciennes, etc. Tous ces textes n'ont point sans doute la même importance phonétique et ne méritent pas également dès lors d'attirer l'attention ; mais leur comparaison peut servir à éclairer les différents points de la question, voilà pourquoi je les soumettrai tous à un examen au moins rapide. Je commence par l'œuvre de Gibert de Montreuil, le « Roman de Gérard de Nevers ou de la Violette. »

Tel que M. Francisque Michel l'a publié d'après les manuscrits 7595 et 7498 de la Bibliothèque nationale, le texte nous montre le plus souvent *ch* substitué à *c* suivi de *a* latin ; dans les cinq cents premiers vers, *c* ne persiste que dans les mots *caut* v. 269 ; *canchon* v. 130 ; *canconnete*, v. 200 ; *cans* v. 41, 313 ; *cantans* v. 174 ; *cantes* v. 109 ; *canté* v. 236, 327 ; *cantoit* v. 180 ; *castelaines* v. 86 ; *buce* v. 324 ; *cief* v. 276 ; *ducoise* v. 86, 107 ; c'est-à-dire quinze fois ; partout ailleurs, au contraire, c'est-à-dire plus de quarante fois, il a fait place à *ch*, ainsi ; *auchun* v. 22, 23 ; *chières* v. 76, 77, 499 ; *arche* v. 89 ; *chambre* v. 96 ; *chanter* v. 119, 160, 197, 318, 436 ; *chanconete* v. 47, 137 ; *chancon* v. 103, 111, 116, 124, 184, 190, 233, 445 ; *chanta* v. 105 ; *chant* v. 106, 149, 199 ; *chante* v. 149 ; *chantera* v. 232 ; *chevaliers* v. 70, 251, 306 ; *chief* v. 164, 330 ; *chastelaine* v. 134, 182 ; *chastelain* v. 331, 337, 341 ; *chastiel* v. 330 ; *chose* v. 169, 407, 410 ; *chascun* v. 97, 271, 295, 297 ; *cheuz* v. 460 ; *afiche* v. 272 ; *meschief* v. 277 ; *achievoit* v. 473. Quant à *ci* ou *ti*, ils sont le plus souvent remplacés par *ch* ; ainsi : *scienche* v. 21 ; *semblanche* v. 373 ; *vaillanche* v. 374, 427 ; *justichier* 453 ; *entechier* v. 454 ; *merchi* v. 128, 372, 394, 396 ; *tierche* v. 160 ; *fache* v. 384 ; *anchois* v. 307, 400 ; *chou* v. 11, 19, 62, 165, 174, 180, 187, 231, 240, 244, 260, 275, 336, 349, 403, 423, 463, 470 ; *che* v. 288, 411, 420, 455, 479 ; *chi* v. 272 ; *Couchi* v. 127 ; *chiel* v. 401 ; *serviche* v. 64 ; *sorchière* v. 500 ; *dreche* v. 156 ; *comencherai* v. 45 ; *comench* v. 19 ; *comenche* v. 99,

123; *comenchier* v. 97; *comenchie* v. 143. On trouve *c* ou *s*, au contraire, substitué à *ti* ou au *c* palatal transformé dans *comencie* v. 116; *comence* v. 103; *drece* v. 330; *ce* v. 27, 367; *cis* v. 16, 462; *cil* v. 216, 227, 258, 484; *cel* v. 252; *celle* v. 111; *cest* v. 293, 444; *decut* v. 222; *decevant* v. 390; *decoivre* v. 447; *Besancon* v. 101; *certes* v. 286; *escient* v. 292; *damoisiele* v. 327; *maisielle* v. 328; *semonce* v. 225; *sospecon* v. 446; *pucieles* v. 76, 112; et *chancon* v. 102, 111, 183, 190, 233, 445; *chanson* v. 116; *chanconete* v. 47, 137, 200. Le son assibilé de *c* ou de *ti* a été conservé près de quarante fois, — en tout trente-sept fois; — il s'est changé en š environ cinquante fois (quarante-neuf).

Quelle conséquence faut-il tirer de cette double représentation des deux gutturales ? Faut-il admettre que le *c* vélaire persistait ou se changeait en š, le changement en *ch* toutefois ayant lieu plus souvent que la persistance du *c*, et que le *c* palatal se transformait également plus souvent en š qu'en *ç* ? Cela est peu vraisemblable; bien qu'il soit possible que les deux sons *ca* et *cha*, peut-être aussi *ce* et *che*, aient coexisté parfois, il est peu probable que la confusion ait été jamais portée dans la langue aussi loin que dans le texte que nous avons ici; l'emploi des doubles formes *ch* et *k*, *ce* et *ch*, dans les mêmes mots, l'arbitraire qui préside à leur choix, tout fait croire que la langue du copiste et celle du poète ou du premier scribe n'étaient pas la même; par exemple, s'il n'est pas absolument impossible d'admettre que Gibert de Montreuil ait dit à la fois *canchon* et *chancon*, — quoiqu'il semble plus naturel d'attribuer au copiste les nombreuses confusions qu'on rencontre sans cesse entre *c* et *ch*; — il n'est pas vraisemblable que le mot *chanchon*, par exemple, qu'on trouve au vers 124 et dont la première partie est française et la seconde picarde, appartienne au texte primitif, et il ne faut voir là, je crois, qu'une des nombreuses altérations dont il a été l'objet; le scribe avait probablement sous les yeux le mot *canchon*, sans en modifier la fin, il a changé dans la première syllabe, comme il a fait sans doute dans tant d'autres mots, *c* en *ch* et a eu ainsi la forme barbare *chanchon* [1]. Il est difficile d'expliquer aussi, il me semble, autrement que par une altération du texte primitif le rapprochement à la fin des vers de *cief* et

1. On en trouve d'analogues, il est vrai, dans la *Muse normande*, mais l'origine récente de ce recueil de poésies et leur caractère savant leur enlèvent toute valeur phonétique.

meschief, *ducoises* et *richoises*, formes que le trouvère n'a pu vouloir faire rimer ensemble ; enfin une preuve nouvelle des changements qui ont été apportés par le copiste au texte primitif, c'est la présence fréquente de l'article français *la* au lieu de la forme picarde *le*, que l'Artésien Gibert évidemment a dû seul employer.

Le « Lai d'Ignaurès » de Renaut, publié d'après le même manuscrit 7995 que le Roman de la Violette[1], nous montre comme lui les formes *ca* et *cha*, *ce* et *che*, coexistant ; mais ici la gutturale vélaire persiste plus souvent que dans le poème de Gibert ; *ch* aussi s'y substitue bien plus régulièrement au *c* palatal transformé ; or comme ce sont là les caractères mêmes du dialecte picard, il est évident qu'on a ici un texte plus correct ou moins altéré que celui du Roman de la Violette.

Le Roman de « Barlaam et Josaphat », par Gui de Cambrai[2], offre cette particularité que, dans les 72 premiers vers, le *c* suivi de *e* ou *i* et *ti* sont constamment représentés par *c*, le *c* vélaire n'y ayant persisté que deux fois ; à partir du vers 72, au contraire, *ce*, *ci* et *ti* sont le plus souvent transformés en *ch*, comme si le copiste, après avoir commencé à remettre en français le texte picard qu'il transcrivait, y avait ensuite renoncé pour revenir au texte primitif ; mais *c* suivi de *a* ne persiste toujours qu'exceptionnellement[3].

Le « Roman d'Alexandre[4] » présente plusieurs des caractères du dialecte picard : la confusion fréquente de l'article masculin et de l'article féminin[5], son vocalisme, ne laissent pas de doute

1. *Lai d'Ignaurès*, publié par Fr. Michel, in-8°, Paris 1832.
2. *Barlaam et Josaphat*, publié par Herm. Zotenberg et Paul Meyer, in-8°, Stutt. 1864.
3. Voir sur cette altération des textes les observations si justes de M. G. Paris, *Vie de Saint Alexis* p. 8. Elle n'est pas d'ailleurs particulière à nos scribes du Moyen Age ni aux anciens monuments de notre langue, les scribes de l'antiquité ne s'en faisaient pas faute non plus. « On connaît plus d'un monument, dit M. Egger (*Mém. d'hist. anc. et de phil.* p. 472), où le copiste a naïvement altéré, par des formes particulières à sa propre langue, le style de l'original qu'il recopiait ; c'est de cette manière que chez les anciens le dorisme sicilien des écrits d'Archimède s'est peu à peu effacé, sous la main des scribes, pour faire place aux formes du dialecte attique ou même du dialecte commun. »
4. *Li Romans d'Alexandre*, p. p. H. Michelant, Stuttg. 1846.
5. Ainsi dans ces vers :

   Le car ot bele et blance comme nois sor gelee.
   Li ruisiaus estoit clers et blanque *li* gravele.

à cet égard ; quant à son consonnantisme, nous voyons *c* suivi de *a* latin persistant fréquemment, quoique souvent aussi remplacé par *ch; ce, ci, ti* ne sont remplacés que par *ce* ou *ci*. C'est-à-dire que la gutturale palatale y est traitée comme en français, la gutturale vélaire, suivie de *a*, à la fois comme en français et en picard.

« Eracles l'Empereor[1] » de Gautier d'Arras présente quelque chose d'analogue; la vélaire y persiste régulièrement, tandis que la palatale y est toujours représentée par *ce*, non par *ch*, comme dans les premiers poèmes que j'ai examinés[2]. Ainsi des deux caractères qui distinguent, comme nous verrons, le consonnantisme du picard un seul se retrouve ici, l'autre n'existe pas, ou du moins l'orthographe du poème ne le signale pas. L'article masculin ne se substitue pas non plus en général à l'article féminin; tout semble donc indiquer ici un texte altéré ou modifié par le scribe. Il n'y a là rien qui doive surprendre, et cette confusion orthographique est fréquente, non-seulement dans des poèmes différents, mais dans un même poème; ainsi dans le « Roman du Bastard de Bouillon, » on trouve au commencement du poème *ca* = *ca* et *ce* = *ce*; à la fin, au contraire, *ca* persiste bien toujours, mais *ce* est remplacé par *che*[3], ce qui ne peut tenir qu'à un caprice du copiste ou à ce que le texte nous a été transmis par deux scribes différents.

L'examen des poèmes d'Adenès le Roi et d'Herman de Valenciennes confirme encore cette manière de voir. Les « Enfances Ogier » et « Berte aux grans piés » du premier sont des poèmes tout français par le consonnantisme; *ca* s'y change régulièrement en *ch*; *ce, ci* ou *ti* y sont représentés par *ce, ci*. Dans le fragment de « Cleomadés » donné dans la Chrestomathie de Bartsch d'après le manuscrit 54 de la Bibliothèque de la Sorbonne, il en est tout autrement; la vélaire suivie de *a* persiste ou se change en *ch;* la palatale s'assibile ou se transforme également en *ch*. Ainsi on a : *c*(*a*) = *k* dans *blanque* (8 fois), *cambre* (id.), *candeles*, *Carmans*, *cose* (2 fois), *cescun* (id.), *castel* et même *make* (345, 18), comme si ce mot venait de *maca* non de *matea* ; au contraire, *c*(*a*) se change en *ch* dans *chambre* (3 fois), *chastel* (2 fois), *chastiaus*, *chancons*,

1. *Eracles l'empereor*, hgg. v. Massmann.
2. Cela a lieu également dans *Blancandin et l'Orgueilleuse d'Amor*.
3. Voir les fragments donnés par A. Dinaux, *Trouvères brabançons*, etc. p. 92.

chans, *chascun* (2 fois), *cheval*, (id.), *chevel*, *chevillette*, *chief*. De même on trouve *ce* ou *ti* représenté par *ch* dans *anchieneté*, *cha*, *che*, *adrechié*, *drechie*, *lyonchiaux*, *machues*; avec *c* seul, au contraire, *bracieus*, *cel(e)* (4 fois), *cil* (2 fois), *çou* (id.), *certainement*, *commenca*, *commencement*, *commencoit*, *facon*, *graciouse* et *gracieus*, *percoit*, *precieuse*[1]. Dans le court fragment donné par Dinaux du « Maugis d'Aigremont », *ca* a toujours conservé sa valeur gutturale, *c* suivi de *e* ou *i* se change en *ch*[2]. Il en est de même dans le « Roman de Vivien. »

Dans les poèmes d'Herman de Valenciennes, trouvère bien plus ancien que ceux dont nous venons d'étudier les œuvres, mais dont les manuscrits sont à peu près aussi récents, nous trouvons quelque chose d'analogue. Ainsi dans la « Genesis, » *c* suivi de *a* persiste comme dans Eracle ; *c*, suivi de *e* ou *i*, a été traité comme dans le même poème et par conséquent comme en français. Le « Livre de la Bible » ou la « Bible de sapience » a un caractère tout différent. Le fragment donné par Bartsch d'après un manuscrit de Mayhingen du XIIIe siècle[3] nous montre le *c* palatal ordinairement transformé en *ch*, et n'étant représenté par *c* qu'exceptionnellement, — 10 fois sur 74 fois qu'il se transforme en *ch*. — Quant au *c* vélaire, il a conservé sa valeur gutturale dans *cantant*, *canté*, — à côté, il est vrai, de *chant* (2 fois), et de *enchanté*, — *canus*, *cauchié*, *Mikiel* ; il est représenté, au contraire, par *ch* dans *chose* et dans *chevalerie*, *pechiés* et *pechierre*, termes consacrés et qui ont bien pu avoir le son *ch* dans toute la France du Nord.

L'étude du « Poème moral » publié également par Bartsch et, comme le fragment d'Herman de Valenciennes, d'après un manuscrit de Mayhingen[4], nous donne naturellement le même résultat que celui du fragment, tout en témoignant cependant d'une langue plus correcte ; ainsi *ci* et *ti* sont ici représentés sans exception par *ch* ; quant à *ca*, il persiste ou se transforme en *ch* presque indifféremment ; ainsi on trouve écrits avec *c* : *encache*, *pourcache*, *campion*, *cangera*, *mercatour*, *peccatour* ; avec *ch*, au contraire, *blanche* (2 fois), *chascun*, *chetivele*, *chaiere*, *chiere*.

1. Bartsch, *Chrest.* 341 et suiv.
2. Din. *Trouvères brabançons*, etc. p. 139.
3. *Chrest.* p. 70.
4. *Chrest.* p. 339.

On ne peut douter d'après les résultats si divers que nous donnent les poèmes du même trouvère ou du même pays, suivant qu'ils nous sont transmis par des manuscrits différents, que les divergences de leçon et les variantes dans le traitement des gutturales ne soient dues aux copistes de ces poèmes ; l'examen du Jeu d'Adam nous en donnera une preuve nouvelle et directe [1]; mais avant d'arriver à ce drame, il me faut dire un mot du « Jeu de Saint Nicolas » de Jehan Bodel, prédécesseur d'Adam de la Halle. Dans le texte de ce poème, donné par MM. Monmerqué et Fr. Michel [2], on voit *ci* et *ti* régulièrement remplacés par *ch*; *ca* persiste encore ou se transforme en *ch*, mais il persiste plus souvent qu'il ne s'est modifié, et dans la proportion de quatre à deux. Ce texte se rapproche ainsi de celui de la Bible de Sapience et n'offre aucun fait nouveau; aussi sans m'en occuper davantage je passe à l'examen du « Jus Adan ».

Quand on lit dans Bartsch le fragment du drame d'Adam de la Halle, on est frappé tout d'abord de voir que *ci* et *ti* y sont partout représentés par *c* et semblent être dès lors changés en spirante dentale ordinaire ; le *c* guttural, au contraire, a conservé sa valeur originelle et n'y est qu'exceptionnellement représenté par *ch*, par ex. dans *chier* et *chièrement*, et dans *char* à côté de *car*, *chief* à côté de *kief* (3 fois), *chanz* à côté de *encantés*, *chose* à côté de *cose*, *chascuns* à côté de *cascuns*, formes qu'on peut dès lors considérer comme des erreurs de copiste. Ainsi nous avons d'une part le son *ca* en général conservé, de l'autre *ci* (*ti*) remplacé par *ç* (*s*), tandis que dans les autres textes nous l'avons trouvé le plus souvent représenté par *ch* ; il y a une énigme que l'éditeur semble ne pas avoir soupçonnée et qui serait inexplicable si nous n'avions que la copie de Keller, qu'il a reproduite. Mais M. Monmerqué, dans le « Théâtre français au Moyen Age, » et dans le sixième volume des « Mélanges publiés par la Société des bibliophiles français », a donné d'après trois manuscrits trois versions différentes de ce fragment qui nous permettent d'expliquer cette anomalie.

Dans la première, celle du manuscrit 7218 de la Bibliothèque

1. La comparaison des manuscrits d'*Huon de Bordeaux* en fournirait une autre non moins frappante; tandis, en effet, que les manuscrits de Paris (450 Bibl. Sorb. et 1452 Bibl. nat.) sont tout français par leur consonnantisme, celui de Turin offre des traces nombreuses du dialecte picard, ainsi d'ailleurs que celui de Tours. Cf. *Huon de Bordeaux*, p. p. Ms. Guessard et Grandmaison. Préf. p. 40 et suiv.

2. *Théâtre français au Moyen Age*, p. 17.

nationale, que l'éditeur suppose avec beaucoup de raison avoir été altérée, *ca* latin est représenté constamment par *ch*, *ci* et *ti* par *c* (*s*) ; on a donc là évidemment un texte francisé. La seconde version, empruntée, vraisemblablement comme celle de Bartsch, au manuscrit 1490 du Vatican, conserve presque partout le son guttural *ca* et change toujours le son *ci* (*ti*) en *ç* (*s*). Enfin la troisième version, tirée du manuscrit 2736 de la Bibliothèque nationale, fonds Lavallière, nous montre *ci* (*ti*) représenté partout par *ch*, — excepté peut-être *plocon*, — ce qui est évidemment la leçon du poète picard ; *ca*, au contraire, conservé fréquemment, est cependant représenté par *ch* dans un certain nombre de mots où le manuscrit du Vatican a gardé la gutturale primitive ; ainsi dans les mots *chascuns* (*cascuns* V.), *marchié* (*markié* V.), *blanche* (*blanque* V.), à côté de *blanque* conservé huit vers plus loin, *bouche* (*bouque* V.), *fresche* (*fresque* V.), *char* (*car* V.), *manches* (*mances* V.), *chemise* (*quemise* (V.). On ne peut douter dès lors que ce ne soient là des altérations du copiste, et que le manuscrit du Vatican, d'accord en cela avec ce que nous connaissons déjà du picard, ne donne la bonne leçon pour les mots où se trouve un son dérivé de *ca* latin, comme le manuscrit du fonds Lavallière pour tous ceux où *c* est suivi de *e* ou de *i*. En même temps la comparaison de ces manuscrits et du n° 7218 nous montre comment les textes ont pu être modifiés par les scribes et les différences dialectales effacées ou confondues [1]. L'examen des autres œuvres d'Adam le Bossu confirme entièrement cette conclusion. Les pièces de vers, insérées par M. Monmerqué dans la préface mise en tête du « Jus Adan » dans le sixième volume des Mélanges nous montrent partout, excepté dans le mot *péchié*, *c* suivi de *a* conservant sa valeur gutturale, et *c* suivi de *e* ou *i* représenté, ainsi que *ti* par *ch*; les textes du « Jeu du pèlerin » et du « Jeu de Robin et de Marion », publiés par le même éditeur, donnent lieu à la même observation ; le son guttural de *c* suivi de *a* y persiste le plus souvent ; *ce* et *ci* se changent en *che* ou *chi*, à part de rares exceptions, qu'on peut presque toujours regarder comme des négligences du copiste. On peut et on doit, je crois, conclure de là que les textes picards les plus authentiques sont ceux qui nous

1. La *Chanson des Saxons* de Jehan Bodel, à en juger du moins par le texte tel qu'il a été rétabli par M. Fr. Michel, montre la même altération du texte primitif, évidemment picard par son origine, mais francisé par les copistes.

montrent la persistance de la gutturale vélaire et la transformation de la gutturale palatale en *ch*, et que ce double fait est caractéristique du dialecte dans lequel ils ont été primitivement écrits.

Ces conclusions trouvent leur pleine confirmation dans l'examen des chartes en langue vulgaire de la même époque. Mais avant d'en aborder l'étude, il me faut dire un mot des compositions en prose, écrites dans le dialecte picard.

Nous verrons plus loin qu'un certain nombre d'ouvrages en prose qui ont dû être écrits dans le dialecte normand, n'en présentent qu'imparfaitement les caractères; il n'en est pas de même de ceux qui appartiennent au dialecte picard; ceux-ci ont conservé tous les caractères distinctifs de cet idiome. Je me bornerai à prendre pour exemple les « Estoires » de Robert de Clari, un de « Chiaus qui conquisent Constantinoble », texte du commencement du XIIIe siècle. Nous y trouvons la langue dans presque toute sa pureté; ainsi, dans les six premières pages, le *c* vélaire a été conservé dans les mots *cachier*, *canoine*, *cascun*, *castelain*, *kiévetaine*, *markaandise*, *markié*, *quemanda*, *rike*, et dans les noms propres *Canteleu*, *Caieu*, *Cavaron*; il ne s'est changé en *ch* que dans *chevax*, *chevalier*, *mareschiax* et *preeschant*, noms presque tous communs aux différents dialectes français et ayant dès lors le plus souvent la même forme dans chacun d'eux. Quant au *c* palatal, il a partout fait place à la chuintante, ainsi on a : *che*, *chi*, *chiaux*, *chelui*, *chil*, *chist*, *Chistiax*, *comenchier*, *Couchy*, *Franche*, *ichi*, *proesche*, etc. J'arrive maintenant aux chartes picardes.

Ce qui peut jeter de l'incertitude sur les résultats fournis par les poèmes attribués aux trouvères picards ou artésiens, c'est l'ignorance où l'on est de la nationalité, souvent aussi de l'époque, des copistes qui nous les ont transmis. Ici ces inconvénients disparaissent en présence de l'authenticité des documents, de là l'intérêt tout particulier qu'ils présentent. Une des collections les plus importantes que nous ayons en ce genre est celle qu'a récemment publiée M. Natalis de Wailly dans la Bibliothèque de l'Ecole des chartes [1], et qu'il a fait suivre peu après d'Observations grammaticales où l'on retrouve sa compétence et sa sagacité bien connues [2]. Ce recueil, tiré des Archives de la Collégiale

1. *Recueil de chartes en langue vulgaire provenant des Archives de la collégiale de Saint-Pierre d'Aire*, par M. Natalis de Wailly, Paris 1870.

2. *Observations grammaticales sur les chartes françaises d'Aire en Artois* par M. Nat. de Wailly, Paris 1872.

de Saint-Pierre d'Aire en Artois nous offre un modèle incontestable du dialecte picard, puisque la province d'où il vient est peut-être celle où il s'est maintenu le plus pur, et que, la plupart des chartes qu'il renferme étant de la seconde moitié du XIIIe siècle [1], la langue n'avait point encore été corrompue par le mélange de formes étrangères. Voyons quel en est le consonnantisme.

Comme dans les meilleurs textes picards que j'ai examinés jusqu'ici, le *c* vélaire suivi de *a* a presque toujours persisté dans les chartes d'Aire ; ainsi : *car* (J), *canoine* (L, M, N, O), *concanoine* (O, P), *canter* (A), *acater* (D), *racat* (M), *racater* (H), *pourcachier* (M, etc.), *cape* (A), *capelain* (A, P, Q), *capelerie* (A, B, C, D, O, P, Q), *capitle* (A, etc.), *capons* (C), *castelains* (B, G), *catens* (S), *eskevinages* (P), *frankement* (H, N, O, P, Q), *kemin* (Q), *kemisses* (J), *markié* (H), *Mikiel* (G, S), *planke* (G), *toukeront* (O) et *toukier* (J). Il faut excepter un très-petit nombre de mots où *a* a été remplacé par *e* ou *ie*, par exemple *chevalier*, qu'on trouve constamment écrit par *ch*, *despeechier* (L, p. 16), *enpeechié* (F, p. 29); *diemenches* (A, p. 19; L, p. 26), *chartère* (S, I) ; et quelques autres dont l'orthographe varie ; par exemple *chier* (J, K, O) et *cier* (B), *chascun* (S) et *chescun* (D) à côté de *cascun* (A, etc.) ou *kaskun* (K), *chose* (H, I, L, M) et *cose* (A, C, O, N), *eschevin* (G, O) et *eskevins* (R, S), soit que l'orthographe n'en fût pas fixée définitivement, soit que le son *ch* et le son *k* coexistassent ensemble. Quant au *c* palatal, il est, ainsi que *ti* suivi d'une voyelle, représenté le plus souvent par *ch*; ainsi : *apartenanches* (G, M, N), *chouvenenches* (G), *conissanch* (H), *fache* (J), *fachent* (N), *faich* (C), *fianchié* (B), *fianchiet* (Q), *fianchièrent* (F), *lichons* (A), *parroche* (M, N, S), *parrochial* (A), *pourcachier* (M), *pourveanche* (J), *rechut* (G, M), *rechuch* (M), *rechurent* (S), *rechevoir* (N, O, P, Q, S), *renonchié* (S), *renonchiet* (Q), *renonchons* (K), *souplich* (A). D'autres fois il est représenté par *ch* ou par *c ;* par exemple : *anchisseurs* (A) et *anciseurs* (G), *dechiés* (A, P, Q) et *dechès* (S) à côté de *deciès* (J), *justiches* (G, P) et *justice* (K, S), *serviche* (N, P) et *service* (A, E, F, H), et les adjectifs démonstratifs écrits tantôt *che*, *ches*, *chel*, *chil*, *cheli*, *cheus*, *chiaus*, *chest*, *chou*, tantôt *ce*, *ces*, *cel*, *cil*, *celi*, *ceux*, *ciaus*, *cest* et *co* (B). Que faut-il conclure de cette double orthographe ? que *c*, tout en ne prenant devant *e* et *i* que le son *ch*, pouvait s'écrire *che* ou *ce* ? ou bien qu'on prononçait alors indifféremment *ce* ou *che*, *ceus* ou *cheus* ?

1. La première (A) est de 1241, la dernière (S) de 1298.

Avant de répondre à cette question, ou plutôt afin d'y répondre plus sûrement, je vais passer en revue un certain nombre de chartes, dont il est surprenant que M. Natalis de Wailly n'ait pas parlé, et qui plus anciennes en partie, plus nombreuses et souvent plus correctes que celles d'Aire, nous montrent le dialecte picard presque dans toute sa pureté. Ces chartes sont celles de l'Abbaye de Saint Silvain d'Auchy en Artois, que de Bétencourt a publiées, je crois, en 1788 ; elles sont les unes en latin, les autres en picard, celles-ci sont au nombre de cinquante-deux, la première en date est de 1215, la dernière de 1297.

Dans la première le *c* vélaire a toujours persisté, excepté dans *chief*, *chascun* (2 fois) et *chevalier* (3 fois), mots dont les deux derniers au moins présentent toujours une grande incertitude orthographique. Le *c* palatal, au contraire, et *ti* suivi d'une voyelle sont toujours représentés par *ch*, c'est-à-dire plus de soixante fois; on ne trouve écrit avec *c* que *ceus* et par *t* qu'*incarnation*, mot dont l'emploi demi-savant peut expliquer la forme irrégulière. On voit donc qu'au commencement du XIIIe siècle les scribes substituaient déjà *ch* au *c* palatal, de même que le *c* vélaire persistait ordinairement. Les chartes suivantes donnent des résultats analogues ; cependant parfois on y trouve un nombre un peu plus grand de mots où le *c* vélaire est représenté par *ch*, ou bien le *c* palatal ou *ti* par *c* seul ; une charte de 1256 même ne connaît que la transcription *c* pour le *c* palatal ou *ti* transformé ; par contre plusieurs, comme celles de 1242, 1257, 1259, 1262, etc., les remplacent sans exception par *ch* ; dans les autres, *c* comme signe de la palatale n'apparaît qu'exceptionnellement, *ch* en est la forme ordinaire ; la gutturale vélaire aussi n'est représentée par *ch* que dans un nombre restreint de mots, comme *chastel* (168), *chartre* (166), *chose* (133, 144, 148, 161, 166, 168, 178, 186, 190, 219, etc.), *chascun* (148, 166, 193, 219, etc.), *cheval* (161), *chevalier* (66, 118, 126, 162, 172, 174, 199), *cheville* (161), à côté desquels on trouve *castel* (66, 148, 162, 172, 225), *cartre* (66), *cose* (66, 133, 144, 146, 162, 166, 182, 189, etc.), *cascun* (144, 166, etc.), *cevalier* (127 et 128) ; dans tous les autres comme *acater* (66), *acat* (148), *cans* (148), *canter* (230), *canteur* (193), *camp* (146, 189), *capons* (144), *calengé* (146), *escange* (148, 168, 171), *eskevin* (66, 204), *escape* (66), *kemin* (217), *Mikiel* (209), *peskerie* (220), etc., le *c* vélaire a persisté.

Ainsi les règles que j'avais entrevues dans l'étude des

poèmes picards précédemment examinés sont entièrement confirmées; le *c* vélaire persiste, à l'exception peut-être de deux ou trois mots, comme *chevalier*, pour lesquels la langue semble avoir hésité; le *c* palatal est remplacé par *ch*; souvent, il est vrai, on trouve aussi *c* pour le représenter, soit seul, comme dans certains poèmes dont j'ai parlé plus haut, soit le plus souvent en même temps que *ch*; mais en examinant les chartes d'Auchy et d'Aire, on arrive à cette conclusion que dans tous les cas le *c* palatal devait avoir le son *ch*, quelle que fût la manière dont il était représenté; et que l'irrégularité qu'on aperçoit dans sa représentation doit être attribuée seulement au copiste. Les premières chartes d'Aire nous montrent, il est vrai, souvent *c* à la place de *ch*, tandis que dans les dernières on trouve presque toujours *ch*; mais dans le Cartulaire d'Auchy on voit tout le contraire; dans la première qu'il contient le *c* palatal est représenté, comme je l'ai dit, par *ch*, un seul mot excepté, tandis que dans les dernières on trouve un certain nombre de mots écrits avec *c* seul: singularité qu'on ne peut expliquer que par le caprice ou par la négligence des scribes, et qui prouve bien que *ch* n'est point un *épaississement* du son antérieur *ç*.

On peut donc dire qu'au XIIIe siècle le dialecte picard était caractérisé par la conservation du *c* vélaire suivi de *a*, persistant ou modifié, et par la transformation du *c* palatal et de *ti* en *ch*, avec cette restriction toutefois que cette dernière transformation n'a lieu que quand *c* ou *ti* ont donné naissance à une spirante sourde, et que dans le cas contraire ils se sont changés en *s* ou *z* comme en français; ainsi *damoisiele* (Gér. Nev. 327), *maisielle* (id. 328), *dousimes* (H. 44), *gisiés* (id. 69), *plaisir* (id. 79, 197, 216), *proisier* (id. 126, 137, etc.), *luisant* (id. 323); *gisoit* (Cléom. *Chr.* 345, 9, etc.), *damoiseles* (id. 348, 7), *markaandise* (R. Cl.), etc. Le picard a conservé ces caractères jusqu'à nos jours. Nous les retrouvons, fréquemment du moins, au commencement du XIVe siècle dans le « Roman de Baudouin de Sebourc », ainsi que dans les épitaphes-chansons composées, soit dans ce dialecte, soit en rouchi, au XVe et au XVIe siècle, et que l'abbé Corblet a insérées au commencement de son Glossaire du patois picard. Les textes du XVIIIe et du XIXe siècle qu'il a donnés offrent dans leur ensemble les mêmes caractères; parfois sans doute on y rencontre quelques mots où la gutturale vélaire est changée en *ch*; mais il ne serait pas difficile de les retrouver le plus souvent dans les plus anciens textes; ainsi le mot *chevalier* a été de tout temps presque toujours écrit dans les documents picards comme en français ; *chier*, qu'on trouve au siècle dernier dans une poésie de Don Grenier à son frère, se rencontre déjà dans la « Romance du sire de Créqui », écrite vers 1300, etc. On le voit ainsi, depuis près de sept siècles le consonnantisme du picard est resté le même, en ce qui regarde les gutturales. Les noms propres de pays et de lieu, dont je parlerai plus loin, viennent encore prouver cette fixité de caractères qu'on verrait certainement, si les monuments remontaient plus haut, embrasser un espace de temps encore plus considérable. J'arrive maintenant à l'examen des gutturales dans le dialecte normand.

II° *Normand.*

Je donne le nom de normand à l'idiome parlé dans l'ancienne province de Normandie, et importé par la conquête en Angleterre, où il ne tarda pas à se modifier. Ce qui caractérise le vocalisme normand, c'est la prédilection qu'il a pour la diphthongue *ei*, employée partout à la place de ē et de ĭ accentués ou de *e* suivi d'une gutturale, tandis que le français et le picard leur substituent la diphthongue *oi* ; cette particularité, qui lui est commune avec la plupart des dialectes de l'Ouest, s'est conservée fidèlement jusqu'à nos jours[1]. Les anciens monuments de la langue paraissent employer aussi de préférence un simple *u*, là où le picard et le français mettent *o, ou, eu* ; ŏ et ō accentués en latin y sont également représentés d'ordinaire par *e; ie* ne se rencontre régulièrement qu'à la place de ă et après une chuintante ou une gutturale ; il en est encore de même aujourd'hui[2]. Enfin un dernier caractère, qui n'est point toutefois aussi général qu'on le croit ordinairement, c'est le changement de la terminaison *abam* de l'imparfait latin de la première conjugaison en *oue ;* mais cette forme, supposé qu'elle soit normande et non point seulement anglo-normande, a dû faire assez vite place à la terminaison *eie*, propre aux deux autres conjugaisons, et on n'en trouve point trace dans le patois moderne. Ces caractères du vocalisme normand sont assez bien connus ; il n'en est pas de même de son consonnantisme, par lequel il se rapproche à tant d'égards du picard ; comme ce dialecte, en effet, le normand conserve en général

1. Toutefois aujourd'hui *ei* s'affaiblit souvent en *é*.

2. Quant à ĕ accentué, lorsque la consonne suivante persiste, il est remplacé par *ie*, comme en français, par certains patois, — et c'est le plus grand nombre, — il persiste au contraire, sans se diphthonguer, dans d'autres. Il est évident qu'il a dû en être de même depuis l'origine de la langue.

la gutturale vélaire suivie de *a* et substitue *ch* à la palatale latine. Ce double caractère, ignoré à peu près complètement jusqu'ici [1], ressort de l'étude comparée des monuments les plus authentiques de l'ancien normand et de la langue dans son état actuel, ainsi que je me propose de le montrer.

L'abbé de La Rue a consacré trois volumes à l'histoire des trouvères normands [2], et s'il en a compté dans le nombre quelques-uns que ne peut revendiquer la province à laquelle il les attribue, il ne les a pas tous connus. Ce ne sont donc pas les monuments qui manquent pour étudier le dialecte normand ; il n'en présente pas moins des difficultés qui n'ont point été résolues jusqu'à présent, et dont quelques-unes, inhérentes à la nature même des anciens textes, sont peut-être en partie insolubles. J'essaierai du moins d'en éclaircir quelques-unes, par l'étude comparée des monuments les mieux conservés et les plus authentiques de l'ancienne langue et du patois parlé aujourd'hui. C'est uniquement parce qu'on ne s'est pas jusqu'ici livré à cette étude, et qu'on est allé chercher dans des textes évidemment altérés ou étrangers les caractères du normand, que la question est restée obscure.

Le plus ancien monument regardé généralement, — du moins sous sa forme première, — comme normand est la « Vie de Saint Alexis » [3]. Parmi les nombreux manuscrits que nous en avons, le plus ancien et incontestablement le plus correct, celui de Lambspringen (L), publié en 1855 par Gessner dans l' « Archiv für die neueren Sprachen und Literaturen [4] » nous montre *c* suivi de *a* conservé toutes les fois que *a* persiste ; ainsi *acatet* 8, 5 ; *acat* 125, 5 ; *cambra* 13, 1 ; 15, 4 ; 28, 1 ; 29, 1 ; *cance-*

1. Diez a parlé du premier, mais ni Fallot, ni Burguy, ni Le Roux de Lincy n'en disent rien, et le second n'a été indiqué qu'en passant et comme moderne par l'auteur de la *Grammaire des langues romanes.* Tout récemment encore Ed. Mall dans l'étude, d'ailleurs fort consciencieuse, qui précède son édition du *Comput* de Philippe de Thaon n'a pas jugé à propos de rechercher ni comment les gutturales pouvaient bien avoir été traitées en normand, ni quelle était la valeur des signes employés pour les représenter, indifférence qui l'a amené à attribuer dans ce dialecte à *pj* transformé une valeur qu'il n'a, comme nous verrons, jamais pu y avoir.

2. *Bardes et trouvères normands.* Caen 1834.

3. C'est l'opinion de Gessner (Herrigs *Arch.* XVII, 189) et du dernier éditeur du poème, M. G. Paris (*La vie de saint Alexis, poème du XI*e *siècle* Paris 1872), p. 45.

4. XVII, 189-227. Ce manuscrit avait déjà été publié par W. Müller dans la *Zeitschrift für deutsches Alterthum* v. 299-318. Je me sers du texte de Gessner.

lers 76, 1; *cantant* 102, 2; 112, 5; *cantent* 117, 4; *candelabres* 117, 1; *capes* 117, 2; *canuthe* 82, 1; *cartre* 57, 4; 70, 3; 71, 5; 74, 3; 75, 1; 76, 2; 78, 1; *carn* 24, 1; 45, 5; 71, 1; 87, 2; *cascune* 25, 2; *cascuns* 52, 1; *parcamin* 57, 1; *pecables* 76, 4. Il n'y a d'exception que pour *Acharies* (Arcadius) 92, 2, — écrit, il est vrai, *Akaries* dans le manuscrit de Paris, — *c* persiste également devant *a* changé en *ē* dans *alascet* 75, 2; 116, 2; *blance* 78, 2; *buce* 97, 1; *cet* 85, 5; *colcer* 11, 2; *pecet* 112, 4; *vocet* 73, 2; ainsi que dans *ker* 2, 2; 2, 5; *kier* 96, 1; 82, 1; il s'est changé, au contraire, en *ch* dans *chef*, *cher* 12, 3; 22, 44, 4; 90, 5; *chevels* 87, 1; *eschevelede* 84, 4; *pechet* 22, 3; 64, 5; 110, 1. En définitive *c* persiste trente-huit fois, tandis qu'il ne se change en *ch* que onze fois. Le manuscrit le plus important après le manuscrit de Lambspringen que je viens d'examiner, celui d'Ashburnhamplace, moins ancien et moins correct que lui, nous offre un plus grand nombre d'exemples de la substitution de *ch* à *c*, même devant *a*; ainsi *chambre* trois fois, *chartre* une fois, *charn* deux fois; ainsi que *colchiet*, *chet*, *vuchie* au lieu de *colcer*, *cet*, *vocet* du premier manuscrit. Quelle conclusion faut-il tirer de l'orthographe de ces deux rédactions les plus importantes du poème? Naturellement c'est que le manuscrit de Lambspringen, plus ancien et dont le texte est le plus correct, nous donne aussi l'orthographe qui se rapproche le plus du texte primitif, et que par conséquent dans ce texte presque toujours, comme dans ce manuscrit, ou peut-être même toujours, *c* avait persisté devant *a* latin conservé ou modifié; il serait surprenant, en effet, que le copiste si fidèle, ce semble, du manuscrit de Lambspringen eût écrit *c* là où il trouvait *ch* dans l'original, ou qu'un texte si souvent falsifié, comme l'est celui du manuscrit d'Ashburnhamplace, reproduisît plus exactement l'orthographe primitive du poème que L. Quant à la prononciation réelle du *c* soit devant *a*, soit devant *e* provenant de *a* latin, il ne peut y avoir de raison de ne pas lui attribuer le son guttural latin qu'il a conservé dans tous les idiomes romans qui ne l'ont pas changé en *ch*, et qu'il a encore, comme nous verrons, en général dans le normand moderne; les transcriptions *ker*, *kier*, — comme il ne peut y avoir de doute sur la valeur du *k*, — sont même une preuve directe que la prononciation gutturale s'était conservée, même dans les mots où l'*a* latin s'était changé en *e* [1]. Quant à la gutturale palatale et à

1. Je raisonne toujours dans l'hypothèse que le poème a été composé

ti transformé, ils sont toujours représentés par *c*, *s* ou *z*[1].

Après l'Alexis nous avons un monument encore plus important du dialecte normand dans la « Chanson de Roland », dont le vocalisme du moins ne laisse guère de doute à cet égard[2]. L'examen de ce poème, véritable joyau de notre vieille littérature, nous donnera à peu près les mêmes résultats que celui de l'Alexis. Ainsi *c* persiste dans les mots :

caables v. 237. — *cadables* v. 98.

cadelet v. 936, 2927, etc.

caeines v. 2557, 2735. — *caeignables* 183. — *caeignon* 1826. — *caeignez* 128. — *encaeinent* 1827.

caeir, *cadeir*, *caïr*, v. 578, 2034, 3453, 3486, 3551. — *caeiz* 2231, 2269. — *caet* 333. — *caeite* 989, 1986. — *caist* 764, 3439. — *caüt* 3608.

calciez v. 3863.

caland v. 2467, 2647, 2927, etc. — *calanz* 2728.

cald v. 950. — *calt* 227, 1405, 1806, 1840, etc. — *calz* 1011, 1018, 3633.

calenger v. 3592. — *calengement* 394. — *calengiez* 1926. — *calenjant* 3376.

cambre v. 2332, 2593, 2709, 3992, etc.

en Normandie ; mais lors même qu'il aurait été fait dans une autre province, la conclusion serait la même; seulement au lieu de se rapporter au texte primitif, elle se rapporterait au manuscrit de Lambspringen dont l'origine ou du moins la langue est certainement normande. Mais on voit que je diffère de l'opinion de M. G. Paris qui, tout en regardant le poème comme normand, a rétabli partout *ch* au lieu de *c*.

1. Nous verrons plus loin quelle valeur il faut attribuer au premier de ces signes.

2. Je me sers de l'édition de M. L. Gautier. Tours, 2 v. in-4°, 1872. L'éditeur non-seulement admet que le poème est écrit dans le dialecte normand, mais qu'il est l'œuvre d'un poète du pays d'Avranches, et comme tel composé dans le dialecte de cette région de la Normandie. Je n'ai rien à dire de la patrie du trouvère auquel nous devons la Chanson de Roland, si ce n'est que les arguments invoqués par M. L. Gautier pour la déterminer me paraissent assez faibles; quant à la prétention émise dans la préface de sa troisième édition d'avoir rétabli le texte, tel qu'il a dû être écrit primitivement, il suffit pour montrer combien elle est peu fondée de dire que M. Gautier paraît ignorer quelques-uns des caractères les plus essentiels du dialecte dans lequel, d'après lui, le Roland a été composé : comment aurait-il pu dès lors en reproduire les formes si souvent altérées? Les mêmes observations s'appliqueraient à l'édition de M. Bœhmer, qui a rétabli partout *ch* à la place de *c(a)*, s'il avait dit quelles raisons l'ont guidé dans la constitution de son texte ; mais il faut attendre pour le juger qu'il se soit expliqué.

cameilz v. 129, 114, 645, 847. — *camelz* 31.
camp v. 555, 922, 1046, 1176, 1260, etc.
campel v. 2862, 3147. — *campion* 2244.
caitive v. 2596, 2722, 3673, 3978. — *caitifs* 2698, 3817.
canut v. 230, 2048, 3954, etc. — *canud* 503. — *canue* 2307, 3654. — *canuz* 538, 551.
cancun v. 1014, 1466. — *cantee* 1014, 1466. — *cantat* 1568. — *cant* 1474. — *encanteür* 1391.
cancelet v. 3608, — *cancelant* 2227.
capele v. 52, 297, 726, 3744, — *cape* 545.
caplent v. 1347, 3475, 3888. — *caple(s)* 1109, 1678, 3403, 3380. — *capleier* 1681. — *capleit* 3462. — *capler* 3910.
carbuncle v. 1326, 2633, 2643.
cargier v. 131. — *cargiet* 645. — *cargiez* 32, 185, 652.
Carles, *Carlun*, *Carlemaigne* v. 1, 16, 28, 52, 70, 81, 218, 418, 522, 643, 766, etc.
car v. 2942; — *carn* 1119, 1265, 2141, 3606; — *cars* 1613. — *carnel* 2153. — *carnier* 2949, 2954.
carier v. 33. — *cares* 33, 131, 186. — *carettes* 2972.
cartre v. 2097. — *cartres* 1684.
castel v. 4, 23, 236, 704, 3783, etc.
cascuns v. 51, 2502, 2559, 3631, etc.
castier v. 1739.
ceval v. 1374, 1379, 1539, 1554, etc.
cevalers v. 110. — *cevalcent* v. 3195, etc.
culcet v. 2447, 2496, 3992.
embrunket v. 3645.
escange v. 840, 3095, 3714. — *escantel* 1292.
encalcierent v. 1627. — *encalcent* 2460, 2462, 3627, etc. — *encalciet* 2785, 2796. — *encalciez* 2167. — *encalz* 2446, 3635.
escapet v. 3955, etc. — *escapez* CXXII[1].
purcacet v. 2612.
racatet v. 3194, etc. — *racatent* 1833.

2° *C* persiste et se change à la fois en *ch* dans :
cevalchet v. 1616, 1812, 3078, 3965.

3° Enfin il se change en *ch* dans les mots :
achevée v. 3578.
bacheler v. 113, 3020, 3197.
blanche v. 89, 231, 1655, 3504, 3521, 4001, etc. — *blancheier* 261.

1. Manuscrit de Venise. — 3e éd. L. Gautier.

branches v. 72, 80, 93, 203.

brochet v. 1125, 1077, 1225, etc. — *brochent* 1184, 1381, 1802, 3350, etc.

buche(s) v. 633, 1487, 1603, 1753, etc.

chaïr v. 1356, 1426, 1509, 1981, etc.

chedet v. 769. — *cheit* v. 981, 1064. — *chiet* 1267, 1356, 1509, etc. — *chiedent* 1426. — *cheent* v. 1981, 3574, etc. — *decheent* 1585.

chalcer v. 2678. — *chalz* v. 3633. — *chalces* v. 3863.

chelt v. 227, 2411.

chambre v. 2806, 2910.

champ v. 865, 1338, 1782, etc.

chançun v. 1466, 1474, 1563.

chapele v. 2917, etc.

Charles, Charlon v. 94, 156, 370, 1195, etc.

char v. 3436, 3463. — *chars* v. 1119, 1265, 1613.

chastels v. 2611.

chascun v. 203, 390, 1013.

chemin(s) v. 1250, 2426, 2464, 2852, etc. — *acheminet* 702. — *acheminez* 365, etc.

cheval(s) v. 1095, 1545, 1988, etc.

chevalier(s) v. 25, 99, 274, 732, 802. — *chevalerie* 594, 960, 3074. — *chevalerus* 3173.

chevalchet v. 366, 402, 480, 706, etc. — *chevalchiez*, 1175, etc. — *chevalchat* 1818, 2842, 3096. — *chevalche* 2455, 1619. — *chevalchièrent* 2812. — *chevalchons* 3178. — *chevalcheriez* 3280. — *chevalchent* 710, 855, etc. —

chevel(s) v. 976, 2347, 2596, 2931, 3605, 3821. — *cheveleüre* 1327.

chef v. 44, 117, 138, 209, 214, etc.

chier(s) v. 160, 547, 573, 1517, etc. — *chiere* 3816, 3645. — *chierement* 3012.

choses v. 2377.

culchet v. 12, 2013, 2449, 2480, etc.—*culchez* 2358, 3097. — *culchiet* 2175, 2204, etc. — *culchiez* 2481.

Danemarche v. 749, 1650, 3855, 3937.

detrenchiet v. 2172, 3889. — *detrenchiez* 1747. — *detrenchet* 1926, etc.

embrunchet v. 1079, 3505, 3645. — *embrunchit* 3816.

enchalcent v. 2462, 2785, 2796. — *enchalz* 2446, 3635.

fichiet 2173. — *aficheement* 3117.

franche v. 2324, 3978.

fresche v. 2492.

furcheles v. 1294, 2249. — *furcheüre* 1330, 3157.

laschet v. 1290, 1574, 2996. — *laschent* 1381, 3349, 3877.

pecchiet v. 15, 240, 1140, 3646. — *pecchiez* 882, 2365, 2368, etc.

trabechier v. 1971. — *trabecherent* 3574.

trenchier v. 57. — *trenchie* 1374. — *trenchet* 1200, 1273, 1299, etc. — *trenchanz* 554, 949, 2539. — *trenchant* 867, 1301, etc. — *trenchat* 1328, 1557, etc. — *trenchiet* 1512, 1871. — *trenchent* 3583, etc.

tuchant v. 861. — *tuchiet* 1306.

Si on compare ces diverses formes, on reconnaît qu'elles appartiennent évidemment à un âge de la langue ou à des dialectes différents, et il est curieux de voir l'arbitraire avec lequel l'éditeur a dans sa troisième édition modifié son texte, et remplacé dans certains cas *c* par *ch* et réciproquement, tandis que dans d'autres il laissait subsister la leçon du manuscrit, ne s'apercevant pas qu'il ne faisait par là qu'augmenter la confusion déjà si grande entre les formes normandes comme *caïr*, *canut*, etc., et les formes françaises *chedet*, *cheval*, etc. Quoi qu'il en soit et malgré les altérations dont elle a été l'objet, la Chanson de Roland a conservé le *c* vélaire plus souvent qu'elle ne l'a changé en *ch*. Quant à la gutturale palatale, elle y est toujours représentée par *c*, *s* ou *z*, jamais par *ch*.

Après la « Chanson de Roland », le monument le plus considérable et, je crois, le plus ancien du dialecte normand, est le « Voyage de Charlemagne à Jérusalem [1] » ; si l'on parcourt ce poème ou le vocabulaire, fait avec soin, que l'éditeur a mis à la fin, on voit qu'un certain nombre de mots sont encore, comme dans le Roland, écrits tantôt par *c*, tantôt par *ch*, comme *car* v. 283, 299, 317, 320 et *char* v. 403, 549 ; *caïet* v. 868 et *chaïr* v. 31, etc.; mais, tout compte fait, la gutturale vélaire suivie de *a* y persiste bien plus souvent qu'elle ne se change en *ch*; on la trouve soit sous la forme *c*, soit sous la forme *k* ou *q*, 120 fois, sans compter le mot savant *calice*, tandis qu'elle ne se transforme en *ch* que 33 fois ; la proportion, on le voit, est encore plus forte que dans le Roland. Comme dans ce dernier poème d'ailleurs, la gutturale palatale n'est jamais représentée par *ch*; le *c* a persisté, à moins toutefois qu'il n'ait donné

1. *Charlemagne, an anglo-norman poem*, edited by Fr. Michel, in-12, Oxonii, 1836.

naissance à une spirante sonore, auquel cas il est représenté, ainsi que dans les monuments précédents, par *s* ou *z*.

Après ou à côté des trois textes que je viens d'examiner, il convient, je crois, de placer le fragment d'un petit poème dévot, publié par M. G. Paris dans le sixième volume du *Jahrbuch* [1] ; ce fragment, sur l'origine duquel l'éditeur ne s'est point prononcé d'une manière définitive, mais qu'il incline, je crois avec grand' raison, à regarder comme normand, montre la gutturale vélaire persistant partout devant *a*, ainsi *canter*, *casteed*, *escalgaites*, *cadeit*. Quant à la gutturale palatale, si elle est encore représentée par *c*, comme dans *cil*, on la trouve aussi remplacée par *ch* dans *chinc*, premier exemple d'une transformation ou plutôt d'une orthographe que nous rencontrerons sans cesse maintenant.

Parmi les textes normands qu'on trouve dans l'histoire des « Bardes et Jongleurs » de l'abbé de La Rue, les fragments du « Voyage de Saint Brandan » sont sans contredit le plus important, en même temps que le plus long [2] ; nous avons affaire là à un texte évidemment normand, le vocalisme ne laisse pas de doute à ce sujet ; quant aux gutturales, la vélaire y a encore persisté, mais moins souvent cependant qu'elle ne s'y est changée en *ch* ; on y trouve, en effet, douze fois *ch* et huit fois seulement *c* ; en même temps la gutturale palatale y présente une particularité inconnue aux trois grands poèmes que j'ai étudiés, mais dont j'ai signalé un exemple dans le fragment publié par M. Gaston Paris : à la place de *ce*, *ci*, c'est-à-dire du *c* ou de *ti* assibilé, nous trouvons *che* ou *chi*, comme en picard ; ainsi *chele*, *dreschent*, *drechent*, *drech* et *cachez* [3]. Les autres textes qu'on trouve dans La Rue n'offrent rien de remarquable, mais on a publié en entier plusieurs des poèmes dont il n'avait donné que de courts fragments ; quelques-uns d'entre eux offrent un intérêt tout particulier.

Le texte donné par Th. Wright [4] du « Bestiaire » de Philippe de Thaon, le premier poème que nous rencontrons, nous montre le *c* vélaire devant *a* latin tantôt représenté par *c*, surtout quand

1. 1865, p. 366.
2. *Bardes et trouvères*, II, 68.
3. M. G. Paris a eu l'obligeance de me communiquer une copie qu'il possède d'un manuscrit du Saint-Brandan; je n'y ai trouvé *ch* pour *c* que six fois et toujours dans le mot *dresser* ; ainsi *drechet* 204, 1008; *drechent* 209, 383, 658, 934.
4. *Popular treatises on sciences*, p. 74.

a persiste, tantôt, mais moins souvent, représenté par *ch* ; ainsi dans les trois cents premiers vers on trouve *c*(*k*) treize fois, *ch* seulement onze fois. Quant au *c* palatal, comme dans l'Alexis, le Roland et le Voyage de Charlemagne, il y est d'ailleurs, ainsi que *ti* assibilé, représenté par *ç*, *s* ou *z*. Dans son « Livre des Créatures », au contraire, le *c* vélaire est beaucoup plus souvent remplacé par *ch* qu'il ne persiste ; dans les deux cents premiers vers on ne rencontre *c* que deux fois dans *capitles* v. 87 et 104 ; *ch* apparaît onze fois ; mais il faut dire que *qui* est le plus souvent écrit *chi* dans ce texte, ce qui peut faire hésiter sur la valeur exacte du signe *ch* et qu'on trouve même, nouvelle cause d'incertitude, *car* (quare) écrit *char* v. 124 et 148, bien que la vélaire représentée par *q* ait persisté dans tous les dialectes français[1]. Une autre particularité de ce texte, c'est qu'il offre, rarement il est vrai, *ch* à la place du *c* palatal ; ainsi *icho* v. 6, *chest* v. 31. Si l'on s'en rapporte à M. Ed. Mall[2], c'est *ch* qu'on rencontre le plus souvent dans le « Comput » à la place du *c* vélaire suivi de *a ; c* n'aurait persisté d'après lui qu'*exceptionnellement* dans les mots *candelur*, *capitle*, *carpent*, *trencantes ;* c'est au contraire, ce qui n'a rien qui doive surprendre, la forme ordinaire du mot *kalende*, qu'on trouve cependant écrit une fois *chalendes* (C 1123). Le *c* palatal et *ti* transformés ne sont représentés que par *c* ou *s* (*z*).

Après les œuvres de Philippe de Thaon prennent place celles de R. Wace, le « Roman de Brut » et le « Roman de Rou ». Le texte du premier, tel que l'a donné Le Roux de Lincy d'après le manuscrit 1450 fonds français de la Bibliothèque nationale[3], nous montre le *c* vélaire persistant plus souvent qu'il ne se change en *ch* ; dans les cinq cents premiers vers, on trouve vingt-six mots où il persiste, dix-sept seulement où il a fait place à *ch*. On rencontre aussi cette dernière forme à la place du *c* palatal dans *enforchier* v. 215 et *chertainement* v. 1748 ; mais elle est bien plus commune dans le manuscrit 7515[3,3], Colbert, 1416 nouveau fonds français de la Bibliothèque nationale, ainsi qu'on peut en juger par ces deux vers éminemment normands :

Cheelement nièce Lavine
O lui coucha : celle conchut.

1. Une autre raison qui enlève à ce texte une partie de sa valeur pour l'étude à laquelle je me livre, c'est qu'il est anglo-normand et non normand.

2. *Li cumpoz* Philipe de Thaün hgg. von Dr Ed. Mall. in-18. Strasbourg, 1863, p. 92 et 93.

3. Le *Roman de Brut,* 2 v. in-8°, Rouen, 1836.

Cette transformation du *c* palatal en *ch* reparaît dans le texte du Roman de Rou, surtout dans certains manuscrits; l'importance grammaticale de ce document, tout altérée qu'en ait été la langue primitive, exige que je m'y arrête quelque temps. Dans les mille premiers vers de l'édition donnée par Pluquet[1], j'ai compté vingt mots où le *c* vélaire persiste et cinquante-huit où il se change en *ch*; il me semble qu'on peut dans la plupart de ces derniers voir un effet des rajeunissements dont le poème a été l'objet[2]. Cette supposition est d'autant plus vraisemblable que dans le manuscrit 375 fonds français de la Bibliothèque nationale, le *c* vélaire persiste plus souvent qu'il ne fait place à *ch*, que l'*a* suivant ait été conservé d'ailleurs ou changé en *e*, peu importe. Ainsi on trouve dans le récit de la bataille d'Hastings les mots *cemise*, *ceval*, *mance*, *blance*, etc., dont les trois premiers sont encore aujourd'hui *quemise*, *queva* ou *g'va* (à côté de *cheva* ou *j'va*), *manque*, et dont le dernier nous est donné par un vocabulaire hébraïque-français dont je parlerai tout à l'heure. Mais ce n'est pas dans le traitement de la gutturale vélaire que gît l'importance de ce texte, mais dans la manière dont la gutturale palatale s'y trouve représentée. Jusqu'ici il n'y a que le Saint Brandan parmi les textes que j'ai étudiés qui offre un nombre appréciable d'exemples de la substitution de *ch* à *ce* (*ci*) ou *ti* transformé; dans le Roman de Rou, bien que *c* suivi de *e* ou de *i*, ou substitué à *ti* suivi d'une autre voyelle, se rencontre encore très-souvent, et même le plus souvent, *ch* apparaît un très-grand nombre de fois; ainsi dans les deux mille premiers vers j'en ai compté soixante exemples dans des mots différents et trente-deux pour le seul mot Français, écrit toujours *Francheis*, tandis que *France* y a son orthographe habituelle. Voici ces mots où *ch* se substitue au *c* palatal ou à *ti* :

recheurent v. 94, 1786; *rechu* v. 247; *rechoivre* v. 569; 1455; *rechevront* v. 571, 1022, 1741; *rechoiz* v. 1880.

chent v. 315, 507, 511; *chenz* v. 376, 1693.

Francheiz v. 110, 119, 1240, 1272, 1277, 1302, 1478, etc. (trente-trois fois); *franchoise* v. 1305; *Franchois* v. 1308.

raanchon v. 456, 1090.

1. *Le Roman de Rou et des ducs de Normandie*, 2 v. in-4°, Rouen, 1827.

2. Ces rajeunissements ne portent pas d'ailleurs exclusivement sur les gutturales; on les remarque encore dans la substitution de la diphthongue *oi* à *ei*; dans la quatrième branche que Pluquet a donnée surtout d'après le manuscrit du Musée britannique, *ei* est bien plus souvent conservé; au contraire le manuscrit 375, qui contient également cette quatrième branche, substitue encore souvent *oi* à *ei*.

lechon v. 502, 504.
acacha v. 546.
maleichon v. 685, 759; *maudichonz* v. 1472; *beneichon* v. 1620.
apercheu v. 719; *aparchut* v. 1376; *apercheit* v. 1506, 1515; *aparchurent* 1784.
comenche v. 37; *comencha* v. 1035; *comanchement* v. 1250; *comenchie* v. 1302.
forche v. 790, 1650, 1953; — *forteleschc* v. 801.
decha v. 883, 1858, 1898.
manachié v. 1081, 1482.
merchi v. 1130, 1213, 1818.
menchonge v. 1286.
perechoux v. 1373.
guenchi v. 1532.
encachier v. 1538; *encachent* v. 1644; *cachier* v. 1877.
ochit v. 1547.
achier (acier) v. 1738, 1752.
aconchurent v. 1788.
fachon v. 1857.
drescha v. 1905.
muchier v. 1977; *mucha* v. 1977, 2009.

Dans la quatrième branche, au contraire, *ch* se substitue bien moins souvent à *c* suivi de *e* ou de *i* ou à *ti*; dans les mille premiers vers je n'ai trouvé de cette orthographe que les quatre exemples *drescha* v. 5475, *s'aparcheut* v. 5628; *recheut* v. 5913 et *machues* v. 6048; il semble bien qu'à cet égard le texte primitif a été modifié, hypothèse qui n'a rien que d'admissible si l'on fait attention que le manuscrit 375 de la Bibliothèque nationale et celui du Musée britannique, d'après lesquels surtout le texte a été constitué par Pluquet, sont le premier du XIVe siècle, le second plus ancien sans doute, mais probablement d'origine anglo-normande.

Quoi qu'il en soit, l'étude du Roman de Rou nous a, comme nous le voyons, fait faire un pas considérable dans la connaissance des transformations de la gutturale palatale en normand; le résultat auquel nous sommes arrivés se trouve d'ailleurs pleinement confirmé par l'examen de la « Chronique ascendante des ducs de Normandie », attribuée également à R. Wace, et publiée par Pluquet dans le premier volume des « Mémoires de la Société des Antiquaires de Normandie » [1], d'après un manuscrit

1. 1re série, année 1824, p. 444 et suiv.

de l'Arsenal, copié par Sainte-Palaye. Dans ce petit poème, qui ne contient que trois cent quatorze vers alexandrins, et où le *c* vélaire persiste parfois, mais est plus souvent remplacé par *ch*, nous trouvons encore ce même signe *ch* assez souvent substitué au *c* palatal ou à *t* suivi de *i* et d'une autre voyelle; quoique le *c* soit maintenu encore le plus souvent dans ce cas, *ch* en prend vingt-quatre fois la place dans les mots *apercheut*, *chent*, *cachiez*, *comencha* (deux fois), *dechut*, *drescha*, *fachon*, *Francheiz* (sept fois), *lechon*, *lincheul*, *merchi* (deux fois), *Niche* (Nicée), *perechoux*, *porcacha*, *recherchelée*, *rechut*.

Je trouve encore plusieurs exemples de la substitution de *ch* au *c* palatal dans le Mémoire de Pluquet sur les trouvères normands[1]; ainsi *trachez* p. 411; *Rainschevals* p. 431; et dans ces deux vers tirés de la « Vie du bon Thomas Hélie », prêtre du Cotentin mort en 1257, p. 442:

Ou il n'ut bobans ni *vantanches*
En diocèse de *Coutanches*.

Le « Roman du Mont Saint Michel[2] » en offre aussi un certain nombre d'exemples, tels que *chierge* v. 900; mais ces exemples sont peu nombreux; le *c* vélaire y est aussi transformé en *ch*; malgré la pureté ordinaire du vocalisme, il est donc probable qu'on a ici un texte remanié ou modifié.

Le « Roman d'Eneas » et le « Roman de Troie » sont-ils écrits dans le dialecte normand? Beneoit de Sainte More, auquel on les attribue, les a-t-il réellement composés tous les deux, et était-il normand? Voilà des questions, ou qui n'ont point été examinées, ou qui n'ont point encore reçu de solution satisfaisante. Quoi qu'il en soit, les textes publiés jusqu'ici de ces deux poèmes ne suffisent point pour résoudre la question; le fragment de l'Eneas donné par M. Pey, et reproduit par Bartsch dans sa Chrestomathie, d'après le manuscrit fonds français 1450 de la Bibliothèque nationale, paraît bien peu normand par son vocalisme; quant aux gutturales, *c* suivi de *a* persiste, excepté dans *chambre;* il a également persisté devant *e* provenant de *a* latin dans *embrocements*, *fresce*, *toce*; au contraire, il s'est changé en *ch* dans *chier*; pour la gutturale palatale, elle est représentée par *c* dans tous les mots, excepté *chertaine*, où elle a été remplacée par *ch; ch* se trouve aussi à la place de *ti* transformé dans

1. *Mém. de la Soc. des Ant. de Norm.*, 1re sér., I, 368.
2. *Roman du Mont Saint Michel*, p. p. Fr. Michel.

efforchier. Dans le Fragment du Roman de Troie publié dans la Chrestomathie de Bartsch, d'après le manuscrit 2571 de la Bibliothèque impériale de Vienne et les manuscrits XVII et XVIII de la Bibliothèque de Saint-Marc, le *c* vélaire apparaît partout changé en *ch*, excepté dans *escampèrent*, pour lequel le manuscrit de Vienne toutefois donne *eschampèrent*; la vélaire y est donc traitée comme en français; il en est de même de la palatale; le vocalisme aussi est exclusivement français. Celui du texte donné par M. Joly dans son édition publiée il y a deux ans d'après le manuscrit 2614 de la Bibliothèque nationale[1] présente des caractères évidemment normands, la fréquence de la diphthongue *ei* pour *oi* par exemple; mais nous retrouvons peu de ceux que j'ai signalés jusqu'ici dans la modification des gutturales latines, qui y sont traitées à peu près comme en français[2]. A en juger par les derniers vers donnés par M. Joly dans son introduction, le manuscrit 1553, au contraire, change presque toujours la gutturale palatale en *ch*, ainsi *chelui*, *chi*, *chou*, *essauche*. Mais ce texte étant probablement picard, il ne peut servir à éclaircir la question que j'examine.

La « Chronique des ducs de Normandie », attribuée aussi parfois à Beneoit de Sainte More, présente un caractère non moins singulier; le vocalisme du texte publié par Francisque Michel[3] est normand, du moins dans un de ses caractères les plus essentiels *ei* = *oi*; ainsi *feis*, *peirs*, *peis*, *peissun*, *seissante*, *treis*, etc., formes encore en usage aujourd'hui; mais à côté de cela nous trouvons *c* suivi de *a* latin, que cet *a* ait persisté ou qu'il se soit changé en *e* ou *ie*, presque toujours transformé en *ch*; ainsi *chalor*, *chose*, *chanz*, *chiens*, *champele*, *sechie*, *trenchant*, etc., si l'on excepte le mot *caverne*, — qui ne peut et ne doit pas compter, — *c* suivi de *a* ne persiste dans les cinq cents premiers vers que dans le mot *çaples* (v. 407). Ce qui est plus surprenant, c'est que *ch* ait été rétabli dans des noms comme *Chaam* (Caen) v. 33754, 35047 et 36641; *Chauz* (Caux) v. 14739, 29004, 33154, 35311 et 38157, *Chaumont* (Caumont) v. 30798 et 39254, où évidemment la vélaire avait dû être conservée. On est ici évidemment en présence d'une restitution systématique du

1. *Benoit de Sainte-More et le Roman de Troie*, in-4°, Paris 1870.

2. Ceci n'empêche pas M. Joly d'affirmer que le texte du poème est *franchement normand*; mais il faudrait nous dire au moins quel est ce dialecte, dans lequel on prétend avoir été écrits des textes où j'en cherche en vain les caractères.

3. *Chronique des ducs de Normandie*, 3 v. in-8°.

ch : est-ce du fait du copiste ou du poète, il est difficile de le dire, quoique tout doive faire incliner pour la première hypothèse. J'aurai d'ailleurs occasion de signaler d'autres tentatives de changement dans l'orthographe des noms propres, tentatives qui se produisirent au XIVe siècle, au moment où l'influence de la langue française devenait toute-puissante en Normandie, privée de son autonomie politique, et dont quelques-unes ont fini par modifier la prononciation d'un certain nombre de noms de lieux. Quant à la palatale elle est représentée dans ce poème comme en français.

Les textes publiés à la suite de la Chronique des ducs de Normandie, en particulier la « Chronique de Jordan Fantosme », donneraient lieu à des observations analogues, aussi je ne m'y arrête pas, et j'arrive au « Drame d'Adam » et à la « Vie de Grégoire le Grand, pape, » publiés par M. Luzarche d'après un manuscrit de la Bibliothèque de Tours. Le vocalisme de ces deux poèmes est évidemment normand ; on y rencontre aussi fréquemment la terminaison *oue*, *out*, qui semble particulière aux anciens monuments écrits dans ce dialecte, néanmoins le *c* vélaire n'a pas persisté une seule fois dans toute l'étendue du drame d'Adam, et je l'ai trouvé toujours changé en *ch* dans les quarante premières pages de la Vie de Grégoire ; par contre dans le premier de ces poèmes le *g* vélaire persiste dans *gardin* p. 17 et 22, et on le trouve aussi dans *mangues* p. 23 et *mangai* p. 34, à côté, il est vrai, de *manjues* p. 15, 17, 24, 28 et *manjas* p. 34. *Ce* et *ti* suivi d'une voyelle sont toujours représentés par *ce* (*ci*) ; je n'ai trouvé qu'un seul mot où *ch* en ait pris la place, c'est *proeche* p. 82 du drame d'Adam. Nous avons là évidemment une nouvelle preuve des altérations qui ont pu être apportées aux textes primitifs, et qu'explique ici sans peine l'origine probablement méridionale du copiste de ces poèmes[1].

Les textes que j'ai examinés jusqu'à présent sont les monuments poétiques les plus considérables qu'on possède du dialecte normand, mais il en est d'autres en prose qui doivent maintenant fixer notre attention. Ce sont d'abord les Lois de Guillaume le Conquérant, auxquelles les critiques qui se sont occupés jusqu'ici du dialecte normand ont accordé une importance bien trop grande, le Psautier d'Oxford et les Livres des Rois.

Les « Lois de Guillaume[2] » remontent sans doute pour le fond

1. Voir plus haut, p. 116, note 2.
2. R. Schmidt, *Die Gesetze der Angelsachsen*.

au temps même de la conquête, mais rajeunies et remaniées depuis sans aucun doute plus d'une fois, elles ne sauraient donner aucun renseignement définitif sur la langue dans laquelle elles ont été originellement écrites ; aussi serait-ce, je crois, vouloir s'exposer à se tromper que de chercher dans leur vocalisme ou leur consonnantisme la loi qui préside à celui du normand ; je me bornerai donc à constater que *ca* y est en général transformé en *ch* et que le *c* palatal y est traité comme en français.

Tout autre est l'importance du « Psautier d'Oxford »[1]. Le manuscrit publié par Fr. Michel, sans être peut-être plus ancien que la seconde moitié du xiie siècle, a conservé les caractères les plus distinctifs du vocalisme normand : *ei* = *oi* et *u* mis pour *u* ou *o* latin ; ainsi *mei, tei, deiz, peissuns, veie* ; *oreisun, generaciun, menceunge,* etc. Quant aux gutturales, *c* suivi de *a* ou *au* latin persiste quelquefois, ainsi *coses* (Ps. I, II, IV, etc.), *castier* (Ps. VI, etc.), *cait* (Ps. VII), *canterai* (Ps. VII, XII), etc., mais le plus souvent il a été remplacé par *ch.* La gutturale palatale y est toujours représentée par *c*, *s* ou *z*.

Faut-il ranger « Li Livres des Reis », comme l'a fait M. Le Roux de Lincy, parmi les monuments écrits dans le dialecte de l'Ile-de-France ? Le vocalisme tout normand s'y oppose tout d'abord, sans parler de nombre de mots qui semblent bien propres au dialecte normand. Mais il y a plus ; si le *c* vélaire suivi de *a* y a bien été généralement changé en *ch,* — quoique par places on l'y trouve aussi conservé, par exemple dans *cameilz* p. 107, etc., — comme dans le français proprement dit, le *c* palatal est loin d'y avoir été toujours traité comme dans ce dialecte ; à côté des formes *c, s, z* on rencontre assez souvent *ch,* modification qui lui est étrangère ; ainsi dans les douze premiers chapitres du second livre :

Amalechites I. — *cha* X.
aparchut XI, *s'aperchurent* X, *s'aperchut* XII.
cumencha II. — *cunchut* XI.
curuchad III, *curecha* VI, XII.
esforchout III.
rechut VIII, *recheues* id.

Nous retrouvons là comme dans le vocalisme un des caractères du dialecte normand ; on ne peut donc mettre en doute, je crois, que ce texte n'ait été écrit dans cet idiome, seulement il

1. *Libri Psalmorum versio antiqua Gallica*, edidit Fr. Michel, in-8°. Oxonii, 1860.

aura probablement été copié et modifié par un scribe français.

L'examen des monuments d'origine normande que j'ai passés en revue jusqu'à présent nous a donné, au point de vue du traitement des gutturales, les résultats suivants :

1° La vélaire persiste presque toujours dans le manuscrit L de l'Alexis ; dans le Roland, le Charlemagne, après l'Alexis les monuments les plus anciens de la langue, il persiste plus souvent qu'il ne se change en *ch ;* il en est de même en général dans le manuscrit 375 du Roman de Rou, dans le manuscrit 1450 de l'Eneas, dans le Bestiaire de Philippe de Thaon et le roman de Brut ; il se change en *ch*, au contraire, plus souvent qu'il ne persiste dans le Psautier d'Oxford, le Livre des Créatures, etc. ; enfin il est remplacé presque toujours par *ch* dans les textes publiés du Roman de Troie, dans la Chronique des ducs de Normandie, le Roman du Mont Saint Michel, le drame d'Adam, la Vie du pape Grégoire le Grand, les Livres des Rois.

2° La palatale est représentée par *c* quand elle est sourde, *s* ou *z* quand elle est sonore, dans l'Alexis, le Roland, le Psautier d'Oxford ; il en est de même dans le Roman de Troie, le drame d'Adam, la Vie de Saint Grégoire, la Chronique des ducs de Normandie, etc. A côté de ce mode de représentation, au contraire, on trouve *ch* quand la spirante est sourde, dans le petit poème publié par M. Gaston Paris, dans le Voyage de Saint Brandan, le Roman de Brut, le Roman de Rou, l'Eneas, la Chronique ascendante des ducs de Normandie, la Vie du bon Thomas Hélie, les Livres des Rois, etc. ; comment expliquer ces différences phonétiques ? Nous sommes en présence d'une question complexe, à laquelle il est difficile peut-être de répondre d'une manière complète. Essayons cependant d'en démêler les points les plus obscurs.

En ce qui concerne le *c* vélaire, sa persistance dans les textes les plus anciens et cette circonstance que, comme nous le verrons, malgré l'influence continue du français, il s'est maintenu en général jusqu'à nos jours, indique bien déjà que c'est une forme essentiellement normande ; et comme, d'un autre côté, des sons *k* et *ch* c'est le second, non le premier qui est dérivé, partout où nous trouvons le son *k* nous avons la forme primitive ; or, comme ce son apparaît à la fois dans les plus anciens monuments de la langue et dans le patois moderne, on ne peut douter qu'il ne soit la véritable forme normande du *c* vélaire.

Quant à la palatale, il faut distinguer le cas où elle s'est transformée en spirante sonore en français et celui où elle a donné naissance à une sourde. Dans le premier elle est toujours représentée, comme dans cet idiome, par *s* ou *z* dans les textes normands ; ainsi :

Al. *justise* 1, 2 ; *raisun* 15, 1 ; *servise* 52, 4 ; 56, 2 ; *oraisun* 62, 2 ; *noise* 101, 2 ; *palazinus* 111, 2.

Rol. *raison* 5, 14, 25, etc. ; *traisun* 16, etc. ; *justise* 37 ; *amendise* 39 ; *quinze* 14, etc.

L. R. *treze*, *oisels*, *sacrifise*, *servise*, etc.

L. Ps. *juise* I, 6 ; *oreisun* IV, 2 ; V, 2, etc. ; *faiseient* V, 11 ; XIII, 5 ; *oisels* VIII, 8, etc.

Il faut donc supposer que la palatale avait pris dans ce cas dans l'ancien normand la valeur *dz* ou *s* ; c'est celle qu'elle a encore dans le patois moderne et qu'elle a prise également en picard [1].

Quand la palatale s'est changée en spirante sourde en français, elle est représentée par *c* seul dans les quatre plus anciens textes normands, par *c* ou *ch* dans les autres ; par *ch* dans le patois moderne. Que faut-il conclure de là ? Doit-on supposer que *c* ne pouvait avoir dans les premiers textes normands que la valeur *ts* qu'il a dans les textes français, et que le son *ch* que nous lui trouvons plus tard n'est qu'un épaississement de ce son primitif ? Diez l'a supposé pour le picard ; mais je ne crois pas qu'on puisse admettre qu'il en a été ainsi, pas plus pour ce dialecte que pour le normand ; on n'est point en droit du moins de tirer cette conclusion de la représentation de la palatale transformée par *c* seul dans les plus anciens monuments ; non-seulement ce signe n'a point, en effet, dû y avoir nécessairement la valeur *ts*, mais il a pu se faire, ce qui avait lieu, comme nous avons vu, souvent en picard, qu'il représentât aussi en normand le son *ch* (*č* ou *š*), supposition qui acquiert un nouveau degré de vraisemblance par cette circonstance que dans les plus anciens textes de ce dernier dialecte *ch* étant souvent employé comme signe de la gutturale — ainsi dans *chi* (qui) L. Ps., — on ne pouvait guère s'en servir pour représenter une chuintante [2]. Mais il y a plus, l'examen de ces textes nous donne, je crois, une preuve directe que *c* pouvait et devait même y avoir la valeur *č* ou *š*. En effet, nous l'y trouvons non pas seulement substitué à la palatale ou à *ti* transformé, mais encore à *jot* précédé de *p* ; ainsi :

1. V. pl. h., p. 233 et 117. J'ai à tort dans cette dernière paru faire une restriction pour le normand.

2. V. pl. h. p. 83.

Al. *sacet* 50, 2.

Rol. *sacent* v. 3136 ; *reproce* v. 2263.

Ch. *aprocet* v. 119, 398, etc. ; *sacet* v. 491.

L. Ps. *pruceine* XXI, 1 ; XLIV, 16, etc. ; *repruce* XXI, 6; *sace* XXXVIII, 6 ; CXVIII, 125 ; *sacent* IX, 21 ; etc.

L. R. *aprecerun* p. 46 ; *repruce* p. 64 et 66.

Or si l'on se reporte à la série des transformations *pi*, *pj*, *pč*, *č* ou *š*, et si l'on fait attention que le normand actuel, comme le français, donne au *c* des mots précédents le son *ch*, on ne pourra supposer qu'il avait celui de *ç* dans l'ancien normand qu'en admettant en même temps qu'après être descendu jusqu'au son *ç* ou *s*, il est remonté au son *ch*, hypothèse que rien ne justifie, et qui est en contradiction avec ce qui s'est passé dans cet idiome. D'ailleurs cette représentation du *jot* n'est pas particulière aux textes normands, on la retrouve aussi dans les textes picards, — ainsi dans Huon, l'Alexandre, etc., — où *c* pouvait avoir, nous avons vu, le son *ch ;* donc on est en droit d'admettre qu'il en était de même dans les premiers [1]. Ainsi on peut admettre que dans les premiers textes où *ch* n'apparaît point à la place de la palatale, celle-ci n'en a pas moins pu avoir la valeur *č* ou *š*. Quoi qu'il en soit, nous trouvons d'une manière incontestable *ch* substitué à *c* depuis le commencement du XIIe siècle, c'est-à-dire à une époque au moins contemporaine des premiers textes qui ne nous présentent pas cette notation, on ne peut donc rien conclure de son absence dans ces textes. D'ailleurs cette circonstance qu'on ne la trouve point également dans tous les textes postérieurs, et remontant à une époque où *ch* représentait certainement le *c* palatal, nous montre que sur ce point le caprice des scribes se donnait la plus grande latitude, et la présence incontestée de *ch* dans un si grand nombre d'autres textes contemporains des premiers ne nous permet pas de douter qu'il n'ait été au Moyen Age, comme depuis, la forme ordinaire que le *c* palatal a prise dans le normand, ainsi que dans le picard.

Cette manière de voir sur le traitement probable du *c* vélaire

1. M. Ed. Mall (*Compoz* p. 93) a donc eu tort de voir une particularité propre à l'anglo-normand dans cette représentation du *jot* transformé ; erreur d'autant moins explicable que les monuments picards, comme je l'ai fait remarquer, nous présentent le même fait, — ainsi *saciés* H. v. 39, 187, etc. ; *reprociés* id. 62 ; *aprocent* Alix. *Chr.* 109, 25, — et qu'on trouve l'une à côté de l'autre les deux notations *c* et *ch* dans les textes normands; par exemple *sachez* L. Ps. IV, 4 et *sacent* id. IX, 21. Cf. G. Paris, *Al.* p. 88.

et du *c* palatal dans le dialecte normand trouve sa confirmation dans l'orthographe d'un certain nombre d'actes du temps, qui présentent tous les caractères possibles d'authenticité, le plus souvent aussi dans la forme des noms propres soit d'hommes, soit de villes ou de villages, ainsi que dans celle qu'ont conservée généralement en anglais les mots les plus anciens empruntés à la langue d'oïl; enfin dans l'état actuel du normand, qui nous présente encore les formes que je viens d'indiquer comme étant caractéristiques de ce dialecte dans le traitement des deux gutturales. Dans l'étude que je ferai de ces diverses sources d'information, j'examinerai à part ce qui a trait au *c* vélaire et au *c* palatal. Commençons par le premier.

Le normand fut importé en Angleterre avec la conquête et déclaré langue officielle; mais en même temps l'anglo-saxon resta la langue de la masse de la population vaincue, jusqu'au jour où les deux idiomes se fondirent ensemble pour former ce qui est devenu la langue anglaise. Mais avant cette fusion, qui ne s'opéra que vers la fin du XIIIe ou au commencement du XIVe siècle, des causes diverses s'étaient réunies pour modifier les mots d'origine normande, de plus l'anglais ne se borna pas aux mots qui avaient été importés par la conquête, plus tard il en emprunta d'autres et non plus maintenant au normand, mais au français lui-même; de là les doubles formes de tant de vocables anglais, qui trahissent ainsi leur origine différente. Quoi qu'il en soit, le *c* vélaire a persisté en anglais dans les mots suivants, qui ont presque tous leur équivalent en normand :

caitif, caldron, camber, camel, camp, canal (?), *canker, candle, cant, cap, capon, captain, car, carnal, carry, carriage, cart, carpenter, carpet* (?), *carrion, caste, castle, cat, catch, cater, caterpillar, cattle, causey, kennel* (canile), *escape, scald* (* excaldare), etc.

Il s'est, au contraire, changé en *ch* dans les mots :

chafe, chagrean, chain, chair, chaise, chalice, chaldron, challenge, chamber, champaign, chance, chandler, channel, change, chant, chape, chapter, charge, charm, charnel, chart, chase, charte, cheer (caram), *cherish, cheveril, chevron, chief, chimney, chivalry, choir, choice*, etc.

Comme je l'ai dit, nous avons là évidemment des mots d'origine différente, ou, — ce sont les derniers, — qui ont été modifiés depuis leur adoption sur le sol même de l'Angleterre. Un vocabulaire français-hébreu, composé vraisemblablement dans la première moitié du XIIIe siècle, et publié récemment, d'après une copie faite par M. Ad. Neubauer sur le manuscrit 135 f. 286-292 de la Bibliothèque Bodleienne, par M. E. Boehmer dans ses « Romanische Studien », nous montre, en effet, qu'à cette époque la vélaire persistait encore dans bon nombre de mots où elle s'est depuis changée en *ch*. Si quelques mots paraissent douteux sous la forme bizarre dont l'éditeur les a affublés, il est peu probable néanmoins qu'il se soit souvent trompé dans la transcription des gutturales, on peut donc les accepter telles qu'il nous les donne. Voici les résultats que nous fournit l'examen de ce dictionnaire :

C = K	C = CH
ankartrets 32, 513.	—
atakeiret 1130, *atakeret* 1156.	—
blankes 584.	—
boke 915.	—
branke 573, 709, 791, 982, — *ebrankoiet* 922.	*branches* 132.
brekes (favos) 972.	*breche* 235.
campagne 519.	—
kaufre 515, — *kaufres* 535.	—
—	*changea* 328.
kant 250, 310, 312, 313, 858.	*chans* 113, 331, — *chanta* 777, — *chantant* 280.
—	*charbon* 1039.
—	*chardon* 156.
—	*charma* 587.
kartre 543.	—
—	*chastia* 258.
kaverent 334.	*chaveret* 563.
cavestre 106, — *kabistre* 397.	—
kemins 689, — *keminets* 819.	—
kebal 818.	—
kevriel 941, — *kevries* 959.	*chievre* 243.
kief 97.	—
koeka 110.	—
demarkiets 189.	—
detranketz 344, — *detrankera* 474.	—
ekafeiret 736.	*echaufa* 380, — *echafets* 742.
ekapera 477, — *ekaperet* 1000.	*echapa* 348, — *echaperas* 1148.

elaka 1031 — — *elakera* 508.		—
manake p. *manke* (manicam) 732.		—
markandise 643.		—
pankant 703.		—
roke 937,953.		—
seka 771.	*secha* 215.	
takes 526.		—
tserkier 575, — *tserkes* 247.		—
—	*tocheiret* 1132, 1157.	

Ainsi nous trouvons dans ce vocabulaire soixante-huit exemples et vingt-neuf mots, dont tous, trois exceptés, existent aujourd'hui encore dans le patois normand, où la vélaire a persisté, et vingt exemples seulement, avec quatorze mots, dont aucun n'est normand, où elle est remplacée par *ch*. Si ce vocabulaire est bien, comme cela est vraisemblable, d'origine anglo-normande, nous avons ici une preuve directe de la persistance de la vélaire, ainsi que du double emploi des formes en *k* et en *ch*, dont les textes normands firent usage de si bonne heure.

Une troisième preuve de la persistance de la vélaire dans l'ancien normand nous est fournie par l'examen des rôles de l'échiquier de Normandie [1] ; nous la retrouvons, en effet, dans les noms propres de pays suivants, dont la plupart l'ont conservée jusqu'à nos jours :

Cadomus	*Caen*	Carabillon	*Carabillon*
Caletum	*Caux*	Cardonvilla	*Cardonville*
Cahannes	*Cahagnes*	Carevilla	*Carville*
Calgeium	*Caugy*	Carentonum	*Carentan*
Caldecota	*Caudecote*	Carroges	*Carrouges*
Cambremer	*Cambremer*	Carteret	*Carteret*
Camilleium	*Camilly*	Casnetum	*La Kaîne*
Campus Arnulphi	*Cambernon*	Castilleium	*Castillon*
Campigneium	*Campigny*	Cathburgus	*Cabourg*
Canapville	*Canapville*	Fescanum	*Fécamp*
Caneium	*Cany*	Grandis campus	*Grancamp*
Canovilla	*Canoville*	Tolcam	*Touque*
Cantalapum	*Canteloup*		

Au contraire, le *c* vélaire s'est changé en *ch* dans :

Abrincas	*Avranches*	Calceium	*Chaussey*

1. *Magni rotuli scaccarii Normanniæ sub regibus Angliæ.* 2 v. in-8°.

Cambaium	*Chambois* (o.)	Carus burgus	*Cherbourg*[1]
Cantalupum	*Chanteleu* (o.)	Clincampus	*Clinchamp*

Tout précieux que soient ces renseignements, ils ne sont pas les seuls qui nous montrent comment l'ancien normand traitait le *c* vélaire, et nous en trouvons dans les actes, comptes, etc., de la même époque de plus complets et de non moins certains, qui nous permettent en même temps de suivre le travail de transformation auquel était soumis ce dialecte, ou plutôt le mélange sans cesse croissant des formes françaises aux formes normandes dans les monuments écrits.

La plupart des pièces que j'ai consultées pour ce travail de comparaison se trouvent dans trois publications, dues toutes trois au zèle infatigable de M. Léopold Delisle, et qui ne sont pas moins précieuses pour la connaissance du dialecte parlé en Normandie que pour l'histoire politique et sociale de cette province ; c'est par ordre de date : 1° les « Etudes sur la condition de la classe agricole et de l'état de l'agriculture en Normandie », (Evreux 1851); 2° l' « Histoire du Château et des Sires de Saint-Sauveur le Vicomte », (Valognes 1867) ; enfin 3° les « Actes normands de la Chambre des Comptes sous Philippe de Valois », (Rouen 1871). Si cette dernière publication est trop récente pour avoir pu éclairer les linguistes qui, dans ces dernières années, se sont occupés du dialecte normand, il est surprenant que les nombreux documents contenus dans la première, — laquelle remonte à plus de vingt ans, — n'aient point jusqu'ici fait soupçonner un des caractères les plus essentiels de ce dialecte ; ils ne pouvaient cependant, comme on va voir, laisser de doute à cet égard.

Ce qui frappe dans les actes publiés par M. Léopold Delisle, et dans tous ceux de même origine, c'est, je l'ai déjà dit, le caractère mixte de la langue ; les formes normandes y sont plus ou moins nombreuses, mais jamais presque elles n'y sont employées

1. On a proposé parfois pour *Cherbourg* l'étymologie de *Cesaris burgus*, c'est en particulier celle que donnent les « Rotuli scaccarii Normanniæ » et j'ai hésité d'abord entre cette étymologie, quelque invraisemblable qu'elle fût, et *Carus burgus*; mais la prononciation *Kierbourg* ou *Tchierbourg* que j'ai entendue dans un voyage que je viens de faire en Normandie ne permet pas de douter que le *ch* de *Cherbourg* ne représente un *c* vélaire, et que ce mot ne vienne de *carus burgus* et non de *Cesaris burgus* ; ce qui surprendra d'autant moins que le mot *kier* (carus) n'a point persisté, que je sache, dans le normand, et que le *c* vélaire s'y est en général transformé en chuintante toutes les fois que l'*a* suivant a fait place à la diphthongue *ié*.

exclusivement, et souvent même elles ont complètement disparu pour faire place uniquement aux formes françaises. Ce qui au reste détermine le degré de pureté plus ou moins grand de ces documents, c'est moins l'époque où ils ont été écrits, — quoiqu'en général les plus anciens soient aussi ceux qui ont conservé le plus de caractères dialectaux, — que leur origine plus ou moins populaire ; les actes officiels les plus vieux que nous ayons sont déjà presqu'exclusivement français ; les comptes d'ouvriers les plus récents, au contraire, les inventaires de choses usuelles, renferment de nombreuses formes normandes ; mais, comme je l'ai remarqué, ces formes n'apparaissent pas seules, elles sont plus ou moins mêlées de formes françaises, comme si elles étaient autant de fautes échappées à l'ignorance du scribe, et qu'on ne rencontre pas sous des plumes plus instruites. On sent qu'il y a là deux langues en présence, l'une populaire et proscrite, l'autre savante, et qui tend à s'imposer, et cela est si vrai que ce ne sont pas seulement les formes particulières des deux gutturales qui tendent à disparaître, la diphthongue *ei*, caractéristique du dialecte normand et en général des idiomes de l'Ouest, laquelle s'est conservée sans altération ou tout au plus en se changeant en *e* fermé jusqu'à nos jours, a fait place presque partout à la diphthongue *oi*. Cette transformation est exceptionnelle dans les anciens monuments poétiques d'origine normande, ou même elle y est complètement inconnue ; aussi il ne faut pas douter que si les actes, comptes, etc., que nous avons dans ce dialecte, remontaient à une date plus reculée — les plus vieux sont de la fin du XIIIe siècle et la plupart ne datent que du XIVe ou même du XVe siècle — nous y retrouverions avec la diphthongue *ei* presque disparue, plus régulièrement encore les formes normandes des deux gutturales. Quoi qu'il en soit, voici les résultats que nous donne sur le traitement du *c* vélaire l'examen des documents dont j'ai parlé.

Les chartes contenues dans l'histoire du château de Saint-Sauveur étant peu anciennes, et la vélaire ne s'y trouvant conservée d'une manière authentique que dans le mot *perque* (quittance de 1361), je les laisse de côté pour arriver aux pièces justificatives données à la suite ou dans le cours des « Études sur la condition de la classe agricole en Normandie » ; dans ces documents *c* persiste dans les mots suivants :

caeres (Bretteville près Caen, 1307).
calenges (Mesnil-Ogier).
candele (Fierville, Mesnil-Ogier).

Canduele (cartulaire de Troarn).
cans (Quiévreville près Darnetal).
canvres (Ros près Caen).
capons (Mesnil-Ogier).
Cardin (1401).
carete (Périers, 1291.) — *karete* (id. Daubeuf) quatre fois.
carier (Daubeuf).
carue (Périers, 1291. — Bouquelon. — Quiévreville) 5 fois.
carpenterie (id. id.)
Cateville (Troarn).
cauchie (Périers, 1291).
forques (Cartulaire de Troarn). — *fourque* (Darnetal).
perque(s) (Périers, 1291.— Saint-Sauveur, 1391.— Troarn).
pesquerie (Saint-Sauveur).
quareste (Darnetal). — *quaretés* (Caen, 1307).
quemin (Neuville). — *queminage* (1401).
quevron (Inv^re^ du Temple de Breteville, 1307).
On trouve également avec le *g* vélaire :
gardin (Troarn), *garbe* (Daubeuf).

L'examen des « Actes normands » est encore plus instructif que celui des pièces justificatives des « Etudes » par le grand nombre de formes vraiment normandes qu'on y rencontre ; on y voit d'ailleurs, comme dans les chartes que j'ai déjà étudiées, les formes françaises se substituer à chaque instant aux formes normandes de la gutturale ; et, ce qui est frappant, cette substitution a lieu non-seulement pour les noms communs, mais encore dans les noms propres, menacés par là de perdre leur forme originelle; nous assistons ainsi, soit à leur transformation définitive, soit aux tentatives de transformation dont ils ont été l'objet. Cependant malgré cette invasion des formes françaises, les mots vraiment normands abondent encore dans les Actes, comme on peut le voir par la liste suivante tirée des cent premiers et du deux cent neuvième, qui est le compte des réparations faites au château de Cherbourg :

acarier 84 (1338, Caen).
bretesques 209 (1348, Cherbourg) huit fois.
broques 43 (1334, Pays d'Auge).
canga 209 (1348, Cherbourg).
caulate 43 (1334, Pays d'Auge).
cantier 84 (1338, Caen) deux fois.
capiaux 46 (1334, Rouen), 88 (1338, Honfleur).
carbon 209 (1348, Cherbourg). — *carbonier* (id.)

quarete 39 (1333, Saint-Pierre d'Arthenay).
quaretère (id., id.)
quarue (id., id.)
carpenter 83 (1338, Rouen).
carpenterie 52 (1336, Rouen). — 84 (1338, Caen). — 209 (1348, Cherbourg).
carpentier 83 (1338, Rouen). — 84 (1338, Caen) six fois. — 209 (1348, Cherbourg) deux fois.
castelain 66 (1337, Pont-Audemer).
castellerie 48 (1335).
cauchier 83 (1338, Rouen).
caux 84 (1338, Caen).
clenques 209 (1348, Cherbourg).
coses 91 (1338, Honfleur).
croques 209 (1348, Cherbourg).
planquéier (id., id.)
queez 39 (1333, Saint-Pierre d'Arthenay).
quesne 75 (1337, Amfreville) trois fois.
quevilles 209 (1348, Cherbourg) quatre fois.
quevron 43 (1334, Auge). — 52 (1336, Rouen) 5 fois. — 209 (1348, Cherbourg) trois fois.
requeviller 209 (1348, Cherbourg).
requevronner (id., id.)

De même dans les noms propres d'hommes suivants :
Robert le *Canu* 39 (1333, Saint-Pierre d'Arthenay).
Jehan de la *Capelle* (id., id.)
Cauchie 83 (1338, Rouen).
Carpentier 53 (1336, Honfleur).
Du *Quesne* 43 (1334, Pays d'Auge).
Ricart Auberi 39 (1333, Saint-Pierre d'Arthenay).

Ainsi que dans les noms de localités ;
Caen, *Cambes*, *Camilly*, 84 (1338, Caen).
Karenten (Carentan), 39 (1333).
Castillon 3 (1327, Caen).
Cauquegny 8 (1331, Cotentin).
Planques (Bois des) 75 (1337, Amfreville).
Perquerie 3 (1328, Caen).

On voit par ce qui précède combien souvent, dans des actes semi-officiels, la gutturale vélaire persistait encore au XIVe siècle, près de cent cinquante ans après la réunion de la Normandie à la France ; et, si elle a disparu avec les autres caractères du normand de la langue des lettrés pour faire place à *ch*, le peuple ne l'en a pas moins conservée fidèlement jusqu'à nos jours ; il y a plus, elle s'est maintenue, comme nous avons vu, dans le plus grand nombre des noms de localités où l'influence française n'a pas réussi à la modifier.

Mais si les gens cultivés rejetèrent de bonne heure la vélaire dans les mots où le normand la conservait, on n'ignorait pas pour cela que cette conservation était un des caractères de ce dialecte, et il ne manqua pas d'écrivains qui, au besoin, se servirent à dessein des formes où elle subsistait ; c'est ainsi qu'au xve siècle l'auteur de la « Farce de maître Pathelin » met dans la bouche de son principal personnage qui feint la folie les mots normands *ataque, vaque, mousque, che* :

> Les playes Dieu ! qu'est-ce qui s'ataque
> A men cul ! Est che or une vaque,
> Une mousque ou ung escarbot ? [1]

Plus tard, en plein xviie siècle, L. Ferrand, l'auteur de l' « Inventaire de la Muse normande », ne dédaigna point non plus l'emploi de formes normandes en *ka, ké*, tout en se servant, il est vrai, concurremment des formes françaises ; ainsi on trouve dans les deux premières pièces de vers de l'Inventaire : *epluqueux, recachez, caude, cauffer, quesne* et *fiquée* qu'il fait rimer assez singulièrement avec *affichée*. Dans sa « Muse normande », Louis Petit a fait un plus grand emploi encore des mots normands où persiste la vélaire ; ainsi : *cauche, capel, queveus, caus, refique, fleques, breques, quien* (canis), etc.

Ainsi il résulte de l'étude attentive des anciens monuments du dialecte normand que malgré les traces d'altération qu'ils pré-

1. *La Farce de maître Pathelin* avec traduction, p. p. M. Ed. Fournier. Acte II, scène V,

> Celuy qui l'apprint a l'escole
> Estoit Normand : ainsi avient
> Qu'en la fin il luy en souvient,

dit Guillemette qui, plus habile que la plupart de nos linguistes, reconnaît aussitôt dans le langage de Pathelin les caractères distinctifs du normand. Cependant je doute que *cul* fût encore la forme normande au xve siècle ; de plus il faudrait *qu'est che*, non *qu'est-ce* ; mais pourquoi M. Ed. Fournier a-t-il remplacé *che* par *ce* dans le *est-ce une vaque ?* de sa traduction ? et pourquoi écrit-il *mouche* et non pas *môque* ? Faire dire après cela à Guillemette que le « jargon » de Pathelin est normand est tout à fait absurde. La même observation s'appliquerait à plus forte raison à la traduction de la tirade picarde qui précède, et où l'on chercherait en vain trace des formes caractéristiques de ce dialecte.

sentent si souvent, malgré l'emploi que certains scribes ont fait à dessein de formes françaises, nous y retrouvons cependant partout où la langue a conservé son caractère original et populaire le *c* vélaire persistant comme en picard. Cette conclusion trouve sa confirmation la plus complète dans la forme actuelle des vocables soit propres, soit communs, qui appartiennent à ces deux dialectes.

J'ai déjà parlé des anciens noms de pays normands et nous avons vu que la plupart ont gardé le *c* vélaire sans modification ; inutile de dire qu'il en est de même en picard, et les deux dialectes offrent sur ce point l'accord le plus complet. C'est ce que montre le tableau suivant, où sont réunis un certain nombre de noms de pays d'origine analogue ou identique :

NORM.	PIC.	FR.
Cagny (C.)	*Cagny* (S.)	Chagny S. L.
Cahagnes (C.)	*Cahon* (S.)	Chahaignes Sart.
La Caine (C.)	*Caisne* (O.)	—
Cambernon (M.)	*Cambron* (A.)	Chambry S. M.
Cambremer (C.)	*Cambrin* (P.-d.-C.)	Chambrey Meur.
Camembert (C.)	*Camelin* (A.)	Chamelet R.
Campeaux (C.)	*Campeaux* (O.)	Champeaux S. M.
Campigny (C.)	—	Champigny Y.
Canapville (C.)	*Canaples* (S.)	—
Canchy (C.)	*Canchy* (S.)	Chancé I. L.
Canisy (M.)	*Canisy* (S.)	—
Canteleu (S.-I.)	*Canteleux* (N.)	Chanteloup I. L.
Cardonville (C.)	*Cardonville* (S.)	Chardonnay S. L.
Carpiquet (C.)	*Carrepuis* (S.)	Charpentry Meuse.
Carteret (M.)	*Cartignies* (N.)	Chartrettes S. M.
Carville (C.)	*Carvin* (P.-d.-C.)	Charvin I.
Castillon (C.)	*Le Cateau* (N.)	Chatillon S. O.
Le Catelier (S.-I.)	*Le Catelet* (A.)	Chatelet S. M.
Caumont (C.)	*Caumont* (S.)	Chaumont Marne.
Cauville (C.)	*Cauvigny* (O.)	Chauvigny V. [1].

Quant aux noms propres de personne, nous avons vu aussi que, malgré les hésitations de la langue, la vélaire a le plus

1. Dans la colonne normande, il est à peine besoin de le dire, C. signifie Calvados ; E. Eure ; M. Manche ; O. Orne ; S.-I. Seine-Inférieure ; dans la colonne picarde, A. désigne le département de l'Aisne ; N. celui du Nord ; O. celui de l'Oise, au nord duquel l'influence picarde se fait encore sentir ; P.-d.-C. celui du Pas-de-Calais, et S. celui de la Somme.

souvent persisté en normand ; il en a été de même encore naturellement en picard. Le tableau suivant montrera quel accord règne entre les deux dialectes dans la plupart des noms de cette nature, communs à l'un et à l'autre.

NORM.	PIC.	FR.
Campie	—	Champy
Canu	*Canut*	Chenu
Capelle	*Capelier*	Chapelle
Carbonel	*Carbonnier*	Charbonnier
Cardin(e)	*Cardine*	Chardin
Cardon	*Cardon*	—
Caron	*Caron*	—
Carpentier	*Carpentier*	Charpentier
Câtel[1]	—	Châtel
Cauchois	*Caucheur*	—
Caumont	*Caumont*	Chaumont
Cauvin	*Calvin*	Chauvin
Du Quesne	—	Duchêne
Le Marcand	—	Le Marchand
Labreque	—	—
Planquette	*De le Planque* Ch. A.	Planche
Vaquerie	*Vaquerie* Cart. A.	— etc.

Quelques-uns de ces noms ont en normand, toutefois à côté de la forme *ca*, une forme en *ch*, également indigène, mais évidemment plus moderne ; ainsi *Chauvin* (Orne) à côté de *Cauvin* (Calvados), *Chaumont* et *Caumont* (Calv.), *Le Marcand* et *Le Marchand* (id.), *Chartier* (Alain) xve siècle et *Le Carretier* (Guillaume) son ancêtre, notable de Bayeux en 1309, etc.

Les noms communs ne nous montrent pas un accord moins grand dans la persistance de la vélaire en normand et en picard ; le tableau suivant en est la preuve[2] :

1. La vraie forme populaire est *Câté*.

2. Les mots picards sont tirés du dictionnaire de Corblet, les mots rouchis de celui de Hécart ; pour les mots normands, B. indique ceux qui sont plus particulièrement propres au Bessin, c'est-à-dire à l'arrondissement de Bayeux, je les ai recueillis moi-même ; G. désigne Guernesey, les mots du patois de cette île sont donnés d'après Métivier ; C. veut dire Cotentin ; S.-I. indique la Seine-Inférieure ; les mots de cette région sont tirés surtout du Dictionnaire de Décorde. J'ai conservé aux mots normands du Bessin leur *r* final, quoique cette consonne soit entièrement muette aujourd'hui ; *v.* veut dire vieux.

LAT.	NORM.	PIC.	FR.
adcaptare	*acatair* G.	*acater*	acheter
*blancam	*blanque* V.	*blanke*	blanche
brancam	*branque* B.	*branke*	branche
brecha a. all.	*brèque* B.	*breke*	brèche
broccam	*broque* B.	*broque*	broche
*boscam	*bûque* B.	*bûke*	bûche
buccam	*bouque* S. I.	*bouke*	bouche
caballum	*g'va* S. I.	*g'vau*	cheval
cadere	*quaie* C.	*caïr, kier*	choir
* caditinas	*quaitines* B. G[1].	—	—
calcare	*cauquer* B.	*cauquer* R.	chausser V.
calcem	*câs* B.[2], *caus* G.	*caus*	chaux
calciatam	*cauchie* G.	*cauchie*	chaussée
calciam	*cauche* B.	*cauche*	chausse
calidum	*câ* B., *caud* G.	*caud*	chaud
*calidronem	*caudron* B.	*caudron*	chaudron
calefacere	*cauffer* B.	*cauffer*	chauffer
*calumniare	*calenger*[3] B.	*calenger*	challonger V.
cameram	*cambre* C.	*cambre*	chambre
caminum	*quemin* B.	*kemin*	chemin
camisam	*queminse* B.	*kemise*	chemise
campum	*camp* B.	*camp*	champ
candelam	*candelle* B.	*candelle*	chandelle
canem	*quien* S. I.	*kien*	chien
cannabem	*cambre* B. *canvre* G.	*canve*	chanvre
cantare	*canter* V.	*canter*	chanter
cantionem	*canchon* S.-I.	*canchon*	chanson
cantum	*can(t)* B.	—	champ
cantellum	*canté* B.	*cantieu*	chanteau
capellum	*capé* B.	*capiau*	chapeau
capillum	*g'veu* B.	*g'veu*	cheveu
cattam pilosam	*capleuse* B.	*capleuse*	—
capsam	*casse* G.	*casse*	châsse
captiam	*cache* B.	*cache*	chasse
captiatorem	*cachoux* B.	*cacheux* R.	chasseur
captivum	*caitis* V.	*caitis*	chétif

1. Nom qu'on donne en général en Basse-Normandie aux pommes tombées avant la maturité.

2. E il fist *cax* e pierre atraire. Rou, v. 10211.

3. *Obtenir par dessus le marché* dans le Bessin, *chicaner* d'après Corblet en Picardie.

carbonem	*querbon* B.	*carbon*	charbon
cardonem	*cardron* B.	*cardon*	chardon
*carrettam	*quérette* B.	*carette*	charrette
carricare	*quérier* B.	*carrier*	charrier
carrucam	*quérue* B.	*kérue*	charrue
carnem	*carne* B.	*carne*	chair
*carpentam	*querpente* B.	*carpente*	charpente
*cascunum	—	*cacun*	chacun
casis	*quieux* B.	—	chez
*casnum	*quêne* B.	*quêne*	chêne
castellum	*câté* B.	*castel*	château
catenam	*caîne* B.	*caîne*	chaîne
cathedram	*caire* B.	*kère*	chaire
catulire	*catouiller* B.	*catouiller*	chatouiller
cattum	*cat* B.	*cat*	chat
causam	*cose* V.	*cose*	chose
*caviculam	*g'ville* B.	*g'ville*	cheville
cloccam	*cloque* B.	*cloke*	cloche
*ficare	*fiquier* B.	*fiker*	ficher
forcam	*fouorque* B.	*fourke*	fourche
hanke a. all.	*hanque* B.	*hanque* V.	hanche
*jucare	*juquier* B.	*juker*	jucher
laxare(lascare)	*lâquier* B.	*lâker*	lâcher
masticare	*mâquier* B.	*maker*	mâcher
muscam	*môque* B.	*mouke*	mouche
perticam	*perque* B.	*percot*	perche
piscare	*pêquier* B.	*pêquer* R.	pêcher
plancam	*planque* B.	*planke*	planche
pocca a. s.	*pouque* B.	—	poche
*roccam	*roque* B.	*roke*	roche
ruscam	*ruque* B. G.	*ruque* R.	ruche
scalam	*équelle* B.	*ékelle*	échelle
*taccam	*taque* B.	*take*	tache
*tascam	*tâque* B.	*tâque* R.	tâche
tincam	*tanque* B.	—	tanche
vaccam	*vaque* B.	*vaque*	vache

On le voit, le *c* vélaire suivi de *a* a conservé sa valeur gutturale en normand et en picard, au commencement et au milieu des mots, quand il est appuyé, c'est-à-dire précédé d'une autre consonne, que *a* ait été d'ailleurs conservé ou qu'il se soit changé en *e*, peu importe. Il en a été de même en général du *g* vélaire, c'est-à-dire qu'il persiste dans ces deux idiomes, tandis qu'il se change, au contraire, en ǧ ou ž dans les autres dialectes de la langue d'oïl.

LAT.-ALL.	NORM.	PIC.	FR.
garten al.	*gardin* B.	*gardin*, *guerdin*	jardin
*gabatam	*gatte* B.	*gatte*	jatte
galbinum	*gaune* A. N.	*gane*	jaune
garba al.	*guerbe* B.	*garbe*, *guerbe*	gerbe
gâr br.	*guéret* B.	*garet*, *guéret*	jarret
gaudium	*goie* L. Ps.	—	—
*allongare	*allonguer* B.	—	allonger
muos gadam a.h.a.	*migoe*[1] B.	—	migeot H.M.

Il en est de même des mots suivants où *c* s'est changé en *g*, et a été traité comme tel :

cambam	*gambe*	*gambe*	jambe
*capellam	*gavelle*	*gavelle*	javelle
caveolam	—	*gayolle*	geole

Tandis que le *c* vélaire a conservé ainsi dans les deux grands dialectes du Nord-Ouest de la France sa valeur gutturale, il semble, à une époque de la langue, avoir éprouvé une tendance à s'affaiblir, dans le normand du moins, en *g*; on trouve dans le Roman de Rou : *Nabugodonosor* v. 29, *galice* (calicem) v. 1602, etc; *Nigaise*, dans l'Inventaire de la Muse normande; Métivier donne *ganif*, *haguer* (haquer, couper à coup de hache) comme étant du patois de Guernesey[2].

Mais à tout prendre ces exemples sont peu nombreux. Quant au changement de *c* en *g*, qui a lieu en normand, et surtout en picard, quand *c* est, par suite de la chute de *e*, suivi de *v*, comme dans *g'va*, *g'veu*, *g'ville*, il tient uniquement à l'impuissance où l'on est de prononcer la sourde *k* ou *c* devant la sonore *v*, il n'y a donc là qu'une transformation apparente, aussi, bien que Corblet et Diez après lui en puissent penser, je crois que le *c* reparaît quand l'*e* ne tombe pas, et qu'on doit dire et écrire *queva* ou *kevau* et non *gueva* ou *guevau*, etc.

Quelque générale toutefois que soit en normand et en picard la persistance de la vélaire dans les noms communs, elle n'y est

1. Fruitier. Cf. *musgode* (*Alexis* 51, 4 L); *migoe* (pomarium), *Gloss. lat. fr.* n° 7692 (Sitzungsb. d. kœnig. bay. Akad. d. Wiss. zu München, 1868, I, 132). Cf. *Al.* p. 182 et *Rom.* II, 85.

2. Quelque chose d'analogue a eu lieu dans le patois poitevin d'après Favre, qui toutefois ne donne pour exemple que *goutume*.

pas plus absolue que dans les noms propres, et parfois le *c* a dû céder là place à la chuintante *ch* ou *j*. Ainsi dans le patois normand du Bessin on dit plus souvent *j'va* que *g'va* (cheval) ; je ne connais aussi pour dire viande que le mot *chai*, — *carne* qui s'est conservé a un sens tout différent, il signifie mauvaise bête, en particulier mauvais cheval.— De même *chié* a fini par se substituer à *kier* ou *quier* (carum), etc.[1]. Le *g* vélaire de *galbinum* a cédé également la place au *j* dans *jaune* ou *jâne*, seul mot que j'aie jamais entendu. Le picard offrirait des faits analogues.

Il peut se faire que quelques-uns des mots exclusivement normands ou picards qui présentent la forme *ch* soient des emprunts plus ou moins modifiés faits au français, mais il est probable aussi que dans plusieurs la forme *ch* s'est développée spontanément à la suite de la modification de la voyelle suivante, et dans ce cas il ne faut voir dans *ch* que l'affaiblissement de la forme plus complète *tch*. Cette dernière se rencontre d'ailleurs, et non seulement à la place de *c* suivi de *a* étymologique, mais encore de cette gutturale suivie de *o* ou *u* modifiés en *ö* ou *ü*. Cette transformation, que j'ai déjà signalée dans le patois poitevin[2], se présente surtout en normand, le picard ne la connaît qu'exceptionnellement. Voici les mots où on la trouve :

LAT.	NORM.	PIC.
* cacaciam	*tchiasse*[3] B. G.	—
cadere	—	*tcher*
canem	*tchen* B., *tchien* G.	*tchen* Sant.
casis	*tcheux* B.	—
coctum	*tcheu* B.	—
coquere	*tcheure*	—
coquinam	*tcheusine* B.	—
cor	—	*tcheur* Am.
corium	*tcheu* B., *tchier* G.	—
coxam	*tcheusse* B. *tchiesse* G.	—
culum	*tchu* B.	—
* culotam	*tchulotte* B.	—
cupam	*tchuve* B.	—
curare	*tchurer* B.	—

1. Il serait facile de multiplier cette liste si l'on y faisait entrer tous les doublets en *ch*, qui existent à côté des formes en *k*, mais ce ne sont que des formes françaises à peine modifiées, et qui dès lors ne doivent pas figurer dans une étude du normand ou du picard.

2. V. pl. haut p. 176.

3. Le développement du son *tch* au commencement de ce mot semble avoir amené le passage de *ch* à *s* au milieu.

Les formes *quien, quieux*, etc., que nous avons vues précédemment, nous donnaient un des termes de la série des transformations du *c* vélaire pour arriver à *č* ; il n'est pas rare d'entendre aussi le son *ć* ou *k̃*, ce qui complète la série, et on a ainsi pour *casis* par exemple :

casis *quieux* *k̃ieux* *tcheux*.

Les trois formes de ce mot en particulier s'entendent presque indifféremment dans le Bessin.

J'arrive maintenant à l'examen des transformations du *c* palatal, moins bien connues que celles du *c* vélaire. Tandis, en effet, que quelques linguistes ont constaté la persistance du *c* vélaire dans le normand, jusqu'ici — fait surprenant, — aucun que je sache n'a reconnu comment le *c* palatal a été en réalité traité dans ce dialecte. Cela tient sans doute à ce qu'on a cherché trop exclusivement à trouver les caractères du normand, comme ceux du picard, dans les anciens monuments poétiques de la langue ; or nous avons vu que les premiers qu'on rencontre, l'Alexis, le Roland, le Psautier, etc., paraissent avoir traité le *c* palatal comme le français[1] ; ce sont aussi des formes françaises qu'offrent en général, — aujourd'hui du moins, — les noms géographiques de la Normandie et les noms propres de personnes n'en connaissent aussi presque pas d'autres; on comprend dès lors qu'un examen superficiel ait pu faire croire que les transformations de la palatale avaient été les mêmes en normand qu'en français ; cependant sans parler de l'état actuel de ce dialecte qui montre de la manière la plus évidente qu'il a changé le *c* palatal en *ch* comme le picard, il ne manque pas non plus d'anciens monuments, même en vers, qui eussent dû faire découvrir plus tôt quel traitement la palatale y avait subi. Nous avons vu, en effet, que *ch*, forme normande du *c* palatal transformé, apparaît déjà dans le petit poème dévot publié par M. Gaston Paris, et qu'à partir de cette époque, c'est-à-dire du commencement du XIIe siècle, on le rencontre dans la plupart des monuments regardés comme étant d'origine normande. Impossible dès lors de supposer que c'est là un fait purement accidentel ou un caprice du copiste, puisque les textes qui présentent le plus de traces d'altération sont aussi en général ceux où les gutturales ont pris la forme française. D'ailleurs en voyant le normand traiter la

1. Il ne faut pas oublier ce que j'ai dit page 250 de cette ressemblance apparente.

vélaire comme le picard, on aurait dû par là même, ce semble, être déjà amené à supposer, à cause de l'espèce de solidarité qui, dans les idiomes de la langue d'oïl, existe dans le traitement des deux gutturales, qu'il avait aussi donné la même forme que ce dialecte à la palatale. C'est la conclusion à laquelle m'a conduit, malgré toutes les exceptions qu'ils présentent, l'examen des monuments dont je viens de parler ; l'étude des actes, comptes et chartes du XIIIe et du XIVe siècle et l'état actuel de la langue viennent entièrement confirmer cette manière de voir. Par contre les noms propres ne nous offrent que peu de secours ; la forme actuelle des noms anglais d'origine romane ne donne aussi que peu de renseignements à cet égard ; à quelque époque qu'ils aient été introduits dans l'anglo-saxon, ils ne connaissent en général que la valeur *ç* pour le *c* palatal. Cependant *ch* paraît s'être conservé au commencement des mots dans *cherry* (cerasum), *cherfil* (chaerefolium), *chisel* (fr. ciseau), *chives* (cepas), à côté de *cives*, etc., au milieu dans *scutcheon* (scutionem), à la fin dans *pitch* (picem), *partrich* (perdricem), devenu plus tard *partridge* ; enfin il s'est affaibli en *sh* (*š*) dans *shingle* (cingulum) [1]. Mais ces exemples sont en définitive peu nombreux ; aussi sans m'y arrêter davantage je passe à l'examen des chartes, actes, etc., qui m'ont servi à prouver la persistance de la vélaire.

Tandis que les actes de l' « Histoire du château de Saint-Sauveur » ne nous ont offert presque aucun renseignement au sujet de la persistance de la vélaire, ils nous donnent un certain nombre d'exemples de la transformation de la palatale en *ch* ; ainsi :

adrechant(es) (1347, Caen. — 1361, Bayeux).
aranchonner (1369, Cherbourg). — *aranchonnement* (id.).
avanchement (1362, Saint-Vaast).
Cachecerf (1351, Valognes).
Cherisy (1370, Bessin).
chinq (1345, Neuville. — 1368, Saint-Sauveur).
chinc (1361, Saint-Sauveur).
chinquante (1351, Valognes), deux fois
comnenchant (1370, Caen), deux fois.
drechiez (1370, Caen).
forteresche (1362, Saint-Vaast).

1. Cf. Koch, *Hist. Gram. der englischen Sprache,* I, 131. Je chercherai plus loin à expliquer comment le *c* palatal a pu prendre en anglais le son *ç* dans les mots d'origine romane.

fortelesches (1369), deux fois.
Le *Norrichon* (1350, Valognes).
parroiches (1370, Saint-Sauveur).
Pinchon (1350, Valognes).
ranchon (Saint-Sauveur). — *raenchon* (1370).
Vauchis (Pont-l'Abbé).

La forme *ch* se rencontre encore bien plus fréquemment dans les chartes des « Etudes » ; ainsi on la trouve dans les mots :

bachin(s) (1307, Caen. — id. Courtval. — Daubeuf.)
chi (ci), *cheu* (cel), *cheux* (ceux) (1312, Cart[re] de Troarn.
cheluy (celui), deux fois ; *cheles* (celles, id. id.).
che (ce) (1291, Périers.) — *chel* (Darnetal).
comenchent, comenchant (1409, Gaillon).
forche (1312).
Francheis (Tourville).
geniches (1307, Caen. — Id. Breteville).
(h)erche (1291, Périers. — Daubeuf).
hercheour (1291, Périers).
herchier (Daubeuf. — 1307, Breteville).
machons (Mesnil-Ogier, Mauger).
Montpinchon (Pays d'Auge).
parchoniers (Roncherolles. — 1291, Périers).
pieches (Quievreville. — Bouquelon).
pelichon (1307, Courtval, inventaire du temple).
perchie (1307, Caen, inventaire du temple).
plache (1291, Périers).
pouchins (Daubeuf).
pourcheaux (1307, inv[re] du temple de Caen et de Breteville).
porchel (1307, id. id.).
recheu (Roncherolles).
ronchin (1307, inventaire du temple de Caen).
tierche (Saint-Martin du Bosc, v. 1260).
vechy (voici) (Neuville).
veiche (vesce) (1307, inventaire du temple de Breteville).

Les renseignements donnés par les « Actes normands » ne sont pas moins précieux ; dans la plupart des cent premiers dont j'ai relevé les formes dialectales, quel que soit d'ailleurs le lieu de la Normandie où ils aient été faits, pays de Caux, Lieuvain, Bessin ou Cotentin, etc., on trouve, sinon toujours, du moins très-souvent *ch* substitué à *c* suivi de *e* ou de *i*, ou à *ti*, suivi d'une autre voyelle; dans un certain nombre d'actes aussi, comme dans les précédents d'ailleurs, cette substitution n'a point eu lieu, ce qui montre de quelle liberté orthographique jouissaient alors les scribes, ou quel arbitraire régnait déjà dans le choix des sons *ch* et *ç*. Voici les mots des cent premiers actes où l'on rencontre *ch* dans ces actes :

bachinez 49 (1336). — 60 (id.) — 43 (1337). — 44 (id.), etc.

cauchie 18 (1331). — 83 (Rouen, 1337).

cauchier 83 (Rouen, 1337).

ches 53 (1336). — 49 (id.) — 60 (id.) — 61 (id.) — 76 (1337), etc.

ch'est 53 (1336), 2 fois. — 59 (id.) — 63 (1337), etc.

cheste 53 (1336). — 59 (id.) — 66 (1337), etc.

chen (ce), 53 (1336). — 59 (id.), — 60 (id.) — 71 (id.) — 66 (1337), etc.

cheus 79 (Pont-Audemer, 1337).

chent 43 (1336). — 65 (1337), 2 fois. — 76 (id.), 2 fois.

chinq 39 (1333). — 53 (1336), 3 fois. — 65 (1337). — 87 (1338), 2 fois. — *chinc* 39 (Saint-Pierre d'Arthenay, 1333).

chinquante 39 (Saint-Pierre d'Arthenay 1333).

chivière 84 (Caen 1338).

enforchier 83 (Rouen 1337).

fauchilles 39 (Saint-Pierre d'Arthenay, 1333).

forteresche 84 (1338, Caen), 3 fois.

Franche 60 (1336). — *Franchez* 59 (1336).

geniches 39 (Saint-Pierre d'Arthenay, 1333). — 84 (Caen, 1338).

lanches 59 (1336). — 60 (id.) — 63 (1337). — 75 (Amfreville, 1337), etc.

larrechins 43 (Rouen, 1335), 3 fois.

machon 18 (1331), 2 fois. — 83 (Rouen, 1337). — 84 (Caen, 1338).

machonnerie 18 (Andelys, 1331), 4 fois. — 83 (Rouen, 1337).

parroche 4 (Arques, 1329).

pièche(s) 39 (Saint-Pierre d'Arthenay, 1333). — 74 (Neufchâtel, 1337).

recheu 63 (1337). — 64 (id.) — 76 (Rouen, id.) — 79 (Pont-Audemer, id.) — 82 (id. Rouen). — 87 (1338), 3 fois.

redrechier 84 (Caen, 1338) 3 fois.

renforchié id. (id. id.) 2 fois.

Ainsi au XIVe siècle, la substitution de *ch* au *c* palatal transformé était encore d'un usage général et reconnu dans toute la Normandie, bien que souvent aussi *ch* eût complètement fait place à la forme française *c*. Au siècle suivant, au contraire, *ch* n'apparaît plus qu'exceptionnellement dans les actes publics ; je ne l'ai pas rencontré du moins, pas plus, il est vrai, que la vélaire, dans les actes faits en 1417 et 1418 à l'époque de la conquête de la Normandie par les Anglais, pour la reddition d'Harcourt, d'Hambye, du Hommet, du château d'Ivry, de Creully, d'Evreux, de Cherbourg, de Caudebec, de Honfleur, etc.[1]. Déjà, comme aujourd'hui, la langue officielle était exclusivement le français, le normand était tombé à l'état de patois, et n'avait plus droit de servir aux relations sociales.

Cependant, tout déchu qu'il était déjà à cette époque, le normand n'en persista pas moins avec ses caractères distinctifs dans la mémoire du peuple ; et tout dédaigné qu'il était des savants, il se trouva, nous avons vu, quelques esprits curieux qui ne craignirent pas de l'employer dans leurs vers ; c'est ce qu'ont fait en particulier, en plein XVIIe siècle, l'auteur de l' « Inventaire général de la Muse normande » David Ferrand, et celui de la « Muse normande » Louis Petit, dont j'ai déjà parlé ; ces deux recueils de poésies en patois nous montrent *ch* substitué au *c* palatal ou à *ti* transformé dans presque tous les cas ; ainsi dans la « Complainte des habitants de Saint-Nigaise sur la perte de leur Boise », de David Ferrand, on trouve : *che, chez* (ces), *chens*, *ainchin*, *chinq*, *braches* (brasses), *adrechirent*, *aperchut*, *fache, fachon, neuches* (noces), *mouchel* (monceau), *mouchiaux*[2], *prononcher*, *Puchelle*. De même dans les trois premières pièces de la *Muse* de Louis Petit nous trouvons les mots : *ainchin*, *béchon* (boisson), *cauche*, *che*, *chais* (ces), *chen* (ce), *chest* (c'est), *chy* (ci), *chite* (cette), *chu* (ce), *chendre*, *chent*, *chinquante*, *chainture*, *chervelle*, *délivranche*, *fache*, *fachon*, *Fleuranche*, *glachons*, *inochent*, *indiferanche*, *panche*, *panchue*, *renoncher*, *sentenche*, *traché*, *véchi* (voici).

On le voit, depuis le commencement du XIIe siècle, nous rencontrons dans les monuments normands *ch* comme forme du *c* palatal transformé, et il est d'autant plus fréquent que ces monuments ont un caractère plus populaire ; par conséquent *ch* est bien la modification de la palatale propre à ce dialecte. Cette conclusion trouve sa confirmation dans l'état actuel de cet

1. Collect. Bréquigny. *Mém. de la Soc. des Antiq. de Normandie*, 1858 3e série, III, 7 et suiv.

2. Nous avons ici déjà la forme moderne du dérivé normand de *monticellum ;* elle nous montre le changement affectionné par le patois actuel, de *n* suivi d'une consonne en *u*.

idiome, qui nous présente ici encore, comme dans le traitement de la vélaire, l'accord le plus complet entre le picard et le normand. Commençons par la comparaison des noms propres.

Nous n'aurons pas ici toutefois la même abondance d'exemples que nous en offriront tout à l'heure les noms communs ; non sans doute qu'on ne rencontre des noms propres où la forme *ch* ne puisse se trouver, et se trouve réellement, mais l'influence française semble s'y être plus fait sentir que sur les noms communs; ce qui s'explique assez facilement, les premiers étant à la fois du domaine des lettrés et des ignorants, les seconds n'étant que du domaine populaire. J'ai relevé plus haut quelques noms géographiques où se trouvait autrefois la chuintante *ch*, comme *Cherisy*, *Coutanches*, *Francheis*, *Montpinchon*, etc. ; mais c'est à peine si on les entend aujourd'hui ; en tous cas ils ne se sont pas imposés à la langue qui leur a substitué les formes françaises *Cerisy*, *Coutances*, etc. De même en picard *Valenchiennes*, (N), *Vauchelles* (A), etc., formes indigènes, ont fait place à *Valenciennes*, *Vaucelles*, etc. Cependant si la forme dialectale *ch* du *c* palatal a été souvent rejetée, elle s'est aussi imposée, moins fréquemment cependant que le *c* vélaire, qu'on rencontre si souvent et dans tant de noms orthographiques. Cela tient sans doute à ce que dès le XIVe siècle, époque où se fit définitivement le mélange des dialectes, le français commençait à adopter les formes en *ca* sans les modifier, tandis qu'il n'a admis que beaucoup plus tard, au XVIe siècle, dans les mots empruntés à l'italien, la forme *ch*, affaiblissement de *tch*, pour le *c* palatal. On comprend dès lors l'inégalité qui s'est manifestée dans l'adoption des formes picardes ou normandes des deux gutturales. En effet, tandis qu'un nombre considérable de noms de villes ou de villages ont conservé dans les pays de langue normande ou picarde la vélaire initiale ou médiale, il n'en est presque pas qui aient changé la palatale initiale en *ch;* cette gutturale n'a pu prendre cette forme qu'au milieu des mots, dans des terminaisons qui n'étaient point faites pour contrarier les habitudes françaises et presqu'exclusivement encore dans des noms de petites localités, qui ont pu ainsi en quelque sorte échapper à l'influence littéraire. Ainsi *Coutanches*, *Couchy*, *Valenchiennes*, *Vauchelles* (A.), etc. sont devenus *Coutances*, *Couci*, *Valenciennes*, *Vaucelles*, mais *Cauchois* (Calcensis) a conservé son *ch*, peut-être grâce à la persistance du *c* vélaire initial; il en a été de même dans *Acheux* (Som.), *Chicourt* (Som.), *Roncherolles* (S. I.), *Vauchelles* (Som.), *Vironchaux* (Som.) Cette conservation du *ch* a eu lieu en particulier dans les dérivés picards ou normands des noms de lieu en *ciacum*, quoiqu'elle soit loin d'y être générale. En voici quelques exemples :

NORM.	PIC.	FR.
—	*Achy*	Assé May.
Arganchy c.	—	Argancy M.
—	*Auchy* P. C.	Aussy
Canchy c.	*Canchy* S.	—
—	*Cauchy* P. C.	Chaussy S. O.
—	*Oberchies* N.	—
Ranchy c.	—	Rancy S. L. etc.

Les noms de personnes donneraient lieu aux mêmes observations ; ainsi j'ai signalé dans les actes normands précédemment étudiés des noms comme *Pinchon*, *Pouchin*, *Vauchy*, etc., lesquels ont pris les formes françaises *Pinson*, *Poussin*, *Vaussy*, etc. Cependant, il faut le dire, c'en est là en quelque sorte la forme officielle, la prononciation populaire est restée *Pinchon*, *Pouchin*, pour les deux premiers, de même j'ai entendu ordinairement dire *Rachine* pour *Racine*. Mais malgré cette francisation des noms de personnes, le *ch* s'est maintenu à la place de la palatale dans quelques noms, par exemple :

NORM.	PIC.	FR.
Le Cacheux	*Le Caucheur*	—
Chuquet	—	—
Dachier[1].	—	Dacier
Hérichon	—	Hérisson
—	*Le Merchier*	Mercier
Mouchel[2]	—	Moncel
Le Nourrichel	—	Nourrisson
Pigache	—	— etc.

Mais si les noms propres ne présentent, on le voit, qu'exceptionnellement aujourd'hui la forme *ch*, comme modification de la palatale transformée, les noms communs l'ont en normand comme

1. C'est du moins ainsi que j'ai toujours entendu prononcer le nom auquel je fais allusion, mais je dois dire que je ne l'ai pas vu écrit. Au reste, on trouve *Daché* à Bayeux, nom qui semble avoir la même origine.

2. Le nom commun correspondant est *mouchée* avec la chute habituelle de *l* final et le changement de *é* en *ée*, sans doute par analogie avec *charretée*, *brouettée*, etc.

en picard presque toujours fidèlement conservée[1], ainsi que nous le montre le tableau suivant :

LAT.	NORM.	PIC.	FR.
?	*agache* B.	*agache*	agasse
* bibitionem	*beichon* B.	*boichon*	boisson
?	*boche* B.	*boche*	bosse
?	*bochu* B.	*bochu*	bossu
* captiam	*cache* B.	*cache*	chasse
calicem	*caliche* G.	*caliche*	calice
cantionem	*canchon* S. I.	*canchon*	chanson
calceam	*cauche* B.	*cauche*	chausse
calciatam	*cauchie* G.	*cauchie*	chaussée
celare	*chelair* G.	*cheler*	celer
cellarium	*chelier* B.	—	cellier
cinerem	*chendre* B.	*chaine*	cendre
centum	*chent* B.	*chent*	cent
?	*cheraine*[2] B.	*cheraine*	—
cervum	*cherf*[3] B.	*cherf*	cerf
cærefolium	*cherfeuil* B.	*cherfeuil*	cerfeuil
cæmentum	*chiment* B.	*chiment*	ciment
cymam	*chime* B.	*chimettes*	cime
cœmeterium	*chimequière* B.	*chim'quière*	cimetière
cincturam	*chinture* B.	*chinture*	ceinture
* cinque	*chin* B.	*chinq*	cinq

1. Toutefois, il faut le remarquer, cette conservation n'a eu lieu qu'au commencement et au milieu des mots; je n'en connais pas, en effet, un seul exemple à la fin; partout le *c* palatal s'y est, comme en français, changé en *s* ou en *x*. Il n'en était pas de même autrefois, comme le prouvent déjà les noms anglais *pitch, partridge*. On trouve aussi dans les Chartes d'Aire *faich* (facio) C, *march* (martius) K; et c'est évidemment cette valeur *ch* (*č* ou *ǯ*) qu'il faut attribuer au *c* final des anciens textes picards (Aleb., Huon, etc., Cf. pl. haut p. 124); mais ce son n'a point persisté, et la palatale, ayant dû de bonne heure à la fin des mots se transformer en sonore, s'y changea, comme au milieu, dans le même cas en *z* (*dz*); on trouve déjà *peiz, perdriz*, etc., dans les livres des Rois, *braz, feiz, voiz*, etc., dans le Roland et le Psautier, etc., et cette forme ne tarda pas par être en normand la seule connue du *c* palatal à la fin des mots; mais en picard il y conserva assez souvent dans ce cas jusqu'à la fin du XIIIe siècle la valeur *č* ou *ǯ* représentée par *ch* ou *c*.

2. Vase où l'on met la crème dans le Bessin, barate en Picardie d'après Corblet; faut-il faire venir ce mot de la même racine *schranz* que *seran ?* La forme picarde *cherain* de *seran* semble y autoriser.

3. Dans *cher-volant*.

*cinquanta	*chinquante* B.	*chinquante*	cinquante
*cippeam	*chipée* B.	—	cépée
ceram	*chire*	*chire*	cire
cerasum	*cherise* B.	*cherise*	cerise
cæpas	*chives* B.	*chives*	cives
*cæpotum	*chibot* B.	*chibot*	cibot
?	*chivière* B.	*chivière*	civière
cicutam	*chue* B.	*chue*	cigüe
*ceocam	*chuque* B.	*choke*	souche
*faciam	*fache* B.	*fache*	face
factionem	*fachon* S. I.	*fachon*	façon
*fidentiam	*fianche* G.	*fianche* R.	fiance
*focaciam	*fouache* B.	—	fouace
*fortiam	*forche* B.	*forche*	force
*glacionem	*glachon* B.	*glachon*	glaçon
junicem	*geniche* B.	*genichon*	genisse
lectionem	*lichon* G.	*lechon*	leçon
*ligatiam	*liache* B.	*liache*	liasse
limacem	*limache* B.	*limechon*	limace
*maxucam	*machue* B.	*machue*	massue
*macionem	*machon* B.	*machon*	maçon
*minaciare	*menachier* B.	*menacher*	menacer
medicinam	*médechine* B.	—	médecine
mercedem	*merchi*	*merchi*	merci
monticellum	*mouchée* B.	—	monceau
*muciare	*muchier* B.	*mucher*	musser
*nigritiare	*neirchir* B.	*noirchir*	noircir
nutritionem	*nourrichon* B.	*nourrichon*	nourrisson
?	*perchier*	*percher*	percer
pigritiosum	*parechoux* B.	—	paresseux
*petiam	*pieche* B.	*pièche*	pièce
pitsen a. all.	*pinche*	*pinche*	pince
*pincionem	*pinchon* B.	*pinchon*	pinson
plateam	*plache* B.	*plache*	place
*pullicem	*pouliche* B.	*pouliche*	pouliche [1].

1. Telle est du moins l'étymologie que je donne du mot *pouliche*; l'analogie du mot *geniche* la justifie, je crois, suffisamment; quant à **pullica* proposé par M. Brachet (*Dict. étym.* s. v. *acharner*), les formes normandes et picardes rendent inadmissible une pareille origine. Mais on voit en même temps que *pouliche* n'est point un mot français; comme *camp*, c'est un emprunt fait par la langue littéraire au normand ou au picard.

pulicem	*puche* B.	*puche*	puce
* putiare	*puchier* B.	*pucher*	puiser
radicinam	*rachine* B.	*rachine*	racine
* reciputum	*recheu* B.	*r'chu*	reçu
* tractiare	*trachier* [1] B.	*tracher*	tracer
viciam	*veche* B.	*veche*	vesce.

Et en particulier dans les adjectifs et les adverbes démonstratifs ; ainsi :

ecce hac	*cha* B.	*cha*	ça
ecce hoc	*che* B.	*che, cho*	ce
ecce istum, istam	*chet, chette*	*chet, chette*	cet, cette
ecce illam	*chelle*	*chelle*	celle
ecce illos	*cheux* B.	*cheux*	ceux
istum ecce hic	*stichin* B.	*cheti-chi*	celui-ci
istam ecce hic	*stéchin* B.	*chelle-chi*	celle-ci
ecce hic	*ichin* B.	*ichi*	ici [2].

Ainsi rien de plus complet que l'accord qui existe entre le normand et le picard dans le traitement des gutturales ; un point, sur lequel ces deux dialectes se comportent encore de la même manière, c'est le changement de la palatale médiale, pour ne pas parler de celui de la finale, en spirante dentale sonore dans un certain nombre de mots où, comme je l'ai fait remarquer, le français lui fait aussi en général subir la même transformation [3]. Dans ce dernier idiome cette modification s'explique sans peine, *z* y représente l'affaiblissement de *dz*, comme *ç* de *ts*, mais pourquoi, tandis que nous avons *ch* (*č* ou *š*) pour la transformation de la palatale en sourde dans le normand et le picard, ne trouvons-nous pas la chuintante correspondante *j* (*ǧ* ou *ž*) pour sa transformation en sonore ? Il est difficile de répondre à cette question,

1. Ce mot signifie *chercher* et plus particulièrement *chercher avec soin* en normand et en picard.

2. On dit aussi *chabot* n. p., *chavatte* id., *chucre* n., *machacre* n., mots dans lesquels *ch* semble se substituer à *s*, mais dont l'origine douteuse ne permet pas de rien décider. Il est à remarquer, en effet, qu'en général l'*s* véritablement étymologique reste sans modification, tandis que souvent dans certains dialectes provençaux, dans le savoyard et dans les patois de la Suisse romande, par ex., il se change en *ch* comme le *c* palatal.

3. Cf. plus haut p. 233 et 250; ainsi on a : *tcheusine* n., *loisir* p., *moisi* n., *plaisi(r)* n. p., *raisin* id., *veisin* n., *voisin* p., et *onze, douze, treize*, etc., en normand et en picard tout comme en français. V. pl. h. p. 122.

bien qu'on puisse supposer que la langue a procédé ainsi pour distinguer les modifications du *c* de celle du *jot* ; quoi qu'il en soit, *z* (*s*) apparaît à la place du *c* palatal transformé en sonore dans les plus anciens monuments que nous ayons, et il faut bien supposer dès lors que dès le XIIe et même le XIe siècle le normand et le picard se comportaient à cet égard comme aujourd'hui. Cependant il semble aussi qu'il y ait eu, au moins en Artois, une tendance à donner à la spirante sonore résultant de la transformation du *c* palatal, d'ailleurs comme à *s* médial, le son de la chuintante *j* ; c'est ce qu'on peut inférer de ce passage de Bouille dans son livre « De differentia vulgarium linguarum et gallici sermonis varietate », « Morini et Bolonii, nostri Oceani accolæ, in mediis dictionibus vulgaris linguæ id patrant vitii, ut *s* in *j* demutent. Dicimus vulgo *maison*, *oison*, *prison*, *toison* ; dicunt Morini, litera *s* in *j* labente, *maijon*, *oijon*, *tijon*, *prijon*, *toijon*[1]. » Mais, il est difficile de rien conclure de certain pour le cas qui nous occupe de ce témoignage isolé.

Pour terminer cette étude des deux gutturales dans le normand et le picard, et comme application à la lecture des anciens textes, il me reste à examiner la question souvent posée de la valeur de *c* suivi de *e*, provenant de *a* étymologique. Naturellement cette valeur ne peut être que la valeur *k* du *c* vélaire ou une de celles qu'il peut prendre en se transformant, c'est-à-dire *ch* ou *tch*, les seules que connaissent les dialectes septentrionaux de la langue d'oïl[2]. Or comme le *c* vélaire persiste en normand et en picard dans les textes qui ont conservé les caractères essentiels de ces dialectes, il faut évidemment attribuer dans ce cas à *c*, que la voyelle suivante soit *a* ou *e*, la valeur *k*. Cette manière de voir trouve sa confirmation immédiate dans l'orthographe *ke* que nous avons si souvent rencontrée dans les textes à côté de *ce*, car il est évident qu'il faut dans les deux cas prononcer de la même

1. p. 37. Les patois suisses et savoyards ont substitué souvent cette sonore *ź* (*j*) à *c* transformé et parfois à *s* étymologique.

2. Je n'y connais la forme *ç* que dans *cis* (casis) du patois de Guernesey. Les dialectes méridionaux, au contraire, comme quelques sous-dialectes provençaux (Cf. pl. h. p. 210), ont changé parfois le *c* vélaire en *ç*, par suite de la transformation successive *tch*, *ts*, *s*; ainsi *semin* dans le Nivernais, *só* (calidum), dans le patois du département de l'Ain, etc. ; mais ces formes sont inconnues au nord de la Loire, et il a dû en être toujours de même, puisqu'on n'a pu passer du son *s*, qu'aurait pris alors le *c* vélaire au son *k ou ch* qu'il a actuellement. Du moins ceux qui croient à la possibilité de ce changement devraient en donner d'autres preuves que des transcriptions dont la valeur est incertaine.

manière, c'est-à-dire *ke*. Une autre preuve non moins directe de ce fait nous est fournie par ce vocabulaire français-hébreu dont j'ai parlé plus haut, nous y trouvons, en effet, avec *k* : *blankes*, *boke*, *branke*, *kemin*, *kebal*, *roke*, etc., c'est-à-dire que le *c* vélaire y a conservé sa valeur gutturale, quoique l'*a* étymologique se soit affaibli en *e*. Cependant le *c* vélaire s'étant, surtout à partir du XIIIe siècle, changé aussi en *ch*, il est certain qu'alors *ce* a pu parfois dans les textes dont la langue n'est pas pure avoir une autre valeur que *ke*, mais il n'est pas moins certain aussi que cette valeur n'a pu être, comme je l'ai dit, qu'une de celles du *c* vélaire transformé dans les dialectes français, c'est-à-dire *ch* ou *tch*.

Ces observations ont une importance extrême pour la restitution des textes surtout à la rime. J'ai, en commençant cette étude des dialectes, eu occasion de parler de rimes terminées par *ce* représentant le *c* vélaire suivi de *a* latin, et j'ai dit — ce que les explications précédentes confirment de tout point — que si on avait affaire à un texte vraiment picard ou normand, il fallait donner à *ce* le son *ke*, que si, au contraire, le texte était français, il fallait écrire *che*. Mais il peut se faire aussi qu'on ait à la rime *ce* provenant de *ca* latin d'une part et devant dès lors avoir le son *ke* ou *che*, suivant que le texte est picard ou normand, ou bien encore français, et d'autre part *ce*, provenant de *c* suivi de *e* ou *i* ou de *ti* transformé, et devant dès lors avoir le son *ce* si le texte est français, le son *che* s'il est picard ou normand. Comment faut-il dans ce cas constituer le texte? et comment d'abord expliquer la présence à la rime de deux syllabes identiques et d'origine si différente? Elles ne peuvent évidemment se trouver dans des textes français ou picards ou normands entièrement purs, puisque dans le premier cas *ca* latin donne *che*, et *ce* ou *ti*, *ce* ; que dans le second *ca* donne *k*, et *ce* ou *ti*, *che* ; mais on comprend très-bien qu'il en puisse être autrement dans des textes écrits à une époque où les formes françaises avaient pénétré dans le dialecte picard ou normand, ou bien encore dans une contrée où ces formes se rencontraient simultanément, comme cela dut avoir lieu de bonne heure sur la frontière des pays de langue normande ou picarde. Nous voyons par exemple dans une charte d'Amiens de 1318, publiée par Le Roux de Lincy dans l'Introduction à son édition des Livres des Rois [1], *ca* représenté fréquemment par *ch*, — à côté de *c*, il est vrai, qui se trouve dans *cose*, *eskevin*, — comme dans

1. *Les Livres des Rois* p. 70.

chatel, chose, eschevin, marcheant, marcheandise, en même temps que *ce* y est représenté également par *ch* dans *serviches, fachent, justiche, che, audienche*. De même dans une charte d'Hedincourt de 1257 [1], nous avons *cheaus, veche* (viciam), *vechas, chele, commenchier*, où *ch* représente *ce, ci* ou *ti*, et *chevaliers, chascun, franche, chose*, où il représente *c* suivi de *a*. En normand on rencontre aussi, et même bien plus souvent, *ch* substitué au *c* vélaire, tandis qu'il peut remplacer, comme nous avons vu, le *c* palatal. On comprend dès lors que les poètes picards et normands aient pu rapprocher ces terminaisons d'origine différente, aussi les exemples de ces sortes de rimes abondent-ils dans les textes picards du XIIIe et du XIVe siècle ; mais comment faut-il les écrire? Dans le Roman de la Violette nous trouvons aux vers 499 et 500 *chière* (caram) et *sorchière* (* sortiariam) formant une rime de ce genre :

Laide et obscure avoit la *chière*,
Mult estoit desloiaus *sorchière*.

et, comme nous le voyons, l'éditeur, encore que le copiste du poème eût écrit *sorcière*, a mis *ch* dans les deux cas. Au contraire, dans « Blancandins et l'Orgueilleuse d'Amour », *ce* a été conservé dans les deux cas pour toutes les rimes, — et elles sont nombreuses, — où *ca* et *ce* ou *ti* transformés se trouvent à la fin du vers ; ainsi :

Blancandins chevauche par *force*
Tot .I. cemin, lès une *roce*. v. 687, 688.
Qui Subiien sivent à *force*
Si l'encaucent tot une *roce*. v. 5979, 5980
L'escu blanc et la *connissance*,
Par amor li donne sa *mance*. v. 1213, 1214.
Et avec çou sa destre *mance*
Que de s'amor soit a *fiance*. v. 1751, 1752
Caperon ot et *connissance*
Et en son destre brac la *mance*. v. 1785, 1786
Qui er soir me donna sa *mance*,
Dist, Blancandins : Ce fu *enfance*. v. 1847, 1848
Se rest armés sans *demorance*,
Vest une broigne, maille *blance*. v. 5377, 5378 [2].

1. *Les Livres des Rois* p. 72.

2. Ces rimes abondent dans l'Inventaire de la Muse normande ; en voici un exemple tiré d'un dicton populaire :

Le vin tranche-bouyau d'*Avranches*
Et rompt-cheinture de Laval
Ont mandé à Renaud d'*Argenches*
Que Coninhou aura le gal.

Le Héricher. *Gloss. norm.* s. v. *gal*.

On ne peut douter qu'il ne faille, comme on le voit dans le Roman de la Violette, mettre partout *ch* à la place de *ce*; le texte étant picard, *ce* et *tia* y deviennent *ch*, *ca*, au contraire, y a bien généralement, à ce qu'il semble, le son *ke*, comme dans *haces* v. 1077, *ceval* 1204, *blance* 1216, *kenus* 4651, etc.; mais parfois aussi il se transforme en *ch*, comme dans *chevauce* 634, *chevaliers* 1099, *chevauchier* 1090, *chars* 1428, *chevalier* 2286, etc.; c'est cette forme du *c* vélaire qu'il faut donner à *ce* substitué à *ca* dans les rimes précédentes [1]; *ce* ainsi employé ne pouvant, en effet, comme je l'ai montré, avoir que le son *ke* ou *che*; et *ce*, substitué à *tia* ou à *ce* latin, ne pouvant prendre d'un autre côté que le son *che* ou *ce*, il est évident que c'est *ch* qu'il faut écrire ou prononcer dans les deux *cas*.

III. *Remarques sur le traitement du c vélaire et du c palatal en normand et en picard.*

Il résulte de l'étude à laquelle je viens de me livrer que le picard et le normand ont conservé au *c* vélaire sa valeur dans le plus grand nombre de cas, et transformé le *c* palatal en *ch*. On savait déjà qu'il en était ainsi pour le picard, mais personne, je l'ai déjà remarqué, ne l'avait établi d'une manière certaine pour le normand, qui, comme on l'a vu, présente cependant absolument les mêmes formes pour les deux gutturales. Comment expliquer maintenant ces formes particulières à ces dialectes et si différentes de celles du français? La persistance du *c* vélaire n'étant que la conservation du son primitif, il est difficile de voir dans ce fait autre chose que ce qui s'y trouve réellement, c'est-à-dire le maintien pur et simple de la vélaire latine, comme dans les idiomes du groupe oriental ou du Sud-Ouest [2]; par conséquent le normand et le picard présentent à cet égard un état de la langue plus ancien que le français, qui a changé la vélaire en *ch*. Je ne crois pas qu'on ait cherché à donner de cette différence de formes une autre explication qui mérite de fixer l'attention [3].

1. Cf. *Jahrbuch*. IX, 84.

2. La ressemblance entre le picard et l'italien dans le traitement des gutturales a déjà été signalée par A. Dinaux (*Mémoires sur les Trouvères Cambrésiens*, dans les *Archives du Nord de la France*), cité par Fallot, *Recherches sur les formes gramm. de la langue française*, p. 463.

3. En voici une qu'on est surpris de trouver dans un auteur d'ordinaire aussi judicieux que Fallot : « Ces deux idiomes, dit-il (*Recherches* etc., p. 463), — il s'agit du picard et de l'italien, — dans leur harmonie propre

Quant au changement du *c* palatal en *ch*, si l'on se rappelle ce que j'ai dit des transformations de cette lettre dans les idiomes romans, on y verra l'affaiblissement de la forme *č* que prend d'abord ce son en se modifiant, affaiblissement que nous retrouvons en particulier dans le toscan et dans plusieurs autres dialectes italiens ou ladins. Toutefois Diez a proposé une autre explication : suivant lui la palatale aurait d'abord eu en picard — il ne parle pas du normand — la même forme *ts* ou *s* qu'en français, puis se serait ensuite épaissie en *ch*. Mais ce n'est là, il faut le reconnaître, qu'une supposition gratuite qu'aucun fait ne vient appuyer, et qu'au contraire contredit la théorie même des transformations du *c*. D'abord on ne voit pas si cet épaississement s'était produit après l'affaiblissement de *ts* en *s*, affaiblissement qui a eu lieu pour la spirante sonore presque dès les premiers temps de la langue, pourquoi l'*s* étymologique n'en aurait pas été affecté; si on suppose, au contraire, qu'il est antérieur à l'affaiblissement de *ts* en *s*, il faudrait montrer comment ce son *ts* a pu donner *ch*, tandis que partout où j'ai constaté sa présence véritable, nous l'avons vu, soit persister, soit s'affaiblir en *s* ou en θ, mais jamais en *š*. Il faut donc admettre que *ch*, transformation de la palatale en picard et en normand est non un épaississement de *s*, mais l'affaiblissement de *tch*, tout comme *ch* modification de la vélaire en français. Cela étant, pourquoi ces deux dialectes ont-ils préféré cette forme de la palatale? La réponse à cette question me paraît on ne peut plus simple, et je n'hésite pas à voir dans ce fait le résultat de la persistance de la vélaire, nouvelle preuve, s'il en était besoin, que cette persistance est la forme primitive du *c* suivi de *a* en picard et en normand. Il semble que le son *ch* (*č* puis *š*) était nécessaire dans une certaine mesure aux dialectes de la langue d'oïl; le français l'ayant donné à la vélaire transformée, a pu affaiblir la palatale successivement en *tch*, *ts* et en *s*; le picard et le normand ayant, au contraire, conservé à la vélaire sa valeur gutturale ont dû garder, pour faire en quelque sorte compensation, à la palatale la valeur *tch* ou *ch*.

Reste donc à expliquer pourquoi la vélaire a persisté en normand et en picard, tandis qu'elle s'est transformée en *ch* en fran-

pour cet ordre de sons et par suite pour plusieurs autres, sont d'un ton plus élevé que le français et ont leurs voyelles harmoniques à un degré plus haut. Ainsi *k* est à *ch* ce que *ch* est à *ce* », etc. Par bonheur on n'est pas obligé de comprendre.

çais. Ici la solution est plus difficile, et le plus simple serait peut-être de constater le fait sans chercher à en rendre compte ; mais puisqu'on a essayé de le faire, il faut au moins dire un mot des explications qu'on a proposées de ce fait de phonétique si curieux. On a prétendu, et Diez en particulier, que la transformation du *c* vélaire était due à une influence germanique ; le *c* se serait, comme cela a eu lieu dans le dialecte franc, changé d'abord en spirante χ, laquelle se serait à son tour transformée en *č*. Cette explication repose, je crois, sur une confusion et sur un rapprochement sans fondement entre χ et *č* ou *š* que Diez a regardé comme des *aspirées* de même valeur. Le *c* vélaire s'est parfois dans les dialectes italiens changé en χ, mais alors il n'est pas allé plus loin, et on ne voit pas qu'il eût pu devenir dans ce cas autre chose que *y*[1]. Telle n'est point, nous le savons, la marche que la vélaire a suivie dans sa transformation en *ch* ; elle s'est, au contraire, modifiée d'abord en palatale *ć*, laquelle à son tour a donné le son *tch*, affaibli ensuite en *ch*.

D'ailleurs, si la transformation du *c* vélaire en *ch* était due à l'influence germanique, comment l'expliquer dans le domaine provençal, dont certaines contrées l'ont si peu subie ? Comment se ferait-il aussi que cette influence ne se fût pas fait sentir de préférence sur les mots d'origine germanique, dont un bon nombre cependant ont conservé la vélaire, tandis que les mots d'origine latine presque sans exception l'ont changée en *ch* ? comment encore peut-il se faire que, parmi les dialectes français et ladins, ce soient précisément ceux, — si l'on excepte le lorrain et le wallon[2], — où l'influence germanique a été la plus puissante, comme dans le picard, le normand et le roumanche de l'Oberland, qui aient conservé la vélaire, tandis que les autres l'ont transformée ? Il semblerait même d'après cela, si dans une question aussi obscure on pouvait hasarder une explication, qu'il fallût renverser les termes du problème et voir dans cette prédominance des éléments germaniques, au moment de la formation de la langue, le contraire de ce qu'on lui attribue, c'est-à-dire la conservation de la vélaire dans les dialectes dont je viens de parler. La transformation, sans aucun doute récente, du *c* primitivement vélaire en *č* dans un certain nombre de mots de ces

1. Il est vrai, *y* s'est parfois changé en chuintante, mais c'est à une sonore, non à une sourde, qu'il a donné naissance, quand il n'est pas précédé d'une explosive sourde.

2. Au reste dans ces idiomes même la vélaire persiste parfois ; voir plus haut, p. 219.

dialectes montre bien au moins que cette modification est un développement naturel et spontané de la langue, et que si elle ne s'est pas produite plus tôt, c'est qu'une cause latente, agissant au moment de sa formation, a conservé à la gutturale sa valeur primitive.

Si l'on admettait que cette cause est l'influence germanique, on aurait là peut-être un moyen de fixer la date de la transformation de la vélaire dans le français. Dans cette hypothèse, en effet, celle-ci n'aurait pu se changer en *tch* qu'après que cette influence aurait cessé de se faire sentir, c'est-à-dire probablement dans le courant du IXe siècle [1] : c'est la conclusion à laquelle m'avait amené déjà l'étude des premiers monuments de la langue. D'ailleurs cette circonstance que, sur trois des principaux dialectes français, deux ont conservé la gutturale vélaire, ne permet pas de reporter loin de leur époque de formation sa transformation dans le troisième ; si cette transformation n'avait eu lieu que beaucoup plus tard on ne voit pas pourquoi elle ne se serait pas produite alors simultanément dans les deux autres, comme elle y a eu lieu isolément dans la suite. Or c'est au IXe siècle que le français commence à se dégager des langes du latin et à prendre une physionomie qui lui soit propre, je crois donc que c'est à cette époque aussi qu'il faut reporter le changement de la vélaire en chuintante *ch* ou du moins en palatale *ć*, sa transformation en cette dernière ayant pu d'ailleurs commencer plus tôt, et ce son intermédiaire ayant pu aussi, suivant les localités, persister plus ou moins longtemps.

Ainsi le *c* vélaire a persisté d'ordinaire en normand et en picard, le *c* palatal s'y est transformé en *ch* ; dans les dialectes français du centre et de l'Est, au contraire, le *c* vélaire s'est transformé en *ch*, le *c* palatal en *ts* puis en *s* : tels sont les résultats généraux auxquels je suis arrivé ; ils sont incontestables pour le français et généralement admis aussi pour le picard, mais les anciens monuments semblent les contredire, en partie du moins,

1. Les Gloses de Reichenau et de Cassel donnent partout *ca*, au commencement comme au milieu des mots; le *c* vélaire persistait donc encore devant *a* au moment de leur rédaction, c'est-à-dire au VIIIe siècle; il y a plus, l'orthographe *keminada* (p. 68 tr.) montre que devant *e*, provenant de *a*, il était encore resté sans modification; nous avons donc là une limite inférieure pour cette transformation, le fragment de Valenciennes en donne une supérieure; c'est entre elles, dès lors, c'est-à-dire entre la fin du VIIIe et celle du IXe siècle, qu'il faut placer la transformation du *c* vélaire en *ch*.

pour le normand. Dans l'Alexis, la Chanson de Roland, le Charlemagne, le Psautier d'Oxford, le *c* palatal transformé est représenté comme en français par *c* ou même par *s*, j'ai déjà eu occasion de remarquer qu'on ne pouvait pas conclure de cette orthographe que le *c* n'y avait point la prononciation *ch* (š) ou *tch* (č) devant *e* ou *i* étymologique, puisqu'on trouve écrits avec un simple *c* des mots dans lesquels *ce* ou *ci* devait se prononcer *che* ou *chi*. D'un autre côté l'étude comparée des monuments normands du Moyen Age et de la langue actuelle nous montre le son *s* se substituant bien plutôt au son *ch* que celui-ci ne prenant la place du premier, raison de plus, si on n'y était déjà amené par la théorie, pour voir dans *ch* la forme primitive en normand du *c* palatal latin transformé.

Quant au *c* vélaire, nous l'avons trouvé persistant le plus souvent dans les plus anciens monuments de la langue; les mots où il est remplacé par *ch* étaient-ils usités par les écrivains normands, ou bien l'adoption de la forme *ch* est-elle due à un caprice des copistes? Il est difficile de répondre d'une manière entièrement satisfaisante à cette question, quoique la seconde supposition, d'après ce que nous savons des caractères du normand et des altérations apportées aux anciens textes par les scribes, soit de beaucoup la plus vraisemblable. Toutefois il est certain que d'assez bonne heure le *c* vélaire s'est changé en *ch* dans un certain nombre de mots en Normandie; on trouve le nom de Radulfus *Clinchamp* dans une charte latine de 1165 environ, d'après M. Léopold Delisle [1], et ce nom est encore aujourd'hui celui d'une commune voisine de Caen et d'une famille normande; nous avons vu aussi que dans un certain nombre de noms de lieu *ch* s'est substitué au *c* vélaire, ainsi: *Avranches*, *Cherbourg* (M.), *Chamboy* (O.), *Clinchamps* (C.), *Chanteleu* (E.), *Neufchâtel* (S.-I), etc., et si, comme on doit le supposer, la gutturale *k* y a précédé la chuintante *ch*, nous savons que sa transformation en cette dernière remonte à une époque reculée. Il est donc permis aussi de supposer que dans des textes incontestablement normands d'origine les gutturales étaient souvent traitées comme en français; et, tout en admettant que les scribes ont parfois falsifié les textes qu'ils nous ont transmis, on peut croire aussi que certains monuments poétiques ont bien, comme les chartes que j'ai étudiées, présenté à la fois des formes normandes et des formes françaises; mais comment expliquer le mélange de ces formes dialectales si différentes dans le langage parlé et surtout

1. *Hist. de la commune et du château de St-Sauveur*, p. 72.

écrit en Normandie? Pour s'en rendre compte, il suffit de se reporter aux événements historiques dont cette province a été le théâtre.

Le normand, comme je l'ai dit, est la langue propre à l'ancienne Neustrie ; l'isolement où se trouva cette contrée par suite de la conquête de Rollon, — conquête qui eut lieu au moment où les divers idiomes français commençant à se former devaient commencer aussi à prendre leurs différences dialectales, — dut favoriser la conservation des caractères distinctifs du dialecte qu'on y parlait ; la conquête de l'Angleterre vint bien mettre la Normandie en rapport avec un pays nouveau ; mais si, au contact de l'anglo-saxon, l'idiome des conquérants dut se modifier, ce ne fut que plus tard et quand il fut parlé par le peuple conquis, que cette altération se produisit ; elle ne dut d'ailleurs se faire sentir qu'en Angleterre et ne put exercer aucune influence sur le normand du continent. Il n'en fut pas de même d'un événement tout pacifique qui eut pour la puissance du royaume anglo-normand les conséquences les plus importantes ; je veux parler de l'avénement des Plantagenets au trône d'Angleterre.

Depuis la conquête les souverains anglais, — le dernier, Etienne de Boulogne, excepté, — étaient originaires de Normandie ; le dialecte de cette province devait donc être resté naturellement la langue de la cour, comme la langue officielle. La réunion en 1154 de la Normandie et de l'Angleterre sous la domination de Henri II Plantagenet vint modifier cet état de choses. Henri, avant d'être duc de Normandie et roi d'Angleterre, était comte d'Anjou, du Maine et de Touraine, pays dont le dialecte ressemble bien au normand par son vocalisme, mais en diffère essentiellement par le traitement des gutturales qui s'y sont modifiées comme dans le français proprement dit. Ainsi tandis que les pays de langue picarde restaient isolés politiquement du reste de la France, la Normandie, en passant sous le sceptre des Plantagenets, se trouvait, au milieu du XIIe siècle, réunie à des pays dont le dialecte différait profondément du sien par leur consonnantisme ; il est impossible que ce rapprochement d'idiomes différents n'ait point influé sur le normand, au moins sur le normand littéraire. Des trouvères, comme Wace, qui florissait déjà à l'avénement des Plantagenets, continuèrent sans doute à écrire dans le dialecte normand et purent voir encore leurs poèmes accueillis des nouveaux souverains[1] ; mais il

1. Rou v. 10455. Par Deu aïe e par li rei,
Altre fors li servir ne dei,

se forma bientôt une autre génération de poètes qui dédaignèrent certains des caractères essentiels du normand proprement dit et n'en durent plaire peut-être que davantage aux monarques angevins ; comment d'ailleurs ceux-ci n'auraient-ils point préféré des formes qui leur rappelaient l'idiome de l'Anjou et de la Touraine ? Si l'on pouvait être sûr que les poésies de Richard I n'ont point été altérées par les copistes, on y trouverait la confirmation la plus directe de ce que j'avance, puisqu'elles n'ont aucun des caractères du normand[1].

Quoi qu'il en soit, il est incontestable — et c'est avec les altérations apportées aux textes par les copistes une des causes qui jettent tant d'incertitude sur la langue des poèmes normands de cette époque et en rend le rétablissement impossible — qu'à partir de la seconde moitié du XIIe siècle, il y eut dans l'étendue du royaume anglo-normand des trouvères qui, soit qu'ils ne fussent pas d'origine normande, soit qu'ils le fissent à dessein, employèrent non les formes propres au dialecte parlé en Normandie, mais à celles du dialecte de l'Ile-de-France. Le désir de plaire aux princes de la nouvelle dynastie, mais plus encore l'importance chaque jour croissante de la littérature des pays de langue française et la renommée de leurs poètes, en furent la cause. Après avoir fait ses premières études à Caen, Wace avait vécu un temps assez long dans les pays soumis à la domination des rois de France[2] et il n'est pas impossible déjà qu'il n'y ait appris, pour les adopter peut-être plus tard, cer-

Me fut donnée, Dex li rende,
A Baieues une provende.

Cependant Wace lui-même ne tarda pas non plus à être négligé par les rois anglais et il s'en plaint amèrement :

De dons e de promesses chacun d'els m'asoage ;
Mez besuing vient, qui tost sigle e tost nage,
E suvent me fet metre li denier el gage.

1. Le Roux de Lincy, *Recueil de chants historiques français*, I, 56 et 65. Toutefois on trouve dans la seconde

« Dalfin, jens voil deresnier »

les mots *castels* et *cal* ; mais si le premier peut être à la fois provençal et normand, le second n'est que provençal, la forme normande étant *calt* ou *caut*, on peut donc supposer que *castels* est aussi provençal et qu'on a là la traduction d'une chanson écrite primitivement dans l'idiome des troubadours, ou copiée par un scribe provençal, ce que semblerait indiquer le *tz* des mots *voletz* 2, 53, *trovetz* 5, 3.

2. Puiz fu lunges en France apris. R. v. 10450.

taines formes étrangères au dialecte normand ; cependant, sous les altérations dont ils ont été l'objet, on retrouve encore dans ses poèmes les mieux conservés les caractères essentiels de son idiome natal. Mais il n'en fut plus de même après lui. Les formes normandes ont déjà plus ou moins disparu, nous avons vu, de la Chronique des ducs de Normandie, du poème du Mont Saint-Michel, etc., pour être remplacées par des formes françaises. Vers la fin du XIIe siècle, Garnier de Pont-Saint-Maxence, originaire, il est vrai, du Beauvaisis, mais célébrant un Anglais, écrivant en Angleterre, et surtout pour les Anglo-Normands [1], arguait dans son poème sur « Thomas le Martyre » de son origine pour prouver la bonté de son style :

« Mis languages est buens, car en France fui né [2]»

Ainsi, même dans les pays de langue normande, on pouvait déjà à cette époque proclamer, sans craindre d'être contredit, la supériorité du français sur les autres dialectes congénères.

Un événement, bien plus important par ses conséquences philologiques que l'accession au trône des Plantagenets, allait, au commencement du siècle suivant, accroître encore cette suprématie du français en Normandie ; ce fut la réunion à la couronne des possessions continentales des rois d'Angleterre (1203). Ce n'était plus là seulement, en effet, comme en 1154, le rapprochement entre des pays de langue normande et trois provinces ayant un idiome différent, c'était leur réunion, ou plutôt leur soumission, à ceux de langue française, fait qui devait entraîner la substitution de l'idiome de l'Ile-de-France au normand comme langue officielle. Un pareil événement devait modifier profondément les conditions dans lesquelles s'était trouvé jusque-là l'ancien dialecte parlé en Normandie ; sans doute cette révolution n'atteignit pas tout d'abord le langage populaire ; mais l'emploi du français dans les actes publics [3], la supériorité désormais reconnue

1. Ainc mais mieldre romanz ne fu fez ne trovez ;
A Cantorbire fu et fez et amendez.

2. Cf. *Hist. litt. de la France* XXIII, 370. Toutefois, il faut le reconnaître, tout ceci est beaucoup plus vrai de l'anglo-normand que du normand proprement dit.

3. Dans l'*Échiquier de Normandie*, recueil d'actes du XIIIe siècle, mais probablement rajeunis, le normand a fait place partout au français. Du moins nous ne trouvons déjà les formes normandes qu'exceptionnellement dans les extraits du livre des Jurés de l'abbaye de Saint-Ouen de Rouen, donnés par M. Léop. Delisle dans ses *Études sur la condition de la classe agricole en Normandie*, sous l'année 1291, ainsi que dans

de ce dialecte, la célébrité dont jouissaient alors les trouvères qui le parlaient, tout cela porta au normand un coup fatal. Délaissé peu à peu par les clercs, qui y mêlèrent, quand ils n'en rejetèrent pas complètement l'emploi, des formes françaises, il cessa d'être une langue littéraire et tomba au rang de patois. C'était la conséquence inévitable de la soumission de la Normandie à la couronne et de la suprématie bientôt incontestée du dialecte de l'Ile-de-France. Cet état de choses ne pouvait manquer d'avoir à la longue une influence dissolvante sur le parler vulgaire des populations normandes.

En ce qui concerne les gutturales, la chuintante *ch* tendit désormais à se substituer à la vélaire ; *s* à prendre, au contraire, la place de *ch*, transformation normande de la palatale. L'inspection des anciens manuscrits en donne la preuve à chaque ligne, et j'ai eu occasion de signaler sans cesse cette confusion de formes dans les chartes que j'ai étudiées précédemment. L'examen des noms d'hommes ou de pays surtout est on ne peut plus propre à montrer la transformation qui s'effectuait peu à peu dans la langue, et les efforts des lettrés pour faire passer sous le niveau français les anciennes formes normandes. Dans certains manuscrits de la Chronique des ducs de Normandie, du Brut ou du Rou, on trouve souvent *ch* substitué à *c* dans les noms de lieu qui ont conservé jusqu'à présent leur prononciation gutturale, par exemple *Arches* R. v. 8575 et 8589 ; *Chaaignes* (Cahagnes) R. 13664, *Chanon* (Canon) R. 13679, *Chaen* (Caen) Chr. 33754 ; *Chauz* Chr. 14739, R. 13731; *Chaumont* Chr. 30798 R. 15231 ; *Tancharville* R. 13560, etc. [1]. Les Actes normands nous font en quelque sorte assister à ce travail de transformation ; ainsi nous trouvons dans le compte n° 4 de l'année 1329 « Nuef Castel et Arques » ; dans le compte n° 74 de l'an 1337 nous avons, au contraire, « Noef Chastel et Arches » ; un des copistes du Roman de Rou avait aussi employé la forme Arches ; on essayait donc, à ce qu'il semble, à cette époque de transformer la gutturale de ces deux noms ; la tentative a réussi pour le premier, qui est devenu *Neufchâtel*, mais elle a échoué pour le second qui est resté *Arques ;* par contre elle a réussi pour le

un acte de 1260, et les pièces justificatives du même ouvrage contiennent des chartes du commencement du treizième siècle (1302, 1324, etc.) où on ne rencontre plus que les formes françaises des gutturales.

1. On trouve même *ch* dans des noms étrangers comme *Chantorbire* (Cantorbéry) B. 4079, *Chatenois* (Caithness) id. 2365, où la vélaire aurait dû évidemment être conservée.

nom de la même contrée, et formé de la même racine, *Pont de l'Arche*. Ce qui s'est passé dans le département de la Seine-Inférieure s'est produit également dans les autres parties de la Normandie ; ainsi, à droite de la baie des Veys, se trouve *Grancamp*, nom dont la vélaire a persisté, tandis que sur le côté gauche de la même baie est *La Blanche*, mot dans lequel elle s'est transformée en *ch* ; il serait facile de multiplier ces rapprochements, sans qu'on pût pour cela deviner quelle est au juste la cause qui a déterminé cette diversité de formes dans des mots qui ont dû être identiques à l'origine. Il semble bien sans doute que les noms dont le *c* s'est transformé sont plus récents, cependant il en est comme *Clinchamps*, *Avranches*, *Cherbourg*, etc., qui doivent être fort anciens, et qui, se trouvant dans la même région que d'autres dont la vélaire a persisté, auraient dû, dès lors, la conserver comme eux, mais ne l'ont pas moins changée en *ch*. La seule chose qui paraisse certaine, c'est qu'en général les noms où le *c* vélaire s'est transformé appartiennent à la partie méridionale ou Sud-Est de la Normandie ; on comprend, en effet, que ce soit là, à la frontière commune des deux dialectes, que celui de l'Ile-de-France ait agi avec le plus de puissance, pour en modifier les formes propres au normand.

Les noms de personnes donnent lieu aux mêmes observations ; ainsi dans le n° 4 des Actes normands (1329), on rencontre le nom de *Charpentier*, dans l'acte trois (1328) celui de *La Chapelle* et dans l'acte quarante-huit (1336), celui de *Chanu*, qui sont écrits le premier *Carpentier* dans l'acte cinquante-trois (1336), fait pour l'armement de la nef la Kateline, le second *La Capelle* (Jehan de) dans l'acte trente-neuf, inventaire fait en 1333 à Saint-Pierre d'Arthenay, ainsi que dans l'acte soixante-quatorze passé en 1337, et le troisième *Canu*, dans l'inventaire de Saint-Pierre d'Arthenay [1]. Le même fait se présente dans les textes que j'ai étudiés, et on y rencontre même écrits par *ch* des noms dont la gutturale n'aurait pas dû, ce semble, être modifiée. J'ai déjà signalé dans l'Alexis la forme *Acharies* (Arcadius) L. 62, 2 ; on trouve de même *Aschanius* (Ascagne) dans le Roman de Brut v. 17, 89, 111, 118, etc. C'était, appliquée ici même à des noms étrangers, le résultat de cette tendance de transformation dont j'ai fait remarquer les effets sur les noms de lieu, et qui semble avoir agi

1. Nous avons vu que ces formes *Canu*, *Capelle*, *Carpentier*, sont encore usitées aujourd'hui en Normandie.

avec force au XIIIe et au XIVe siècle, sans réussir cependant à modifier tous les noms propres que la tradition défendait contre ces tentatives d'innovation, comme la mémoire du peuple conservait fidèlement aux noms communs, malgré l'influence croissante du français, leur forme originelle.

On peut dire qu'il a fallu une résistance de tous les instants, aidée sans doute par le mauvais état de l'instruction — l'ignorance si funeste à tous les égards est au moins favorable au maintien des idiomes tombés à l'état de patois — pour conserver au dialecte normand, en particulier en ce qui concerne les gutturales, ses caractères distinctifs. Pour les noms communs toutefois le normand l'a emporté aussi bien dans la conservation de la vélaire que dans celle de la forme *ch* prise par la palatale transformée ; la vélaire n'a cédé que dans un petit nombre de cas[1], et la forme *ch* prise par la palatale, excepté à la fin des mots cependant et au milieu quand elle s'est changée en spirante sonore, n'a fait place à *ç* aussi que dans bien peu de cas. Il en a été tout autrement pour les noms propres, ce qui s'explique sans peine, parce qu'ici les lettrés sont intervenus et ont favorisé les formes françaises, le *c* vélaire a dû faire place assez souvent, surtout dans les noms géographiques, à la chuintante *ch*, et celle-ci, au contraire, a été remplacée dans le plus grand nombre de cas par le *c* français.

Telle a été, au point de vue des gutturales et depuis la réunion de la Normandie à la France, l'histoire du dialecte parlé dans cette province ; mais tout autre naturellement a été la destinée du normand importé par la conquête en Angleterre ; c'était la conséquence forcée des conditions particulières dans lesquelles il s'y trouvait. Sur le continent, le normand était la langue du peuple qui, grâce à l'ignorance dans laquelle il vivait, l'a conservée longtemps sans modification essentielle ; en Angleterre, au contraire, le normand était la langue de l'aristocratie, minorité isolée au milieu de la population anglo-saxonne, dont elle dut

1. Il est curieux de comparer les mots communs où la vélaire a persisté et ceux où elle s'est changée en *ch* ; on voit qu'en général les premiers sont exclusivement populaires ou indigènes, les mots qu'on pourrait dire d'un usage mixte ont le plus souvent, au contraire, les deux formes ; quant à ceux qui sont d'origine savante, ou qui appartiennent à la langue de l'église ou de l'administration, ils n'ont d'ordinaire que la forme française. Ainsi *canter* (mettre sur le champ), et *chanter* (la messe p. ex.) ; *calenger* (obtenir par dessus le marché) et *chier* (aimé) ; *canté* et *chanteau*, etc.

finir par apprendre la langue. Dans ces conditions, l'idiome importé en Angleterre courait grand risque de se corrompre s'il ne se ravivait à sa source. Mais l'avénement des Plantagenets ayant mis, au moins à la cour, sur le même pied d'égalité que le normand d'autres dialectes français jusqu'alors inconnus dans la Grande-Bretagne, il n'y avait déjà plus de raison pour qu'on y tînt à conserver dans toute sa pureté celui qui avait dû être seul parlé sous la dynastie normande. La séparation politique de la Normandie et de l'Angleterre ne dut pas non plus rester sans influence sur les transformations possibles de l'anglo-normand. Il suffit pour s'en rendre compte de se représenter les circonstances dans lesquelles elle se produisit et les résultats qui en furent la suite.

Depuis un demi-siècle le dialecte normand avait cessé d'être la langue maternelle des souverains anglais; cependant la célébrité des trouvères qui l'avaient employé d'abord dut lui conserver sans doute quelque temps encore quelque chose de son ancienne importance; tout cela changea au XIIIe siècle avec la séparation de la Normandie de l'Angleterre; la décadence de la poésie normande qui en fut la suite, l'éclat dont brillaient précisément à cette époque les trouvères de la langue française, tout devait contribuer à attirer de plus en plus l'attention sur ce dernier idiome; en même temps l'anglo-normand, n'étant plus ravivé par un échange continu de communications avec le continent, en contact aussi avec l'anglo-saxon, avec lequel il commençait à se mêler pour former ce qui sera bientôt l'anglais, ne pouvait manquer de s'altérer. Cette corruption toutefois dut tout d'abord bien plus modifier le vocalisme que le consonnantisme du normand, puisque l'anglo-saxon traitait les gutturales, les seules dont il soit ici question, de la même manière que ce dialecte ; celles-ci ne tardèrent pas non plus cependant à s'altérer ; ce qui dut contribuer à en modifier la valeur originelle fut l'influence croissante du français, influence qui ne cessa plus désormais de se faire sentir en Angleterre, comme elle agissait en Normandie ; mais qui n'y était pas combattue, comme dans cette province, par la tradition populaire. Le goût de notre littérature se maintint de l'autre côté de la Manche ; mais comme la décadence de la poésie normande avait suivi de près la réunion de la Normandie à la couronne, c'étaient les écrivains français qui étaient maintenant lus, admirés, imités en Angleterre ; on sait en particulier de quelle popularité y jouit le Roman de la Rose, que Chaucer ne dédaigna pas de traduire. En même temps c'était aussi dans l'Ile-de-France, non en Normandie, qu'allaient chercher leurs maîtres et des leçons ceux qui désiraient s'instruire dans notre langue ; le français, tel qu'il se conservait en Angleterre, était regardé comme grossier [1], il était naturel qu'on cherchât à le retremper à ses sources et à le refaire, si cela était possible, sur les modèles nouveaux qu'offrait le continent. Ainsi tout contribuait à effacer les caractères primitifs du normand et à ramener en particulier les gutturales de la forme qu'elles y avaient à celle qu'elles avaient prises en français [2] ; nous avons vu cependant qu'elles ont dans un certain nombre de cas conservé celle qui est propre au premier de ces dialectes, mais plus souvent aussi, en particulier la palatale, elles ont adopté celles du français et les doublets comme *caldron* et *chaudron*, *camber* et *chamber*, *caste* et *chaste*, *chives* et *cives*, *chibbol* et *cibol*, etc., montrent l'hésitation qui se produisit dans la langue à l'époque de sa transformation et la double source à laquelle elle a puisé.

Le dictionnaire français-hébreu dont j'ai parlé p. 252, document d'une importance dont l'éditeur ne paraît pas s'être douté, nous montre ce travail de transformation s'opérant déjà dans la première moitié du XIIIe siècle ; le *c* vélaire y a encore persisté le plus souvent, nous avons vu, mais il est aussi parfois remplacé par *ch* ; on sait qu'il a persisté jusqu'à aujourd'hui dans un certain nombre de mots, mais que dans un plus grand nombre il a fait place à cette chuintante ; la langue a donc continué la modification qui commençait alors, modification dont nous trouvons la preuve dans le soin même avec lequel les copistes substituaient *ch* au *c* suivi de *a*. Quant au *c* palatal, la transformation a été

1. On connaît les vers de Chaucer qui constatent ce mépris pour le français tel que le parlaient tant d'Anglais de son temps ; il s'agit de la supérieure des *Canterbury Tales* « Madame Eglentine » :

And Frenche she spake ful fayre and fetesly
After the scole of Stratford atte Bowe
For Frenche of Paris was to hire unknowe.

2. On peut se faire une idée des modifications qu'avait subies l'anglo-normand dès le XIIIe siècle, en comparant le texte du Lai d'Havelock à celui des monuments vraiment normands de la même époque ou du siècle précédent ; non-seulement la diphthongue *ou* (*aou*) s'est développée outre mesure et dans des cas où le dialecte normand proprement dit ne la connaissait pas, mais *oi* s'est presque partout substitué à *ei* ; en même temps la vélaire ne persiste plus devant *a* ; les cinq cents premiers vers du texte, tel que l'a donné M. Francisque Michel (*Lai d'Havelock*, in-4°, Paris, 1333), n'en offrent pas du moins un seul exemple ; quant à la palatale, elle est toujours représentée par *c* (*s*).

encore plus générale et plus complète. Dans ce même dictionnaire français-hébreu il est remplacé par *ts* dans tous les mots où il se trouve, ainsi : *tsendres* 199, *tserkier* 575, *tsantener* 529, *delitse* 311, *forteretse* 300, *fortse* 140, *meditsine* 642, *poits* 517, *ratsine* 1112, *sauts* (salices), etc.[1] On le voit, à une époque où dans les textes véritablement normands on trouvait la palatale depuis longtemps représentée par *ch*, elle avait déjà dans l'anglo-normand la valeur *ts*, son qui ne dut pas tarder naturellement à s'affaiblir, comme en français, — à part les quelques exceptions que j'ai signalées plus haut, — en *ç*, prononciation actuelle en anglais du *c* palatal transformé d'origine romane. On ne doit donc pas être surpris de le voir représenté dans les textes anglo-normands les plus récents, comme le Lai d'Havelock et Jordan Fantosme, uniquement par *c* et non par *ch*, comme dans les textes normands contemporains. C'est là aussi ce qui explique pourquoi dans ceux de ces derniers textes copiés en Angleterre, comme dans les plus anciens textes anglo-normands où le *c* palatal devait encore avoir la valeur *č*, l'orthographe du *c* suivi de *i* ou de *e* est si irrégulière et pourquoi au lieu de *ch* on n'y trouve le plus souvent que *c*.

Ce que j'ai dit du normand proprement dit peut s'appliquer en grande partie au picard ; toutefois ce dernier dialecte, — et c'est pour cela entre autres causes que ses caractères ont été connus à une époque où on ignorait encore ceux du normand, — s'est modifié bien plus tard que le premier ; en plein XIIIe siècle, à une époque où le normand était en pleine décadence et déjà descendu au rang de patois, le picard avait encore conservé toute son importance littéraire ; non-seulement des chartes étaient écrites, mais des histoires, telles que les Chroniques de Robert de Clari, des poèmes entiers comme ceux d'Adam de la Halle, étaient composés dans ce dialecte, et une école poétique indigène, restée célèbre, florissait alors en Artois. Cependant même avant la réunion à la couronne des pays de langue picarde, cet idiome subit aussi l'influence prépondérante du français, et si l'origine incertaine des manuscrits ne nous permet pas de dire au juste dans quelle mesure les formes françaises pénétrèrent dans le picard, elles y sont

1. On pourrait se demander si le *roman* de ce dictionnaire est bien de l'anglo-normand; mais la persistance de la vélaire exclut l'hypothèse qu'il soit français; d'un autre côté la représentation de la palatale transformée par *ts* ne permet pas de supposer qu'il soit normand ou picard; il ne reste donc plus qu'à admettre, ce que confirme d'ailleurs son origine, qu'il est anglo-normand.

trop fréquentes pour n'être toujours que le fait des copistes. Il était difficile qu'il en fût autrement ; le dialecte français était en honneur bien au-delà des frontières du domaine royal, tandis que le dialecte picard n'était accueilli avec faveur que dans les provinces du Nord de la France. Quesne de Béthune se plaint d'avoir vu ses vers méprisés à la cour d'Alis de Champagne, veuve de Louis VII, parce qu'ils étaient faits dans son idiome natal.

Que mon langage ont blasmé li Francois
Et mes chancons, oyant les Champenois,
Et la comtesse encoir, dont plus me poise.

Ainsi à la fin du XIIe siècle le picard passait pour grossier aux oreilles françaises[1] ; par contre nous voyons au siècle suivant l'un des trouvères du Nord les plus connus, Adenès li Roi, exalter le dialecte de l'Ile-de-France, qu'on apprenait déjà, nous dit-il, jusqu'en « pays tyois », et faire un mérite de le connaître aux principaux personnages de son poème, qui

Surent près d'aussi bien le francois de Paris
Com se ils fussent nés el bour a Saint-Denis[2].

Comment n'aurait-on pas dès lors été tenté d'adopter dans la patrie d'Adenès cet idiome, que les étrangers eux-mêmes s'empressaient d'apprendre? Le moment de la déchéance du picard aussi était venu ; au siècle suivant, ce dialecte, délaissé par les écrivains du temps, tombait à son tour à l'état de patois ; le français proprement dit, élevé peu à peu au-dessus des idiomes voisins, devenait définitivement dans tout le royaume la langue commune de la poésie et de la grande littérature ; c'est de lui que se servait déjà le *rouchi* Froissard, sans doute pour être plus sûr de plaire à ses auditeurs et à ses lecteurs si divers d'origine ; c'est lui qu'on employait depuis longtemps presqu'exclusivement en Normandie, et désormais au Nord, comme bientôt au Sud de la Loire, le dialecte de l'Ile-de-France fut le seul dans lequel écrivit tout auteur qui ambitionna d'être lu. C'était la conséquence à la fois politique et littéraire de la réunion sous un même sceptre des diverses provinces de la France, et de la popularité des trouvères et des écrivains qui, pendant la seconde moitié du XIIe siècle et tout le XIIIe, s'étaient servis de cet idiome.

C'est par ces considérations que je terminerai l'étude des transformations du *c* vélaire dans la série *č*, *š*, *ts*, *dz*, *s*, *z*, θ et ð,

1. Cf. *Hist. littér. de la France*, XVIII, 846.
2. Cf. *Hist. litt. de la France*, XXIII, 371.

ainsi que celle non moins intéressante et nouvelle, je crois, — du moins à certains égards, — des deux gutturales dans le picard et le normand. Je passe maintenant à l'examen des modifications du *c*, soit vélaire, soit palatal, dans les divers groupes de consonnes où il peut entrer; ce sera l'objet du livre suivant.

LIVRE QUATRIÈME.

DU C LATIN DANS LES DIFFÉRENTS GROUPES DE CONSONNES OU IL PEUT ENTRER.

Quelque générales que soient dans leur ensemble les lois que j'ai cherché à établir jusqu'ici, on comprend qu'elles peuvent être modifiées par la juxtaposition à la lettre *c* d'une autre consonne ; il y a donc lieu d'étudier séparément les divers groupes de consonnes dans lesquels elle peut se trouver : c'est ce que je me propose de faire dans ce quatrième et dernier livre. Je passerai d'abord en revue les groupes où *c* est précédé d'une autre consonne, tel que *cc*, — *dc* et *tc*, — *lc*, *rc* et *nc*, — enfin *sc*; puis ceux où, au contraire, il en est suivi, comme *cl*, *cr*, *cs* ou *x* et *ct*.

CHAPITRE Ier.

DU GROUPE CC.

Ce groupe offre peu d'intérêt ; la présence du premier *c* n'a d'autre influence que d'empêcher la chute du second, qui est d'ailleurs traité comme un *c* simple, qu'il soit vélaire ou palatal, excepté que dans le premier cas il ne peut s'affaiblir en sonore, encore moins bien entendu se changer en *y*. Ainsi le provençal *baga*, français *baie* ne vient pas de *baccam*, mais d'une forme *bacam ;* l'espagnol et portugais *braga*, le provençal *braga*, *braia*, français *braie* ne dérivent pas de *braccam*, mais de *bracam*, il faut de même ramener l'italien et l'espagnol *sugo* à une forme *sucum*. Les deux *c* persistent toujours en italien. L'espagnol, au contraire, ne tolérant point les consonnes redoublées, — à l'exception des liquides *n*, *r*, et abusivement de *s*, — le premier *c* du groupe *cc* tombe dans cette langue ; il en est de même en roumain. Il tombe aussi ordinairement en provençal et en français dans les mots d'origine vraiment populaire. Cette dernière langue change d'ailleurs le second *c*, comme le *c* simple, en *ch* devant *a*[1]. Les transformations des mots *beccum*, *buccam*, *cloccam*, *flaccum*, *floccum*, *peccare*, *saccum*, *siccam*, *soccum*, *succum*, *vaccam*, etc., donneront une idée de la manière dont le groupe *cc* suivi de *a*, *o* ou *u* a été traité dans les différentes langues romanes.

ITAL.	ROUM.	ESP.	PG.	PR.	FR.
becco	—	*bico*	*bico*	*bec*	*bec*
bocca	*bucę*	*boca*	*boca*	*boca*	*bouche*
cioca P.	—	—	—	*cloca*	*cloche*
fiacco	*fleac*	*flaco*	—	—	—
fiocco	*floc*	*flueco*	*froco*	*floc*	*floc(on)*
peccare	—	*pecar*	*peccar*	*pec(c)ar*	*pécher*
sacco	*sac*	*saco*	*sacco*	*sac*	*sac*
secco	*sec*	*seco*	*secco*	*sec*	*sec*
secca	*seacę*	*seca*	*secca*	*seca*	*sèche*
socco	—	*soco*	*socco*	—	*soc*
succo	—	*suco*	*succo*	*suc*	*suc*
vacca	*vacę*	*vaca*	*vac(c)a*	*vaca*	*vache*, etc.[2]

Devant *e* et *i*, le second *c* du groupe *cc* est traité, je l'ai dit, absolument comme le *c* palatal simple, c'est-à-dire qu'il se change en chuintante dans les langues du groupe oriental, en spirante dentale dans celle du groupe occidental; quant au premier *c*, excepté en italien où il est muet, il garde dans les autres langues toutes les fois qu'il persiste le son guttural. Le valaque ne connaissant pas, que je sache, le groupe *cc* suivi de *e* ou *i* et le provençal ne l'offrant qu'exceptionnellement j'ai cru pouvoir omettre ces deux langues dans les exemples que je vais donner des transformations du *c* palatal précédé d'un *c* vélaire.

LAT.	IT.	ESP.	PG.	FR.
accelerare	*accelerar*	*acelerar*	—	*accélérer*
accentum	*accento*	*acento*	*accento*	*accent*
*accidentem	*accidente*	V. *acidente*	*accidente*	*accident*
successum	*successo*	*suceso*	*successo*	*succès*, etc.

La plupart de ces mots sont d'ailleurs modernes ou d'origine savante, ce qui peut expliquer entre autres choses la conservation du premier *c* en français et en portugais.

1. Les dialectes normand et picard, bien entendu, lui conservent, au contraire, sa valeur gutturale. V. pl. h. Liv. III, Ch. III, p. 262.

2. On le voit, *cc* final, réduit à *c*, persiste comme appuyé en provençal et en français; il en est de même en général dans les dialectes ladins; il s'y modifie cependant parfois en *ć*, ainsi *seć* H.E., *secc* fr. etc.

Un cas particulier est présenté par le portugais *eis* (ecce), où *cc* semble avoir été assimilé à *x* (*cs*), et a été traité comme cette lettre dans le mot *sex*, pg. *seis*. *Flaccidum* offre, au contraire, un exemple de *cc* traité comme *sc* dans le français *flasque* = *flascum*. Quant à *buccinam*, l'*i* bref étant tombé, (*c*)*c*, traité comme *c* palatal suivi d'une consonne par l'apocope de la voyelle intermédiaire, s'est changé en *s* [1], et *buccinam* a donné ainsi *busna* en italien.

CHAPITRE II.

DES GROUPES DC ET TC.

Ces deux groupes sont exclusivement romans et sont le résultat de la chute de *i* dans les terminaisons *dicare* ou *ticare, dicus, dicem* (*decim*) ou *ticus, aticus* ou *eticus ;* le *c* y est par conséquent vélaire, ou exceptionnellement palatal. Examinons d'abord le premier cas.

I°

La chute de l'*i*, précédée de l'affaiblissement successif du *c* en *g* puis en *jot*, a eu pour résultat de changer celui-ci en *č* ou *ǧ*, ou en leurs dérivés *š*, *ž*, *ts* ou *dz*. Cette transformation est facile à expliquer. Dans la terminaison *dicare*, par exemple, *c* s'étant affaibli en *g*, on a eu *digare*, puis par le changement de *g* en *j*, *dijare* ou *djare*, et enfin, le *jot* se transformant en chuintante sonore, *ǧar*(*e*) ou *ǧer* ; on a ainsi la série de transformations :

dicare, digare, d(*i*)*jare, ǧar*(*e*) ou *ǧer, žer.*

Toutefois, quoique plus rarement, le *d* peut s'assimiler au *c*, c'est-à-dire se changer en sourde *t*, et alors on a cette autre série de transformations, qui est celle même de la désinence *ticare :*

ticare, t(*i*)*jare, čar*(*e*) ou *čer, šer.*

De même *dicus* donne la série :

dicum, digo, d(*i*)*jo, ǧo* ou *ǧe, že*

et *ticus :*

ticum, tico, t(*i*)*jo, čo* ou *če, še.*

Dans les dérivés en *aticus* et dans le dérivé en *eticus*, *here-*

1. Voir plus haut, Liv. II, Ch. VIII, p. 157.

ticus, les sourdes *t* et *c* se changent en sonores et nous avons ainsi pour ce double suffixe la série de transformations :

aticum, *adego* ou *adigo*, *adgo* ou *ad(i)jo*, *aǧo* ou *aǧe*, *aže*[1].

La conservation de l'*i* ou la persistance du *c* empêche la formation des groupes *d'c* et *t'c* et par suite les transformations auxquelles ils peuvent donner lieu. C'est ce qui est arrivé en particulier en roumain ; ainsi *judicare* y donne *judeca*, *masticare mesteca*, etc. Il a pu se faire aussi que la langue se soit arrêtée à une des formes intermédiaires *dg*, *dj* ou même *deg* ; ainsi en espagnol on trouve la première de ces forme ou *zg*, avec remplacement du *d* par la spirante *z* correspondante ; le fragment de Valenciennes offre la seconde dans le mot *pretjet* pour *predjet;* le portugais nous donne la troisième *deg*. Les exemples suivants montreront comment les diverses langues romanes ont traité les groupes *d'c* et *t'c*.

1° Dans le suffixe *dicare :*

LAT.	IT.	ESP.	PG.	PR.-LAD.	FR.
indicare	—	—	—	*inditgier* l.	—
judicare	*giuggiare*[2]	juzgar	julgar	*jutjar* pr.	*juger*
medicare	—	—	—	medgier E.	—
predicare	predicare	predicar s.	pregar	*pratger* l.	*prêcher*
2° Dans le suffixe *dicus :*					
medicum	medico	*miege* v.	medico	*metge*	*miège* v.
pedicam	—	—	*pejo*	—	*piège*
3° Dans les suffixes *ticare* et *ticus :*					
excorticare	scorticare	*escorchar*	*escorchar*	escorgar	*écorcher*
masticare	masticare	mastigar	mastigar	*maschar*	*mâcher*
*naticam	natica	nalga	—	*natge*	*nage* L. R.
perticam	pertica	pertiga	pertiga	perga	*perche*
porticum	portico	portico s.	portico s.	*porge*	*porche*

Comme on le voit, le groupe *d(i)c* ou *t(i)c* ne se transforme qu'exceptionnellement en italien ; ce qui tient évidemment à ce que la voyelle brève atone protonique ou posttonique peut subsister dans cette langue, de même que *c* non appuyé ; ainsi *predicare*, *medico; natica*, etc. Il en est de même parfois en espagnol

1. Ces formules par leur généralité conviennent à tous les idiomes romans, mais elles ne représentent point *nécessairement* ce qui s'est passé dans chacun d'eux ; ainsi pour le français dans tous les cas et dans le double groupe occidental pour le suffixe *aticum*, la voyelle qui suit le *c* s'étant affaiblie en *e*, il est certain que l'*i* a pu tomber avant la transformation du *c*, sans empêcher cette dernière.

2. Ed io la cheggio a lui, che tutto giuggia. Dante, *Purg.* 2048.

et en portugais, mais alors *c* étant médial s'est changé en *g*, comme cela a lieu d'ordinaire dans ces langues : par ex. *mastigar, pertiga*. D'autres fois *i* est tombé, entraînant la chute du *d* ou du *t*, par ex. *pregar* pg., *perga* pr. ou leur changement en *z*, ex. *juzgar* esp., ou en *l*, ainsi *julgar* pg., *nalga* esp.

4° Enfin dans les suffixes *eticus* et *aticus :*

hereticum	eretico	*herege*	*herege*	*eretge*	*herège* v.
* abantaticum	*vantaggio*	*ventaja*	*ventagem*	*avantagge*	*avantage*
*baronaticum	*baronaggio*	*barnage* Al.	—	*barnatge*	*barnage* v.
* biberaticum	*beveraggio*	*brebage*	*beberagem*	*beuratge*	*bevrage* v.
* carnaticum	*carnaggio*	*carnage*	*carnagem*	*carnatge*	*carnage*
* coraticum	*coraggio*	—	—	*coratge*	*courage*
* damnaticum	*danneggiare*	—	—	*damnatge*	*dommage*
* formaticum	*formaggio*	*formage*	—	—	*fromage*
* herbaticum	*erbaggio*	*herbage*	*hervagem*	*erbatge*	*herbage*
* lignaticum	*lignaggio*	*linage* Ap.	—	*lignatge*	*lignage*
* linguaticum	*linguaggio*	*lenguage*	*lingoagem*	*lenguatge*	*lenguage*
* missaticum	*messaggio*	*mensange*	*mensangem*	*messatge*	*message*
* hominaticum	*omenaggio*	*homenage*	*homenagem*	*omenatge*	*hommage*
* obsidaticum	*ostaggio*	—	—	*ostatge*	*ostage*
* ultraticum	*oltraggio*	*ultraje*	*ultraje*	*outratge*	*outrage*
* paraticum	*paraggio*	*parage*	*paragem*	*paratge*	*parage*
* servaticum	*servaggio*	—	*selvagem*	—	*servage*
silvaticum	*selvaggio*	*selvage*	—	*salvatge*	*sauvage*
* vassalaticum	*vassalaggio*	*vasallage*	*vassallagem*	*vassalatge*	*vasselage*
viaticum	*viaggio*	*viage*	*viagem*	*viatge*	*voyage*
* villaticum	*villaggio*	*village*	*villagem*	—	*village*
* visaticum	*visaggio*	*visaje*	*visagem*	—	*visage*
* volaticum	—	—	—	*volatge*	*volage*, etc.

Il serait facile de multiplier les exemples du changement de *at'cus*, surtout pour le français, qui nous offrirait *âge* (* ætaticum), *affouage* (* affocaticum), *aunage* (* alnaticum), *étage* (* staticum), *étiage* (* æstivaticum), *fermage* (* firmaticum), *louage* (* locaticum), *marécage* (* maristaticum), *mariage* (* maritaticum), *ménage* (* mansionaticum), *ombrage* (* umbraticum), *orage* (* auraticum), *partage* (* partaticum), *péage* (* pedaticum), *ramage* (* ramaticum), *rivage* (* ripaticum), etc. [1].

Dans le dialecte de la Suisse romande, qu'on peut rattacher, je crois, au provençal, l'*u* de *aticum* n'a pas été transformé d'ordinaire en *e* mais en *o* ; ainsi on a *servadjo* (* servaticum et silvaticum) et non *servadje*, *damadjo* et non *damadje*. Une autre particularité plus importante, c'est qu'à côté de la forme en *ǧ* on

1. Cf. Diez, *Gram.* II, 310. — Brachet, *Dict.* s. v. *âge*.

en rencontre le plus souvent une autre *dz* ; ainsi *veladjo* et *veladzo*, *viadjo* et *viadzo*. La transformation du groupe *d'c* présente le même fait, par ex. *pridjo* ou *predjo* et *pridzo*. Le patois savoyard connaît aussi la transformation de *t'c* en *dz*, seulement l'*u* qui suit a donné non un *o*, mais un *e*, ainsi *messadze*, *menadze*, *sauvadze*, *usadze*, *voyadze*.

Les formes en *ağio* ou *ağe* ne sont pas les seules que connaissent les idiomes de l'Est et du Sud-Ouest ; dans les mots d'origine savante ou moderne l'italien a conservé la terminaison latine *aticum*, changé naturellement en *atico* ; par ex. *selvatico*, à côté de *selvaggio*, *stallatico* (fumier) à côté de *stallaggio* (étable), *baliatico* (salaire d'une nourrice), mais *baliaggio* (baillage), *panatica* (provision de pain) à côté de *panaggio*, *terratico* (fermage), etc. C'est sous la forme analogue *atic* ou *atec* qu'elle se présente toujours dans le nombre assez restreint de cas qu'offre le roumain ; ainsi *sęlbatic* (silvaticum), *roşeatec* (*rosaticum), etc.

L'espagnol et le portugais connaissent aussi la terminaison savante *atico*, mais il en est une autre qui leur est propre et semble s'être développée en même temps que *age(m)* ; c'est en portugais *adego*, sans contraction, en espagnol *adgo* ou *azgo*, avec syncope de l'*i*. Ces suffixes servent à désigner en espagnol des emplois ou des titres, comme *almirantadgo* ou *almirantazgo* (* almiralaticum), *cardenaladgo* ou *cardenalazgo* (*cardinalaticum), *consuladgo*, ou *consulazgo* (*consulaticum), *majorazgo* (*majoraticum), etc. en espagnol et en portugais, des redevances ou des impôts, ainsi :

LAT.	ESP.	PG.	
* aflaticum	*hallazgo*	*achadego*	salaire pour trouvaille.
* cellaticum	*cillazgo*	—	droits de dîme.
* colodraticum	*colodrazgo*	—	impôt sur le vin.
* fartaticum	*hartazgo*	—	engraissement.
* montaticum	*montazgo*	*montadego*	droits de passage sur troupeaux.
* terraticum	*terrazgo*	*terradego*	prix de fermage.
* vineaticum	—	*vinhadego*	vignoble, etc.

La signification en quelque sorte toute technique de ces mots ne permet guère de leur reconnaître une origine vraiment populaire, et, comme certains dérivés de l'italien en *atico*, ils rappellent l'étude du tabellion (*o taballiadego*). D'ailleurs, ce qu'on peut regarder comme une preuve de leur provenance particulière, ces mots subsistent parfois, du moins en espagnol, à côté des formes en *age* ; ainsi *herbadgo* et *herbage*, *terradgo* et *terrage*, etc.

Diez[1] considère les premiers comme seuls indigènes, et ne voudrait voir dans les seconds qu'une importation étrangère. Cette hypothèse me paraît inadmissible; le sens particulier des mots en *adgo* (*adego*) et *azgo* semble en effet, comme je l'ai dit, leur assigner une origine demi-savante; quant aux dérivés en *age*, en supposant que quelques-uns viennent du provençal ou du français, comment admettre, par exemple, que *herbage* (droit de pâturage en Aragon) ne soit pas un mot indigène, que *selvage*, mot formé si régulièrement sur *silvaticum*, vienne du provençal *salvage*, qui présente le changement de *e* en *a* (*sal* pour *sel*), propre au latin mérovingien? La substitution de *e* à *o* dans cette terminaison, sur laquelle s'appuie Diez en particulier, se retrouve dans tant d'autres mots, comme *canonge*, *monge*, *cubre*, *golpe*, *Henrique*, etc., qu'il est impossible de ne pas croire espagnols, qu'elle ne saurait prouver l'origine étrangère de ces dérivés, mais témoigne seulement d'une tendance de l'ancienne langue à substituer *e* à *o* final, analogue à celle qui lui faisait supprimer plus souvent qu'on ne l'a fait depuis la voyelle finale; aussi la terminaison *age* me paraît non-seulement aussi indigène, mais plus populaire que *adgo* ou *azgo* ; tout au plus j'y verrais une désinence dialectale propre aux provinces du Nord, différente par son aspect comme par son origine des terminaisons du castillan proprement dit[2].

Les différentes formes que j'ai passées en revue jusqu'ici n'épuisent pas la série des transformations des groupes *d*(*i*)*c*, *t*(*i*)*c* ; le roumanche et les dialectes ladins du Frioul, qui les changent, comme la plupart des langues romanes, en *ǧ* avant la tonique, les traitent après, au contraire, en général comme la terminaison *ĭc*[3], c'est-à-dire que *c* ou tombe ou plutôt se change en *y*(*i*) qui se confond avec l'*i* précédent, ce qui d'ailleurs a lieu parfois aussi en provençal ; ainsi :

LAT.	LAD. FR. TYR.	ROUM. — PR.
médicum	*miedi*	*miedi*
porticum	*puarti* fr.	*piert*[4]

1. *Gram.* II, 311.
2. Cf. *Romania*, I, 449.
3. *c* précédé immédiatement d'une voyelle accentuée persiste, au contraire, le plus souvent sans modification ou bien en se changeant en *č* ou *g*. Cf. plus haut, Liv. I, p. 46, et Liv. III, ch. II, p. 188.
4. Dans le roumanche *piert*, on le voit, la terminaison *ic* a complétement disparu.

formaticum	*formadi*	—
grammaticum	—	*gramadi* pr.
lunaticum	—	*lginnadi*
silvaticum	*salvadi*	*salvadi, suluédi* E.
vernaticum	*vernadi*	—
viaticum	—	*viadi*
volaticum	*voladi*	—

Enfin dans le français, *d'c* et *t'c* posttoniques ont été dans deux ou trois mots — substitution singulière, — remplacés par *r*; c'est ce qui a lieu par exemple dans le vieux français *mire* (medicum) et *grammaire* (grammaticum) et peut-être dans le français moderne *grammaire* (grammaticam); mais dans ce cas il semble qu'il y a eu chute du *c*, — de là la forme *miede*, Dial. de St-Grég., — puis du *d* et intercalation d'un *r* pour empêcher la diphthongaison, comme dans *remire* (remedium) Jér. 25, 18, *omecire* (homicidium) R. d'Alix. 69, 5, diphthongaison qui s'est produite d'ailleurs dans le nom propre *Mie* (medicum), lequel nous présente la suppression pure et simple de *d'c*[1].

Ainsi on le voit, si l'on excepte le roumain et parfois l'italien, le ladin et les langues hispaniques, les groupes *d(ĭ)c* et *t(ĭ)c* ont donné naissance par suite de la chute de *ĭ* et de la transformation du *c* en *j* à *dj* ou *tj* qui ont donné définitivement les chuintantes *č* ou *ǧ* ou une de leurs formes dérivées ; telle est du moins l'explication que j'ai cru pouvoir donner de ce phénomène grammatical ; mais M. G. I. Ascoli vient, dans son « Archivio glottologico » d'en proposer une différente, acceptée, à ce qu'il semble, par M. Mussafia[2], mais que je crois inexacte à certains égards, bien que comme résultat elle revienne à celle que j'ai donnée. M. Ascoli suppose que dans les groupes *dĭc* et *tĭc* le *c* tombe et que l'*i* qui persiste se change en *j*, lequel avec *t* ou *d* donne les chuintantes *č* (*š*) ou *ǧ* (*ž*). Il est vrai d'abord, ainsi que nous venons de le voir, que le *c* peut tomber, comme en ladin dans *salvadi*, en provençal dans *gramadi* (à côté de *gramatge*), en français dans *miede, mire, Mie*; mais nous voyons en même temps que dans ce cas il n'y a point transformation de *ti* ou *di* en *č* ou *ǧ*. D'un autre côté *tj* ou *dj* n'ont donné qu'exceptionnellement naissance à *č* ou *ǧ*; ils se changent d'ordinaire, nous savons, en *z* (*ts* ou *dz*) en italien et en roumain, en *ç* (*s* ou *z*) dans les langues du double groupe occidental. Cette objection à laquelle M. Ascoli

1. Cf. A. Tobler, *Romania*, II, 341.
2. Cf. *Arch.* I, 77. — *Lit. Centralbl.* 1873.

n'a point pensé, valait pourtant, je crois, la peine d'être examinée[1]. Si *ti* et *di* suivis de *c* et d'une voyelle ne se transforment pas comme *ti* ou *di* suivis seulement d'une voyelle, c'est évidemment que le *c* joue un rôle dans cette transformation et qu'il ne tombe pas purement et simplement, comme le prétend le savant directeur de l'Archivio. Un autre fait que M. Ascoli a oublié d'expliquer, c'est la persistance en français et en provençal de l'*ĭ* bref et atone de *tĭc* et *dĭc* ; protonique il doit tomber nécessairement suivant une loi connue ; posttonique il ne pourrait subsister qu'en venant diphthonguer la voyelle précédente, comme dans *témoin* (testimon*ĭ*um). Enfin la chute du *c* que M. Ascoli admet si facilement est, comme nous avons vu, tout-à-fait exceptionnelle, tant qu'il ne devient pas final, et alors sa chute entraîne celle de la voyelle suivante, — ainsi *ami*, *spi*, — ce qui réduirait dans ce cas les suffixes *dicus* et *ticus* à *di* et à *ti* ou *di* et rendrait leur transformation impossible. L'identification de ce qui se serait passé ici avec ce qui a lieu pour les explosives dentales n'est pas moins inexacte : les explosives dentales ne tombent si souvent que parce que, le provençal et le roumain exceptés, les langues romanes ne connaissent pas leur transformation en spirante ; le *c* ne tombe pas en général, au contraire, parce qu'il peut se changer en *jot*[2]. Il faut donc en revenir à cette transformation, qui a le double mérite d'expliquer sans peine tous les faits et de n'être en contradiction avec aucune des lois de la phonétique romane.

II°

Le *c* n'est palatal qu'exceptionnellement dans le groupe *d'c* ; les seuls exemples que je connaisse sont *judicem* et les composés de *decem*, *undecim*, *duodecim*, *tredecim*, etc.

Le *d* et le *c* de *judicem* ont persisté dans l'italien *giudice ;* ils sont tombés, au contraire, dans l'espagnol *juez* et le portugais *juiz* ; en provençal et en français ils ont été traités comme *d'c* dans *judicare,* c'est-à-dire qu'ils sont devenus *ǧ* ou *ž*, *jutge* pr., *juge* fr.

1. M. Ascoli cite *ragione,* mais c'est là une forme exceptionnelle et qui dès lors ne prouve rien. On pourrait dire à la vérité que les transformations des groupes *tic* et *dic* étant plus récentes que celles du suffixe *tius, tia, tium* ont pu donner un autre produit ; cela est vrai, mais ne peut s'appliquer à *tic* et *dic* médial, et ne détruit pas les autres objections qu'on peut faire à cette théorie.

2. De même le *p* ne tombe qu'exceptionnellement, parce qu'il peut se changer en *v*.

Quant au groupe *d'c* des composés de *decem*, il a été changé en spirante sonore dans le double groupe occidental[1]. — Le groupe oriental ne le connaît pas. — Ainsi :

LAT.	ESP.	PG.	PR.	FR.
undecim	*onze*	*onze*	*onze*	*onze*
duodecim	*doze*	*doze*	*dotze*	*douze*
tredecim	*treze*	*treze*	*treze*	*treize*, etc.

Je me sers de l'ancienne orthographe espagnole, la langue actuelle ne distinguant plus entre deux voyelles les spirantes dentales sourdes et sonores, on écrit aujourd'hui, comme nous avons vu, *once*, *doce*, *trece*, etc., avec un *c*, parce que la voyelle suivante est *e*.

CHAPITRE III.

DES GROUPES LC, RC, NC ET N(D)C.

Comme *d'c* et *t'c*, ces groupes sont encore exclusivement romans, c'est-à-dire qu'ils sont le résultat de la syncope de l'*a* qui précède le *c* dans le mot latin. Deux cas ont alors pu se présenter, ou le *c* a conservé sa valeur gutturale, mais en se changeant, comme médiale, en sonore *g*, ou il s'est transformé en spirante *j*, et alors il a servi à diphthonguer la voyelle tonique précédente ou bien il s'est transformé en *č* ou *ǧ*. L'italien ne connaît d'ailleurs de ces groupes que *ndc*, dans les autres il conserve toujours l'*i* qui précède le *c*. Cette lettre est du reste toujours vélaire dans ces différents groupes.

I° *l'c*.

Le groupe *lc* ne se rencontre que dans les dérivés espagnol, provençal et français de *delicatum*, peut-être aussi dans les mots français *bouger* et *jauger*. Après la chute de l'*i*, *c* s'est affaibli en *g* en espagnol et en provençal, en français la modification a été poussée plus loin, *g* est devenu *y*, lequel s'est ensuite définitivement changé en *ǧ* (*ž*). On a eu ainsi :

LAT.	ESP.	PR.	FR.
delicatum	*delgado*	*delgat*	*delgié*, *deugé*

1. Le provençal au lieu d'une sonore a parfois une sourde, ainsi *dotze*, *tretze*.

*bulicare	—	*bojar* (?)	*bouger*
*(æ)qual(if)icare	—	—	*jauger* [1].

IIº *r'c.*

Dans *r'c*, groupe assez rare d'ailleurs, le *c* s'affaiblit d'ordinaire en *g* en espagnol et en portugais, parfois aussi en provençal; mais dans cette dernière langue, ainsi que dans celles du Sud-Ouest, il a pu aussi se transformer en *ǧ* ou *ž*, comme en français. Exemples :

carricare	*cargar*	*cargar*	*cargar*	*charger*
clericatum	—	—	—	*clergé*
fàbricare	*forjar*	*forjar*	*fargar*	*forger*
sericum	*sirgo*	*sirgo*	—	*serge*
vervecarium	—	—	*bergier*	*berger*

En piémontais on dit aussi *forgiar*. Quant au roumanche, il nous offrirait les formes *charǧer* E. (carricare), *svàrǧer* E. (-varicare).

Au lieu de se changer en *ǧ* (*ž*) le *c* est, au contraire, resté vélaire, mais en s'affaiblissant en la sonore *g*, en français ainsi qu'en provençal, en portugais et en espagnol dans les mots suivants :

*naricare	—	—	—	*narguer*
matricolarium	—	—	—	*marguillier*
verecundiam	*vergüeña*	*vergonha*	*vergonha*	*vergogne*

IIIº *n'c et n(d)'c.*

Ce groupe peut avoir une double origine : ou bien il est le résultat de la simple suppression de la voyelle intermédiaire à ces deux lettres, comme dans *man(i)cam*, ou bien un *d* intermédiaire a disparu en même temps, par exemple dans *man(du)care*.

a) Dans le premier cas, *c* se change en *jot*, puis en général en

1. Cf. Diez, *Etym. Wœrterb.* s. v. Le provençal *bolegar* n'ayant point perdu la voyelle qui précède le *c*, pas plus que l'italien *buligare*, ne présente point la combinaison *l'c*; elle semble bien, au contraire, se trouver dans *bojar*; mais peut-être ce mot n'est-il qu'un emprunt fait au français. Quant à *jauger*, il faut remarquer à côté de lui les formes hennuyères *cauque* et *gauque*, où la gutturale a persisté au commencement et au milieu du mot, et le wallon *gauger*, qui l'a conservée au commencement. La forme française paraît d'ailleurs supposer une forme antérieure *gauger* analogue ou identique à celle du wallon, mais dont plus tard le *g* initial s'est transformé en *j*, comme *cambam* a donné successivement *gambe* et *jambe*.

$\check{g}$ dans les idiomes de l'Ouest ; toutefois cette dernière transformation n'a pas eu lieu en français pour les mots *bétonicam, canonicum* et *monacum* ; la langue s'est arrêtée à la première, seulement le *jot* n'est point resté après *n*, il est allé diphthonguer la voyelle précédente, mais en maintenant un *e* euphonique à la fin des dérivés *chanoine* et *moine*, qui ne devraient pas en avoir plus que *témoin* (testimonium). De plus ce n'est pas en $\check{g}$ ($\check{z}$), mais en $\check{c}$ ($\check{s}$) que *c* s'est changé dans les autres dérivés français. Par suite de la modification du radical et de la conservation de l'*o* (*u*) de la terminaison, c'est aussi en *g*, non en *y* et $\check{g}$ que le *c* de *canonicum* s'est changé en portugais. D'après cela on a pour les transformations de *n'c* :

LAT.	ESP.	PG.	PR.	FR.
betonicam	—	—	—	*bétoine*
canonicum	*canonge* v.	*conego*	*canonge*	*chanoine*
domenicam	—	—	—	*dimanche*
monacam	*monja*	*monja*	—	—
monacum	*monge*	*monge*	*monje*	*moine*
manicam	—	—	—	*manche*
tincam	—	—	—	*tanche*

β) Dans le groupe *nd'c*, *n* semble n'avoir servi qu'à faciliter la transformation du *c*, qui y a été traité par toutes les langues romanes, le roumain excepté, comme dans le groupe *d'c*. Exemples :

LAT.	IT.	ESP.	PG.	PR.	FR.
manducare	*mangiare*	*manjar*	*manjar*	*manjar*	*manger*
pendicare	—	—	—	*penjar*	*pencher*
vendicare	*vengiare*	*vengar*	*vingar*	*venjar*	*venger*

On le voit, en espagnol dans *vengar* et en portugais dans *vingar* le *c* de vindicare s'est seulement affaibli en sonore *g*. En français dans *pencher* il y a eu assimilation du *d* au *c* et par suite transformation de celui-ci non en sonore $\check{g}$, mais en sourde $\check{c}$. Il en a été de même dans *revanche* (revendicationem) à côté de *venger* ; *prêcher* nous avait déjà offert cette particularité.

En roumanche nous trouverions encore *inditgier* (indicare). Quant au valaque, comme je l'ai dit, tout en conservant le *c* de *nd'c*, il traite ce groupe de différentes manières ; ainsi à côté de *vendeca* (vendicare), sans contraction, on trouve *menca* (manducare), avec apocope de *du*.

CHAPITRE IV

DU GROUPE SC.

Ce groupe d'origine latine n'a pas été traité de la même manière suivant qu'il se trouve au commencement, au milieu ou à la fin des mots ; il convient donc de l'étudier séparément dans chacun de ces cas.

I° *sc initial.*

sc et en général la combinaison de *s* et d'une sourde si commune en latin au commencement des mots [1] répugnait, à ce qu'il semble, à l'oreille des populations romanes ; elles la modifièrent en y préposant la voyelle *i*, la mieux appropriée pour se joindre à *s*. Cette modification apparaît de bonne heure dans les anciens monuments latins ; on a relevé dès le IVe siècle les exemples *istatum* et *ispirito ;* on trouve aussi dans un manuscrit de Gaius du VIe siècle *Istichum* pour *Stichum*, et Lachmann a recueilli de nombreux cas de cette *préposition* de *i* ou *hi* et même de *in* à *sc*, *sp* et *st* dans les manuscrits de l'époque suivante. On la retrouve fréquemment encore dans les inscriptions ; Diez cite *Ismaragdus, Istefanu, Ispeti* pour *Spei* [2]. Dans les chartes on la rencontre encore plus souvent, surtout à partir de la fin du VIIe siècle, que le mot qui précède finisse d'ailleurs par une voyelle ou par une consonne, peu importe ; seulement dans les langues du double groupe occidental l'*i* prosthétique, suivant une tendance commune à ces idiomes, s'est affaibli de bonne heure en *e*. Voici quelques exemples de cette modification :

1° Dans les chartes italiennes.

inistituere	Mur. *Antiq.*	III, 570 (a. 757).
dote ista *istavile*	id.	id. id. id.
esse *istituimus*	id.	id. id. id.
David *iscrivere*	id.	id. id. id.
notarium *iscrivere*	id.	id. 1010 (a. 763).
notario *iscrivere*	id.	id. 1012 (a. 769).

1. *s* est pourtant dans ce cas tombé dans un assez grand nombre de mots. Cf. Cors. *Ausspr.*, I, 277.

2. Cf. Diez, *Gram.* I, 242.

Istaipertum iscrivere	id.	id. 1014 (a. 777).
Teudipert *iscrivere*	id.	id. 1015 (a. 783).
Iscripsi	id.	id. 1020 (a. 816).
interfui *escavino*	*Hist. pat. mon.*	I, 19 (a. 827).

2° Dans les chartes espagnoles.

habitavit *Esperandus*	*Esp. sagr.*	XVIII,	306 (a. 773).
Silo anc *escriptura*	id.	id.	307 id.
Ds. *Esperauta* aba	id.	id.	id. id.

3° Dans les chartes françaises.

fiant *istabilis*	Bréq. *Diplomata,*	n. 222 (a. 657).
eus *estodiant*	id.	339 (a. 695).
potuerit *esperare*	id.	406 (a. 716).
firmitatis *estodium*	id.	409 id.
pro *estabilitate*	id.	442 (a. 723).
nuncupante *Ististolas*	Mab. *De re dipl.*	497 (a. 770).
permaniat *istibulatione*	id.	id. id.
suos *escapinios*	id.	501 (a. 782).

Le roumain excepté, — ce qui montre qu'elle est postérieure à la séparation des deux empires, — cette *préposition* de *i* ou *e* à *s* suivie d'une sourde se retrouve dans tous les idiomes romans[1]; toutefois en italien on ne la retrouve aujourd'hui qu'après *non*, *con*, *in*, *per*, c'est-à-dire après les seuls mots de cette langue qui se terminent par une consonne, par exemple *non iscagliare*, *la scaglia;* mais le sarde logoudorien l'emploie dans tous les cas, ainsi ; *la iscalla*, *la istella*, etc. Ce fait et la présence de *i* prosthétique dans les anciennes chartes italiennes semble bien indiquer qu'il en a été d'abord de même partout et toujours dans la Péninsule, et que plus tard seulement on est revenu à la forme latine primitive, excepté après les quatre mots ci-dessus, où une raison d'euphonie a fait conserver cet *i*, tombé partout ailleurs. Il y a plus, preuve évidente d'une tendance nouvelle de la langue, difficile à suivre et à expliquer, mais qui remonte probablement à l'époque où en se constituant définitivement elle perdit les consonnes finales, cette suppression s'est même étendue en italien à *e* et *i* étymologiques qui ont disparu comme l'*i* prosthétique devant *s* suivie d'une muette, et ce groupe est ainsi devenu une des initiales les plus communes de l'italien. Par contre dans le double

1. Le roumanche toutefois n'en fait plus usage ; ainsi on trouve dans cette langue *scalzar*, *sforzar*, *spada*, etc.

groupe occidental, il est constamment précédé de *i*, affaibli en *e*, affaiblissement qui apparaît déjà, nous l'avons vu, dans les monuments latins du VIIIe siècle. Le provençal présente cependant quelques cas de conservation de *i*, de même qu'on trouve dans cette langue et dans les monuments les plus anciens de l'espagnol, du portugais et du français quelques exemples de mots privés *d'e* prosthétique ; ainsi *ferma speranza, li scudier*, etc. en provençal ; *Spidios'* P C. v. 226, *sediellos sperando* id. 2249 en espagnol ; *spadoa, stado* SR. en portugais ; enfin en français *une spède* Eul., *la spose* Al. 21, 2 ; 22, 3, etc. ; *la spée* LR. II, 1, etc.[1]. Mais ce ne sont là toutefois que des formes exceptionnelles et *e* a fini par être préposé dans les mots d'origine populaire à *s* initiale suivie d'une muette.

Examinons le cas particulier où cette muette est *c*; il peut se faire alors que *sc* soit suivi d'une des voyelles *a, o, u* ou d'une liquide, c'est-à-dire que *c* soit vélaire, ou bien de *e* ou de *i*, c'est-à-dire qu'il soit palatal.

α) Dans le premier cas *c* est traité comme s'il était seul. Exemples :

LAT.	ESP.	PG.	PR.	V. FR.
scalam	*escala*	*escala*	*escala*	*eschelle*
scopulum	*escollo*	*escolho*	*escuelh*	*escueil*
scribere	*escrivir*	*escrever*	*escrire*	*escrire*, etc.

Le français ne s'en est pas tenu à cette première modification ; vers le XIIe siècle *s* devint muette, et après être restée longtemps comme signe purement orthographique[2], elle a fini par disparaître, en restant toutefois représentée par l'*e* prosthétique développé sous son influence ; c'est ainsi que *scalam, scopulum, scrivere* ont donné définitivement dans notre langue *échelle, écueil, écrire*. L'*s* a été conservée cependant dans quelques mots anciens comme *escalier, escalade, esclandre, escabeau*, etc.

Un des dialectes français du Nord, le wallon, est allé plus loin encore que le français ; il a supprimé à la fois l'*s* et la voyelle prosthétique ; il n'est resté ainsi que le *c*, qui est traité d'ailleurs

1. Cf. Diez, *Gram.* id. Un fait remarquable, c'est que l'*e* prosthétique, tout en ne s'écrivant pas souvent en catalan, n'en comptait pas moins, ainsi que l'a remarqué Milà y Fontanals, dans la mesure du vers. Cf. *Jahrb.* V, 176.

2. « *s* ante *t* et alias quasdam consonnantes, dit Sylvius, in media dictione raro ad plenum, sed tantum tenuiter sonamus et pronunciando vel elidimus vel obscuramus. » *Isagoge* p. 7.

comme un *c* ordinaire dans le dialecte de Namur, — ainsi *chaule* (scalam), — et qui dans le dialecte de Liége se change en *h* : *hale* (scalam).

On le voit par les exemples qui précèdent, *s* dans le groupe *sc* peut tomber comme cela a lieu en français, mais il ne modifie point le *c* suivant ; il semble même, au contraire, lui conserver sa valeur originelle ; ainsi *scalam* donne en italien *scala*, en espagnol, en portugais et en provençal *escala*, en français *échelle*; mais si *calam* avait donné *chelle* en français et peut-être *cala* en italien, il aurait probablement donné *gala* en espagnol, en portugais et en provençal, de même *cribere* aurait plus que vraisemblablement donné dans ces trois langues et en français — du moins dans les composés — *grivir*, *grever*, *grire*. Cependant le *c* de *sc* s'est changé en *g* en espagnol et en portugais dans les mots d'origine germanique *esgrimir* (a. skirm), *esgrima* ; c'est-à-dire qu'il y a été traité comme dans le groupe *cr*.

β) Si le groupe *sc* n'a point subi de modification particulière devant *a*, *o*, *u* ou une liquide, il n'en est pas de même, quand il est suivi de *e* ou *i*; cas qui se présente d'ailleurs rarement au commencement des mots, mais est assez commun au milieu. Ceci n'est point d'ailleurs particulier aux langues romanes. Ainsi, *sc* (*sk*) qu'on rencontre fréquemment dans les langues germaniques, se change dans toutes devant une voyelle palatale en š, modification que l'allemand et l'anglais ont même étendue à *sc* suivi d'une voyelle non palatale. Comment expliquer cette transformation d'autant plus surprenante en allemand par exemple que *k* seul y a toujours conservé sa valeur gutturale ? Il faut y voir, je crois, le résultat de la transformation de la gutturale explosive en spirante de même ordre, ce qui donne *s*χ, son tellement semblable à š que Brucke a pu en admettre l'identité. La transformation de *k* n'ayant point eu lieu en général dans les voyelles non palatales, *sk* y est resté le plus souvent sans modification ; c'est ce qui est arrivé toujours, le français excepté, dans les langues romanes, mais à l'exception du roumain, toutes l'ont transformé en spirante dentale devant *e* ou *i* ; en italien cette spirante est, comme dans les langues germaniques, š ; c'est *s* ou θ dans le double groupe occidental, accompagné du son *i* dans le provençal et le français. Faut-il expliquer cette transformation comme dans les idiomes germaniques ? rien ne s'y oppose en italien ; il semble pourtant plus en rapport avec ce que nous avons vu jusqu'ici, d'admettre que le *c* s'est changé en *j*, ce qui a donné *sj*, dont la transformation en š, puis en *s*, s'explique sans peine ;

seulement on peut croire qu'en même temps que le *c* se changeait ainsi en *j* ; il développait dans le groupe du Nord-Ouest le son *i* devant *s*. Dans le groupe du Sud-Ouest, au contraire, l'assimilation pure et simple paraît avoir eu lieu. Le latin de la décadence en offrait déjà des exemples ; ainsi *dissesse* (discessisse), *requiesit*, *cresseret*, etc. [1]. Le roumain se sépare ici complètement des autres langues congénères ; quelle que soit la voyelle suivante, il a changé *sc* en *št*, c'est-à-dire que *s* s'y est épaissi en *š* et que *c* s'est changé en *t*, transformation due peut-être à une influence slave — elle se retrouve du reste en slovène, — et dans laquelle on peut voir, je crois, le résultat de la transformation de *c* en *č* (*tš*), suivi de sa transposition et de la chute de *s*. Quoi qu'il en soit, *sc* initial suivi de *e* ou *i* est tout-à-fait exceptionnel, on ne le rencontre guère, à part le mot savant *scena*, que dans *scientem*, qui a donné *esciente* en espagnol, *essien* en provençal et *escient* en français, mot dont il faut rapprocher l'italien *scentre*, et dans *scire* devenu *šti* en roumain.

2° *sc médial.*

Il faut, comme pour *sc* initial, distinguer le cas où la voyelle suivante est *a*, *o* ou *u* et celui où elle est *e* ou *i*.

α) Dans le premier, *sc* ne subit point de modification en italien, en espagnol, en portugais et en provençal ; en français *s* disparaît et *c* se change en *ch* devant *a*, excepté dans le picard et le normand où il persiste, enfin en roumain *sc* devient *št* ou persiste exceptionnellement. Ainsi **cascunum*, *flascum*, **misculare*, *muscam*, * *piscare*, ont donné :

ROUM.	IT.	ESP.	PG.	PR.	FR.
—	*ciascuno*	—	—	*cascu*	*chacun*
—	*fiasco*	*frasco*	*frasco*	—	—
—	*mescolare*	*mezclar*	—	*mesclar*	—
muštẹ	*mosca*	*mosca*	*mosca*	—	*mouche*
pescearesc	*pescare*	*pescar*	*pescar*	*pescar*	*pêcher*

En français **misculare* a donné *mêler*, comme *masculum* a donné *mâle*, le *c* s'est assimilé à l'*s* et est tombé ; on a eu ainsi *mesler* d'où *mêler* après la chute de l'*s*. Le roumain *pescearesc* semble être de formation récente, comme on le voit en comparant ce mot à *pešte*, formé régulièrement.

β) Devant *e* ou *i*, *sc* médial se comporte comme *sc* initial, si

1. Cf. Schuch. *Vocal.* I, 145.

l'on excepte le développement du son *i* devant *s*, c'est-à-dire qu'il se change en *š* en italien, *št* réduit parfois à *š* en roumain, *c* = θ en espagnol, *ç* en portugais et *is* en provençal et en français. *sc* a persisté souvent en portugais, mais avec la valeur *ç*, orthographe que les anciens manuscrits espagnols présentent souvent aussi.

Les transformations des quatre mots *conoscendo*, *crescendo*, *nascendo* et *pascendo* donneront une idée de ces divers changements :

ROUM.	IT.	ESP.	PG.	PR.	FR.
canoaštund	*conoscendo*	*conociendo*	*conhecendo*	*conoissen*	*connaissant*
creaštund	*crescendo*	*creciendo*	*crescendo*	*creissen*	*croissant*
naštund	*nascendo*	*naciendo*	*nascendo*	*naissen*	*naissant*
paštund	*pascendo*	*paciendo*	*pascendo*	*paissen*	*paissant*

L'*s* double du provençal et du français n'étant qu'un signe orthographique destiné à indiquer que cette spirante est sourde, se réduit à *s* naturellement devant une consonne ; d'après cela l'infinitif français des verbes en *scere* : *conoscere*, *crescere*, **nascere*, *pascere*, etc., est *conoisre*, *croisre*, *naisre*, *paisre* ; mais la langue n'aimant pas le concours de *s* et de *r* on a intercalé un *t* entre ces deux lettres, ce qui a donné ainsi : *connoistre*, *croistre*, *naistre*, *paistre*. Plus tard l'*s* étant devenue muette, est tombée, d'où les formes actuelles *connaître*, *croître*, *naître*, *paître*, etc., dans lesquelles le groupe *sc* n'est plus rappelé que par ce *t* intercalaire et par l'*i* de la diphthongue précédente. Il ne l'est plus que par *i* à la troisième personne singulier de l'indicatif : *connaît*, *croît*, *naît*, *paît*, etc.

Les dialectes ladins ont tantôt traité *sc* suivi de *e* ou *i*, comme l'italien, c'est le cas du roumanche, qui l'a changé en *š*, tantôt ils se sont contentés de l'assimilation, c'est ce qui a lieu par exemple dans le dialecte du Frioul. Ainsi *crescere* a donné *creschere* dans le premier, *cressi* dans le second, *pascere* y est devenu respectivement *pasche* et *passi*.

A côté des formes *s* = θ ou *ç* l'espagnol et le portugais en offrent une dans laquelle *sc* est traité comme *cs* (*x*) et représenté par *x* ou *ix*[1]. Ainsi pour * *fasciam*, *piscem*, et *vascellum*, on a par exemple :

fašie	*fascia*	*faxa*	*faixa*	*faissa*	*faisse* v.
pešte	*pesce*	*pexe* v.	*peixe*	—	—
vescior	*vascello*	*baxillo*	*baixel*	*vaissel*	*vaisseau*

1. Voir pl. loin Ch. VII.

On trouve aussi en italien *fiočina* (fuscinam) et *vagello* (vascellum), où š est remplacé par č ou ǧ; enfin *rusignuolo* nous montre *s* sonore se substituant à š[1]. Quant au sarde logoudorien, il conserve dans ce cas à la gutturale palatale sa valeur originelle; ainsi :

LAT.	IT.	S. LOG.
conoscere	conoscere	*conoschere*
crescere	crescere	*creschere*
*nascere	nascere	*naschere*
pascere	pascere	*paschere*
piscinam	piscina	*pischina*, etc.[2]

On trouve aussi *sc* avec une valeur gutturale dans le roumanche *pesc;* mais je crois qu'il ne faut voir là qu'un changement de déclinaison, analogue à ceux que j'ai déjà eu occasion de signaler p. 85; *pesc* d'après cela viendrait non de *piscem*, mais de **piscum*.

Le wallon a traité devant *e* et *i* le groupe *sc* comme devant *a*; le wallon liégeois le change en *h*, celui de Namur en *ch*, exemple :

lat. conoscere   w. n. *conoche*   w. l. *conohe*

Dans la conjugaison espagnole, l'*e* de l'infinitif des verbes en *scere* se changeant en *o* à la première personne singulier de l'indicatif présent, en *a* à toutes les personnes du subjonctif présent et à la troisième personne du singulier et du pluriel de l'impératif, on retombe sur le premier cas où *sc* persiste; mais alors *s* se change en *z*, comme nous l'avons déjà vu dans *mezclar*. En provençal, où le même changement de la voyelle a lieu au subjonctif et à l'impératif présent, le groupe *sc*, devenu *ss*, reprend à ces temps sa forme primitive. On a donc dans ces deux langues pour **nascere :*

IND. PRÉS.	SUBJ. PRÉS.		IMP.	
ESP.	ESP.	PR.	ESP.	PR.
nazco	*nazca*	*nasca*	—	—
—	*nazcas*	*nascas*	—	—
—	*nazca*	*nasca*	*nazca*	*nasca*
—	*nazcamos*	*nascam*	—	—
—	*nazcais*	*nascatz*	—	—
—	*nazcan*	*nascan*	*nazcan*	*nascan*

1. On trouve aussi en provençal *vaysel* à côté de *vaissel*, autre exemple d'une sonore substituée à *sc*.

2. Voir plus haut Liv. II, Ch. III, p. 87.

III° *sc final.*

Il faut encore distinguer ici le cas où la voyelle suivante est *e* ou *i* et celui où elle est *o* ou *u*.

α) Quand *sc* est devenu final par la chute de *o* ou *u*, cas qui ne peut d'ailleurs se présenter qu'en roumain, en ladin, en provençal et en français, *sc* persiste dans les trois premiers idiomes et se change en *is* dans le dernier ; ainsi

LAT.	ROUM.	LAD.	PR.	FR.
conosco	*cunosc*	—	*conosc*	*connais*
cresco	*cresc*	*cresc*	*cresc*	*crois*
*friscum	—	*fresc* fr.	*fresc*	*frais*
*nasco	*nasc*	*nasc*	*nasc*	*nais*
pasco	*pasc*	—	*pasc*	*pais*
pascuum	—	*pasc* Ob.	*pasc*	— etc.

Dans *brost* (labruscum) du dialecte romagnol, *st* s'est substitué à *sc*[1]; nous avons ainsi là un nouvel exemple de la substitution de *t* à *c*.

β) Quand la voyelle dont la chute a rendu *sc* final, ce qui ne peut arriver qu'en espagnol, en français et dans les dialectes ladins, est *e* ou *i*, *sc* est devenu *z* en espagnol, *is* (*x*) en provençal et en français, il est resté, comme *sc* médial, *ȝ* en roumanche et *ss* dans le dialecte du Frioul. Ainsi *fascem* et *piscem* y ont donné :

LAT.	ESP.	ROUMANCHE.	L. FR.	PR.	FR.
fascem	*haz*	*fasch*	*fass*	*faiș*	*faix*
piscem	*pez*	—	*pess*	—	—

En provençal où, par la chute du *t*, *sc* devient final à la troisième personne singulier de l'indicatif des verbes en *scere*, on a également *creis* (crescit), *nais* (*nascit), *pais* (pascit), etc.

CHAPITRE V

DU GROUPE CL.

Ce groupe a été traité de la manière la plus différente par les diverses langues romanes. Plusieurs cas pouvaient se présenter : d'abord *cl* pouvait persister tel quel, ou bien la sourde *c* se changer en sonore *g*, suivant une tendance que nous avons étudiée[2] ;

1. Muss. *Darst. der rœm. Mund.* p. 52.
2. Voir pl. haut p. 39.

le latin s'en est tenu là ; mais le son *l* précédé de *c* ou de *g*, qu'il affectionnait, à ce qu'il semble, auquel il donnait du moins alors toute sa force[1], a répugné le plus souvent aux oreilles romanes comme trop dur ou trop difficile à prononcer. Un premier moyen de l'adoucir fut de faire suivre *l* d'un *i*, ce qui donnait les groupes *cli* ou *gli*, formes dont la première a été conservée entre autres par le dialecte roumain du Sud ; mais cette simplification ne suffisant pas, la langue rejeta *l* dans le premier groupe, en conservant au *c* sa valeur gutturale, ce qui a donné le son *ki* ou *chi*, forme conservée par l'italien et le dialecte roumain du Nord, *g* dans le second, ce qui a donné *li* ou *lj*. De *chi* est sorti, suivant une transformation connue, le son *č* qu'on retrouve dans plusieurs dialectes italiens ou ladins, parfois en espagnol et, affaibli en *š*, en portugais. Quant à *li*, *lj*, il a donné naissance au son *ǧ*, *ž*, lequel s'est changé en spirante gutturale χ en espagnol. Mais il a pu se faire aussi qu'au lieu de développer le son *i* après lui, l'*l* de *cl* ou *gl* se soit simplement changé en *lh* ou *ll*, comme cela a lieu en particulier dans certains patois normands, ce qui donne *cll* ou *gll;* si *c* ou *g* tombent dans ces groupes, il reste *ll* (*l* mouillé), le *gli* de l'italien, *ll* de l'espagnol, *lh* du portugais et du provençal, *ill'* (*il* final) du français[2]. On peut, je crois, représenter synoptiquement ces modifications de la manière suivante :

cl { *cl*, *cli*, *chi*, *č*, *š*
gl, *gli*, *lj*, *ǧ*, *ž*, χ
cl, *gl*, *cll*, *gll*, *ll*, (*lh*, *gli*, *ill*).

La nature des transformations du groupe *cl* dépend, au moins dans certains idiomes, de la place qu'il occupe dans le mot, il importe donc d'étudier séparément celles du *cl* initial et du *cl* médial, seuls cas qui peuvent se présenter, *cl* ne pouvant jamais être final.

I° *cl initial.*

Chacun des groupes entre lesquels se répartissent les langues romanes a traité *cl* initial d'une manière particulière. L'italien et

1. « Plenum habet (*l*) sonum, dit Priscien, quando habet ante se in eadem syllaba aliquem consonnantem, ut *flavus, clarus* ». Cf. Diez, *Gram.* I, 209.

2. L'*l* mouillé a pu prendre naissance encore d'une autre manière, *lj* résultat de la chute du *g* dans le groupe *gli* peut en effet, au lieu de se changer en *ǧ*, se transformer en *ll*, comme cela a lieu pour *lj* étymologique dans le portugais *filho* (filium).

le roumain ne le tolérant point, pas plus au commencement qu'au milieu des mots, l'ont changé l'un et l'autre — du moins le toscan et le roumain du Nord — en *chi*, réduit à *ch* devant *i* et parfois aussi, en roumain, devant une autre voyelle. Certains dialectes italiens toutefois ont poussé plus loin la transformation et changé *chi* en *č*; il en a été de même dans quelques sous-dialectes ladins. Quant au roumain méridional, il conserve *cl*, comme les langues du groupe du Nord-Ouest, mais en le faisant suivre de *i*.

L'espagnol et le portugais ne répugnaient point, ce semble, à l'origine à la combinaison *cl*; on la rencontre, en effet, dans les anciens monuments de ces deux langues, — ainsi *clamar* PC. devenu *cramar* Gil. Vic. — et elle a aussi persisté dans un grand nombre de mots qu'il est difficile de ne pas regarder comme d'origine populaire, tels que *clavo*, *claro*, etc. Cependant au moment de leur formation définitive, il y eut une tendance de ces langues pour rejeter *cl* et pour le changer en *ll* (espagnol) ou en *ch* = *š* (portugais) affaiblissement de *č*; cette dernière transformation ou la sonore correspondante *ǧ* (*j*) apparaît aussi dans les dialectes espagnols, en particulier dans le léonais, ainsi *jamar*, *chamar* F J., *chabasca* (*clavascam); le portugais connaît aussi la forme *j* (*ž*), affaiblissement de *ǧ*, à côté de *ch* (*š*); ainsi *jamar* S. Rosa pour *chamar*[1].

En provençal et en français *cl* initial persiste toujours sans modification dans la langue classique; il faut excepter *glatz* pr. — qui est d'ailleurs aussi *clas* — fr. *glas* (classicum), où *cl* s'est affaibli en *gl*. Les dialectes présentent quelques particularités; ainsi dans les patois normands du Bessin et de Guernesey, l'*l* de *cl* se mouille parfois et l'on a par exemple *cllocher* pour *clocher*, *cllaie* (clef), *cllai* (clair), *cllaou* (clou), *cllenque* (clenche), *clloque* (cloche), etc.[2]. Le dialecte lorrain de Nancy est allé plus loin, *cl* changé d'abord en *cli* s'y est réduit à *ki*, comme en italien et dans le roumain du Nord, par exemple *kié* pour *clef*, *kiou* pour *clou*, *kinei* pour (in)*cliner*, etc. Le patois du Haut-Maine offre aussi quelques exemples de cette transformation; ainsi *quiaé* (claie), *quianche* (clenche), *quiau* (clou)[3].

Les dialectes ladins conservent souvent le groupe *cl* comme le français et le provençal, — c'est le cas du roumanche de l'Oberland et de l'Engaddine et du ladin du Frioul — mais parfois

1. Cf. Diez, *Gram.* I, 211.
2. G. Métiv. *Dict. franco-norm.* s. v.
3. Oberlin, *Essai* p. 98. — C. R. de M. *Voc. du Haut-Maine.* s. v.

aussi ils le changent en *č*, c'est ce qui arrive dans quelques sous-dialectes du Tyrol, en particulier celui d'Ampezzo, ainsi que dans le milanais[1]. Dans le sous-dialecte de Nonsberg, le *c* de *cl* s'est parfois tout simplement affaibli en *g*, tandis que dans celui de Grœden (vallée de la Gardena), il s'est changé en *t*, ce qui donne *gl* dans le premier et *tl* dans le second à la place de *cl*[2].

Voici comment ce groupe a été traité par les diverses langues romanes dans les mots latins *clamare, clarum, clavem, clavum, claudere*, etc.

ROUM.		IT.	ESP.	PG.	PR.	FR.
clema s.	*chiemà* N.	*chiamar*	*llamar*	*chamar*	*clamar*	*clamer*
—	*chiar*	*chiaro*	*claro*	*claro*	*clar*	*clair*
cliae	*cheie*	*chiave*	*llave*	*chave*	*clau*	*clef*
—	—	*chiodo*	*clavo*	—	*clavel*	*clou*
—	*chide*	*chiudere*	—	—	*claure*	*clore*, etc.

Les exemples suivants montreront ce que ce même groupe est devenu dans les dialectes ladins et dans quelques dialectes du Nord de l'Italie :

LAT. *cl.*	*cl.*	*gl*	*tl*		*č*
clamare	*clamà* fr.	—	*tlama*	Gard.	*čama* Amp.
clarum	*clar* roum.	—	*tler*	id.	*čiar* mil.
clausum	*claus* id.	—	—	id.	—
clavem	*claf* id.	—	*tlé*	id.	*čave* Amp.
clavum	*claud* fr.	*glava* Nonsb.	*tlaut*	id.	*čodo* id.

Un mot fait exception dans toutes les langues romanes, c'est *clavicula*, qui ayant dû perdre son premier *l* dans la période latine, est traité dans toutes comme si la forme primitive était *cavicula*.

II° *cl médial*.

Il faut distinguer entre *cl* latin et *cl* de formation romane, c'est-à-dire provenant de l'apocope d'une voyelle intermédiaire à *c* et à *l*.

α) Dans le premier cas *cl* se change, comme au commencement des mots, en *ch* en roumain et en italien, il s'affaiblit, au contraire, en *gl* dans le double groupe occidental, où, par consé-

1. Le dialecte des Quatro Ville, ce qui n'a rien qui doive surprendre, affaiblit dans ce cas *č* en *ç*, *clamare* y est devenu ainsi *çamà*.
2. Schneller, *Die Mund. von Tirol*, p. 68. — Ascoli, *Archivio*, I, passim. — Muss. *Darst. der rœm. Mund.* p. 47.

quent, l'*l* persiste sans modification et le *c* est traité comme un *c* médial ordinaire. Exemples :

LAT.	IT.	ESP.	PG.	PR.	FR.
ecclesiam	*chiesa*	*iglesia*	*igreja*	*iglise*	*église*
miraclum	—	*milagro*	*milagre*	—	—
seclum	—	*siglo*	—	*segle*	—

Il faut remarquer le changement de *l* en *r* dans l'espagnol *milagro*, portugais *milagre* ainsi que dans le portugais *igreja*, changement dont *cramar* pour *llamar* nous avait déjà offert un exemple. Le mot *miracle* a conservé en provençal et en français le *c*, il en est de même de *siècle* dans ce dernier idiome; il faut voir là évidemment le résultat d'une influence savante. La première syllabe du mot *ecclesiam* est en général tombée dans les dialectes ladins; mais quoique devenu ainsi initial, *cl* y a été pourtant traité comme médial et comme tel remplacé par *gl*, la spirante sonore *ǧ* ou sa forme affaiblie *ž* ou encore par le groupe *dl* : (*ec*)*clesia* a ainsi donné les formes :

glesia Fd. *ǧiesia* Ag. *ǧeža* Fs. *žeža* Amp. *dližia* Gad.

β) *c'l* médial de formation romane se rencontre dans les dérivés en *aculus*, *eculus*, *iculus* et *uculus*, si communs dans le latin de la décadence. Ce groupe présentait naturellement moins de résistance que *cl* étymologique, aussi n'a-t-il persisté que dans le dialecte roumain du Sud, où il est toutefois suivi de *i* ; dans le roumain du Nord, au contraire, il se change, comme *cl* initial, en *chi*; on retrouve aussi le plus souvent cette transformation en italien, affaiblie en *ghi* dans le sicilien[1], mais on y rencontre aussi en même temps, quoique rarement, *gli* ou *l* mouillé; cette modification ordinaire de *cl* initial en espagnol y apparaît encore ici dans cette langue, mais seulement à titre d'exception, il en est de même de *ch* (*č*); la transformation régulière de *c'l* roman est *j*, c'est-à-dire la spirante gutturale substituée à la chuintante sonore *ǧ*, forme rare, au contraire, au commencement des mots. Le portugais présente quelques cas de la substitution de *ch* à *c'l*, en particulier après *n*, mais c'est *l* mouillé (*lh*) qui en est la représentation habituelle; c'est lui aussi qu'on rencontre presque toujours à sa place en provençal et en français.

Dans quelques mots cependant ces deux derniers idiomes ont traité *c'l* roman comme *cl* latin médial, c'est-à-dire qu'ils l'ont changé en *gl*; il en a été de même dans le dialecte ladin de Bu-

1. Exemple *tinagghiu* (tenaculum).

chenstein et d'Araba, parfois aussi dans celui du Frioul; mais après une consonne *cl* persiste sans modification dans ce dernier; il en est de même dans tous les cas en roumanche et dans le dialecte de Fondo ; dans celui de Grœden ou de la Gardena et de la Gadera, au contraire, la sonore *dl* se substitue à *c'l* médial, tandis que la sourde *tl* y prend, nous avons vu, la place de *cl* initial. Dans le dialecte du Val de Sole le groupe *cl* ne s'est pas formé et y est devenu *kel* ; dans le Val de Rumo, il s'est modifié en *kjel*, et en *ćel* à Fondo et à Nonsberg ; mais au pluriel le groupe *cl* apparaît sans modification, ainsi qu'au singulier des féminins.

Ces formes sont loin d'épuiser la série des transformations de *c'l* roman ; ainsi dans le dialecte du Frioul, ce groupe, quand il n'est pas précédé d'une consonne, se réduit à *l* ou *li;* dans le roumanche de l'Engaddine et parfois de l'Oberland, ainsi que dans le ladin du val de Fassa et de Mœna, il s'est, au contraire, transformé en *l* mouillé, et il est devenu *jot* dans le ladin d'Oltrechiusa et de Fassa ; enfin il a donné naissance à la chuintante sonore *ǧ* dans le dialecte d'Agordo et d'Agordino, ainsi que dans le milanais [1].

Pour montrer comment *c'l* a été traité dans les diverses langues romanes, je prendrai pour exemple les mots *acuc(u)lam*, *apic(u)lam*, *auric(u)lam*, *cornic(u)lam*, *fac(u)lam*, *genic(u)lum*, *grac(u)lam*, *lentic(u)lam*, *mac(u)lam*, *oc(u)lum*, *pedic(u)lum*, et *speculum* :

ROUM.	IT.	ESP.	PG.	PR.	FR.
—	*aguglia*	*aguja*	*agulha*	*agulha*	*aiguille*
—	*pecchia*	*abeja*	*abelha*	*abelha*	*abeille*
ureclie S. *urechie* N.	*orecchia*	*oreja*	*orelha*	*aurelha*	*oreille*
—	*cornacchia*	*corneja*	—	—	*corneille*
fęclie	—	*hacha*	*facha*	*falha*	*faille* L. R.
—	*ginocchio*	*hinojo* V.	*giolho*	*ginolho*	*genouil* V.
—	*gracchia*	*graja*	*gralho*	*gralha*	*graille* V.
—	*lenticchia*	*lenteja*	*lentilha*	—	*lentille*
—	*macchia*	*malla*	*malha*	*malha*	*maille*
ocliu S. *ochiu* N.	*occhio*	*ojo*	*olho*	*olh*	*œil*
—	*pidocchio*	*piojo*	*piolho*	*pezolh*	*peoil* V.
—	*specchio*	*espejo*	*espelho*	—	—

A cette liste il faut ajouter les dérivés de *cochlear* dans lesquels *cl* latin a été traité comme *c'l* roman :

it. *cucchiajo* esp. *cuchara* pg. *colher* fr. *cuillère*

Par contre dans les mots suivants *c'l* roman a été traité en

1. Schneller, id. p. 68 et 69. — Ascoli, *Archivio*, I, 57, 193, 323, 324, 329, 348, 351, 356, 369, 374, 377, 382 et 514. — Muss. *Darst. der altm. Mundart*, p. 12.

provençal et en français comme *cl* latin médial, c'est-à-dire changé en *gl*.

LAT.	PR.	FR.
*aboculum	—	*aveugle*
aq(ui)lam	—	*aigle*
*buc(u)lare	—	*beugler*
sec(a)lem	*segle*	*seigle*

Le mot français *mâle* (masle), qui semble faire exception aux règles précédentes, doit sa forme particulière à ce qu'il vient non de *maç(u)lum* qui aurait donné *magle* ou *maille*, mais de *masc(u)lum*; le *c* de *sc* assimilé par l'*s* précédent est tombé; et sa chute a empêché l'*l* d'être mouillé. Il en a été de même de *moule* (musculum). Dans le ladin du Frioul, *cl* a été dans ces mots conservé par l'influence de l'*s*, ainsi *mascli*, *muscli*; mais dans le roumanche de la Haute-Engaddine il s'est changé en spirante, qui avec l'*s* précédente a donné naissance à la chuintante š, d'où *maschiel*, *müschiel*.

L'*l* mouillé substitué à *cl* qu'offre partout l'ancien français a disparu dans un certain nombre de mots du français moderne; c'est ce qui a eu lieu par exemple dans *genou*, autrefois *genouil*, forme conservée dans *agenouiller*, — *pou*, autrefois *peouil*, *pouil*, qu'on retrouve dans *pouilleux*, et *verrou*, anciennement *verrouil* (* verruclum). Dans ces mots il y a eu simple chute de *il*, devenu sourd dès la première moitié du XVIIe siècle, époque où l'on écrivait encore *genouil*, *pouil*, *verrouil*, mais en prononçant, nous apprend Chifflet, *genou*, *pou*, *verrou*. Dans les mots *épieu*, *essieu*, la langue a procédé autrement; l'ancienne forme était *espieil* (spiculum), *essieil* (* axiculum), l'*l* mouillé s'est changé en *l* ordinaire, ce qui a donné *espiel*, *essiel*, d'où par la vocalisation de l'*l* les formes modernes *épieu* et *essieu*. Quelque chose d'analogue s'est passé au pluriel de *œil*, seulement l'*i* préposé à *eu* a conservé quelque chose de l'*l* mouillé, et ce mot a pris la forme définitive *yeux*. Dans *gril* (* craticulum), *goupil* (* vulpeculum), *nombril* (umbilicum), nous avons un nouvel exemple de la chute de *l* mouillé, laquelle a dû être précédée toutefois d'une période de transition où l'*l* final sans être mouillé devait encore se prononcer. C'est l'état où nous voyons maintenant le mot *péril*, dont l'*l* ne se mouille plus, mais se prononce encore, mais qui, si une réaction conservatrice n'a lieu, finira par devenir muet.

Cet affaiblissement ou cette suppression du son *lh* dans le français a été généralisé dans certains patois, en particulier dans le normand du Bessin ; ainsi *fenouil* y est devenu *fenou*; *soleil*, *solé*. L'*l* n'a été conservé, mais en cessant d'être mouillé, que dans les dérivés féminins en *cula*, c'est-à-dire devant *e*, comme dans *aigule*, *boutéle*, *conéle* (corneille), *quevile*, etc.

Telles sont les remarques auxquelles donnent lieu les transformations générales du groupe *c'l* dans les six principaux idiomes néo-latins; pour en terminer l'étude je les ferai suivre du tableau des modifications qu'éprouvent dans les dialectes ladins, lesquels, nous avons vu, le traitent parfois comme les autres idiomes romans, mais le transforment aussi d'une manière à eux particulière, les cinq mots suivants :

		acuc'lam	*auric'lam*	*genuc'lum*	*ocuc'lum*	*pedic'lum*
Nb.	*cl*	—	*recla*	*zinocli* pl.	*ocli* pl.	*piocli* pl.
Ar.	*gl*	*ogla*	*orogla*	*ženogle*	*ogle*	*piegle*
Gad.	*dl*	*odla*	*oredla*	*ženedl, žnodl*	*œdl, uędl*	*piedl, podl*
VS.	*kel*	—	—	*ginokel*	—	*piokel* (*cli*)
Fd.	*ćel*	—	—	*zinoćel*	*oćel*	*pioćel*
Ag.	*ǧ*	—	—	*zanoǧe*	*uoǧe*	*pioǧe*
Fr.	*l*	—	*orele*	*zenoli*	*uoli*	*pedoli*
E.	*lh*	—	*uraglia*	*schanulgia*	*œilg*	—
Oltr.	*j*	—	*urejja*	—	*uojo*	*pedhuojo*

CHAPITRE VI.

DU GROUPE CR.

Ce groupe a peu d'importance ; il a été traité d'une manière différente au commencement et au milieu des mots.

I° *cr initial.*

Au commencement des mots, où il est toujours étymologique, *cr* persiste le plus souvent sans modification ; quelquefois aussi, en particulier dans les langues du Sud-Ouest, et dans les dialectes ladins il se change en *gr* [1]. Ainsi les mots *crassum*, *creare*, *credere*, *crepare*, *crescere*, *cretam*, *cristam*, *crucem*, ont donné :

ROUM.	IT.	ESP.	PG.	PR.	FR.
gras	*grasso*	*graso*	—	*gras*	*gras* [2]
—	*creare*	*criar*	*criar*	*crear*	*créer*

1. Voir pl. haut Liv. I, Ch. I, p. 40. Ainsi dans le dialecte du Frioul *grispe* (crispam), *gruse* (crustam), etc.

2. Le *c* de *crassum* s'est changé en *g* dans toutes les langues néo-

crede	*credere*	*creer*	—	*crezer*	*croire*
crepa	*crepare*	—	—	*crebar*	*crever*
crešte	*crescere*	*crecer*	*crescer*	*creisser*	*croître*
cridę	*creta*	*greda*	*greda*	—	*craie*
creaštę	*cresta*	*cresta*	*crista*	—	*crête*
cruce	*croce*	*cruz*	*cruz*	*crotz*	*croix*, etc.

Bien que le groupe *cr* ne répugnât point aux oreilles romanes et qu'il ait, comme nous voyons, persisté en général sans modification au commencement des mots, cependant quelques dialectes l'évitent en préposant à *r* une voyelle, *a* par exemple, comme cela a lieu dans le roumanche, *e*, comme le fait le patois du Haut-Maine. Ainsi *credentiam* a donné en roumanche *cardienscha;* de même on trouve dans ce dialecte *carschenan* (creverunt) à côté de *crescher* (crescere). Le patois du Haut-Maine nous offre les formes *quérier* (crier), *quériateure* (créature), *querté* (crêté), *quertelle* (cretelle), *quervaison* (crevaison). Le patois normand du Bessin connaît aussi la forme *quériature* [1].

Un fait plus remarquable, c'est la chute du *c* devant *r*, qui nous est présentée par le sarde logoudorien dans *rughe* (crucem) [2], et le changement de *cr* en *ch* dans le dialecte de Parme, ainsi *cherpär* (crepare) [3].

II° *cr médial.*

Il faut distinguer entre *cr* latin ou étymologique et *cr* roman, c'est-à-dire résultant de la suppression d'une voyelle intermédiaire à *c* et à *r*.

α) Le *c* de *cr* latin persiste toujours en roumain ; dans les autres langues, au contraire, il se change le plus souvent en *g*. En français toutefois, avant la tonique et après, quand par suite de la chute d'une voyelle atone intermédiaire l'*r* est suivi d'une consonne, le *g* s'affaiblit en *y* (*i*) ; c'est ainsi que *sacramentum* a donné successivement dans cette langue *sagrament*, *sairement* ou *sairment* et enfin *serment*, que *lacrymam* est devenu *lagrime*, *layrme* ou *lairme*, transformé plus tard en *larme*. Les exemples suivants montreront comment *cr* médial a été traité

latines, même en roumain ; cela tient à ce que dans le latin vulgaire cette transformation avait déjà eu lieu : « *crassus*, quod est pinguis, per *c* », lit-on dans un grammairien du IVe ou du Ve siècle (*Gram. lat.* VI, 293, K.), preuve évidente qu'on écrivait déjà ce mot avec un *g*.

1. Ascoli, *Arch.* I, 58. — De Montesson, *Voc. du Haut-Maine*, s. v.

2. Il en est de même dans le napolitain *rotta*, it. *grotta*.

3. Biond. *Saggio* p. 208.

dans les différents idiomes romans. Le roumain conservant toujours le *c*, je laisse cet idiome de côté.

LAT.	IT.	ESP.	PG.	PR.	FR.
*acrum	*agro*	*agrio*	*agro*	*agre*	*aigre*
alacrem	*allegro*	*alegre*	*alegre*	*alegre*	*alègre*
lacrymam	*lacryma*	*lagrima*	*lagrima*	*lagreme*	*lairme*
macrum	*magro*	*magro*	*magro*	*magre*	*maigre*
sacramentum	sacramento	sacramento	—	*sagramen*	*sairment*
sacrum	*sagro*	*sagro*	sacro	*sagre*	—
soc(e)rum	—	*suegro*	*sogro*	*suegre*	—

On voit qu'excepté dans *sacramento*, mot demi-savant, et le portugais *sacro* qui l'est entièrement, le *c* s'est toujours affaibli en *g* en italien, en espagnol, en portugais et en provençal ; nous avons vu [1] qu'il en était de même pour le *c* médial le plus souvent dans le premier de ces idiomes, presque toujours dans le groupe hispanique, et fréquemment en provençal ; la présence de l'*r* n'a donc eu pour résultat que de généraliser cet affaiblissement du *c*, et de l'empêcher de se changer en *y* en provençal, comme cela s'y produit souvent devant une voyelle, et encore plus souvent en français.

β) Si l'on excepte *suoc(e)rum*, où, comme nous venons de voir, le groupe *c'r* se trouve dans les différents idiomes néo-latins, l'italien excepté toutefois, *cr* de formation romane ne peut se rencontrer, que je sache, qu'à la terminaison *cĕre* des infinitifs, et seulement dans les langues du Nord-Ouest ; des autres, l'italien, l'espagnol et le portugais ne rejetant pas l'*e* intermédiaire et le roumain perdant *r*, ne sauraient la connaître. Dans le provençal et le français la chute de l'atone posttonique rend cette combinaison possible. On a ainsi à la place de *facere*, par exemple *fac're*, dont le *c* s'affaiblissant successivement en *g* et en *y* (*i*) donne la série

fac're, *fagre*, *fayre*, *faire*,

mais en conservant, comme on le voit, l'*e* final qui tombe dans tous les verbes, où il n'est pas précédé d'une double consonne.

Cette transformation suppose d'ailleurs que la chute de l'*e* de *cer* a été antérieure à la transformation du *c* palatal [2], sinon au lieu de la série *facre*, *fagre*, *faire*, on aurait eu en vertu de la loi d'assibilation générale

1. Liv. I, Ch. I, p. 42.

2. Ceci est d'autant plus vraisemblable que ce fait, apparaissant dans toutes les langues romanes, est antérieur à la séparation de l'empire, et à fortiori à la transformation du *c* palatal, devenue générale seulement à partir du VIe siècle.

facere, *fazere*, *fazre* ou *fasre*

comme *fec'runt* a donné

fécerunt, *fezerunt*, *fisdrent*[1].

L'italien n'admettant point la transformation *ir* = *cr*, quand *cer* n'a pas persisté, *c* est tombé purement et simplement avec *e*, comme dans *dire*, *fare*.

Voici d'ailleurs comme *cr* a été traité dans les huit verbes **cocere*, *dicere*, *ducere*, *facere*, *lucere*, *nocere*, *placere*, *tacere* :

ROUM.	IT.	ESP.	PG.	PR.	FR.
coace	cuocere	cocer	cozer	cozer, cozir	*cuire*
zice	dire	decir	dizer	dezir, *diire*, *dire*	*dire*
duce	ducere	ducir	duzir	duzer, duzer, *duire*	*duire*
fare	facere, fare	hacer, v. *fer*	fazer	*faire*, far., c. *fer*	*faire*
—	lucere	lucir	luzir	luzir, c. *lluir*	*luire*
—	nocere	—	—	nozer	*nuire*, *nosir*
plęcé	placere	placer	prazer	plazer	*plaire*, *plaisir*
tęcé	tacere	—	—	teiser	*taire*, *taisir*:

On voit que le provençal a eu souvent recours à un double procédé de transformation, celui du français, c'est-à-dire le changement de *cr* en *ir* et celui des autres langues romanes, c'est-à-dire le changement de *c* en la série *č*, *ts*, *s*. Le français ayant aussi parfois conservé, en le changeant en *i*, le premier *e* devenu long et par suite accentué de la terminaison de *nocere*, de *placere* et de *tacere*, la combinaison *c'r* ne s'est pas produite et *c* suivi de *e* (*i*) devant s'assibiler, on a eu *noisir*, *plaisir*, *taisir* à côté de *nuire*, *plaire*, *taire*. Quant à *vaincre* qui semble montrer la conservation du *c* dans le groupe roman *cr*, il y faut voir, ainsi que je l'ai dit précédemment, une transformation de *vintre* pour *vinre*, refaite sur le latin[2].

1. Cf. pl. haut p. 157. — M. Ascoli (*Arch.* I, 80) a proposé une autre explication ; il suppose la série de transformations :

facere *faǧere* *fayere* *faire*

Mais on ne voit pas ainsi *ǧ* se changer en *y*, et M. Ascoli n'a pu, je crois, admettre une pareille transformation qu'en confondant, comme il l'a fait dans sa théorie des sons, la palatale *g*, laquelle peut donner *y*, et la chuintante composée *ǧ*, laquelle ne donne que *ž*. Mais en supposant même cette transformation possible, on ne voit pas comment on pourrait en déduire la forme française *faire*, puisque l'*e* final de *fayere* n'étant pas précédé d'une double consonne devrait nécessairement tomber, comme cela a eu lieu dans *plaisir*, *taisir*, à côté de *plaire*, *taire*.

2. Voir pl. haut page 62, note 3.

CHAPITRE VII.

DU GROUPE CS = X.

La réunion de deux muettes ou explosives dissemblables ou d'une muette et d'une spirante, si commune dans les langues classiques, n'a point été tolérée en général dans les idiomes romans, aussi *x* = *cs* comme *ps*, *ct* comme *pt* devaient-ils presque toujours y disparaître. *Cs* n'avait pas d'ailleurs été toujours conservé en latin et en grec, comme le prouvent les formes δισσός à côté de διξός, τρισσός et τριξός, *nisus* et *nixus*, *Sestius* et *Sextius*, etc. L'osque et l'ombrien ne toléraient même point le groupe *cs* et le remplaçaient par *ss* ou *s* ; ainsi le latin *dextra* avait pour équivalent en ombrien *testru*. Le slavon et l'islandais offriraient des exemples analogues de transformation ; et le latin lui-même devait finir par rejeter le groupe *cs*. La résolution de *x* en *s* apparaît de bonne heure dans les inscriptions devant une consonne et à la fin des mots ; ainsi *praestati*, *vinatris*, *felis*, *subordinatris*, *es*, etc.[1]. Il est vrai, ce qui prouve quelle incertitude régnait alors sur la valeur de cette lettre, on trouve aussi *x* se substituant à *s* : « *miles* non *milex* », « *poples* non *poplex* », etc., dit l'Appendix Probi[2]. Devant les voyelles *x* paraît avoir persisté plus longtemps, quoiqu'on trouve dès le IIe siècle des exemples où il est remplacé par *s* ou *ss*, ainsi *assis*, *conflississet*, *cossim*, *lassus*, *obstrinserit*, *Masimilla*, *visit* et *vissit*, *Alesander*, etc.[3]. Mais c'est surtout du IVe au VIe siècle que ces exemples se multiplient ; à cette époque, qui est elle-même celle où le latin se transforme pour faire place au roman, la *résolution* de *x* en *ss* ou *s* devient générale[4] ; elle ne pouvait manquer de se continuer ou de se maintenir dans les idiomes nouveaux, sortis de l'ancienne langue plus ou moins modifiée du Latium. Cependant le mode de transformation que leur donnait le latin ne devait pas toujours leur suffire, et chacun des trois groupes entre lesquels ils se répartissent ont traité en général, comme nous allons voir, *x* d'une manière différente.

Les langues du groupe oriental ont eu recours dans la trans-

1. Schuch. *Vocal.* I, 132.
2. Edit. Keil, 197, 198.
3. Cf. Schuch. *Vocal.* I, 133. — Diez, *Gram.* I, 260.
4. Cors. *Krit. Beitr.* p. 495.

formation de cette lettre à un double procédé ; tantôt, suivant en cela le latin vulgaire, qui, comme nous venons de le voir, disait *frassinus* pour *fraxinus, tossicun* pour *toxicum*, etc., elles ont assimilé *c* à *s* et ont ainsi remplacé *x* (*cs*) par deux *ss*, modification habituelle en italien entre deux voyelles, ou même par *s* simple, comme le font ordinairement le roumain et l'italien devant une consonne ; tantôt, au lieu de la spirante dentale *s*, elles ont donné le son de la chuintante *ch* à *x*, qui a été remplacé par *sc* (*i*) en italien, par š en roumain.

Les langues du Sud-Ouest ont eu aussi en général recours à un double procédé, tantôt, et c'est le cas le plus rare, il y a eu assimilation de *c* à *s*, et *x* a pris alors le son ç, — c'est ce qui a eu lieu en portugais pour *texere* transformé en *tecer*, — tantôt, et c'est le cas ordinaire, *x* a pris le son de š en portugais, de la spirante gutturale, — modification de š, comme le prouve le mot *jefe* (fr. *chef*) — en espagnol. Dans le premier cas *x* a persisté parfois en portugais, par exemple dans *exemplo*, dans le second il avait persisté aussi dans cette langue comme dans l'ancien espagnol, mais l'orthographe moderne l'a remplacé le plus souvent dans ce dernier idiome par la *j* ; *x* a pris ainsi dans les idiomes du groupe hispanique la valeur ç, š et χ[1]. A la fin des mots il s'est aussi changé en *is* ; c'est cette dernière transformation qu'on rencontre d'ordinaire dans les langues du Nord-Ouest.

Dans ces langues, en effet, *x* a été remplacé par *iss*, réduit quelquefois à *ss* au milieu des mots, par *is* à la fin ; il ne subsiste que dans les mots d'origine savante ou bien encore qui ont été refaits sur le latin, comme on le voit par le mot *exemple*, autrefois *essemple* ou même *esample*.

Est vus l'*esample* par tres tot le pais *Alexis*, H. 37, 2

Dans l'ancien français on trouve souvent aussi *sc* à la place de *x*, par exemple *iscent* (exeunt)[2],

E les puceles *iscent* de la forêt semblant *Rom. d'Alex.*

Ainsi les transformations de l'*x* latin dans les langues romanes se réduisent à trois : changement en *ss*, propre presqu'exclusi-

1. Il a même encore en espagnol celui de *cs* ou *gs* devant une consonne, ainsi qu'au commencement des mots et parfois entre deux voyelles ; il en est de même en portugais dans *fluxo, sexo*, etc. ; mais ces mots étant d'origine savante ou récente, je les laisse de côté.

2. Par contre, on trouve aussi parfois dans l'ancien français *x* à la place de *sc*; ainsi *dexendre* (*Serm.* S. B. p. 526, 527, etc.) *poixons* (id. p. 527).

vement aux idiomes du groupe oriental ; changement en š, propre à la fois au groupe oriental et au groupe du Sud-Ouest, ainsi qu'aux dialectes ladins ; enfin transformation en *is*(*s*), particulière au groupe du Nord-Ouest, mais dont les autres offrent aussi quelques exemples. Comment maintenant expliquer ces transformations ? La première ne présente pas de difficulté, le *c* s'est simplement assimilé à l'*s*, ce qui a donné *ss* ; parfois aussi un des deux *s* est tombé, c'est-à-dire que la spirante sourde provenant de la transformation de *x* a été remplacée par une sonore. La troisième modification de *x* s'explique tout aussi facilement, le *c* s'est affaibli en *y* (*i*), mais en conservant à l'*s* en général la valeur d'une sourde, ce qui a donné comme transformation définitive de *x* ou *cs*, *iss* au milieu des mots. C'est ainsi qu'en provençal *coxam* a donné *coissa* et *fraxinum*, *fraisse*. Dans le mot *mataxa* toutefois l'*s* étant devenue sonore en provençal et en français l'*x* n'y a plus été représenté, quoique médial, que par *is*. Il en est de même à la fin des mots, par exemple *bois* pr., *buis* fr. (boscum). Mais il a pu se faire aussi qu'après la transformation de *x* en *is*, il y ait eu transposition de ces éléments, ce qui a donné *si* ou *sj*, groupe qui suivant une modification connue se change en *s* (š), *s* tombant après avoir empêché la transformation de *j* en *č*. C'est ainsi que *coxam* a donné *coxa* en portugais, *coscia* en italien. En même temps que *x* (*cs*) se change en *js*, il semble que le son *j* se soit développé parfois après l'*s*, ce qui a donné *jsj*, d'où *j*(*s*)š et *i*š, comme forme définitive prise par *x*, c'est celle que présente l'espagnol *madexa* = *madaixa* et le portugais *madeixa* (mataxam), où *ei* équivaut à *ai*.

Telle est la théorie des transformations de *x* dans les langues romanes ; les transformations des mots *axem*, *buxum*, *coxam*, *dixi*, *examen*, *exilium*, *exire*, *fraxinum*, *laxum*, *laxare*, *lixiviam*, *mataxam*, *maxillam*, *sex*, *toxicum*, *texere*, *taxare*, montreront comment elles se sont réparties entre chacune d'elles :

ROUM.	IT.	ESP.	PG.	PR.	FR.
—	*asse*	*exe*	*eixo*	—	*ais*
—	*bosso*	*buxo*	*buxo*	*bois*	*buis*
coapsę	*coscia*	*coxo* (?)	*coxa*	*coissa*, *coicha*	*cuisse*
zisei	*dissi*	*dixe*	*disse*	*dis*	*dis*
—	*esame*, *sciame*	*enxambre*	*enxame*	*eissamen*	—
—	*essilio*	*exilio*	*exilio*	*eissilh*	*essil* v.
eši	*escire*	*exir*	—	*eissir*, *eisir*	*issir*, *eissir*
frasin	*frassino*	*fresno*	*freixo*	*fraisse*	*fraisne*, *frêne*
—	*lasso*	*lexos*	*leixos*	—	*lâche*
lęsa	*lasciare*	*leixar*	*leixar*	*laissar*	*laisser*

lešię	*liscia*	*lexia*	*lexia*	*lissia*	*lessive*
matasę	*matassa*	*madexa*	*madeixa*	*madaisa*	*madaise*
męsé	*mascella*	*mexilla*	—	*maissella*	*maisselle*
šese	*sei*	*seis*	*seis*	*seis*	*sis* v.
toxicę L. B.	*tossico, tosco*[1]	*tosigo*	*toxico*	*tueysec*	—
tzese	*tessere*	*texer*	*tecer*	*teisser*	*tisser*
—	*tassare*	*tasar*	*tasar, tousar* v.	—	—

L'italien classique ne tolérant point *s* à la fin des mots, *sex* y est devenu *sei*, mot dans lequel le *c* de *x* (*c* + *s*) est représenté par *i*; le sarde campidanien, au contraire, n'a eu recours qu'à l'assimilation et *sex* est devenu ainsi *ses* dans ce dialecte. Il faut remarquer aussi la forme roumaine *coapsę* (coxam), où *c* se trouve représenté par *p*, comme cela a lieu régulièrement dans le groupe *ct*.

Dans *tosco* un des deux *s* qui se trouvent dans *tossico*, devenu inutile, est tombé; il en est de même, au milieu des mots, dans les langues du Nord-Ouest, en italien et en portugais toutes les fois que *x* est suivi d'une explosive et parfois d'une résonnante; c'est ce qui a lieu en particulier dans les composés de *ex*. L'espagnol cependant fait en cela exception et conserve l'*x*; il en est de même, cela va sans dire, dans les autres idiomes, l'italien excepté, pour tous les mots d'origine savante. Comme on pouvait s'y attendre, le français est ici allé plus loin : l'*s* suivie d'une consonne devenant muette dans cette langue a été supprimée; *x* a disparu ainsi complètement, et *ex* ne se trouve plus représenté que par *é*. En italien, au contraire, *e* tombant devant *s*, *ex* n'y est représenté que par *s*. Il en est de même en roumanche[2]. Voici quelques exemples de cette modification particulière de l'*x* :

LAT.	IT.	PG.-PR.	V. FR.	FR. MOD.
excaldare	*scaldare*	*escaldar*	*eschauder*	*échauder*
*excappare	*scappare*	*escapar*	*eschaper*	*échapper*
*excarpere	—	*escarpar*	*escharpir*	*écharper*
excorticare	*scorticare*	*escorchar*	*escorcher*	*écorcher*
expaventare	*spaventare*	*espaventar* pr.	*espouvanter*	*épouvanter*
exprimere	*sprimere*	*espremer*	*espreindre*	*épreindre*
extendere	*stendere*	*estender*	*estendre*	*étendre*
extraneum	*strano*	*estranho*	*estrange*	*étrange*

La chute de la voyelle atone pro ou posttonique en provençal et en français, ayant pour résultat de rapprocher des consonnes originairement séparées par des voyelles, a multiplié dans ces deux

1. E s'all'incatenata il *tosco* e l'armi
Pur mancheranno — *Giur. lib.* Canto XII.

2. O. Carisch, *Gram. Formenlehre der rhætorom. Sprache*, p. 115.

idiomes, et surtout dans le dernier, les cas où *x* se trouve devant une autre consonne sourde ou résonnante, et par suite son changement en *s* simple, modification analogue à celle du *c* que j'ai étudiée sous le nom d'assibilation générale[1]. L'italien *tosco* en est un exemple dans les langues du groupe oriental; en voici quelques-uns tirés de celles du double groupe occidental :

LAT.	ESP.	PR.	FR.
*approximare	—	*aproismer* Pas.	*aprismer* Rol.
dixerunt	—	—	*distrent* L. R.
duxerunt	—	—	*doistrent*
exit	—	*eis*	*ist*
fraxinetum	*fresno*	—	*fraisne*
planxit	—	—	*plainst* L. R.
proximum	—	*prosme*	*pruesme*
traxerunt	—	—	*traistrent* L. R.

En provençal et en français, *i*, représentant dans quelques uns de ces mots le *c*, on retombe ainsi sur le cas général de transformation. L'*e* de *duxerunt* ayant été accentué en provençal, comme l'est en général dans cette langue l'*e* de la terminaison de la 3e personne pluriel du parfait, *x* s'y trouve entre deux voyelles et ce mot est devenu régulièrement, par la résolution habituelle du *c* en *i*, *duysero* ou *duisseron*. Je ne connais pas la forme provençale correspondant à *dixerunt*, mais elle doit être *diseron* pour *diiseron* ou *disseron*.

Les trois modes de transformation que j'ai étudiés n'épuisent pas les modifications de *x* dans les langues romanes, il en est quelques-unes du moins qui ne rentrent dans aucun d'eux. Ainsi *laxum* a donné en provençal *lasc* et *lasch*, en normand et en picard *lâque*, *lâche* en français; *laxare* de son côté a donné en espagnol, à côté de *lexar* et de *laxar*, *lascar*; en provençal, en même temps que *laissar*, *lascar* et *laschar*; en picard et en normand *lâquier*, *lâcher* en français. Si nous rapprochons ces formes, nous y trouvons un nouveau procédé de transformation de *x*, différent des trois autres en ce qu'il en laisse subsister les éléments constitutifs, seulement en les transposant. Cette modification se retrouve encore dans les dérivés de * taxam : *tasca* it. pr., *tašcę* roum., *tâque* pour *tasque* norm., *tâche* fr. et *tah* wall., ainsi que dans *frascar* pr. (* fraxare pour fracassare), *mèche* fr. (* myxam) et *échemer* fr., *escaminar* esp. B. (exami-

1. V. plus haut Liv. II, Ch. VIII, p. 157.

nare). La troisième personne singulier du parfait de *vivere*, *vixit* pr. et v. fr. *vesquet*, *visquet*, v. esp. *visco*, offre un exemple du même genre, ainsi que le provençal *nasquet* (P. Meyer, Poésies relig. p. 18), qui suppose une forme * naxit, le catalan *trasch* (traxit) et le vieux français *benesquid* L R. II, 6 (benedixit).

CHAPITRE VIII.

DU GROUPE CT.

Ce groupe si commun dans les langues anciennes a été rejeté par les idiomes qui en sont dérivés, et celles mêmes des langues primitives qui ont subsisté jusque dans les temps modernes l'ont aussi profondément modifié. Dans les idiomes slaves *kt*, suivi de *i*, *ĭ* ou *e*, seul cas qui peut se présenter, se change en *č* en russe et en serbe, en *c* = *ts* en polonais et en tchèque, en *št* en slavon; ainsi **nokti* (noctem) a donné respectivement dans ces cinq langues *noč*, *noc*, *nošti*[1]. Les langues germaniques ne souffrent pas davantage le groupe *ct*; déjà le gothique ne tolérait pas la gutturale explosive devant *t* et la remplaçait par *h;* c'est ainsi que *nox*, *noctem* y avait pour équivalent *nahts*. Les idiomes de la même famille sont restés fidèles à cette tendance du plus ancien d'entre eux, et *nahts* est devenu *nacht* en haut-allemand, c'est-à-dire que l'explosive primitive a fait place à une spirante. Les langues *celtiques* offrent une transformation analogue ; ainsi en irlandais à *octo* correspond *ocht* ; il en est de même en grec moderne pour ὀκτω qui s'y est changé en ὀχτω. Sur le sol de l'ancienne Italie une modification analogue s'était déjà produite ; tandis que la langue du Latium admettait le groupe *ct*, il était remplacé par *ht* en ombrien, où *recte* se disait *rehte* ; l'osque avait de même *ehtra* pour *extra*. Mais le latin lui-même a fini par rejeter à l'époque de sa décadence ce groupe qu'il avait admis jusque-là ; c'est ce que montrent les inscriptions; à partir du IIIe et du IVe siècle de notre ère, *c* tombe ou est assimilé à *t*; ainsi on trouve *cintum* pour *cinctum*, *defuntus* pour *defunctus*, *lattucæ* pour *lactucæ*, *præfetto* pour *præfecto*, *santus* pour *sanctus*, etc.[2]. Les idiomes romans devaient poursuivre cette

1. Kuhn's *Zeitschrift* XIV, 252. — Schleicher. *Comp.* 303. — Miklosisch, *Gram. der slav. Sprachen.*
2. Cf. Schuch. *Vocal.* I, 135.

tendance de la langue-mère et dans tous — si l'on excepte les mots d'origine savante et un dialecte sur lequel je reviendrai, — le groupe *ct* a disparu ; mais ils ne l'ont pas traité de la même manière, suivant qu'il était suivi d'une seule voyelle ou d'une consonne, ou de *i* et d'une autre voyelle. Il importe donc dans l'étude que je me propose d'en faire de distinguer ces deux cas, les seuls d'ailleurs qui peuvent se présenter, puisque *ct* est toujours médial.

I° *ct suivi de i et d'une autre voyelle.*

Dans ce cas le *t*, traité comme s'il était seul, s'assibile, et le *c* tombe en général, mais en empêchant le plus souvent la spirante de se changer en sonore, comme cela a lieu parfois quand le *t* est précédé d'une voyelle. Exemples :

LAT.	IT.	ESP.	PG.	PR.	FR.
actionem	*azzione*	*acion*	*auçom* v. *acção*	—	—
*directiare	*direzzare*	*derezar*	*direitar*	*dressar*	*dresser*
electionem	*elezione*	—	*eleição*	—	—
factionem	*fazione*	*faccion* v.	*feitio*	*fazon, faizo*	*façon*
lectionem	*lezione*	*leccion*	*lição*	*leizo, leisso*	*leçon*
sectionem	*sezione*	*seccion*	*secção*	—	—

Il faut remarquer les formes portugaises *endereitar*, *feitiô*, où *t* a conservé sa valeur primitive, tandis que le *c* s'est changé en *i*. Dans le provençal *faizo, leizo*, le *c* semble bien aussi s'être transformé en *i*, quoique le *t* se soit assibilé ; et, fait exceptionnel, en donnant naissance à une spirante sonore. Une forme curieuse encore est celle que nous offre le roumain *alešì* (electionem), où *cti* a été traité comme *cs*. Parfois enfin en espagnol et en portugais le *c* de *ct* persiste avec sa valeur gutturale, comme on le voit dans *acção* pg., *leccion* et *seccion* esp., *secção* pg. ; dans *auçom*, au contraire, il a été remplacé par *u* et dans *eleição* par *i*.

Il arrive aussi en italien qu'au lieu du *c* le *t* tombe ou lui est assimilé ; dans ce cas *ct*, au lieu de se changer en *z*, se transforme en *č* ; c'est ce qui a lieu pour *succiare* à côté de *suzzare* fr. *sucer*, dérivé de *suctiare, et pour *tracciare*, fr. *tracer* (*tractiare).

II° *ct suivi d'une seule voyelle ou d'une consonne.*

Dans le cas précédent la forme définitive du mot dépendait surtout des modifications du *t*, dans celui-ci elle dépend uniquement de celles du *c*; elle varie d'ailleurs dans chacun des divers groupes ou idiomes romans. Le latin vulgaire, nous avons vu, avait souvent déjà modifié *ct*, en assimilant *c* à *t*; cette transformation, connue aussi de l'ancien norois, et qui repose sur le changement de la gutturale en dentale, se retrouve plus ou moins fréquente dans tous les idiomes romans, mais elle n'appartient en propre qu'à l'italien. D'ailleurs un des deux *t* peut tomber, ce qui a lieu nécessairement après *n*, et *ct* se trouve ainsi réduit à *t*.

Une autre forme qu'on rencontre dans le double groupe occidental et dans les dialectes ladins est *č* affaibli en *š* en portugais et en français. Mais dans ces deux idiomes et en général dans le provençal la forme la plus ordinaire est *it*. Cette forme n'est point d'ailleurs particulière aux idiomes romans, on la rencontre aussi dans le gallois, où l'irlandais *nocht* (noctem) a pour équivalent *noid* [1]. Comment maintenant expliquer ces diverses modifications du groupe *ct*?

La première n'offre pas de difficulté; le *c* s'est assibilé au *t*, il y a eu là simple substitution d'une dentale à une gutturale, phénomène dont nous avons vu plus d'un exemple. Quant à la troisième, elle est le produit de l'amoindrissement successif de la gutturale; pour éviter la rencontre des deux muettes *ct* qui lui répugnait, la langue a transformé la première en la spirante *ch* dans les idiomes germaniques, en *j* dans les idiomes romans [2]; on a eu ainsi le groupe *jt* qui s'est naturellement ensuite affaibli en *it*; c'est ainsi que *factum* a donné *fait* en français. Telle est la marche suivie en général par ce dernier idiome, par le portugais, le plus souvent par le provençal et par quelques dialectes italiens.

Dans d'autres la transformation a été plus loin; le groupe *jt* a été transposé, ce qui a donné *tj*, d'où par une transformation connue *tš*; c'est ainsi que *factum* est devenu *fach* en provençal,

1. Cf. Kuhn's *Zeitsch.* XIV, 247. Schuchardt a voulu voir, dans cette coïncidence de la transformation de *ct* en *it* dans le gallois et dans les idiomes romans parlés dans l'ancienne Gaule, une preuve de l'influence de l'idiome des anciens habitants sur la transformation du latin; mais rien ne prouve d'abord que dans l'ancien gallois *ct* se transformait en *it* et il est même plus probable ou que ce groupe persistait, ou qu'il avait pris tout au plus la forme *cht* qu'il a encore en irlandais.

2. Il serait possible que la forme *jt* eût été précédée de *cht*; c'est ce que sembleraient indiquer les transcriptions comme *jachtivus* qu'on rencontre dans les anciens monuments. Cf. Pott. Kuhn's *Zeitsch.* I, 411.

fačč en lombard, affaibli en *fağio* dans l'ancien milanais. Mais en même temps que le *c* se changeait en *jt*, il a pu arriver aussi que le même son *j* se développât après le *t*, ce qui a donné le son *jtj*, lequel en se transformant conduit naturellement à *jtš* ou *ič*; c'est ainsi qu'on peut expliquer la transformation de *fáctum* en *hecho* = *faičo* en espagnol.

Un fait à remarquer, c'est que quand *ct* est précédé de *n*, le *j* (*i*) de la transformation du *c* ne pouvant, sous peine de former une syllabe avec *n*, conserver la place du *c* qu'il représente, passe avant lui et diphthongue la voyelle précédente; c'est ainsi qu'en français *sanctum*, au lieu de *san-i-t*, a donné *saint*[1]. Dans les langues qui n'ont pas admis cette transposition, le *c* est alors tombé tout simplement, — chute que la présence de l'*n* paraît avoir favorisée dans tous les idiomes romans, ceux du Nord-Ouest exceptés, — comme dans *santo* it., esp., pg., ou bien, mais exceptionnellement, il a, en se changeant en *j*, donné naissance à *tj* et par suite à *č*, comme dans l'espagnol *cincho*.

Les formes (*t*)*t*, *it*, (*i*)*č* ou *ğ*, n'épuisent pas les transformations du groupe *ct* dans les langues romanes; tout en adoptant parfois la première, le roumain en a une autre qui lui appartient en propre, c'est la substitution du *p* à *c*, c'est-à-dire de la sourde labiale à la gutturale, tandis que l'assimilation de *c* à *t*, qu'on retrouve dans tous les idiomes romans, repose sur la substitution de la sourde dentale à cette même gutturale. Mais le roumain ne s'en est pas toujours tenu à cette première modification, et dans un certain nombre de cas il a changé le *p* substitué à *c* en sa spirante *f*, comme il le fait d'ailleurs d'ordinaire pour *p* étymologique dans le groupe *pt*, ce qui a donné en définitive *ft* à la place de *ct*. Quant à la forme *s* qu'on trouve au participe d'un certain nombre de verbes, comme dans *adaos* (adauctum), *cins* (cinctum), *zis* (dictum), *dus* (ductum), *ajuns* (adjunctum), etc., elle représente sans doute le dernier terme de la série *tj*, *tch*, *ts*, *s*, résultat de la transformation de *ct*.

On s'attendait à ce que le roumain allant plus loin eût affaibli *f* en *v* et enfin en *u*, ce qui aurait donné *ut* pour *ct*; cette transformation n'a point eu lieu, que je sache, dans cette langue, mais la forme *ut* pour *ct* se retrouve en espagnol et en portugais, par exemple dans *auto* (actum); il semble toutefois qu'il faut expliquer la présence de cet *u* par sa substitution à *i* dans la diphthongue *ai*.

1. Il en a été de même dans *plainst*, *plainstrent* LR. pour l'*i* provenant de la transformation de l'*x*.

Telles sont les transformations de *ct* dans les langues romanes; ce groupe y apparaît bien encore tel qu'il était en latin, mais si l'on excepte le sarde logoudorien où il a été régulièrement conservé, *c* y étant d'ailleurs à peu près muet, on ne rencontre *ct* que dans les mots de formation savante ou récente ou qui ont été refaits sur le latin. Il n'y a donc point à s'occuper de cette forme; les transformations des mots *actum*, *cinctum*, *coactare*, *coctum*, *dictum*, *directum*, *doctorem*, *ductum*, *factum*, *fictum*, *flectere*, *fructum*, *junctum*, **lactem*, *lectum*, **luctare*, *noctem*, *octo*, **pectinem*, *pectus*, *pi(n)ctum*, *punctum*, *sanctum*, *strictum*, *tectum*, montreront comment les différents idiomes romans ont fait usage des autres modifications *tt* (*t*), *it*, *č* (*ch*), *pt* ou *ft* et *ut*.

ROUM.	IT.	ESP.	PG.	PR.	FR.
—	*atto*	*auto*	*auto*	—	—
cis	*cinto*	*cincho*	*cinto*	—	*ceint*
—	*cattare* s.	*cachar*	—	*coitar*, *cachar*	*cacher*
copt	*cotto*	—	*coito*	*cueit*	*cuit*
zis	*detto*	*dicho*	*dito*	*dit*	*dit*
dres	*diretto*	*derecho*	*direito*	*dreit*	*droit*
doftor	*dottore*	*dotor*	*doutor*	—	*duitre*
duș	*dotto*	*ducho*	*duto*	*dueich*	*duit*
fapt	*fatto*	*hecho*	*feito*	*fait*	*fait*
fipt	*fitto*	*hito*	*fito*	—	—
—	*flettere*	—	—	—	*fléchir*
frupt	*frutto*	*fruto*	*fruto*, *frucho*	*fruit*, *frut*	*fruit*
(*a*)*juns*	*giunto*	*junto*	*junto*	*joint*	*joint*
lapte	*latte*	*leche*	*leite*	*lag*	*lait*
lefticę [1]	*letto*	*lecho*	*leito*	*leit*	*lit*
luptà	*luttare*	*luchar*	*lutar*	*luchar*	*lutter*
noapte	*notte*	*noche*	*noit*	*noit*	*nuit*
opt	*otto*	*ocho*	*oito*	*oit*	*huit*
pieptenn	*pettine*	*peine*	*pentem*	*pencho*	*peigne*
piept	*petto*	*pecho*	*peito*	*peitz*	*piz*
—	*pinto*	*pincho*	—	—	*peint*
(im)*puns*	*punto*	*punto*	*ponto*	—	*point*
sant	*santo*	*santo*, *Sancho*	*santo*	*saint*, *sanch*	*saint*
—	*stretto*	*estrecho*	*estreito*	*estreit*, *estrech*	*estreit* v., *étroit*
—	*tetto*	*techo*	—	—	*toit*

On voit par ces exemples que l'italien ne connaît que l'assimilation, les dialectes du Nord, au contraire, qui se rattachent plutôt, il est vrai, au groupe ladin, présentent aussi la forme *č* ou *g* = *ǧ*, propres à plusieurs des idiomes de ce dernier groupe, mais qui

1. On dit *lepticę* dans le dialecte roumain du Sud, avec l'explosive *p* au lieu de la spirante *f*.

connaissent aussi l'assimilation ; on la rencontre également dans les sous-dialectes provençaux, le plus souvent à côté de *it*. Le portugais même en offre, comme le français, quelques cas, quoique l'un et l'autre changent *ct* en *it*. Voici quelques exemples de transformation du groupe *ct* dans les dialectes ladins et provençaux :

LAT.	ROUMANCHE		MIL.	TIR. FR.	DIAL. PROV.
	O.	E.			
dictum	*gig* Ob.	*dit* E.	*digio* V.	*ditt*	*dich*
directum	*dreg*	*dret*	—	—	*drech*
factum	*faig*	*fat*	*fagio* V.	*fatt* tir.	*fach*
*lactem	*laig*	*lat*	*lač*	*latt* tir.	*lag*
lectum	*leč*	*lett*	*leč*	*lett* tir.	—
noctem	*noig*	*nott*	*noč*	*not* tir.	*nueich*
*pectum	—	—	*peč*	—	*peitre* gén.[1]

Il faut remarquer la forme *peitre* du dialecte génevois à côté du vieux français *piz*, la première vient d'un type *pectorem, la seconde de pectus, pr. *peitz*. Une transformation qui mérite encore de fixer l'attention est celle de *pectinem ; elle nous montre *ct* réduit à *i* dans l'espagnol *peine* et le français *peigne*, à *t*, au contraire, dans le portugais *pentem*, et en même temps l'épenthèse de *n* dans ce mot et dans le provençal *penche*.

Dans tous les exemples qui précèdent, *ct* était étymologique ; on trouve bien, à ce qu'il semble, un groupe roman dans *plac(i)tum*. Mais *plac(i)tum* aurait donné la série *placitum*, *plazido*, d'où *plazdo* en espagnol et en italien, quelque chose comme *plas* en français et en provençal ; *plac'tum*, au contraire, formé sans doute par analogie avec *factum*, *fictum*, etc., a donné comme ces participes par le changement de *ct* en *it* dans le double groupe occidental, esp. pg. *pleito*, v. fr. *plait* et *piato* en italien[2], de *piaito* par la chute du second *i* sous l'influence du

1. Biond. *Saggio*, pass. — Ascoli, *Saggi ladini*, id. — Muss. *Darst. der altmail. Mund.*

2. V. pl. h. Liv. II, ch. IX. — Cf. Diez, *Gram.* I, 256. — M. Ascoli (*Arch.* I, 80) vient de proposer une autre explication; il suppose que l'*i* persistant le *c* se change successivement en *ǧ* et en *y(i)*, mais *ǧ*, je l'ai déjà dit, se change en *ž* et non pas en *y*, et d'ailleurs on aurait, en admettant cette transformation, au moins dans le groupe du Sud-Ouest la série

placitum *plaǧido* *play(i)do* *plaido*,

attendu que *t* entre deux voyelles s'y change toujours en *d*, tandis que nous y trouvons la forme *pleito*, et

placitum *plaǧido* *play(i)do* *plai*

en français, puisque *t* entre deux voyelles y tombe, ainsi que les voyelles posttoniques. Quant à la présence d'un seul *t* dans *piato*, elle

premier, comme le montre la forme *plaito*, qu'on trouve dans une charte de 827 : (venissent in *plaito* R. comiti.)[1].

tient à ce qu'il n'y a pas eu assimilation, mais changement de *c* en *i* suivi de la chute de ce dernier.

1. *Historiæ patriæ monumenta* I, n. 19, p. 35.

CONCLUSION.

Le groupe *ct* est la dernière des combinaisons de consonnes dans lesquelles peut entrer la gutturale *c*, et l'étude que je viens d'en faire termine ce que j'avais à dire de cette lettre. On trouvera peut-être que j'en ai exposé bien longuement les transformations : leur diversité, l'incertitude qui régnait sur quelques-unes d'entre elles, les questions multiples qu'elles soulèvent et que j'ai dû examiner, tout cela, je l'espère, servira à excuser les longueurs d'un travail que je n'ai pu faire plus court de peur de le laisser incomplet. Il est aisé de parler de sa peine ; parvenu au terme que je m'étais assigné, il me sera peut-être permis de rappeler quels efforts j'ai dû faire pour arriver sur tant de points encore obscurs à une solution qui me parût satisfaisante. Les transformations générales du *c* vélaire en *g* et en *jot* étaient assez bien connues, mais on avait à peine abordé ses changements successifs en la série *ć*, *č*, *š* ; *ts*, *s*, *z*, θ et ð, ou *f* et *v*, dont plusieurs même étaient complétement ignorés. Que de lacunes aussi présentait l'histoire des transformations du *c* palatal ! Le point de départ en était controversé, sa double modification en spirantes sourdes et sonores dans les idiomes occidentaux à peine entrevue, et la naissance du son θ et ð considérée comme ancienne, alors qu'elle est essentiellement moderne. On n'avait pas non plus, que je sache, — sans doute faute d'avoir comparé ce qui s'est passé dans les langues romanes à ce que nous présentent les autres idiomes indo-européens, — rattaché à une même cause les transformations du *c* vélaire et du *c* palatal en chuintantes et en spirantes dentales, ce qui permet d'en expliquer si facilement la filiation. J'ai essayé de montrer qu'il n'y faut voir que le résultat du passage de la gutturale à la série dentale, passage dont l'état plus ou moins complet explique les divers degrés de transformation *ć*, *č* ou *ts*, *š*, *s*, etc. On trouvera peut-être aussi que j'ai jeté quelque lumière sur la naissance tardive et si extraordinaire de la spirante gutturale en espagnol. Quant aux deux dialectes, le picard et le normand, dans lesquels j'ai cru devoir, comme complément naturel, sinon nécessaire, de ces recherches, étudier le traitement des gutturales, si les caractères du premier étaient déjà connus, ceux du second, à ce point de vue du moins, avaient été à peine soupçonnés ; il me semble avoir démontré d'une manière irréfutable qu'ils sont identiques à ceux du picard, connaissance qui sera peut-être de quelque utilité dans l'étude ou le rétablissement des textes normands.

Tels sont les résultats auxquels je suis, je crois, arrivé ; je voudrais espérer qu'ils pourront servir à l'avancement des études de philologie romane encore si négligées en France. Quoi qu'il en soit, avant de me séparer de ce travail, auquel je dois d'avoir pénétré plus avant dans des connaissances que je n'avais fait qu'entrevoir jusque-là, et qui pendant de longs mois m'a fait goûter une satisfaction qu'on serait peu tenté d'attendre de pareilles recherches, je me sens obligé de reconnaître encore une fois tout ce dont je suis redevable aux savants qui se sont occupés avant moi de la même question ; et si j'ai dû les contredire parfois sur quelques points, je n'en ai pas moins une crainte, c'est de n'avoir pas toujours, malgré mes efforts, peut-être assez bien su mettre leurs découvertes à profit. Au moins ai-je essayé, à leur exemple, de n'employer que des méthodes sûres et rigoureuses ; j'ai rejeté sans pitié tout ce qui était hypothétique, pour n'admettre que ce qui me paraissait démontré ou s'imposait à moi comme conséquence nécessaire de faits antérieurement établis. Si ce travail vaut quelque chose, ce sera par là qu'il pourra se recommander à l'attention et n'aura pas été peut-être complétement inutile.

ADDITIONS ET CORRECTIONS[1].

Pages	Lignes				Pages	Lignes			
10,	12	du,	lisez	des,	37,	n. 1	*c*, *g*,	lisez	*č*, *ǧ*.
12,	30	en,	—	aux.	39,	11	*α*,	—	β.
13,	13	Fr.,	—	Rud.	39,	16	β,	—	*α*.
27,	18	remplacé,	—	-cée.	40,	21	effacer *crivello*.		
30,	23	reservari,	—	reservavi.	46,	18	*leu*,	lisez	leu.
30,	24	tamem,	—	tamen.	50,	25	payar,	—	pagar.
34,	16	celui,	—	celles.	50,	33 c. 4	*segur*,	—	segur.

Pages Lignes

57, 10 Ajouter : et dans le portugais *charrua* (carrucam).

57, 11 Ajouter après français : *charrue, laitue* (lactucam), *massue* (*maxucam), *tortue* (*tortucam), ... ainsi *c* tombe presque uniquement devant *o* et *u*.

61, Chap. IV. Substitution de *t* au *c* vélaire.

Ce changement que j'ai donné comme exceptionnel, à part le groupe *cl*, dans les langues romanes, a lieu d'une manière régulière, mais pour le *k* palatal, dans le patois poitevin ; ainsi *quiau*, *tiau ; quieu*, *tieu; quiou*, *tiou ; quielle*, *tielle ; quièque*, *tieuque; quiellequi*, *tiellequi*, etc. Lal. *Glos. du pat. poit.* Intr. p. 28 (Mém. de la Soc. des Antiq. de l'Ouest 1867, II). Dans le patois du Jura suisse le son du *c* palatal suivi de *i* se rapproche aussi beaucoup de celui de *t* et s'est même parfois changé complètement en *t*, cf. *Riv. di fil. rom.* I, 99.

La sourde *t* ne se substitue point seule au *c*; au milieu des mots et dans le groupe *cl*, la sonore *d* en prend

1. Malade pendant presque tout le temps qu'a duré l'impression de cet ouvrage, je n'ai pu toujours donner à la correction des épreuves tout le soin que j'aurais désiré, ni faire moi-même toutes les vérifications nécessaires; je prie donc les personnes qui liront cette étude de vouloir bien corriger elles-mêmes les fautes trop nombreuses indiquées dans cet errata. J'y ai joint quelques faits nouveaux recueillis dans mes dernières lectures; bien que mon manuscrit ait été, en effet, achevé dans le courant de mars, l'impression en ayant été d'abord différée pendant plusieurs mois, pour ne se terminer qu'à la fin de décembre, j'ai pu durant ce temps mettre à profit quelques publications ou récentes ou que je ne connaissais pas encore au moment où j'ai fini ce travail.

aussi la place dans quelques dialectes ladins. V. Liv. IV, ch. V.

82, 83, n. 1. Ajouter : Cet emploi de *k* dans des textes italiens comme signe de la palatale se rencontre fréquemment dans le *Canzoniere vaticano* 3214. Cf. *Riv. di fil. rom.* I, 60.

97, 28; 99, 23 et 136, 4 *pulicinum, lisez *pullicinum.

97, 34 Ajouter et dans le pg. *piche* à côté de *pez* s. (picem). *Rom.* II, 290.

99, 6, 31 *pulicem, lisez *pullicem.

102, 25 Ce dictionnaire étant probablement d'origine anglo-normande, ce que j'en ai dit s'applique plutôt à ce dialecte qu'au français lui-même.

105, 28 Après *minazzari* ajouter sic.

106, 26 muliaceam, lisez muliaceum.

108, 5 bibitionem, lisez potionem.

109, 22 Après change, ajouter : en.

117, 31 L'origine des textes ne fait rien, le normand et le picard ayant en général traité la palatale transformée en sonore tout comme le français. Cf. pl. loin p. 233 et 250.

118, 24 S.L.B... Ps., lisez S.B... L.Ps.

120, 10 necessariam, lisez necessarium.

120, 16 *pouce*, lisez *ponce*.

120, 21 et 147, 35 *pulicellam, lisez *pullicellam.

125, 23, c. 2 fois, lisez *fois*.

126, 9 *sç*, lisez *s*.

133, 31 *aprop*, lisez *aprob*.

143, 37 *provençal*, lisez *proençal*.

156, n. 1 logodorien, lisez logoudorien.

172, 25 *enxambre*, lisez *enxame*.

172, 27 Ajouter après phénomène : Il en est de même dans le pg. *munco* à côté de *muco* s. (mucum). Cf. *Rom.* II, 289.

185, n. 4 *Volktsmund.*, lisez *Volksmund*.

Pages Lignes				Pages Lignes			
216, 14	*x*,	lisez	χ.	263, 19	*ficare,	lisez	*figicare.
225, 8	7995,	—	7595.	263, 20	forcam,	—	furcam.
231, 13	*catens*,	—	*cateus*.	263, 21	hanke,	—	ancha.
262, 22	camisam,	—	-siam.	263, 22	*jucare,	—	*juccare.
263, 14	catulire,	—	*catuliare				

Je conserve la forme *juccare, tout hypothétique qu'elle est ; il en est de même, onze lignes plus loin, de *taccam ou *taxam.

Pages Lignes

267, 18 Ajouter après la fin dans : *march* (martium).

274, 2 *cippeam, lisez *cippatam.

TABLE DES MATIÈRES.

LIVRE SECOND.

LIVRE TROISIÈME.

LIVRE QUATRIÈME.

Nogent-le-Rotrou, imprimerie de A. Gouverneur.

www.ingramcontent.com/pod-product-compliance
Ingram Content Group UK Ltd.
Pitfield, Milton Keynes, MK11 3LW, UK
UKHW020100200726
13856UKWH00002B/296